百年博弈

20世纪的战略遗产

肖德甫◎著

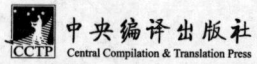

前言
Preface

历史为无限复杂的人类经验之记录，公开陈列可供任何人欣赏。在此种记录中，你可以替你自己和你的国家找到先例和警告：好事则可视为模范，坏事则应力求避免。

——〔古罗马〕李维

前　言

对于一个国家的生存和发展来说，战略的重要是不言而喻的。

"上兵伐谋。"①兵家鼻祖孙子之所以认为最高明的统帅是用己方的计谋去破敌方的计谋，以不战而屈人之兵，这其实是说明战略的重要，希望君主与将领们用兵要以谋略为先。

"政策和策略是党的生命。"②毛泽东在这里所强调的依然是战略的重要性，认为它关乎中华民族的生死存亡，强弱盛衰。

"不争论"③，"不当头"④。邓小平提出的这一内外方略，更是给共和国插上腾飞的双翅，使世界上人口最多的国家创造了人类历史上最大规模社会持续30多年快速发展的奇迹。

对于国家战略的重视和选择，西方的政治家、战略家并不亚于东方，并且在近代以来很可能还甚于东方。一个明显的例子是，就在东方社会普遍沉湎于悠久的历史、灿烂的文化、辉煌的过去时，拿破仑、俾斯麦、克劳塞维茨、马汉、杜黑等一大批时代翘楚却相继出现在人类灿若星辰的杰出者名单中。而更为重要的是，他们的战略被自己或被他人成功地付诸社会实践，创造了一个个民族和国家的空前盛世。

战略的落后是可怕的，但更为可怕的，是认识不到战略上的落后。20世纪的历史业已证明，当代国家——特别是大国与大国之间的竞争，已经不仅争于力，争于制，而且更取决于走什么样的路，选择什么样的战略。世界已经进入大国战略战的时代。

---

① 赵安郎主编：《孙子兵法百战韬略》，南京：东南大学出版社1992年版，第69页。
② 《毛泽东选集》合订本，北京：人民出版社1967年版，第1193页。
③ 《邓小平文选》第3卷，北京：人民出版社1993年版，第363页。
④ 《邓小平文选》第3卷，北京：人民出版社1993年版，第374页。

（一）

同国家和战争的概念一样，战略的概念也是既古老又年轻、既打下了深刻的历史烙印又具有鲜明的时代特征的。在20世纪，战略一词的内涵与外延都已发生历史性变化。

世纪初，战略属于军语，其运用范畴主要是在军事领域；世纪末，战略一词已经运用到社会领域的方方面面。

世纪初，战略主要是着眼战时状态，为了战争致胜；世纪末，战略则既着眼战时状态，也关注平时，战略的主要目的是为了和平和预防战争。

世纪初，战略主要是重视国家的安全度；世纪末，战略则既要重视国家的安全度，也要重视国家的发展取向。

世纪初，战略是国家政治的工具；世纪末，战略已经包括国家政治，并同时将国家的经济、科技、文化以及军事、外交等等都囊括其中。

世纪初，战略主要是职业政治家、军事家的事；世纪末，战略则是全民的全国的战略。

世纪初，战略竞争主要为利害之争；世纪末，战略则既有利害之争，又有善恶之别。

…………

不过，尽管战略的内涵与外延都已发生历史性变化并将继续发生变化，但它毕竟是人脑的产物，人们总是能够从中得出些基本的结论。这也正如首创现代战略一词的法国战略思想家梅齐乐所说："战略还是有若干概括规律的存在，可以安全地加以确定。"[1]

---

[1] 钮先钟：《西方战略思想史》，桂林：广西师范大学出版社2003年版，第154页。

前 言

（二）

历史是公正的，也是无情的。在20世纪，不同的大国走不同的路，乃至同一个国家在不同的时期选择不同的战略，其结果竟是如此的迥异。

20世纪一百年间，德国可以说是坐了两趟过山车。德意志帝国两次强势崛起，两次发动世界大战，也两次重重地跌落，并且在二战后坠入谷底被肢解。好在到底是思想的国度、战略的故乡，终于在战争中趴下又在战争的废墟上站起。这次汲取教训，选择了赎罪、永不再战的和平之道，破碎的山河重又美好了，德意志又被世界接纳了。由一个遍体鳞伤的国家变成了一个高度发达的国家，由一个最好战的国家变成了一个最和平的国家，由一个用两次世界大战都不曾征服世界的国家，变成了一个通过战争赎罪重获民族尊严和大国地位的国家，不能不令世界感动和敬畏。

自1868年明治维新以来，日本所奉行的就是炮舰政策，所走的就是一条对外扩张的道路。虽然第二次世界大战战败后由美国看管着制定了和平宪法，但其骨髓里仍装着军国的基因，脑子里仍想着复仇的一天。再加上，日本的政治是缺乏连续性的，日本的经济是脆弱的，日本的安全又寄托在别人身上，这些因素的叠加就决定了日本战略的不确定性和容易走极端的特性，也就难免不陷入战略焦虑和迷茫。一会儿"脱亚"，一会儿"归亚"，一会儿"入欧"，一会儿"入美"，一会儿对其盟主说"不"，一会儿又仰其鼻息，原因都大抵如此。没有人希望有灭顶之灾再降临日本，但这个决定权还掌握在日本自己手中。但愿日本的政治家和治国者们能够保留一些历史的记忆，以免重蹈覆辙。

在20世纪，跌幅最大的国家应该是苏联。经过半个多世纪的努力，人类历史上的第一个社会主义国家曾是国际共运的中心、巨大地缘政治同盟的领袖、全世界人类历史范围的一种文化和意识形态现象、世界上唯一能与美国平起平坐的全球超级大国。然而，在胜利面前执政集团陶醉了——陶醉的不仅是无限的权力，强大的军力，而且还有对国际法理、公平正义的任性和蔑视。苏联和平瓦解的事实说明，国家的致命威胁既可能来自外部，也可以来自内部；而且，来自内部的危害是向心聚爆，以致于拥有世界上最强大的军力也不足以保障国家的安全。而从外部来看，苏联之所以垮在发展巅峰和巨大的胜利面前，也是一个不断遭到整个西方世界围追堵截、开动一切国家机器反对其争霸世界的结果。苏联提供给人们的最重要教训是：当几个大国或国家集团企图阻止一个国家继续崛起时，如果这个国家应对不当、战略失误，其结果往往是悲剧性的。

在 20 世纪，运用联盟战略——抱团取暖、联合致强这一人类最古老生存法则最为成功的当属欧洲国家。在历经两次世界大战的洗礼并几近碾成泥泞后，欧洲终于醒悟，曾两次获得工业革命之先的成果不能再用来杀戮。上千年的宗教世仇，几百年的民族恩怨，可以休矣。因为尊重人的尊严和自由、民主、平等、法治、人权这些价值是各国共通的共有的。于是，在相互关联与自我救赎中发现了这些奥妙的 27 个欧洲国家结成一体，从此团结一致，同舟共济。尽管前进的路上还会遇到不少挑战，但坚冰已经打破，航路已经开通。令世界惊羡的欧洲模式其实并不只是一种利益模式，它还是一种心态，一种生活方式，一种世界观。在今天仍然纷扰的世界，它代表了人们对于美好明天的最美好的向往。

美国之所以在短短两百多年间就由蚂蚁膨胀到大象，并且在 20 世纪实现两次历史性跨越——1945 年第二次世界大战结束时从经济单项领先到综合国力全面领先，1991 年苏联解体时由两极中的一极陡然耸立在世界之巅，与其深谋远虑的战略，以及在每一战略的形成与实施过程中都精心布局，适时调适与校正，理想主义地提出战略目标，现实主义地实现战略目标，是息息相关的。人们可以批评美国的利己主义，可以抛弃美国的称霸逻辑，也可以反对美国的强权政治，但是，从战略就意味着以最佳方式追求最佳目标这个角度来看，那美国的战略是成功的。人们有理由期待的是，美国有能力剔除自己战略中的糟粕，发扬其战略中的精华，让世界也让美国生活得更加美好。

回首 20 世纪世界大国的此消彼长、兴衰荣辱，人们完全可以认为：战略先进则国家先进，战略落后则国家落后。

（三）

人类已经历史性地站在了 21 世纪的新起点上。

在经过了第一个不安的十年之后，国际战略格局又进入了新一轮的深度调整之中。就像约好了似的，在 2012 年这一年，世界各大国和世界诸力量中心的领导人都进入选举年。

先是俄罗斯的王车易位。普京在告别克里姆林宫四年之后又从自己当初选定的接班人手中拿回核按钮，重掌帅印。并由此引发全球联想：普京真的会在位 20 年，重建一个超强俄罗斯吗？

接着是法兰西的权力交接。上任伊始就处于争议漩涡中的总统终没能连任，不乏戏剧性地把权力交给了奥朗德。而就在搬出总统府之前，萨科奇还曾主导西方世界颠覆了卡扎菲，并咄咄逼人地试图在叙利亚重复利比亚模式。

世界头号大国美国的总统选举似乎没有多大悬念，奥巴马如期连任，甚至在世界上并未引起什么震动。

中国最高领导人的换届则早在人们的期待之中，并且就其国际政治战略来看，除了继续给世界以机遇、希望和惊喜之外，也大致用不着国际社会有太多捉摸。

就在联合国五个常任理事国中俄、法、美、中四国最高领导人在 2012 年都先后易人或开始新的任期时，包括德国、日本在内的世界约 30 个国家也进行大选，因此，2012 年也被国际社会称为名副其实的选举年换代年。

数风流人物，还看今朝。果然，随着各国新派领袖人物的登场，许多新的内外政策和战略纷纷推出，希冀给世界带来新的变化。然而，多元的世界不乏多彩的现象，严酷的现实则又在不断地提醒人们，20 世纪的经验教训对于 21 世纪竟是如此的重要。2013 年的斯诺登事件、2014 年的克里米亚事件、2015 年炒作中国的"南海问题"，以及围绕乌克兰问题所出现的持续大国对抗、围绕世界各地纪念反法西斯战争胜利 70 周年所出现的种种杂音，都不得不引起人们对于往日的记忆、警惕和担忧。原来，冷战的思维是这么顽固，

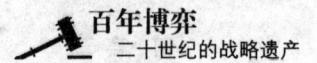

帝国的味道是这么诱人,以致理想信念被抛弃,人权国权被践踏,国际公平正义被质疑。

事实再一次证明,历史是多么的重要。它不仅是人类过去真实的记载,可以告诉我们过去发生了些什么;而且它还是人类过去真理与谬误、正义与邪恶、进步与反动的裁决,可以告诉我们应该反对和抛弃些什么,提倡和选择些什么。

(四)

本书不是一本20世纪的战略史或战略思想史,因为它既没有对20世纪的战略发展进行全面记载,也没有对20世纪的战略思想进行全面梳理和总结。甚至,它连20世纪战略领域的学术研究与探讨也谈不上,因为它根本就没有试图离开或追求离开所发生的重大历史事件而再去作什么别的结论或猜想,并且因此在书中还尽可能比较完整地引用和例举了当事人当事国所作的论述、所奉行的政策及所采取的行动。可以说,写作这本书的全部目的和任务,就是希望能够把20世纪世界各大国博弈的真实情况、所采战略、利弊得失和经验教训,比较客观和完整地再现给读者。

在具体叙述过程中,本书对下述问题给予了重点关注:大国战略战的发展过程及动因;新兴大国在崛起过程中应该汲取历史上的哪些经验教训;为什么德国、日本成为世界级大国后又几起几落;为什么苏联在与西方国家的冷战对峙中突然陨落;英国、法国、印度是怎样在自己的世界抱负与自己的国家规模之间取得平衡的;作为冷战对手的美国是怎样搞垮"世界第二"苏联的,它使用了哪些招数;中国在过去的国际战略中有哪些成功的经验、精彩的"好故事"值得继续保持和发扬,等等。

自然,历史是不会简单重复的,人们也不可能再去照搬照抄20世纪的一些战略模式。但是,历史总是能够赐予今天以很多的灵感,并且有些还可能是战略思维中不变而科学化的原则。倘若再过100年,人们在总结21世纪时能够说:我们已经比较好地汲取了20世纪的经验教训,避免了20世纪的灾难性错误,并且在 20 世纪的基础上还有所前进,那人们就真的可以说无愧于历史的教导了。

作 者
2015 年 9 月于北京

目录
Content

绪　论　20世纪——全球战略博弈的世纪 / 001

在现有的复杂的世界环境中，军事、经济、科学、技术、政治、心理等因素之间的分界线几乎都已消灭，我想一种远较宽广的战略观念对于生存是有所必要的。

一　群雄逐鹿，开启了全球战略时代 / 003
二　两极对抗，使战略成了国与国之间的一种战争 / 008
三　一超多强格局，提升大战略 / 026
四　大国战略战的五大成因 / 043

第一章　接二连三的失败者——战争和军备已成为最昂贵最危险的统治工具，不戢将自焚 / 055

纵观历史，强大的社会总会凌驾于其较弱的邻国之上，并将其变为帝国统治下的臣民。帝国的建立出于多种目的：控制自然资源，征服潜在的敌人，积聚财富，为土地而扩张，以及为荣誉而战。但即使在最幸运的情形下，征服外国领土的行动都是充满危险、代价高昂的。

永存的东西是没有的，至少靠武力建立起来的帝国是不能长久的。罗马征服了世界，同时也毁灭了自己。

一　德国1945："由于天堂被剥夺，希特勒选择了下地狱" / 057
二　日本1945：贪心不足蛇吞象——向外发展超越了自然的限度，必定要栽大跟头 / 072
三　苏联1991：陶醉军备已不可能给国家带来胜利品 / 078
四　挑战者之所以难获成功：当几个大国企图阻止一个大国崛起时，其

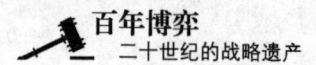

　　结果往往是悲剧性的 / 087

第二章　唯一的常青藤——一切存在都有它合乎逻辑的道理 / 093

　　黄昏？美国没有黄昏。我们这里，每天都是旭日东升，到处都是崭新的机会，可以编织各种梦想，黄昏是不可能的。

　　当红色的蔷薇含苞待放时，唯有剪去四周的枝叶，才能在日后一枝独秀，绽放成艳丽的花朵。

一　"美国世纪"的争论 / 096
二　美国战略的矛 / 106
三　美国战略的盾 / 129
四　美国战略的巧 / 139
五　美国战略的战略 / 168

第三章　觉醒的战略发源地——尊严是人类的普世价值，用太阳的温暖去移风易俗要比用暴风骤雨好 / 191

　　20世纪人类在政治上的觉醒并不只是在内政方面，而且也体现在国际政治方面，处于最高层次的，在全球具有最大公约数的，可能是尊严、和平、正义、平等、与人为善这些不朽的原则。这些也可以称作人类的万能语言，是人类的共同感情，用这种语言能够向任何心灵说话和被一切人所理解所接受。

　　一旦欧洲的发展臻于某种程度，数世纪以来静静发展成熟的语言与文化群体，便会开始浮现，世界不再是由被动的斯民所组成。他们开始清楚地意识到：自己已成为历史的主宰力量。

一　英国：蓦然转身——从"英帝国"到"英联邦" / 194
二　法国：邻居是上帝的安排，相处的方式可以自己选择 / 201
三　德国：欧洲一千年来最强烈的谢罪 / 207
四　欧盟：尊严、和平、正义、平等……决定了"合众国"的价值 / 214

第四章　不死的复仇鸟——色香俱散，在国际政治中愤怒绝无地位 / 223

今天的日本以三种截然不同的形态并存于世：还没有完全死亡的旧日本，只具有精神雏形却没诞生的新日本，正经历着最严峻困境的过渡期的日本。

一个迷失方向的日本，犹如一条在沙滩上搁浅的鲸鱼，无助地四处拍打，十分危险。

一　激情燃烧的 20 年——从占领土地到占领市场 / 225

二　一流的经济二流的生活三流的政治 / 230

三　菊与刀之困：从脱亚入欧、脱亚入美、脱美返亚、摇摆不定，到重新绑定美国 / 240

四　武士道、大和魂抛弃之必要：政治上的理想主义与激情，与战略上的盲目和虚荣是水火不相容的 / 255

第五章　劫后重生的双头鹰——选择最艰难的路，你就会没有竞争对手 / 263

俄罗斯民族是最两极化的民族，它是对立面的融合。它最能激起对它的热烈的爱，也最能激起对它的强烈的恨。它可能使人神魂颠倒，也可能使人大失所望。从它那里永远可以期待意外事件的发生。

有一些民族注定要教给这个世界一些伟大的道理，我们就是一个这样的国家。

一　一个民族有两大悲剧，一是失去梦想，一是梦想实现 / 265

二　世界需要一个强大的俄罗斯 / 269

三　战略不能代替实力，却可以放大实力 / 278

四　普京——重冰覆盖下的一座火山 / 291

第六章　世俗的宗教王国——除了真理，没有别的上帝 / 299

印度以它现在所处的地位，不能在世界上扮演二等角色，要么做一个有声有色的大国，要么就销声匿迹。

我们不属于任何集团，而且主张不论世界上发生了什么都不加入任何集团。如果我们会因此而孤立，我们将光荣孤立。

一　在漆黑的隧道里也仰望星空 / 301

二　非暴力，不合作 / 303

三　等距离，不结盟 / 307

四　致力于对全世界都有用的原则 / 312

第七章　苏醒的东方睡狮——她令世界感动，而不是颤抖 / 317

我们时代的奇迹之一是，经历了20世纪最惨重灾难的中国，却注定要在21世纪成为世界领导力量之一。拿破仑在160年前说过："那边躺着一个沉睡的巨人。让他睡吧！因为当他醒来时，他将震撼世界。"这个巨人现在醒了。他的时代到来了，他在准备震撼世界。

一　独立自主，对大国不惧，对小国不侮 / 322

二　和平为上，慎战而不惧战，尚武而不黩武 / 348

三　与邻为善，己所不欲，勿施于人 / 376

四　对外开放，融入世界，奋发有为 / 387

五　所有战略都受制于不变而科学化的原则 / 400

结束语　唯一值得恐惧的是恐惧本身 / 407

新的千年不必是恐惧或担忧的时代。如果我们共同努力，相信自己的能力，新千年可以成为希望和机遇的时代。

让我们共同铭记历史所启示的伟大真理：正义必胜！和平必胜！人民必胜！

主要参考文献 / 421

绪 论
Introduction

20世纪——全球战略博弈的世纪

> 在现有的复杂的世界环境中,军事、经济、科学、技术、政治、心理等因素之间的分界线几乎都已消灭,我想一种远较宽广的战略观念对于生存是有所必要的。
>
> ——〔美〕魏德迈

绪论 20世纪——全球战略博弈的世纪

20世纪是战略在全球、全领域、全时空不断向纵深发展的世纪。两次世界大战和紧随二战之后发生的长达40多年的冷战，把战略发展推向了极致。大国战略战——一种基于政治决策和政府精神的交战，只是在这个世纪，才得以突破战争和军事的范畴，以全球乃至外层空间为谋划的舞台，以国家综合国力为谋划的主体内容，以除战争方式之外的政治战、经济战、外交战、文化战、心理战等为谋划的主要手段，以国家在国际政治和国际关系中的地位与作用为谋划的终极目标，真正成为国与国之间的一种战争。而从战略观念或战略自身来看，也才逐步完成了从军事战略到安全战略再到发展战略的蜕变和升华。

一 群雄逐鹿，开启了全球战略时代

以1851年在英国伦敦举办世界首届博览会为起点，人类社会进入了一个加速发展的时期。随着此后几十年间工业化水平的迅速提高，军队武器装备的迅速发展，西方资本主义列强的控制欲、征服欲也明显地膨胀起来了。到20世纪初，世界已进入新生的帝国主义国家德国、美国和日本与老牌帝国主义国家英国、法国、俄罗斯等国家群雄并起、在全球逐鹿的时代。1900年，虽然当时可以算作世界大国的英国、法国、德国、奥匈帝国、意大利、日本、俄国和美国还曾八国联手占领中国北京，开启了帝国列强联合远洋征服的先河，但到1904年，就在欧洲基本形成了德、意、奥同盟国与英、法、俄协约国两大集团对峙的局面，同时也呈现出英、法、德、意、美、俄、日、比、荷等国瓜分世界的格局。

1914年6月至1918年11月，人类历史上的第一次世界大战发生了。这场大战虽然是由一次偶然事件所引发的，但实际上是一场帝国列强为重新划分势力范围、在海外争夺殖民地和争霸世界的战争。按照列宁的说法，是世界资本主义国家进入帝国主义阶段后政治经济发展不平衡的产物。

第一次世界大战结束后，旧的格局解体，世界列强又开始了新一轮的分化组合。以英、法、意、日为主的资本主义国家试图以凡尔赛体系为基础来建立新的国际秩序，但由于凡尔赛条约的掠夺性和不公正性一直在不断地激化着这个体系内部和外部的种种矛盾，所以战争的阴云并没有完全散去。于是，在巴黎和会中"分红"不多的美国便于1921年11月邀请英、日、法、比、荷、葡、中等国在华盛顿开会，经过3个月的讨论后相继签订了5份条约、1份补充条约、1项声明和13个决议案，才总算形成了一种大致的国际均势。

表面上看起来，此时的世界似乎出现了和平的景象。英、法、意、日列强曾在此前的巴黎和会上获得了丰厚的利益，美、比、荷、葡又通过华盛顿会议确立了其在远东及太平洋的利益，而英、法、意三国则再次从华盛顿会议中得到了"分红"，列强之间的关系似乎得到了调整和改善，帝国的胃口似乎也该满足了。但是，新格局的建立并非易事，凡尔赛—华盛顿体系也并没有根治帝国的顽疾，争夺更大的势力范围仍然是列强不懈的追求。尤其是1929年至1932年世界性经济危机的发生，又使整个资本主义体系中新老帝国之间的矛盾进一步加剧。由此，国际局势发生急剧变化，新一轮的博弈又开始了。在欧洲，意大利和德国的法西斯主义势力迅速崛起，并最终夺取政权，策划着向外扩张。在亚洲，日本的极右势力主宰了日本军部，军国主义横行，并开始了其对亚洲的侵略。到20世纪30年代末，由于资本主义发展不平衡的再度加剧和世界新的战争策源地的再次形成，帝国列强便逐步形成了两大军事集团，即以德、意、日为主的轴心国集团和以英、法、美为首的同盟国集团。虽然新生的社会主义国家苏联此时奉行中立政策，但其高歌猛进、迅速发展起来的工业化成就，却也让经济陷入整体性危机的西方资本主义社会垂涎欲滴。所以，在第二次世界大战前，世界上实际是德、英、法、美、日、意、苏七大国并存，互争雄长。

不平衡就意味着冲突，扩张就意味着战争。果然，日本在1931年出兵占领中国东北的基础上又于1937年发动了全面侵华战争，德国从1938年开始先后吞并了奥地利和捷克斯洛伐克，意大利从1936年开始侵占了埃塞俄比亚和阿尔巴尼亚。德、意、日法西斯的这一系列侵略战争，拉开了第二次世界大战的序幕。而此时英、美、法集团则奉行绥靖政策，并力图把战火引向苏联，就进一步鼓励了德、意、日法西斯的侵略野心。以1939年9月德国法西斯突袭波兰为标志，第二次世界大战便全面爆发了。

战略思想从来就是伴随着人类社会的发展变化而不断向前演进的，并且总是能反映出其所处时代的精神和面貌。从20世纪初到二战结束的这四五十年间，最能代表战略发展变化的，主要是下述几个方面。

第一，战略的着重点已经从着眼战争延伸到和平时期，和平时的战略计划日益受到重视，战争与和平之间的界限也变得越来越模糊。

过去，战略主要是着眼战时状态，现在则转变为既着眼战争制胜，也关注平时的状态。过去，战争制胜主要是比权量力，而现在除了比权量力更要斗智伐谋。过去，制定战略主要是要求了解威胁和准备战争，而现在制定战略则主要是要求预防战争和消灭战争。过去，战略主要是要求重视国家的安全度，而现在的战略则既要重视国家的安全度，也更要重视国家的发展取向。如此众多重要的变化，使战略的制定者们相信，在战争尚未爆发之前即对其作一周详的计划，从战争动员一直到战争结束、到战争结束后的和平治下，制定一场战争的总体战略和详尽计划，不仅是可能的而且是必需的。正是在这样的意义上，英国战略大师富勒在第一次世界大战结束以后指出："在克劳塞维茨所有一切的盲点中，最盲目的一点即为他从未认清战争的真正目的是和平而不是胜利；所以，和平才是政策的根本理想，而战争则只是企图实现此种理想时所使用的一种手段。"① 美国战略学家荷马·李同样认为："和平与战争是一种相对的名词，用来描述人类斗争的两个阶段，其间并无明显分界存在。"②

第二，战略和战争已经不再是职业军人的专利，政治战略家和文人战略家大量出现。

在19世纪以前，几乎所有的战略家都是职业军人，他们的思想，除极少数外，也大都是在军事的范围内。如果严格地加以区分，他们的战略其实只是军事思想，并未真正达到战略的境界。而经过一战、二战的实践和洗礼，

---

① 钮先钟：《西方战略思想史》，桂林：广西师范大学出版社2003年版，第454页。
② 钮先钟：《西方战略思想史》，桂林：广西师范大学出版社2003年版，第526页。

战略已经从主要为军事领域，变成包括政治、经济、军事、外交、科技、文化在内的政略。同时，战争不仅需要指挥，而且也需要管理。而为了获得整合而又有效率的战争努力，国家又还必须要有一个最高权威即最高统帅来作全面的战争指导。于是，既是政治家又是军事家的战略大家就涌现出来了。从事战略设计和实施的人也由原先单纯的职业军人，迅速发展为既有军事指挥员，更有政治领导人，有时甚至是国家领导集团。

第一次世界大战结束后，时任法国总理克雷孟梭不无感叹地说道："战争是一件太严重的事情，不能委之于将军。"[1]看来，这并不是他对职业军事领导人存在什么歧视或者偏见，而实在是战略和战争的发展变化所带来的客观需要。

第三，战略所谋划的地理范围扩大，突出的是战略力量的运用突破了地缘界线和空间范围。

在地缘界线方面，战略力量的运用已经由过去的疆界范围、区域范围扩大到了全球。继第一次世界大战的战车突破洲际范围后，第二次世界大战的参战国家和地区更是达到61个，卷入人口20多亿，战火遍及欧洲、亚洲、非洲3大洲和太平洋、印度洋、大西洋、北冰洋4大洋。在如此广阔的海陆战场上进行角逐，这是人类有史以来的第一次。

在空间范围方面，战略力量的运用已从地面、水面扩大到了天空，空中变成了新的战略领域。在19世纪以前，战争基本上是在陆地和海上进行的。虽然在19世纪初的拿破仑战争中，法军曾偶尔使用气球来作侦察工具，但这不足以成为军用航空的起点。只是进入20世纪后，随着1903年12月美国的莱特兄弟把一架飞机送上天、1911年至1912年间意大利在近东的一场小型战争中首次使用飞机攻击土耳其并从此揭开了空中作战的序幕、一战期间欧洲列强都建立了自己的轰炸机部队投入作战以后，才给战争的样式和战略的发展带来了革命性变化。

空中作战是意大利首创的，空权思想也同样首先兴起于意大利。意大利中央航空局长杜黑认为，空权已经带来战略革命，因为使用空权可以直接毁灭敌国的心脏，而无须再按照传统的战略观念在地面、海上进行长期而艰苦

---

[1] 钮先钟：《西方战略思想史》，桂林：广西师范大学出版社2003年版，第423页。

的战斗；尤其是，空中攻击的精神效果还远远超过物质效果。到 20 世纪 20 年代，英国空军也制定了其独有的作战原则，即把战略空中攻击作为一种对敌国实施独立攻击的手段，其目的是迅速而直接地剥夺敌方持续战争的基础和意志；并且认为，这种空中作战本身即可成为战争制胜的工具，因为这种攻击能使敌方心脏地区受到立即和直接的毁灭。到第二次世界大战时，空中作战和独立空权观念就更普及了。在战争中，空军所攻击的对象也已经覆盖军事类、工业类、都市类、能源类、运输类等所有能对战争胜负起重大作用的目标。在这种条件中，新的战略思想便油然而生。

第四，随着战争已经变成总体战、战争的规模和复杂性日益增大，战略所谋划的内容得到了进一步拓展。

20 世纪发生的两次大战特别是第二次世界大战，战争已是集政治、军事、技术、经济、精神等因素为一体的总体战争和全民战争。这种以全面性、全体性为突出特征的总体战，是以往任何战争所不能比拟的。其主要不同之处包括：交战国家的全部领土、全体人民都必须参加战争；交战国家的经济体系必须适应战争的要求；交战国家必须使用宣传工具来增强本国的士气，并减弱敌国的政治团结；交战国家必须在公开宣战之前即开始进行战争筹划，以尽量减轻战争对社会生活造成的影响。由此一来，指导这种战争的战略，就不得不在内容上进行大幅度拓展，并需要整合国家的政治、军事和社会精英来共同回答。与此同时，其战略力量的运用也就需要从过去以军力或局部力量为主，变成国家总体力量即综合国力的运用。

第五，一方面，工业生产能力、科技发展水平对战略造成了前所未有的冲击；另一方面，战略对工业生产和科技发展的需求牵引力也急剧增加。

由于以往战争的消耗主要是靠战前储备，对工业生产和科技发展水平的依赖度相对较弱，而 20 世纪上半叶的两次世界大战特别是二战，战争主要靠的是战争潜力，即工业生产能力和科学技术发展水平，这就使战略的谋划不得不受到这两种因素的极大制约。而与此同时，战争的需求又反过来极大地激发了工业生产和科学技术水平的迅速提高。

总结二战中反法西斯各国之所以能够最后彻底打败德、意、日三国，除了战争的正义性以外，另一个重要的因素就在于具有雄厚的物质技术基础和工业生产系统。当时，美、苏、英、法、中五国与德、意、日三国的力量对比，人力具有 4 倍优势，钢铁具有 3 倍优势，石油的优势就更大。在美国，其战时的生产能力发挥到了极致，时任总统罗斯福说："美国的劳动力与资方年产飞机 10.9 万架，坦克 5.7 万辆，战舰 537 艘，登陆舰艇 3.1 万艘，货轮 1900 万吨位……以及年产小型武器军火 230 亿发子弹——我真的不理解，我相信你也不会理解。"①

同时，同盟国当时的各种科学技术也被广泛地应用于军事领域，飞机、坦克、火炮、舰艇和雷达、电子器材等各种性能先进的武器技术装备，都被广泛地运用于战场。临近战争结束时，还首次使用了两枚原子弹。

在 20 世纪上半叶第二次世界大战结束之前，战略概念及其战略要素所发生的以上这五大变化——战略观念的延伸，战略力量运用空间范围的扩大，战略谋划主体内容的增加，以及影响战略主要因素、制定战略人员身份的变化，虽然从总体上来看仍然还是在延续传统，仍然还局限于战争和军事的范畴，仍然只是为了战争制胜或筹划下一场战争而存在，但却把战略思想提高到了一个崭新的境界，并且为下一步质的飞跃创造了条件。

二 两极对抗，使战略成了国与国之间的一种战争

第二次世界大战结束以后，人类遇到的最大政治灾难是以美国为首的西方社会与以苏联为首的社会主义国家之间进行的被称为"冷战"的长达 40 多年的激烈对抗。

这场冷战是以美苏双方最高领导人的一些讲话揭开序幕的。

罗斯福 1945 年 4 月 12 日去世后，接替他出任美国总统的杜鲁门就同苏联在对日作战问题上发生严重分歧，并且非常生气地说："我们必须强硬对付俄国人，他们不知行止，好似水牛闯进瓷器店。他们建立政府只有 21 年，我们已逾 100 年，英国更是有数百年悠久历史。我们必须教导他们如何知行

---

① 〔美〕唐纳德·怀特：《美国的兴盛与衰落》，徐朝友等译，南京：江苏人民出版社 2002 年版，第 65 页。

知止。"①

1946年1月，鉴于二战结束后美、英、苏三国并未就伊朗、土耳其、希腊的战后撤军等问题达成一致，杜鲁门又当面向国务卿贝尔表示，他对苏联在伊朗和土耳其的做法极度不满，并声称，除非苏联碰到铁拳和强硬的抗议，另一次大战就可能发生，所以美国不应再作任何妥协。

1947年3月，在接连收到一些对美、英不利的消息后，杜鲁门于3月12日下午1点在美国国会参众两院举行的联席会议上发表了事后被冠名为"杜鲁门主义"的演说。他在演说中态度强硬并且坚定不移地说：

> 在世界历史的当前时刻，世界已分为两个敌对的营垒，世界上现存在以下两种生活方式：
>
> 第一种生活方式是以多数人的意志为基础的。它突出地表现为自由制度、代议制政府、自由选举、对个人自由的保障、言论和宗教信仰自由和免于政治压迫的自由。
>
> 第二种生活方式则是以少数人的意志强加于多数人为基础的。它所依靠的是：恐惧和压迫、报纸和广播受到控制、事先安排好了的选举和个人自由的压制。
>
> 几乎每个国家都必须在这两种生活方式之间作出选择，但这种选择却不是自由的选择。
>
> 我认为，美国的政策必须是支持各国人民，因为他们正在抵制武装的少数集团或外来压力所试行的征服活动。
>
> 我认为，我们必须帮助各国人民以他们自己的方式去解决有关他们各自命运的问题。
>
> 我认为，我们的帮助应该首先通过经济和财政援助的途径，这种援助对稳定经济和有秩序的政治进展是关系重大的。
>
> 世界不是静止的，现状也不是神圣的。但我们不能听任采用诸如强制压力的方法，或通过诸如政治渗透的诡秘伎俩，来破坏联合国宪章，改变现状。

---

① 〔美〕亨利·基辛格：《大外交》，顾淑馨、林添贵译，海口：海南出版社1998年版，第401页。

由于事态的急速发展,伟大的责任已经降临我们头上。

在这一决定命运的时刻,如果我们不援助希腊、土耳其,不论是对东方还是对西方来说,其影响都将是深远的。美国必须承担自由世界抗拒共产主义的使命,必须反对苏联共产主义的入侵,而且必须采取迅速而果敢的行动。①

杜鲁门的这次讲话,是美国外交政策的转折点,也是美国开始对苏联进行冷战的重要标识。

在杜鲁门作这次演说之前,曾获诺贝尔文学奖的英国首相丘吉尔以他那特有的语言首次提出了所谓"铁幕"的概念。1946年3月5日这天,在美国逗留的丘吉尔在杜鲁门的亲自陪同下,来到美国富尔敦的威斯敏斯特学院发表了题为"和平砥柱"的演说。他在演说中讲道:"从波罗的海的斯德丁到亚德里亚海边的里雅斯特,一幅横贯欧洲大陆的铁幕已经降落下来了。在这条线的后面,坐落着中欧和东欧古国的都城。华沙、柏林、布拉格、维也纳、布达佩斯、贝尔格莱德、布加勒斯特和索非亚——所有这些名城及其居民无一不处在苏联的势力范围之内,不仅以这种或那种形式屈服于苏联的势力影响,而且还受到莫斯科日益增强的高压控制。""在遍布世界各地的许多国家里,共产党第五纵队已经建立。它绝对服从来自共产主义中心的指令,完全协调地工作着。"②他还呼吁各英语民族同胞手足联合起来,反对"铁幕"后面的国家。他说:"这种联合就是以英联邦和帝国为一方和以美利坚合众国为另一方建立特殊的关系。""而且要求双方军事顾问继续保持密切的关系,以便共同研究潜在的危险。""它还应包括联合使用两国在世界各地掌握的所有海空军基地,使所有的设施继续用于共同安全的目的。"③

丘吉尔的这次演说是事先经过精心策划的。自半年前在英国二战后举行的第一次大选中失败以后,他就到处兜售反苏反共的主张。从1945年年底到

---

① 《战后世界历史长编》编委会编:《战后世界历史长编》第1编第3分册,上海:上海人民出版社1977年版,第47页。
② 《战后世界历史长编》编委会编:《战后世界历史长编》第1编第2分册,上海:上海人民出版社1976年版,第46页。
③ 《战后世界历史长编》编委会编:《战后世界历史长编》第1编第2分册,上海:上海人民出版社1976年版,第46页。

绪论 20世纪——全球战略博弈的世纪

1946年春天的这几个月里,他也一直在为这次演讲做准备。丘吉尔的这次讲话,完全符合美国对苏政策的需要,对冷战的爆发起了重要推动作用。

而作为冷战对手的苏联,其最高领导人斯大林则于1946年2月9日在莫斯科选区的一次选民大会上发表演说,明确指出现代资本主义是新的世界大战的根源,表示要再搞三个甚至更多的五年计划来促进国家工业化,以保障苏联具有足够应付各种意外事件的能力。斯大林还特别强调,战争是垄断资本主义的必然产物,资本主义国家一有机会就会发动第三次世界大战,以达到消灭社会主义、消灭苏联的目的。①

针对丘吉尔发表的"铁幕"演说,斯大林于1946年3月13日对《真理报》记者发表谈话,谴责丘吉尔的演说是危险的行动,是战争的信号。他说:"英国的种族理论使丘吉尔先生和他的朋友得出这样的结论:讲英语的民族是惟一的最优秀的民族,应当统治世界上的其他民族。""毫无疑问,丘吉尔先生的方针是进行战争的方针,是号召同苏联进行战争。"②

斯大林的这种态度和认识,决定了苏联将把以美国为首的西方垄断资本主义社会作为自己的防御对象。

接下来,美国又通过3份最著名的文件完成了冷战战略设计。

一份是1946年2月22日美国驻莫斯科临时代办乔治·凯南给美国国务院发回的一封长达8000字的电报。

在这份电报中,凯南对二战后苏联的"理论、意图、政策和做法"以及美国应采取的对策提出了全面的分析和建议。他认为,苏联行为的动机和苏联的政治制度、意识形态、历史传统决定了它必然要谋求无限制的向外扩张;苏联和美国之间不可能有永久性的妥协,美国同苏联打交道时,不能仅仅依靠谈判,必须依靠实力;苏联现在的力量弱于西方,还不会引起美苏之间的全面军事冲突,美国只需要拥有足够的力量和表明准备使用它,就不必进行有损威望的摊牌。③

尽管在这份电报中,凯南并没有使用"遏制"一词,但他实际上已经提出

---

① 牛军主编:《冷战时期的美苏关系》,北京:北京大学出版社2006年版,第30页。
② 《战后世界历史长编》编委会编:《战后世界历史长编》第1编第2分册,上海:上海人民出版社1976年版,第55页。
③ 《战后世界历史长编》编委会编:《战后世界历史长编》第1编第2分册,上海:上海人民出版社1977年版,第34—35页。

了一套相对完整的遏制苏联的理论，并基本框定了与苏联对抗的基本方式，即只要保持威慑与压力即可，无须进行战争。而在1947年3月杜鲁门主义出炉后，凯南又在1947年7月份的美国《外交季刊》上发表题为"苏联行为探源"的文章，正式提出了"遏制"一词，并进一步阐述了他的遏制思想与遏制战略。他在这篇文章中称："苏联原来的意识形态一点也没有被正式放弃，莫斯科方面根本不会真诚地设想，在苏联和所谓资本主义大国之间还有共同的目标。""美国不可能指望在可预见的将来同苏联政权享有政治上的亲善关系。美国必须继续在政治舞台上把苏联看作是对手而不是伙伴。""灵活而警惕地运用对抗力量加以遏制。"[1]

美国新闻评论家沃尔特·李普曼和赫伯特·费斯认为，凯南的这篇文章是"说明美国外交政策根源的一篇头等重要的文件"，"为杜鲁门的咨文提供了一个更坚定、更严峻的理论基础。也可以说，它把杜鲁门主义发展成了一个纲领"。

第二份是1947年9月24日由美国总统特别助理克拉克·克利福德提交的长达50页的绝密报告《美国与苏联的关系》。

这份应杜鲁门总统要求而起草的报告，详细分析了苏联的军事集结、苏联与其他国家共产党的联系以及苏联在世界各地的扩张威胁，然后提出了美国所应支持和援助的国家名单。并且强调，不这样做的唯一后果就是鼓励苏联的进一步扩张，使得以后阻止这种扩张的行动变得更加困难，代价更加昂贵。

第三份是1950年4月14日由美国国务院政策设计司主任尼采主持起草并获美国国家安全委员会通过的第68号系列文件，也称NSC 68号文件。

这份被许多史学家称为"美国国家安全政策的圣经"、"美国冷战战略的蓝图"、"美国遏制战略最完整最系统最明确表述"的文件，详细分析了当时世界危机的背景、美国的基本目标和能力、苏联的基本意图和能力、美苏在意识形态和价值观领域潜在的冲突以及美苏两国核武器的能力比较，并提出了构建美国国家安全思想体系的建议。这份文件强调，"冷战事实上是一场真正的战争"，美国需要"投入所有的创造性，作出牺牲，并团结一致，才能达成国家的目标"。

---

[1] 《战后世界历史长编》编委会编：《战后世界历史长编》第1编第3分册，上海：上海人民出版社1977年版，第62、64、66页。

绪论　20世纪——全球战略博弈的世纪

在苏联方面，也有因应美国上述文件的对应物，这就是1946年9月间由苏联驻美国大使尼古拉·诺维科夫起草并得到苏联外交部长莫洛托夫指导和实际参与而提出的一份报告。这份题为"战后美国对外政策"的长篇报告，同样全面分析了二战后美国对外政策的意图和目标；美国在全球的扩张行为；美国正在进行的各种扩军备战活动等等。这份报告断定，美国战后对外政策的特征是谋求世界霸权，已视苏联为其通往世界霸权道路上的主要障碍，并将把苏联作为未来战争的对象。

就这样，二战的硝烟还未散尽，两个在战争中的最大同盟国就迅速地分道扬镳并由合作转向全面对抗了。这场对抗其时间之长，影响之大，手段之特殊，危害之烈，在人类历史上是空前的，以致决定了整个世界近半个世纪的格局。

而作为体现人类最高智慧的战略，由于受到冷战这场特殊战争的影响，它就在这场没有硝烟的战争中，既代替坦克、飞机和大炮成了美苏两国交战的工具，同时自身也发生了深刻而巨大的变化。这种变化最突出地就体现在：决定性地由军事层面上升到了国家安全层面，历史性地开启了国家之间尤其是大国之间战略战的新时代，并且精彩纷呈。

在这场长达40多年的冷战中，人们清楚地看到了如下一些处处体现着战略竞争的典型对抗状态。

意识形态战

这是在美苏两国激烈的搏斗与较量中，从始至终都居于核心地位的要素。对美苏两国而言，意识形态既是冷战的内容和手段，又是冷战的起因和目的。两国几乎所有的政治领导人都毫无例外地把意识形态因素作为其考虑和处理内政与外交问题的重要组成部分。在两国的国家决策中，意识形态也往往起着明显的并且常常是决定性的作用。

第37任美国总统尼克松曾经直言不讳地说："冷战不仅仅是两支敌对军队间的斗争，它还是两种相互对立的意识形态间的斗争。"①"尽管我们与苏联

---

① 〔美〕理查德·尼克松：《超越和平》，范建民等译，北京：世界知识出版社1995年版，第27页。

在军事、经济和政治上进行竞争，但意识形态是我们争夺的根源。苏联企图扩张共产主义，消灭自由，而美国则要阻止共产主义，扩大自由。如果我们在意识形态斗争中打了败仗，我们所有的武器、条约、贸易、外援和文化关系都将毫无意义。"①

杜鲁门时期产生的 NSC 68 号文件，开篇就通过一组非常具有煽动性的言辞——"自由"与"奴役"，"民主"与"独裁"，"宽容"与"强制"，"多样性"与"统一性"，来强调美苏在意识形态上的根本对立。认为，美国在冷战中的基本目标是实现《美国宪法》《权力法案》《独立宣言》所阐述的价值观，而这与"克里姆林宫实行严厉寡头统治、奴役思想之间存在根本的冲突"，"如果克里姆林宫打算实现它的基本意图，那么作为非苏联世界的中心和抵御苏联扩张的堡垒的美国，就是苏联的头号敌人，美国的完整和生机必将受到一种或多种形式的颠覆和破坏"。②

美国在意识形态领域向苏联的进攻丝毫不亚于同苏联的军事竞争。围绕"遏制战略更为关键的目的是促使苏联内部发生变化，最终导致苏维埃政权瓦解，把苏联带进美国所追求的自由世界中来"这个总目标，美国政府把冷战政策和仇共反共情绪结合在一起，迅速开展了一系列讨伐苏联的行动，其主要内容包括：离间苏联与其他社会主义国家之间的关系；鼓动与支持苏联国内的反政府势力；通过国际广播对苏联展开宣传战，揭露苏联社会的黑暗面，宣扬美国的价值观与生活方式，力求"为社会主义培育演变的种子和西方所希望的社会主义制度的掘墓人"。

1948 年，以颁布《美国信息与教育交流法案》为起点，一场被命名为"真理运动"的宣传攻势就展开了。杜鲁门总统明确了"真理运动"的四个主要目标：（1）营造一个对美国领导权充满信心的"健康的国际社会"；（2）公正地展示美国，反驳对美国的误解和错误的认识；（3）通过表明美国期望和平但也做好战争的准备来阻止进攻；（4）通过动摇苏联国内官方的意志和鼓励其他地区的非共产党力量来削弱苏联在世界上的影响。③

---

① 〔美〕理查德·尼克松：《1999 年：不战而胜》，王观声等译，北京：世界知识出版社 1989 年版，第 96 页。
② 于群主编：《美国国家安全与冷战战略》，北京：中国社会科学出版社 2006 年版，第 306 页。
③ 于群主编：《美国国家安全与冷战战略》，北京：中国社会科学出版社 2006 年版，第 328 页。

这场"真理运动"确定了一些关键的实施地区,其中,"核心部分"是苏联和东欧国家,"至关重要的外围"是泰国、缅甸、韩国、希腊、土耳其和南斯拉夫,而"危险地带"则由意大利、法国、印度、巴基斯坦、锡兰、印度尼西亚和菲律宾这些国家组成。

为了全面展开"真理运动",美国国会增加 8900 万美元拨款以加强和扩大国际信息和教育项目。到 1951 年年初,美国的宣传计划覆盖了 93 个国家。"美国之音"的播音从每天 30 小时 24 种语言增加到了每天 61 小时 45 种语言,使其成了"铁幕后面自由世界所拥有的一个最有效的武器"。美国政府向国外分发的印刷品增加到了 6000 万本书、600 万本杂志、4000 万份报纸、3200 万篇新闻发布稿。美国在世界各地的信息中心数量从 105 个增加到了 128 个,人员交流规模从 3000 人增加到了 3900 人。用 32 种语言制作的纪录片利用 145 个可移动的设备每天 24 小时播放。

这场"真理运动"开启了美国冷战宣传的历史。直到苏联解体之前,美国还花费 10 亿美元建成了世界上最庞大最现代化的短波广播系统,以满足对外开展宣传攻势的需要。

针对美国咄咄逼人的严酷现实,苏联也针锋相对。一方面,在国内严格控制社会舆论,甚至把意识形态作为判定一切人、一切事物的终极标准,使得整个社会的政治生活几近凝固和窒息。另一方面,在国际社会既驳斥美国对自己的攻击,揭露和批判西方的社会制度和生活方式;同时又大力宣传苏联的建设成就和政策主张,提倡世界革命,鼓励和支持其他国家走社会主义道路。

斯大林认为,苏联与西方的斗争从一开始就是一场资本主义与社会主义谁胜谁负的战争。早在苏维埃建立之初,斯大林就在一次报告中指出:"处在资产阶级国家包围中的我国,像一座巨大的石山屹立着。波浪一个接着一个地向它冲击,气势汹汹地要把它淹没,把它冲毁。但是这座石山仍然屹立不动。我国的力量何在呢?这不仅是因为我国建立在工农联盟上,它体现着各自由民族的联盟,它受到红军和红海军的强有力的保护。我国的力量,它的坚强巩固,就在于它得到全世界工人和农民深刻的同情和坚决的支持。全世界工人和农民都想保全苏维埃共和国,认为这是列宁同志用他百发百中的妙手射入敌人阵营的一支箭,是他们希望摆脱压迫和剥削的靠山,是给他们指

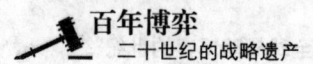

出解放道路的可以信赖的灯塔。"①

1946年二三月间，斯大林还说："现在，胜利表明，我们的苏维埃社会制度赢了。……苏维埃社会制度是比任何非苏维埃社会制度更优秀的社会组织之形式。"②"不能认为共产党影响的增长是偶然的，这完全是一种合乎规律的现象。历史发展规律就是这样。"③

虽然后来在赫鲁晓夫时期和勃涅日列夫时期苏美关系有过缓和，但苏联宣称"缓和只涉及国与国之间的关系，不适用于意识形态领域"。勃列日涅夫认为，既然苏联是世界上第一个社会主义国家，是世界上最先进的社会制度，那这个国家以外的世界就都是落后的、贫穷的、没落的，甚至是濒临死亡的；20世纪30年代、60年代美国乃至整个资本主义世界发生的经济危机和社会颓废，不正是证明了苏联是世界上唯一的光明之国，唯有苏联在发展、唯有苏联最先进、唯有苏联最强大、唯有苏联最有前途吗？于是，他动用一切手段和舆论工具同美国进行意识形态战，在他主政后期使苏联与美国的全面竞争达到了白热化程度。

毫无疑问，在整个冷战期间，美苏双方都把自己当成了救世主，认为自己的"主义"就是灵丹妙药，自己的道路就是其他国家的归属。所以，双方就都把意识形态当成了外交的内核，在世界各地推广它们的价值理念，并且认为合理合法。以至于冷战结束之后，美国仍然将民主自由作为其外交政策的基础和履行国际责任的旗帜。

经济战

美国对苏联展开的经济战，有经济援助和经济制裁两个部分。其经济援助主要是为了巩固美国的盟国和战略伙伴，加强其经济和政治实力，以及扩大和巩固美国的势力范围，其中也包括提升美国的软实力。经济制裁政策也被称为"经济防卫政策"，其主要意图是削弱苏联的政治经济实力和延缓其发展，以取得战略上的优势。

---

① 泽明等编：《外国首脑文集》上册，北京：中华工商联合出版社1997年版，第152页。
② 〔美〕亨利·基辛格：《大外交》，顾淑馨、林添贵译，海口：海南出版社1998年版，第414页。
③ 泽明等编：《外国首脑文集》上册，北京：中华工商联合出版社1997年版，第147页。

战后初期至20世纪50年代，美国是当时资本主义世界能够对其他国家进行经济援助的唯一国家。主要援助对象是西欧与日本。美国认为，这是其与苏联争夺势力范围在欧亚大陆东端和西部必须建立的两个桥头堡。在西欧主要是实施马歇尔计划，其根本目的是通过帮助西欧国家进行经济重建，防止共产主义在西欧国家的扩展，以便在受援国确立一种资本主义制度能够继续生存的政治与社会环境。在日本，美国主要是通过占领初期施以经济援助和朝鲜战争期间的大量军需订货扶持其发展，以巩固美日同盟关系，并逐渐把日本建设成为美国在亚洲地区同苏联抗衡的前沿阵地。

在与苏联的经济战中，为了增强效果，美国不断地转化援助项目和目标。在20世纪60年代前，美国对外援助的项目和目标主要是促使受援国的经济发展。1961年4月，时任总统肯尼迪在谈到对外经援时说，为了最终取消美国的经济援助，必须尽可能增强目标国自己赢得经济发展的能力。为此，美国把对外经济援助组织机构的名称也由"国际合作局"更名为"国际发展局"。到了20世纪70年代，美国提出了新的对外经济援助目标，即由原来促进受援国的经济发展，转到满足受援国的基本人权要求，并以此向苏联施压。进入20世纪80年代后，美国在对外经济援助中又提出了主要是促进民主化的新目标，即对外经济援助要直接服务于美国在世界各地推进民主化进程。这就意味着美国把与苏联展开的经济战又上升到了政治制度竞争的高度。

作为美国冷战对手的苏联，则在马歇尔计划提出不久就断定：马歇尔计划有着不可告人的目的，其要害是把欧洲分裂成两个国家集团，利用一些欧洲国家去反对另一些欧洲国家，为美国谋求霸权利益服务。有鉴于此，苏联最终决定拒绝接受这项援助计划。但是，由于波兰和捷克斯洛伐克曾想加入这个计划，苏联又担心东欧国家对苏离心倾向增加。于是，苏联在1947年7月至8月的一个多月时间内，先后迅速与保加利亚、捷克斯洛伐克、匈牙利、南斯拉夫、波兰等国签订了双边贸易协定，被西方称之为"莫洛托夫计划"，初步筑起了东欧的经济壁垒。随着1949年1月经济互助委员会的成立，东欧国家的经济就完全纳入了苏联的轨道。1952年2月，斯大林又正式提出社会主义和资本主义"两个平行市场"理论，并从此展开了同美国的激烈经济竞争。

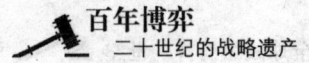

军备战

在美国的遏制政策中，尽管遏制包括许多方面，而且在不同的时期也有不同的表现，但其中的一个基本特点是，美国始终把追求军事上的优势作为其遏制政策的核心。不管是对军事优势的追求，还是在军事力量相对均势的条件下搞军控谈判，其核心都是要寻求美国在军事上有利于己的态势。对美国来说，军事上的优势是维护自己安全和自己价值普世化的最为重要的手段。因此，追求绝对的军事优势是美国冷战战略的内在逻辑。

冷战之初的美国军事目标就是全球性的。美国国家安全委员会1950年4月通过的第68号系列文件就提出了一整套扩军备战计划，包括增加美国的军费开支，增加美国的对外军事援助，使美国及其盟国的军事力量在战争初期和整个战争时期都胜过苏联及其卫星国所使用的军事力量，而且能为美国和加拿大提供足够的防空保护，为英国、西欧国家和阿拉斯加、西太平洋、非洲及中近东提供充足的地面和空中保护等。为了实现既保护盟国和盟友、又对苏联及其所领导的社会主义阵营形成强大威慑的双重目标，美国又先后同许多国家和地区缔结了军事同盟或军事互助条约，如北大西洋公约组织、日美安保条约、美韩共同防务条约、东南亚集体防务条约、美台共同防御条约、中央条约组织等等。

基于同苏联的对抗将是长期的，必须有强大的经济力量做后盾，军事力量的发展不能以损害经济力量的健全为代价；与苏联的对抗主要是政治的而非军事的，保持强大的军事力量与其说是为了进行战争，倒不如说主要是为了遏制战争的发生这样的判断，美国在艾森豪威尔总统执政的8年时间里，提出了以"大规模报复"为核心的军事战略。这一战略的特点是高度重视核力量和核威慑。认为，核武器"现在是决定性因素"，美国应该积极发展大规模的核打击力量，应该具备"有选择地打击"和"立即报复"敌人的核能力。"大规模报复战略"的提出，把美国的战略定义从达到战争目的而使用军事力量进行战斗，变成了主要是以军事力量遏制战争，这是美国战略思想史上的一次革命。这一重大变化带来的最为重要的结果，就是为美国的安全战略添加了新的基石——核威慑。由此，美国的核武器生产出现了"井喷"。从1953年到

绪论 20世纪——全球战略博弈的世纪

1961年的8年间，美国的核武器数量由1350件增加到了2.3万件。

到了里根政府时期，美国又提出了"同时至少打两个大规模战争"以及准备在世界"任何一个角落"应付苏联挑战的军事战略。声称，决不允许苏联取得对美国的军事优势，坚决以武力抵抗苏联危害美国利益的任何行动，并且明白无误地向苏联表达，侵略扩张所付出的代价将远远超过所希望获取的好处。同时，采取坚决措施打破美苏之间在军事力量方面的均势，在一些关键地区加强美国的军事存在。并且在1983年至1986年间，通过各种条约和协议向60个国家承担义务，保证了美国武装部队在任何时候都有大约三分之一的人员驻扎在海外。1981年至1985年，美国的国防预算也由1426亿美元增加到2868亿美元，5年间翻了一番。

尼克松说："在长达45年的反暴政斗争中，美国为确保胜利付出了高昂代价：12.7万亿美元以上的国防开支，1.1万亿美元的对外援助，10万多人的生命。"①

苏联与美国的军事竞争也从来就没有停止过。从二战结束至苏联解体前，苏联都在美苏较量的主战场欧洲保持了强大的军事存在。因应北大西洋公约组织的建立，苏联也于1955年5月主导成立华沙条约组织，在冷战中形成了两大完全对立的军事集团。到了勃列日涅夫主政时期，苏美两国的军备竞赛更是达到了顶峰。勃列日涅夫认为，"苏美之间的竞争与对抗是当代国际生活的主要矛盾和主轴"，其主要内容之一就是强化扩军备战，既准备进行常规战争，也准备进行核战争。勃列日涅夫要求，要把扩充军事实力、加速经济发展以及加紧战争部署同时抓起来。

在冷战期间，美苏两国的武装力量虽然没有直接冲撞，但在军事方面的对抗和竞争却一直是重头戏，直至苏联最后瓦解。

科学技术战

几乎是在冷战开启的同时，美国就同苏联展开了激烈的科学技术竞争。1949年8月23日，苏联第一颗原子弹爆炸成功。这意味着美国独家垄断

---

① 〔美〕理查德·尼克松：《超越和平》，范建民等译，北京：世界知识出版社1995年版，第26页。

核武器的地位从此一去不复返了。美国人认为，"冷血的斯大林拥有了原子弹，这简直是一场噩梦"。美国笃定，"苏联社会主义共和国联盟敌意的计划与强大的力量"，构成了对美国安全及美国世界角色"最严重的威胁"。美国人还认为，苏联对美国构成的威胁，不仅仅在于其意识形态，不仅仅在于其控制的土地面积、自然资源和人口，也不仅仅在于其科技发展，更重要的是，苏联希望通过"在体育、艺术、科学成就、工业、政治策略和一切其他方面"击败美国，从而"在世界的其他部分的眼中赢得尊严"以及"证明他们的道路才是未来之路"。

美国的焦虑不是没有道理的。苏联的科学技术水平和成就确实对美国构成了严重的挑战，并且同美国一直就呈你追我赶之势。

既然苏联拥有了原子弹，美国就必须重新获得优势。1952年11月1日黎明时分，随着在太平洋马绍尔群岛一个小岛上的一声巨响，人类历史上的第一颗氢弹又爆炸成功了。它的能量相当于1200万吨TNT火药，比投到广岛的原子弹威力大600倍。此时，杜鲁门总统、国务卿艾奇逊、国防部长约翰逊、参谋长联席会议主席布雷德利等力主研制氢弹的美国决策者，仿佛又找回些自信。

然而，1957年10月4日，苏联又发射了世界上第一颗人造地球卫星，从此开启了利用人造天体有规律地研究和开拓宇宙空间的时代。这也同时意味着苏联的空间技术已领先于美国，并拥有了将核弹发射到美国本土的能力。这对于一个习惯性地认为只有自己的科技才能处于领先地位的国家来说不啻一个打击。时任美国总统科技顾问詹姆斯·基里安认为，这是对于美国"民族自豪感"的"最强烈的侮辱"。甚至有人认为，苏联卫星上天是美国的"第二次珍珠港事件"，是经济与技术大国的奇耻大辱。一时，美国舆论哗然，社会各界纷纷指责政府的无能和失策。

在这样的强刺激下，美国迅速成立国家宇航局，开始了阿波罗登月计划。终于，1969年7月20日凌晨3时，沉寂千年的月球第一次迎来了生命。美国宇航员乘坐"阿波罗11号"飞船，经过75小时50分的飞行首次登上月球，开辟了人类宇航史的新纪元。时任美国总统尼克松亲临现场迎接三位凯旋的登月人和宇航员，说："100多个国家的政府、皇帝、总统、总理和国王发来了贺电，语气之热烈是我们以前收到的贺电中未曾有过的。……他们代表了地球上数十亿人民。凡有可能者都通过电视观看了你们的业绩。"①

而到了20世纪70年代，苏联的科学技术水平也同它的综合国力一样到达鼎盛时期，处于世界科技强国地位。尤其是作为与美国长期军备竞赛的结果，一些世界顶级水平的航空航天技术、电子技术、核技术以及机器制造业、仪表制造业、化学工业等，都已达到规模化水平，令世界瞩目生畏。到了20世纪80年代，苏联高素质的科技队伍已达到150万人，每年产生的新技术发明占到世界总数的三分之一。尤其是，苏联的科学技术成果又主要用于国防和军事领域，其巨大的军事工业体集合了最有才华的科学家，拥有最好的机器设备、最佳的技术资源和独立的研究中心，发展潜力和发展动向莫测，这就让向来追求绝对领先地位的美国更加不安。

于是，进入20世纪80年代后，为了在同苏联进行的军备竞争中继续占据科学技术的制高点，美国又推出了星球大战计划。1983年3月23日晚，时任美国总统里根向全国发表电视讲话，宣布："我已下令制定一个全面深入的研究计划，我们将着手进行一项可以改变人类历史进程的重大事业。"里根在这里所宣布的"重大事业"，指的就是在太空部署最新式的激光和粒子束动能武器，建立以宇宙空间为主要基地的弹道导弹防御系统，以最终实现消除苏联核武器威胁的美好前景。

根据里根的这次电视讲话，美国国防部在1983年10月即提出了星球大战计划，经过国会批准和总统签署之后，于1984年开始实施。这一号称"价值万亿美元的世纪大工程"，是美国20世纪40年代实施曼哈顿原子弹计划、60年代实施阿波罗登月计划之后，提出并实施的第三个全面的科学技术开拓计划。它以庞大的国防预算为支柱，以开发高新科技为中心，以夺取太空优势为目标，同苏联展开了新一轮的科学技术竞赛。

星球大战计划的提出和实施扭转了美苏军事力量对比不利于美国的势头，使美国从战略守势转变成了战略攻势。1993年5月，美国宣布星球大战计划结束，放弃了在空间部署武器的目标，其原因是——"星球大战的使命由于苏联的瓦解而解决了"。

由此可见，在美国人的眼里，科学技术之争从来就不止限于科学技术领

---

① 陶德言主编：《20世纪纵览》，杭州：浙江人民出版社1996年版，第573页。

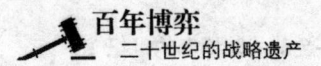

域或者社会经济生活领域,而是一场谁优谁劣、谁胜谁负的政治决赛。

情报战

也许,无论时光如何流逝,人们对20世纪60年代初发生在美苏两个超级大国之间的那次U-2间谍飞机事件是都不会忘记的。

1960年5月1日凌晨,位于巴基斯坦白沙瓦机场的美国飞机驾驶员鲍尔士驾驶着U-2间谍机又出发了。他此行的任务是飞赴苏联,侦察苏联新近秘密研制出的一种新型火箭。上级为他规定了飞行路线,进入苏境后沿咸海、斯维尔德洛夫斯克、基洛夫、库尔曼斯克飞行。天亮时,鲍尔士的飞机已经出现在斯维尔德洛夫斯克上空。这天天气很好,非常适合拍照。尽管是在苏联领空,但他毫无紧张之感。因为他认为,在目前飞行的20000米高空,苏联还没有这种武器能够把他的飞机打下来。

然而,鲍尔士的飞机一入苏境就被苏军的雷达捕捉到了,并一路跟踪监视。与此同时,一阵急促的电话铃声把赫鲁晓夫从睡梦中惊醒了。听说美国的U-2飞机又来了,赫鲁晓夫暴跳如雷,立即下令把它打下来。

不久,鲍尔士发现周围出现了几架米格战斗机,苏联的地面防空部队也向他开了火。据后来鲍尔士回忆:他忽然听到一声沉闷的撞击声,发现一个机翼断裂了。飞机颤动几下之后,便倒栽下来。当时,他没有按照中央情报局的命令进行自我爆炸,而是跳伞逃生。后来他在一家国营农场被苏联人俘获。

苏联在击落U-2飞机后封锁消息,静观事态发展。这使美国不知所措,因为他们不知道U-2飞机的下落,更不知飞行员是生是死,故而也保持沉默。三天后,赫鲁晓夫在一次会议上宣布:苏联击落了一架从事间谍活动的美国飞机。但只此而已,他丝毫没有提到飞行员的情况,也没有摆出任何证据来宣扬此事。这就给美国一个错觉,以为飞行员已经按照中央情报局的命令将飞机爆炸了。5月6日,美国国务院发言人宣布,一架从事气象资料搜集的美国U-2飞机因出现故障在土耳其上空失踪,驾驶员可能飘到苏联境内。这位发言人还肯定:美国绝对没有侵犯苏联的意图。美国撒的这个谎正好落入了赫鲁晓夫的圈套,他决定在必要的时候予以揭穿,让美国下不了台。

绪论 20世纪——全球战略博弈的世纪

5月9日——苏联二战的胜利日，赫鲁晓夫公开披露了这个令美国十分难堪的消息：U-2间谍飞机的驾驶员鲍尔士已被活捉，他对所从事的间谍活动供认不讳，并承认他是按照美国中央情报局的命令行事的。与此同时，苏联还展示了缴获的所有物证：U-2飞机的残片、照相机、胶片等。铁证如山，美国再也无法抵赖了，只得承认撒了谎。

不过，从事这样的情报—间谍活动，美国既不是第一次也不是最后一次。从20世纪50年代起，为了探听苏联及其所领导的社会主义阵营的虚实，就展开了各种各样的情报—间谍战，除了派遣或招募间谍进行地面侦探外，一个重要的途径就是派飞机进入苏联、中国等国家的上空进行侦察。U-2间谍飞机是由美国的洛克希德飞机制造公司研制的，其飞行高度在20000米以上，飞机上装有极其灵敏的巨型照相机，在250平方公里范围内拍摄的照片具有立体效果，十分清晰。它是美国从事高空情报—间谍活动的理想工具。自1956年研制成功以后，U-2飞机就多次深入苏境搜集情报。苏联虽多次提出抗议，但美国都没有理睬。

而在苏联，利用间谍进行情报活动的手法比起美国来也毫不逊色。于1963年暴露出来的那起"世纪最大间谍案"——菲尔比间谍案，其好莱坞谍战片般的惊险情景，同样让人大跌眼镜。

那是在1963年1月的一天晚上，贝鲁特狂风呼啸，大雨倾盆。在英国驻贝鲁特的外交官家里，主人正在焦急地等待着一位重要客人。时间早已过了，但客人还没来。"也许是暴风雨阻住了客人"——主人只好这样安慰自己，摇摇头，自己先开饭。

实际上，客人菲尔比再也不会来了。那天晚上，他在苏联贸易代表团的安排下已经离开贝鲁特，秘密前往莫斯科。这位英国情报局的高级官员就这样悄无声息地在贝鲁特神秘失踪了，留给西方的是一片惊诧和不知所措，直到苏联官方宣布准许菲尔比在莫斯科政治避难为止。

半年后，英国政府宣布，已经确切知道菲尔比在1946年以前就是苏联的情报员。

原来，早在1933年，菲尔比在伦敦的一个联络点见了苏联克格勃在伦敦的负责人之后，他就自愿成了苏联的一名情报员，并且在二战中、二战后为苏联屡建奇功。尤其是在二战快要结束的1944年，菲尔比又被任命为新建立的英国情报局反共反苏科科长。这不但使他能向苏联提供美英两国将要采取什么行动的情报，还能告诉苏联自己内部哪些人可能有危险。果然，菲尔比自己就遇上了这么一次。1945年，苏联驻土耳其总领事准备叛逃英国，并告诉英国人，苏联间谍有谁在英国外交部和情报局工作。幸亏这份情报落在菲尔比手里，苏联的间谍网才未遭破获，叛逃者也被苏联及时处理。

1949年，菲尔比晋升了，被派到华盛顿担任与美国中央情报局联系的英国情报局代表。这期间，英美两国情报机关策划了几次在阿尔巴尼亚和乌克兰的颠覆破坏行动，结果全都因菲尔比而失败了。尽管英国情报局也对他开展过严格的调查，但他都成功地应付过去了，没有露出半点蛛丝马迹。后来，菲尔比又来到贝鲁特，仍然担负着秘密情报员的任务。只是由于一名新的苏联叛逃者供出了菲尔比，他才决定离开。

菲尔比对西方情报部门所造成的破坏是二战期间以及二战后最大的，且时间长达30年，所以被西方称为"本世纪最大的间谍"。他被发现后，苏联立刻把他救了回去，而且对他的卓越工作表示感谢，给予极高的荣誉和奖赏，授予他包括列宁勋章在内的14枚勋章，最后还晋升为克格勃上将。这对菲尔比——一个英国人来说，是当之无愧的。因为他当上苏联的情报员，并不是有人威胁他或诱惑他，而是他自己心甘情愿的，是出于一种信仰。所以菲尔比到苏联后，马上就进入到克格勃核心部门继续从事情报工作，直到1988年去世。

其实，美苏两国在冷战中展开无所不用其极的情报—间谍战，早已不是什么秘密。从苏联来看，早在20世纪40年代末就牵头组建了欧洲共产党和工人党情报局，专事情报搜集和相关活动。而其克格勃部队，更是让国内外闻而生畏。特别是1983年9月在苏联萨哈林上空，将一架载有269名乘客的韩国客机当作美国的侦察机击落，造成了十分恶劣的国际影响。从美国来看，其遏制战略中本身就包括情报搜集、制造动乱、从事颠覆和暗杀，以及散布谣言、散发宣传单和假文件等等在内的秘密行动。只不过碍于国际法和一般国际准则，有时候需要掩人耳目或挂一块遮羞布而已。

心理战

这是美苏双方开辟的一个希望收获"不战而屈人之兵"成果的战场。之所以开辟这个战场,其主要的理由和动机是,冷战是难于通过直接的军事较量来公开展示各自的实力和吸引力的,而通过宣传和公众舆论,则有可能把对方的政府行为和公众态度引向有利于自己的方面。

对于这场"争夺心灵和思想的战斗",美国尤其重视。

1950年年末,美国国家安全委员会出台了一份题为"美国国家安全目标和计划"的文件。这份文件在附录中提出了实施心理战、影响其他国家政府行为和公众心理与态度的6项具体措施:(1)增强合作的基础。通过促进其他国家的政府和人民承认与美国分享利益,把这些国家的政府行为和公众态度引向有利于实现美国目标的方向。(2)展开心理抵抗。以一种持续和非常详细的方式来暴露苏联共产党对其他国家的威胁,促使苏联阵营以外的国家政府和人民把苏联当作不可化解的敌人,不计得失地投入到遏制甚至击败苏联的斗争中去。(3)增强紧急的感觉。在对外宣传时加大暴露和揭示苏联侵略性的军事能力,并在适当的时候公开苏联核武器的能力。(4)增强信心和希望。为了培养对苏联共产主义有效的心理抵抗,不仅要激起对苏联意图的憎恨和对苏联能力的恐惧,还要时常鼓舞非社会主义阵营的自信心和希望。(5)确定美国的角色。强调美国尊重个人自由、憎恨政治压迫、反对极权行为和热爱正义的基本原则,确定美国领导自由世界反抗侵略并最终获得胜利的领导地位。(6)加强针对性。向可能成为苏联侵略目标、持续遭受苏联宣传折磨、战略上和心理上比较容易受攻击,或因内部原因对共产党的宣传异常敏感的国家,广泛传播美国总统、国务卿、国会领导人的讲话以及美国在政治、经济、外交、军事等领域所采取的实际行动。

这份文件还强调:应该迅速推行当前的计划。今天没有生产的枪可以在下个月生产,而今天没有建立起来的心理态度就永远不会出现了。

1951年6月,由美国总统任命,又在美国国家安全委员会建制内成立了独立的心理战略委员会,其正式成员由中央情报局局长、副国务卿、副国防部长等组成。这个委员会的主要职责是,制定实现国家安全委员会目标的心理行动计划,并协调这些计划的实行,评估计划实施的效果。在整个冷战期间,心理战略委员会都是美国国家安全委员会下设的唯一行政机构。

此外,美国实施心理战,也并不只是针对以苏联为首的社会主义阵营,还有相当一部分是针对走中间路线的国家和美国的盟友。美国的最终目标,就是千方百计地巩固内部、稳定中间、争取外围，来最大限度地确保美国的国家安全和利益，以赢取冷战。

早在冷战之初，美国国家安全委员会在冷战战略中就明确界定了：美苏对抗是一场持久的斗争，不仅要使用武装力量，还要动用社会的各种因素，把外交、军事政策和经济力量统一起来，把民用、工业、经济计划和战争计划结合起来，把经济战、心理战与基本的政治、军事目标联系在一起，展开一场"全面战争"①。

一部长达40多年的冷战史已经证明了美国战略设计者们的精明和远见。冷战不仅让战略彻底地告别了主要属于战争和军事的年代，而且还体现出多国、多重、多目标竞争的特征。从多国来看，既有美苏两个头号超级大国挑头，又有其分别领导的两大集团共约50个左右的国家参与其中。从多重来看，既包括意识形态斗争、经济施压、军备竞赛、外交角力、情报—间谍战、心理战，又包括涉及人类生活的方方面面——诸如科技、文化、教育、体育、旅游等等。从多目标来看，不仅要保证领土、领海、领空的安全，而且要保证国家政治、经济以及社会生活领域的安全；不仅要保证自己国家的安全，而且还要保证盟国和伙伴国的安全，并且还有向追求绝对安全发展的愿望和趋势。如此多样化的战略力量和战略手段需要有效整合和运用，如此多重的战略目标需要在竞争中一一实现，实在是无异于进行一场新的世界战争。把战略决定性地提升到了国家安全战略的境界，使战略历史性地成了国与国之间的一种战争，这不能不说是冷战留给人们的最大战略遗产。

三 一超多强格局，提升大战略

冷战两极格局的消失是突然的，几乎是在一夜之间就完成了，但它却也开启了一个新的时代，历史的走向也从此得以改变。

从总体上来看，这个时代呈现出这样一些特征：

---

① 于群主编：《美国国家安全与冷战战略》，北京：中国社会科学出版社2006年版，第307页。

——在政治上是不稳定不确定的。用美国哈佛大学肯尼迪政府学院院长、曾任美国国防部部长助理约瑟夫·奈的话说，是"无极"的。这主要是因为两大原因。一是冷战是在人们毫无思想准备的情况下骤然结束的；而随着它的骤然结束，二战后以美苏遏制与反遏制而形成的两国关系架构和整个国际关系体系也瞬间坍塌。一种存续了几十年之久的稳定状态突然失去，世界秩序难免不出现混乱。冷战虽然结束了一个时代，但却并没有结束国际矛盾与冲突。两极解体后，美国是世界上唯一的超级大国，但美国又并没有一统天下，天下也并不信从。二是从跨国领域的角度看，由于越来越多的非国家行为体参与到国际事务的治理过程中，使传统国家的直接控制能力大大下降。世界上已没有任何一个国家具备单独控制世界事务的能力，也没有任何一个国家可以超然于国际事务运行法则之外。

——在军事上是单极的。这个单极就是美国。其超强军事地位也有两大支柱。一是拥有庞大的军事预算。1991年两极解体时，其军事开支超过其后8个大国的总和。二是其军事技术远远领先于其他世界性大国。在里根政府时期形成的军事战略优势和军事技术优势地位，让所有国家望其项背。

——在经济上是多极的。两极解体时，美国虽然仍然保持着世界第一经济大国的地位，但其在世界经济中的绝对优势却下降了。欧洲、日本已经成为美国的强劲对手。中国奋起直追，其经济也成世界经济发展的引擎。印度、巴西、东盟等都具有巨大的经济潜力。而与此同时，作为造就美国经济繁荣的经济全球化和信息技术革命具有天然的扩散特点，美国因此而丧失经济发展优势的可能性也还在继续增加。

面对这种全新的环境，再加上又值世纪之交、千年之交，世界各大国就不能不对自己的未来进行重新思考和选择。这些思考和选择包括：自己的国家在世界上究竟要扮演什么样的角色，自己的国家目标和战略利益怎么样实现，自己的国家在前进的道路上还面临哪些威胁和挑战，以及对于这些威胁和挑战采取什么样的办法来应对等等。就是在这样一种背景下，带着这样一些问题，世界各大国和力量中心开始了自己的选择和调整。

美国：一切着眼巩固并延长"单极时刻"

毋庸置疑，苏联坍塌，两极解体，实际上就意味着美国独步全球的伟业业已完成，美国翘首以盼的"单极时刻"业已确定。也正因如此，美国朝野弹冠相庆。

时任美国总统老布什实在掩饰不住内心的喜悦，他说："共产主义在今年彻底瓦解了。作为总统，有时的确无暇顾及身边的改变，也不会显示我内心的喜悦，但是我必须承认，在我的一生中发生的最重要的事情莫过于此。"①

尼克松说："我最大的满足是活着看到了西方国家战胜了共产主义。"②

布热津斯基说："我个人最感到满足与有成就感的巅峰时刻，是在1991年的12月25日，那是克里姆林宫的红旗落下，整个苏联解体的日子。"③

但是，美国的治国者们并没有被胜利冲昏头脑。它们意识到：虽然世界上目前没有一个国家可以与美国势均力敌，没有一个大国对美国本土构成直接的军事威胁，没有任何一个国家集团计划着与美国作对；但是，冷战结束后的美国又面临着另外一种新的并且更加多样化的威胁。国际恐怖主义的泛滥、核生化武器的扩散、世界各地跨边界的种族对立和分离主义暴力的增长趋势等，都使美国保护自己和盟国、盟友安全的任务依然任重道远。

它们意识到：虽然今天的美国比历史上的任何时期、任何国家都更加强大，但国内问题却也累积如山。特别是，全社会性的物质主义、享乐主义以及由丰饶无度所带来的萎靡之风，都在慢慢地侵蚀着整个国家的肌体。布热津斯基警告："以相对主义的享乐至上作为生活的基本指南是构不成任何坚实的社会支柱。"④"除非作出精心的努力来重新确定某些道德标准的中心地位，以便对一味追求个人满足的欲望进行自我控制，否则，美国独占鳌头的时期也不可能持续多久。"⑤

它们还意识到：虽然美国现在处于历史上最好的战略机遇期，有可能利用自己的实力、制度和观念"塑造世界"，美国的民主制和市场经济的核心价

---

① 〔美〕威廉·德格雷戈里奥：《美国总统全书》，周凯等译，北京：社会科学文献出版社2007年版，第749页。
② 〔美〕理查德·尼克松：《超越和平》，范建民等译，北京：世界知识出版社1995年版，第217页。
③ 〔美〕兹比格涅夫·布热津斯基、布兰特·斯考克罗夫特：《大博弈——全球政治觉醒对美国的挑战》，姚芸竹译，北京：新华出版社2009年版，第6页。
④ 〔美〕兹比格涅夫·布热津斯基：《大失控与大混乱》，潘嘉玢、刘瑞祥译，北京：中国社会科学出版社1994年版，第5页。
⑤ 〔美〕兹比格涅夫·布热津斯基：《大失控与大混乱》，潘嘉玢、刘瑞祥译，北京：中国社会科学出版社1994年版，第125页。

值也被世界上许多国家所拥护所复制,已经为促进和平、繁荣和国家间的合作创造了新的机遇;但是,机遇并不是永存的,它也从来就同挑战相伴。因此尼克松强调:"超越和平之后的时代没有其他时代所具有的确定性,它给我们提供了极好的机遇,同时也向我们提出了极大的挑战。"①

尤其是,它们还更清楚地了解:"单极时刻"是既可以获得也可能失去的,而且,保住"单极时刻"并不比获得"单极时刻"容易。所以布热津斯基说:"这个世界更倾向于不能给予任何一个国家凌驾于天下的合法性,即便它是全世界最强大的国家。在这一背景下,美国的优势既是现实也是空想。一切问题——尤其在国际安全领域中——最终的解决都得取决于美国的对策。"②

基于这样的判断和认识,时任美国总统老布什唯恐美国陶醉于胜利而失去了机会,抢在他卸任前的第15天——1993年1月5日,在美国西点军校发表演说,着意强化美国的机遇意识,宣称:"我们的目标是,利用冷战结束这个前所未有的机遇,努力为这个新世界建立一种新秩序。"③

此刻,美国独揽世界事务的领导欲和控制欲也达到了极点。

即将卸任的美国总统老布什说:"冷战结束后,我们成了世界上唯一的超级大国,美国的职责就是运用自己的道德与物质资源,以促进民主与和平。我们有责任、也有机会进行领导。没有其他国家能担当这一职责。"④

即将上任的美国新总统克林顿认为,冷战以后美国已经没有战略竞争对手,美国必须继续在世界上发挥强有力的领导作用,运用它的全方位影响来构建国际安全环境;在经济全球化的背景下,扩大自由市场和民主"板块"的范围;通过加强与盟国的联盟和与其他国家的联合来创造更有利的国际条件,确保美国基本国家目标的实现。⑤

已经卸任多年的美国第37任总统尼克松说:"45年来,我们负有一项无可动摇、极其辉煌的使命。"⑥"今天,美国必须在世界舞台上扮演领导角色。

---

① [美]理查德·尼克松:《超越和平》,范建民等译,北京:世界知识出版社1995年版,第215页。
② [美]兹比格涅夫·布热津斯基:《大失控与大混乱》,潘嘉玢、刘瑞祥译,北京:中国社会科学出版社1994年版,第111页。
③ [美]理查德·哈斯著:《新干涉主义》,殷雄、徐静译,北京:新华出版社2000年版,第215页。
④ [美]理查德·哈斯著:《新干涉主义》,殷雄、徐静译,北京:新华出版社2000年版,第216页。
⑤ 胡鞍钢、门洪华主编:《解读美国大战略》,杭州:浙江人民出版社2003年版,第178页。
⑥ [美]理查德·尼克松:《超越和平》,范建民等译,北京:世界知识出版社1995年版,第11页。

只有这样，我们才能真正地实现自我。也只有这样，我们才能够在一个全新意义的目标上找到力量。"①

美国前国家安全事务助理布热津斯基说："在今后一段时间内，或者说在一代人以上的时间内，不可能有任何单个国家向美国的世界首要大国地位提出挑战。"②"现在该是美国为整个欧亚大陆制定和实施一项完整、全面和长期的地缘战略的时候了。"③

美国前国务卿基辛格说："在新千年的黎明，美国的优势地位非以往最伟大的帝国所能比拟。从军工业到民用企业，从科学到技术，从高等教育到大众文化，美国在全球范围内的支配权无与伦比。"所以，源于其优势地位，美国必须强化其"世界地位"和"使命感"。④

总之，美国在任的卸任的治国者们都认为，苏联崩溃后，美国已是世界上唯一的超级大国，美国已经获得了建立单极霸权的最佳时机，美国追求世界领导地位是最自然、最合乎逻辑不过的事情。其实，从这里也可以看到，美国之所以成为世界上最强大的国家，并不仅仅体现在军事、经济等硬实力和文化价值观、国际影响力等软实力方面，而且还更体现在美国运用其强大软硬实力的意愿上。

自此以后，美国在世界上所做出的一切努力，就是在围绕着一个目标进行，这个目标就是：确保美国的"单极时刻"，并将美国的"单极时刻"变成美国的"单极时代"。这样，美国今后的任务就主要是防止和阻止竞争对手崛起后来挑战美国的世界霸主地位了。

1993年1月20日，克林顿政府上台执政，推出了新的战略即"多边和平主义"。其核心就是通过多边接触，塑造一个有利于美国的国际环境，以确保美国对世界的领导地位不受挑战。

为了实现这个目标，克林顿政府采取了如下一些针对性措施。

第一，积极开展预防性外交，努力巩固和改善美国领导者的形象。

---

① 〔美〕理查德·尼克松：《超越和平》，范建民等译，北京：世界知识出版社1995年版，第15页。
② 〔美〕兹比格纽·布热津斯基：《大棋局：美国的首要地位及其地缘战略》，中国国际问题研究所译，上海：上海人民出版社1998年版，第254页。
③ 〔美〕兹比格纽·布热津斯基：《大棋局：美国的首要地位及其地缘战略》，中国国际问题研究所译，上海：上海人民出版社1998年版，第255页。
④ 胡鞍钢、门洪华主编：《解读美国大战略》，杭州：浙江人民出版社2003年版，第25页。

主要是将美国的影响力向非传统盟友国家扩展。试图通过对可能成为未来地区竞争者中国、俄罗斯的接触，以及通过对可能对美国构成威胁的国家和地区的接触，缓和局势，消除危机，并力争把更多的国家纳入美国所主导的国际体系中。

第二，以民主、人权为武器，大力开展价值观外交。

认为在世界范围内捍卫人权，促进民主和自由，不仅仅是美国最深刻的价值体现，也是美国国家利益的关键，因为"全球民主化意味着国家相互之间的和平及观念与商业的开放"。为此，美国以维护人权、民主和自由为招牌，到处干涉其他国家的事务，有时甚至不惜进行军事干涉来达到目的。

第三，改善经济结构，致力于巩固和恢复美国在全球的经济领导地位。

克林顿政府把维护和发展经济、保持强大的军力和促进世界民主作为其总体政策的三大支柱。克林顿入主白宫不久，便成立了"经济安全委员会"，把寻求经济政策的制定和经济发展问题的解决与政府的日常运行和国家安全的长远目标密切联系起来。对外，美国不惜冒与欧盟、日本及新兴市场经济国家加剧摩擦的风险，力图迫使其在市场准入、经济结构调整等问题上做出让步。在内部，美国加紧进行经济结构调整，压缩财政开支，减少预算赤字，努力增强国际贸易竞争能力。经过调整，美国经济不仅走出了低谷，而且实现了连续8年持续稳定增长。

第四，加强威慑和军事力量建设，巩固军事强国地位。

重点是重新构筑适应冷战后安全环境多样化、复杂化及不确定性的军事力量，使之更为精干、灵活，能力更强，以确保在美国利益受到威胁或美国安全受到挑战时能够做出有效反应并取得胜利。

克林顿时期，美国在欧洲、亚太各保持约10万人的前沿驻军，在波斯湾维持一支足以压制两伊力量的特遣机动部队。同时，通过北约东扩尤其是通过科索沃战争，大大压缩了俄罗斯的地缘战略空间；通过加强美日同盟，加强了对华遏制和防范态势。

第五，强化与盟国的关系，增强共同对付威胁的能力。

特别注重加强了北约组织在欧洲事务中的地位和作用，努力将其势力扩张到东欧和除俄罗斯以外的前苏联地区。同时，在亚太地区着重加强了美日安全保障关系，扩大了安保条约所及范围，使日本承担了更大的义务，从而

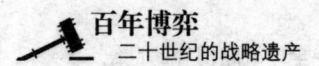

减轻了美国的负担。

进入21世纪后,随着白宫易主特别是"9.11"事件的发生,美国的战略进入深度调整,曾反复在"单边"与"多边"、"单边加多边"之间进行权衡、调整和选择。

与此相适应,在军事方面,积极探索新型战争模式,进行全面防务改革,提出建设"真正21世纪的军队"的主张,在军事领域谋求"绝对优势",在安全领域谋求"绝对安全"。

在与同盟国关系方面,继续强化和扩大同盟关系。在欧洲,致力于通过建立一个强大、有凝聚力、有活力的北约,一方面继续维护美国对欧洲事务的主导权;一方面要求北约在解决本地区重大危机中发挥更大作用。在亚太,重新界定双边同盟关系,明确表示将继续保持并逐步扩大在该地区的前沿军事存在规模。与韩国,重新签署了《驻韩美军地位协定》。对日本,仍强调其作为"美国亚洲政策核心"的地位,鼓励日本通过逐步或变相修改宪法突破本土防卫范围,在亚太乃至全球安全事务中发挥更重要的作用。对澳大利亚,继续发展"历经考验"的坚实盟友关系,努力提升其在美国整个亚太战略部署中的地位。对东盟,注重发展与菲律宾、新加坡、泰国、印尼、越南等东南亚国家的同盟或"准同盟"关系。对印度,强调加强合作,提升印度在南亚乃至整个亚太地区的地位。从长远着想,美国甚至还谋求建立能覆盖亚太地区的、类似北约的那种多边安全合作机制。

在与主要大国的关系方面,美国对俄、对中关系都有新的调整。

对俄关系,力图构建"新型战略框架"。2001年小布什总统上台之初,即对俄采取强硬政策,警告俄"不要重新渴望采取扩张主义"。美国国内舆论则以人们对"克格勃的厌恶"来渲染普京的出身;以反间谍为名驱逐51名俄驻美外交官;宣布对俄削减拆除核武器的援助;扩大对俄传统势力范围如乌克兰、摩尔多瓦等国的影响。但在两国首脑经过几次会晤之后,双边关系转而趋向缓和。布什承诺将拓展与俄经贸合作,重新安排俄债务,支持俄加入世贸组织,将取消限制给予俄最惠国待遇的法案;在中亚、里海石油管道铺设等大型项目上鼓励美财团对俄投资;进一步推动美、俄在航空航天项目上的合作等,以充实双方关系。普京当时也认为,双方关系取得"令人瞩目"的进展。双方发表的联合声明还指出,两国已抛弃冷战遗产,互不视对方为敌人或威胁根源。只是进入奥巴马时期后，由于斯诺登事件和乌克兰问题凸起等，两国紧张空气又陡然升温。

在与中国关系方面，同样也经历了起伏和波折。2001年3月中美"撞机事件"发生后，时任总统小布什不顾舒尔茨、基辛格、克里斯托弗、奥尔布赖特、伯杰等美国前政要有关"避免冲撞中国"或敌视中国"危险"的警告，对中国采取了一系列强硬动作：宣布对台一揽子军售，并表示"不惜一切协台自卫"；任命副国务卿为"西藏事务协调员"；中断中美军事交流等，致使美中关系一度面临险峻形势。"9·11"事件的发生为美国改善对华关系提供了契机。两国在反恐情报交流与冻结恐怖主义资金等方面进行了卓有成效的合作，中国在联合国支持反恐为国际反恐联盟的广泛团结提供了有力保障。小布什参加2001年10月上海APEC会议，并承诺与中国发展一种"建设性的合作关系"。一度停滞的中美军事交流与对话也逐步恢复。2001年12月27日，布什还宣布给予中国永久性正常贸易国地位，使中美经贸关系得以迅速发展。进入奥巴马时期后，美国虽然意识到中国的崛起是不可逆转的，中国与日俱增的全球影响力势必构成对美国的巨大挑战；但占主导地位的看法还是认为，两国战略中的共同利益大于分歧，美国与中国的任务是要确保未来不可避免的冲突不要酿成战争。所以尽管随着两国在东亚、亚太和全球的地位不断变化，并且其间又经历不少起伏，但美国最终还是基本上默认两国建立建设性新型大国关系，确保双方共同利益的增长超过彼此间不可避免的冲突利益的增长，为全面、全球合作的战略关系奠定基础。

从总体上来看，美国进入21世纪以来所进行的这些调整，都仍属于战略手段或策略的变换，而对于其维系、加固和尽可能延长"单极时刻"的总目标大目标，是从来没有任何犹疑和动摇的。

欧盟：内外并举，联合致强

冷战的结束，对于长期处于两极对抗前沿阵地的欧洲来说，无异于一场噩梦的结束，使欧洲终于恢复了一些自我意识，同时也获得了一些自主发展的空间。于是，欧洲的政治家们一面加快统一的进程，一面又把自己的视野扩展到了国际领域，力争发挥自己独特的作用。

在加速推进一体化建设方面，欧洲各国做出了积极努力。在政治经济上，欧共体将1991年通过的《政治联盟条约》和《经济货币联盟条约》顺利地付诸实施，建成了欧洲统一的大市场，共同体成员国在20世纪结束时扩大为15个。特别是欧元如期启动后，欧盟对世界经济的作用明显加强。在欧洲防务问题上，欧盟一方面对美国保证"不脱离北约"，一方面加大建立独立的防务力度，先后成立了政治安全委员会、军事委员会和军事参谋部三个独立机构，力求自主发展军事科研、军备采购、情报系统以及加强战略运输能力等。

在增强自主性与加强对外关系方面，欧盟采取的主要行动包括：自主处理欧洲内部事务，在安全上尽量减少对美国的依赖；继续实施北约东扩，强化与俄罗斯的关系；加强欧盟在亚洲的存在，将欧亚战略关系"提升到能够与扩大后的欧盟在全球的分量相适应的水平"。于1996年首次举行了欧盟15国与东亚10国的领导人会议，就加强两地区经济合作广泛交换了意见，并进而使欧亚首脑会议成为推动欧亚之间经贸联系的一种制度性安排。与此同时，进一步加强了欧中全面合作伙伴关系。美国虽然一再强调加强与欧盟的战略关系，但欧盟对美国并不是盲目追随。在小布什总统对俄采取强硬政策使美俄关系趋于恶化之时，欧盟却把普京请到斯德哥尔摩，讨论发展欧俄战略伙伴关系。当中美发生"撞机事件"两国关系紧张时，欧盟却发表对华战略文件，表示要全面发展对华关系。在售台武器问题上，德国坚决拒绝了追随美国。在美国中断与朝鲜的对话后，欧盟派出"三驾马车"代表团访问朝鲜和韩国，随后与朝鲜建立了正式外交关系。当美国拒绝签署《京都议定书》时，欧盟国家纷纷表示强烈不满并提出严厉批评。此外，欧盟还加强了与地中海国家和其他发展中国家的经济合作。种种努力都表明，欧盟在新的世界格局中已拥有越来越重要的地位。

与此同时，在欧盟大家庭中分量最重的德、法、英三个传统大国采取了积极行动，努力维护自己的国际地位和世界形象。统一后的德国直言不讳地要争当世界政治大国。既加紧解决东部与西部统一后经济社会发展不平衡的问题，又以其经济实力为依托，努力取得欧洲事务的主导权，同时还进一步增强其在世界事务中的参与权，积极推行大国外交，争当联合国安理会常任理事国。法国的一切努力始终是围绕着其世界大国地位的目标而进行的。并且，在对未来世界格局的看法上，法国从来就不想接受一个由美国统治的单极世界，在许多方面表现出了自己独特的态度。英国为了扭转自己国际地位每况愈下的不利局面，一直在奋力抗争。一方面，对自己的经济体制和结构进行重大调整，努力提高其综合国力；另一方面，竭力保持并加强与美国的传统特殊关系和与欧洲大陆国家、英联邦国家的联系，努力提高其国际地位，增强自己在欧洲事务和国际事务中的发言权。

冷战结束后，欧洲的发展成就令世界瞩目，欧洲在二战后一度出现的"战略疲惫"也在发展中得到了消除。

日本：以内促外，以外助内，争做政治军事大国

随着20世纪90年代初冷战的结束，日本国内一场进行已久的国际战略辩论也告结束，并且其最终将要出炉的国际战略轮廓已清晰可见，这就是：积极参与国际事务，争做世界政治军事大国。起初，核心目标包括两部分，一是，在亚洲由日、美两国主导，建立亚洲安全体系；二是，在全球由美、日、欧主导构筑三足鼎立的世界新秩序。由日、美主导建立亚洲安全体系的依据是，日本是亚洲最强大的国家，美国是亚洲最强大的政治军事存在。由美、日、欧主导构筑三足鼎立世界新秩序的依据是，苏联崩溃后，作为世界第二大经济体的日本，其国民生产总值当时已大体相当于英、法、德三国的总和，日本已经同美国和欧洲一起构成了世界的三大力量中心。针对日本的这一国际战略构想，曾任美国国家安全事务助理的布热津斯基一针见血地指出："日本作为一个新的非军事国家的作用，与美国的关系密不可分，并实际上一心想扮演全球'副总统'的角色。"[1]后来，虽然"副总统"的目标有些缩水，但争做政治军事大国的目标始终没有改变。

而要实现上述目标，日本领导人也清醒地认识到，它们的面前还横亘着这样几座大山：一是由于历史和自己对待历史态度的原因，还缺乏邻国的信任，周边国家对自己仍存戒心。二是自己的经济对外国资源、外国市场和海上交通的依存度高，随着经济的强大，岛国的脆弱性也在增加。三是在安全上，自己的力量还不足以保卫自己；而要超速发展军备，又受到战后和平宪

---

[1] 〔美〕兹比格涅夫·布热津斯基：《大失控与大混乱》，潘嘉玢、刘瑞祥译，北京：中国社会科学出版社1994年版，第140页。

法的限制。如此一来，就不只是美国需要日本了，而是日本更加需要美国。所以，日本必须维持和巩固日美安全保障体制。

于是，1992年1月美国总统老布什访问日本，两国共同发表了东京宣言，并根据宣言制定了日美《全球伙伴关系行动计划》。时任日本首相宫泽说，宣言具有"划时代意义"。美国总统老布什说，两国开始了"新的合作时代"。但令人尴尬的是，由于冷战的结束，这时的美国和日本已经进入了"失去共同敌人的时代"，这也就意味着两国安全条约存在的基础动摇了。由此，彼此之间的经济纷争和政治分歧就明显地凸起了。

就是在这样一种矛盾、微妙而复杂的情况下，日本按照自己的目标开始了新的调整，并且希望能收到以内促外、以外助内、内外平衡和良性互动的效果。其采取的步骤主要有以下几个方面。

一是在努力维护和巩固国际经济竞争力的同时，注重将经济、科技、金融优势转化为政治影响力。具体包括：利用自己的经济技术优势和产业技术实力，参与全球气候、环境、能源、贫困等问题的解决；以政府开发援助方式，向受援国施加政治、经济及其他影响；参加联合国救援活动、维和行动，为成为安理会常任理事国营造氛围。

二是在继续保持和巩固与美国同盟关系的同时，积极开展"富有能动性和创造力的外交"。认为，在外交方面的基本方针是"自立"，不能再像过去那样"按照世界赋予的政治经济形势前提来采取行动"，而应该比以往所做的国际贡献更进一步，确立能为国际社会接受的信念，成为为世界稳定与发展发挥主导作用的国家。日本在这方面作出的主要努力是，积极推进联合国改革，致力于核裁军和武器不扩散，在亚太地区推进合作关系，参与巩固世界经济繁荣架构等等。

三是注重增强在亚洲的存在，以图构筑起巩固的战略依托。日本曾提出建立亚太地区"良好的复合三角关系"设想，倡导形成日美中、日中俄、日中与东盟等若干个稳定的三角关系，以此推动亚太地区的和平与发展。在实际操作层面，日本也以自己强大的经济实力为杠杆，对其推进多年的全球化跨国资本布局进行调整，明显加大了在亚洲的投资和运作。

四是重整军备，在壮大自己经济实力的同时也壮大自己的军事实力。尽管20世纪90年代日本经历了长达十年的经济衰退，但其国防开支每年仍然保持在 500 亿美元以上。利用这笔庞大而持续的投入，先后引进和建造了一批作战潜能、与航母等同的大型水面战舰、空中加油机和新一代运输机，以及导弹防御系统和两栖作战装备等。目前，日本已拥有一支外向型的、高质量的、具有远洋攻防作战能力的世界一流军事力量。

进入 21 世纪后，日本谋求世界政治军事大国地位的愿望更为强烈。而 2001 年美国"9·11"事件的发生，又正好给日本带来了突破战后和平宪法中有关政治和军事条款的机会。2001 年 10 月 18 日、29 日，日本国会和政府以罕见的高效率，分别通过了《反恐怖特别措施法案》、《自卫队法修正案》和《海上保安厅法修正案》，实现了对外使用兵力的三项突破：一是突破了海外派兵在地域上的限制，即海外派兵的范围可以扩大到太平洋、印度洋、所有的公海和公海上空，以及对方同意的外国领土上。二是突破了海外派兵在武器使用上的限制，即可以携带和使用火炮类的重武器。三是突破了国会对政府行政机关的制约。这三项法案通过一个月后，日本就以支援美军反恐为名，两次向印度洋派遣作战舰队，达到了通过军事手段体现其在国际社会中存在的目的。

俄罗斯：欧亚兼顾，重新出发

冷战是以苏联的失败而告终的，而作为苏联核心主体部分的俄罗斯，既是冷战的最大失败者，也是冷战的最大受害者。对于俄罗斯来说，不仅仅是过去的信仰、主义、制度不适用了，必须抛弃了，而且其国家形象、道路选择和内外政策，都必须重塑，另起炉灶。究竟怎样才能拯救俄罗斯？究竟怎样才能比较快地摆脱和扭转目前的国力衰退与颓势？俄罗斯曾经历了一个痛苦的过程。

两极解体之初，俄罗斯曾一度受美国及西方迷惑，全盘西化、西靠，以主动放弃自己固有地缘战略利益的方式向美国和西方"输诚"，希望由此换取美国和西方的"接纳"，成为西方"平等的一员"。但美国从骨子里不信任俄罗斯，尤其担心俄不放弃"帝国野心"，重新统合独联体，谋求在欧亚大陆发挥"特殊的作用"。故美国并未因俄"输诚"而对俄罗斯发善意。相反，美国还力主北约东扩，继续加紧对俄罗斯地缘战略施压，从波罗的海、里海、中亚三个方向同时用力,分化独联体。特别是,后来又通过发动科索沃战争,斩断了俄罗斯在巴尔干的地缘战略触角。

但是,俄罗斯毕竟是俄罗斯。既然顶峰可以成为衰弱的开始,那谷底也可能成为重新崛起的起点。更何况,依然优越的地缘地理位置、丰富的自然物质资源、深厚的历史文化传统,以及民族特殊的对威权主义国家体制的崇拜,都使俄罗斯具备重新出发的良好条件。剩下的,就是找到一条正确的道路。

在连续遭到"向西方一边倒"外交政策失败、实行"全盘私有化"和"休克疗法"经济政策失败后,叶利钦清醒了。他顶住内政、外交双重失败的压力,认定重新确立世界大国地位的战略目标和战略规划不可动摇。1993年叶利钦批准了《俄罗斯联邦对外政策构想》,提出必须"复兴俄罗斯",恢复俄罗斯"在国际关系新体系中的应有地位"。1994年,叶利钦在向议会提交的总统咨文中又更明确地提出了要"恢复强大的俄罗斯",并进而进行了一些政策措施调整。

在其对外战略上,主要是抵制美国的地缘战略攻势,捍卫俄罗斯的基本地缘战略利益。基本行动包括:加紧整合独联体,确保对里海及沿岸的地缘战略影响,强化与中亚各国及乌克兰的关系,整肃内部的民族分离主义势力等等。此外,叶利钦还特别注重加强对华关系,与中国于1996年建立了"战略协作伙伴关系";注意与伊朗、伊拉克保持关系,用以牵制美国。

到了克林顿政府后期至美国"9·11"事件爆发之前这段时间,俄罗斯与美国的关系又趋于紧张,双方围绕NMD计划、北约东扩、波罗的海沿岸国家加入北约、车臣战争、里海石油管线、争夺对乌克兰和中亚国家的影响、与两伊关系等问题展开了激烈的交锋。只是2000年普京总统上台执政后,基于俄罗斯的国情和当时策略上的考虑,才抓住"9·11"事件所带来的契机,着手缓和紧张局势,使同美国的关系得到转圜。

2001年"9·11"事件后,普京在莫斯科发表电视讲话并打电话给美国总统小布什表示,俄罗斯将与国际反恐联盟进行情报合作;准备向美国提供用于人道主义物资运输的空中走廊;不反对中亚国家向美国提供机场;准备向阿富汗的北方联盟提供武器和军事装备;准备同美国共享打击生物恐怖主义的情报和研究成果,改善保护和统计核材料的方法,以及断绝恐怖分子获取核武器和生化武器的一切来源等等。美国总统小布什在谈到俄积极支持美国反恐时赞赏说："发生恐怖袭击事件的当天,最早给我打电话的是普京总统。""俄罗斯向美国提供了比其他任何传统盟友都要多的支持。""普京领导下的俄罗斯事实上已成为美国的盟友,就像二战中的美国和苏联。"①

由于普京的主动出击,这时的俄美关系已经升温。再加上普京采取积极融入欧洲、致力于改善与北约关系的种种努力,可以说,这时的俄罗斯已经稳住了西方,为恢复自己世界大国的地位投下了第一块奠基石。

俄罗斯不仅仅是一个欧洲国家,而且从来就是以横跨欧亚而存在的。普京总统也不仅仅是一个"欧洲主义者",而且还是欧亚战略并举的高手。他主政俄罗斯以后,对于与亚洲国家保持关系,特别是与中国建立战略协作伙伴关系,同样高度重视,并且寄予越来越多、越来越大的希望。自上任伊始,他就致力于与中国在战略层面进行务实合作,逐步使俄中关系上升到了新的阶段。曾任俄罗斯外长的伊万诺夫2002年在接受新华社记者的一次采访时,对普京总统奉行的中国政策作了最准确最权威的诠释。他说:"与中国建立良好的伙伴关系是俄罗斯唯一的选择。它具有互利性、稳定性和长期性的特点。"②

中国：稳住阵脚，稳定发展

苏联解体和东欧剧变,对世界是一个巨大的冲击,而对于历经1989年政治风波的社会主义中国来说,压力更如泰山压顶。唯一值得庆幸的是,在毛泽东等老一辈领导人的悉心照料下,中国及早地脱离了苏联阵营,才得以避免苏东社会主义阵营土崩瓦解这场政治地震可能带来的灾难。

但是,大的灾难过去了,大震所引起的余震和次生灾害却持续发酵,1989年政治风波后的外部制裁也还在继续,此时的中国内外环境并不乐观。面对西方如潮的意识形态攻击和对社会主义阵营的乘"胜"追击,面对世界仅存的几个社会主义国家对自身所走社会主义道路的质疑,尤其是面对国际社会——甚至也包括自己国内——高度聚焦的中国社会主义到底还能不能站住

---

① 中国现代国际关系研究所编:《国际战略与安全形势评估》,北京:时事出版社2002年版,第37页。
② 中国现代国际关系研究所编:《国际战略与安全形势评估》,北京:时事出版社2002年版,第37页。

的巨大问号,中国应该作出怎样的选择和回答?

"按照冷静观察、沉着应付、绝不当头、有所作为的战略方针处理国际事务。"①"韬光养晦,收敛锋芒,保存自己,徐图发展。"②"社会主义前途依然光明。""努力为实现我国社会主义现代化建设的战略目标营造一个更为良好的周边环境和国际环境。"③以江泽民为核心的中国第三代中央领导集体作出了这样的选择和回答。

之所以作出这样的选择和回答,首先在于,中国第三代中央领导集体对于国际国内大势有着清醒的认识。20世纪的最后十年,是中国发展史上极为重要的阶段。一超多强激烈竞争的国际格局,国际局势的扑朔迷离、复杂多变,国内转型期各种矛盾和问题的交织与改革攻坚,都使中国既面临着大的机遇也面临着前所未有的挑战。国际与国内两个大局如果顾此失彼,外部的动荡不安如果与国内的矛盾和问题叠加共振,就很可能影响中国的稳定与发展大局,掣肘中华民族的伟大复兴。为了抓住机遇、加快发展,中国就必须实事求是地判断国际形势,谨慎恰当地处理内外关系,绝不允许有任何战略上的闪失。

之所以作出这样的选择和回答,也来源于中国第三代中央领导集体对于邓小平国际战略思想的深刻理解和运用。20世纪80年代初,中国改革开放的总设计师邓小平在规划共和国的发展蓝图时,就把"冷静观察、稳住阵脚、沉着应付、韬光养晦、决不当头、有所作为"的国际战略和"一个中心两个基本点"的国内战略同时提出来了。这套战略的基本精神就在于:不为国际风云的变幻而动摇自己的前进方向和目标,不为外部的要求、挑动或刺激而锋芒毕露。1989年东欧剧变发生后,邓小平又再次指出:"总之,对于国际局势,概括起来就是三句话:第一句话,冷静观察;第二句话,稳住阵脚;第三句话,沉着应付。不要急,也急不得。要冷静、冷静、再冷静,埋头实干,做好一件事,我们自己的事。"④中国第三代中央领导集体深刻地体会到,邓小平的这些国际战略思想是建立在深刻洞察和科学把握内外现实环境与未来发展趋势之上的,本身就

---

① 《江泽民文选》第2卷,北京:人民出版社2006年版,第202页。
② 《江泽民文选》第2卷,北京:人民出版社2006年版,第261页。
③ 《江泽民文选》第2卷,北京:人民出版社2006年版,第336页。
④ 《邓小平文选》第3卷,北京:人民出版社1993年版,第321页。

包含着应对各种危机的预先考虑和准备，因而具有强大的生命力。所以，"在世纪之交的重要历史时期，我们要坚定不移地贯彻邓小平外交思想"①。

作出这样的选择和回答，也建立在中国第三代中央领导集体对于自己国情国力的正确认识和把握上。虽然20世纪90年代初的中国经济社会处在持续强劲的发展中，与世界发达国家的差距已经显著缩小，但也并未改变中国社会仍处于现代化初级阶段的根本属性，距离中国的远大目标和人民对美好生活的期待还相差很远。而且，未来之路上又还面临诸多的拦路虎。所以，中国必须"长期坚持冷静观察、沉着应付、绝不当头、有所作为的战略方针"②。

在整个20世纪90年代，中国第三代中央领导集体强调贯彻邓小平的战略思想要坚定不移、长期坚持，无疑是极富政治和战略远见的。这不仅有利于中国在激烈的国际竞争中争得比较主动的国际地位和更大的回旋余地，也在很大程度上有利于缓和国际紧张局势。

基于这样一些判断、认识和选择，中国特别注重改善了同世界主要大国——美国的关系。

鉴于自1989年起，美国就把中国政府在北京1989年政治风波中采取的行动看作是对西方政治制度和价值观的最大挑战，事发前即通过各种途径进行干涉，对事态扩大起到推波助澜的作用；事发后又急剧恶化对华态度，率先对中国实行制裁，致使中美关系陷入了低谷；而1991年苏联的崩溃，又使两国的战略合作失去了原先的意义，这样一来，中国就成了美国的政治对手，在战略合作时期那些曾被置于次要地位的分歧——人权、宗教、言论自由等等，就都被美国凸显出来，作为向中国施压的武器。而在涉及中国核心利益的领土、主权问题上，美国也越来越肆无忌惮，公然于1992年向台湾地区出售150架F-16战斗机，进一步把两国关系推向了困境。中国第三代中央领导集体清醒地意识到，对于中国来说，中美关系的状况可能决定着中国未来的发展。在世纪交替之际，中国的机遇有赖于中美关系，中国的麻烦也可能来自于美国。所以江泽民指出："中美关系关乎我国外交全局，关乎我国政治、经济和国家安全的战略利益。"③

---

① 《江泽民文选》第2卷，北京：人民出版社2006年版，第202页。
② 《江泽民文选》第2卷，北京：人民出版社2006年版，第202页。
③ 《江泽民文选》第2卷，北京：人民出版社2006年版，第203页。

基于这种考虑，为了维护中美关系的大局，既为自己的经济社会发展争取有利的国际和平环境，又为世界的和平与发展作出一个负责任大国的积极贡献，中国在处理同美国的关系和两国面临的问题时，采取了最为克制的态度、最为务实的政策和最为有利于双方利益的行动。

首先，中国再次向全世界庄严宣告：中国永远不称霸。这项承诺实际上就意味着，中国不与美国对抗，美国不会面临来自中国的安全威胁，中美两国之间也不存在不可调和的国家利益冲突。

其次，中国积极参与现存国际体系，并致力于在其中发挥建设性作用。虽然中国在参与现存国际体系中追求共赢和多边合作，不赞成单边主义和以传统的政治、军事手段来解决国与国之间的纷争，但与苏联根本不同的是，中国选择参与现存国际体系是接受这个体系，而不是作为力量的一极而另立体系。这就在很大程度上避免了同美国的直接冲突。

第三，中国在对待中美两国的关系时还考虑到，中美两国的社会制度不同，意识形态相异，价值观念和道德规范也有差别；同时，由于中美处于不同的经济社会发展阶段，面临的历史任务和现实挑战不完全一致，考虑的问题和处理问题的方式也难能相同，因而在处理两国的分歧和矛盾时，也极力避免情绪化的和民族主义的选择。

由于两国共同努力，在20世纪的最后十年，中美关系呈现出总体稳定、积极向上的发展态势。双方已经能够比较实事求是地看待两国关系，承认双方既存在不同与差异，也具有广泛而重要的共同利益；能够实事求是地推进互利合作，在维护和寻求自己的利益时也考虑对方，努力谋求双方利益的最佳汇合点；能够比较实事求是地对待和处理双方的分歧，本着面向未来的态度，不断开拓和发展新的合作领域和具体内容，并且在处理两国关系的危机方面积累了经验。

在20世纪结束前，中国对外战略中最为辉煌的篇章，无疑是顺利收回了香港和澳门的主权。世纪之交，五星红旗分别取代米字旗和双色旗在香港、澳门上空飘扬，中华民族蒙受的百年耻辱得以洗雪，几代中国人梦寐以求的夙愿变成了现实。当人们看到社会主义与资本主义两种制度同处于一个屋檐下相得益彰、相互辉映时，都无不感叹：香港、澳门问题能够通过谈判的方式和平解决，实在是中国高度政治智慧的产物，堪称革命理想主义与政治现实主义相结合的典范。这再次证明，中国对于人类将要作出的贡献，不是基于物力的和武力的，而是建立在精神和文化层面的。

通过以上世界各大国和力量中心的这一轮战略调整，人们不难看到，这其中既有对当前的判断和把握，又有对未来的思考和选择；既有对内部事务的编排，又有对外部世界的谋划；既有对国家安全战略的调整，又有对以经济、科技和综合国力竞争为主的战略取向的坚持；既有对外部环境被动性、机械性的因应，也有对外部环境主动性、创造性的争取，无不体现出超越战争与和平、国界与时空的恢弘气势。

英国现代战略大师李德哈特曾经将大战略定义为国家最高层次的战略，认为其功用在于调节和指导一个国家或连同其盟国的所有军事、政治、经济和精神资源，以达到由其基本政策所规定的政治目标。他在他的传世之作《战略论》中还指出："大战略应计算和发展国家经济资源和人力，而精神力量也和物质力量一样重要。军事力量仅为大战略工具之一种，大战略更应考虑使用政治压力、外交压力、商业压力、道义压力，以减弱对方意志。战略的眼界仅以战争为限，而大战略的视线则必须超越战争而看到战后的和平。"[①]

由此看来，在经历了两次世界大战和一次长达40多年的冷战之后，世界各大国和力量中心在20世纪结束前的这十年中所进行的一系列调整和选择，其实是把自己的战略上升到了国家最高层次，并且是在全球的范围内又展开了一场新的国家间的战略战。

四 大国战略战的五大成因

如同任何一项战略、一种战争或其他竞争样式的产生，都总有其特定的历史条件与必然性一样，大国之间战略战的产生也毫不例外。在20世纪行将结束的时候，以下因素决定了世界各大国之间的战略之争。

[①] 钮先钟：《西方战略思想史》，桂林：广西师范大学出版社2003年版，第466页。

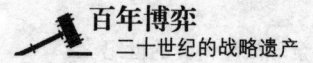

第一,国际格局的急剧变化,提升了战略在国与国竞争中的地位。

这种国际格局的变化及其对战略的影响,主要体现在以下四个方面。

一是两极解体后,美国是世界上政治、经济、军事、科技和文化实力最强大的国家,美国不仅影响和决定着世界格局,而且对世界各国也是影响最大的国家。但与此同时,国际关系中"一超"与"多强"的矛盾同时也在发展。尤其是,由于冷战结束后美国并未放弃冷战思维,并且恃强自傲,一味追求"单极时代"和"绝对安全",又使国际关系中民主与非民主之争、人权之争和军事对抗的色彩陡然加重。在旧的格局已经打破而新的格局尚未建立起来的时候,这种"单极"与"多极"的竞争以及"多极"间互相又存在的竞争,就替代了冷战期间的美苏两国竞争。这种多重竞争的复杂局面,就构成了世界各大国战略调整的前提、主线和基本内容。

二是一个新的具有准国家性质的庞大国家体——欧盟已悄然壮大。起始于20世纪50年代的欧洲一体化进程,在经过了40多年的努力后,已经通过1991年签署的《政治联盟条约》和《经济货币联盟条约》、1993年决定的由"欧洲共同体"上升为"欧洲联盟"、1997年又通过的以强化人权承诺为核心内容的《阿姆斯特丹条约》,在成员国之间逐步夯实了政治经济基础、价值观基础和社会政策基础。至此,欧洲在世界上实际就构成了一个崭新的政治单元。虽然离其外交与安全政策上的完全一体化还需时日,但在新的国际战略格局中,此时的欧盟无疑已是参与国际竞争的重量级选手。

三是随着中、印两个世界上最大的发展中国家的迅速崛起,未来的世界格局可能由美国、欧盟、日本、印度、中国和终究会从历史的阵痛中摆脱出来的俄罗斯等世界力量中心构成。而这一新的世界格局的形成过程,将既不同于在热战形势下对战争主题的追求,也不同于在冷战形势下对革命主题的追求,而是人类在对自身命运进行了深刻反省之后的一次质的飞跃——对和平与发展这一历史主题的追求。体现在国际战略领域,这也就意味着,世界正在走向新的谅解,重新建立国际秩序的时机已经来临,世界各大国的战略取向和战略调整也必然要与此相适应。

四是苏联突然崩溃,两极突然解体,不仅对失败方而且对胜利方也是一种驱动。这主要是因为:冷战结束以后,西方国家不再因为有一个共同的强大的敌人而自动地遵从美国;而外部强大敌人的消失,又让国内政治在外交

绪论 20世纪——全球战略博弈的世纪

政策中扮演更加重要的角色；与此同时，人们又还突然发现，冷战后的世界似乎失去了方向和目标，正如布热津斯基所说："今天的世界更像是一架用自动驾驶仪操纵的飞机，速度连续不断地加快，但没有明确的目的地。"① 这样一来，就既产生了对以往战略的质疑，使世界陷入了战略困顿，又引发了人们对新的战略指导的渴求。

总体而言，由冷战结束而导致的"一超多强"战略格局的出现，改变的不仅仅是战略本身，更主要的还在于，战略在国与国竞争中地位的凸显和提升。人们完全可以认为：战略先进则国家先进，战略落后则国家落后。

第二，安全概念的深化、内化，给战略竞争注入了新的动力。

安全——尤其是国家的总体安全，既是战略竞争的基本目标，也向来就是战略竞争的原始动力。冷战结束后围绕"国家安全"的战略竞争，也几乎是随着安全概念的不断深化、内化而在层层加码。

如前所述，冷战的开始是战略从军事战略上升到国家安全战略的起点。

1947年3月，美国总统杜鲁门在美国国会参众两院联席会议上宣读了那篇举世瞩目的外交咨文。该咨文对美国国家战略影响甚为深远，是杜鲁门在演说中重新界定了美国"国家安全"这一概念。杜鲁门后来曾经这样评价在这次演说中重新界定美国"国家安全"概念的意义："我相信，这是美国外交政策的转折点，它现在宣布，不论什么地方，不论直接或间接侵略威胁了和平，都与美国安全有关。"②

从新的国家安全理念出发，杜鲁门政府迅速调整了其内部决策机构，建立起了集军事、外交、内政、经济、文化、情报于一体的国家安全机制。接着，美国国会又于1947年7月通过了杜鲁门政府提出的《国家安全法》。根据该法，美国创建了国家安全委员会，由总统任主席，国务卿、国防部长和内阁各部部长为主要成员，专门负责对外交、安全、国防等涉及国家安全的政策进行广泛的部际协调与合作，以求最大限度地保障美国国家安全。自此以后，这套安全机制就成了制定政策、规范运行、监督实施美国国家安全战略的保障。虽然在不同的历史时期，这套安全机制所发挥的作用和所发挥作用

---

① [美]兹比格涅夫·布热津斯基：《大失控与大混乱》，潘嘉玢、刘瑞祥译，北京：中国社会科学出版社1994年版，第6页。
② 于群主编：《美国国家安全与冷战战略》，北京：中国社会科学出版社2006年版，第2页。

的方式不尽相同,但这种有关国家安全战略和政策体系的存在,本身就标志着美国国家安全概念、安全政策和安全制度的创新,并且已经高度机制化、专业化,这也构成了美国战略能力的一个重要方面。

1991年12月,苏联和平自动瓦解,人们在冷战时期业已形成的安全观念首次受到了强烈冲击。原来,国家的安全威胁既可能来自外部,也可以来自内部;而且,来自内部的安全危害,其破坏力竟是如此的巨大,以至于拥有世界上最强大的军力也不足以保障国家的安全。

而到了2001年9月11日,当3架被劫持的民航飞机撞上世贸中心大楼和五角大楼,导致象征美国繁荣的双子座世贸大厦坍塌和3000多人死亡时,美国被改变了,世界的安全概念也被进一步更新了。人们印象深刻的是,在1941年太平洋战争爆发时,美国的本土珍珠港曾受到过袭击,而绝然没有想到,60年后举世无双的超强美国居然也这么脆弱,再一次让敌人袭扰到自己的本土。人们可以想到的是,在战争中两军对垒造成大的损失是不足为奇的,而绝然没有想到,数千无辜平民的生命竟被区区几个恐怖分子瞬间夺走,并且使用的武器竟然是民航班机。美国被彻底地惊醒了。美国学者罗伯特·阿特说:"20世纪90年代,美国外交政策与国家安全问题逐渐淡化,越来越少地引起媒体和政界的关注,多数美国人为此而心满意足。美国成了冷战的胜利者、自由贸易的领袖、繁荣国度的象征以及市场经济的优秀代表。在经历了半个世纪的全球性冲突与紧张之后,美国似乎进入了一个自我消化和自我欣赏的新时代。……然而,美国人在梦中惊醒了,这个噩梦就是2001年的'9·11'事件。"①

2002年7月,美国国防部在"9·11"事件发生后发布的首份《防务评估报告》中也曾这样描述这场突然而至的灾难和仍然存在着的安全威胁:"2001年9月11日,美国遭到了恶毒残忍的攻击。很多美国人在他们的工作岗位上死去。他们死在美国的土地上。他们不是以战斗人员的身份战死沙场,而是成为无辜的牺牲品。杀害他们的不是传统意义上的军队和战争,而是野蛮无形的恐怖主义屠刀。""美国所遭受的袭击和强加给我们的这场战争突出了我们所处环境中的一个基本事实:我们不能也不会知道美国的利益究竟在何时何地会

---

① 〔美〕罗伯特·阿特:《美国大战略》,郭树勇译,北京:北京大学出版社2005年版,第25页。

受到威胁,美国在什么时候会遭到袭击或者美国人在什么时候会死于侵略行为。对于发展趋势,我们能了然于胸,但对于具体事件,我们却无从把握。"①

为了应对这种非传统性和不确定性极强的新威胁,美国迅速作出反应,进行了自冷战开启以来历史上最大的一次国家安全体制调整——成立国土安全部,并着手实施"国土安全国家战略"。其国土安全的基本职责范围是,"保卫美国的生活方式,包括民主、自由、安全、经济与文化这五个重要方面"。其国土安全的战略目标按其重要程度排序如下:(1)防止恐怖分子在美国境内发动袭击;(2)减少美国面对恐怖主义的脆弱性;(3)恐怖袭击一旦发生,尽量减少损失并进行重建。为了实现这样的目标,美国将国土安全功能主要集中在六个关键领域:情报与预警、边境与运输安全、国内反恐、保卫关键基础设施与重要财产、灾难性恐怖事件的防范、紧急情况的准备与反应。前三项任务主要是防止发生恐怖袭击;紧接着的两项任务意在加强美国的薄弱环节;最后一项是要减少恐怖袭击发生后的损失并尽快恢复重建。这是美国在历史上第一次制订一系列动员美国全社会的力量来实现抵御恐怖主义不断变化的威胁和保卫国土安全的目标。

值得注意的是,以美国的安全概念创新和体制机制创新为标杆,世界上的许多国家很快也就跟进了。这其实是在说明,在和平时期,国民生命财产的安全既是国民生活幸福的要义,也是国民忠诚并信奉国家的基础;而对国家来说,国民的生命财产安全和生活幸福,并且因此而忠诚和信奉国家,信赖政府,就是现代国家和现任政府的最大安全。正是在这个意义上,所以国与国之间的战略竞争,其实也包括国民的安全与幸福之争,国民对国家和政府的忠诚与信奉之争。毫无疑义,这也就给大国间的战略竞争又增添了新的内涵和新的动力。

第三,新技术革命和新军事革命的爆发,不断丰富和发展了战略竞争的内容与手段。

20世纪既是人类自身觉醒的世纪,也是自然科学技术发展突飞猛进的世纪。这两个方面的互为影响和作用,在极大地拓展和改变着人类社会的方方面面。作为人类智慧交锋的产物——战略之争,自然也被囊括其中。

---

① 黄柏富主编:《"9·11"事件后美国国家安全战略文件选编》上册,北京:军事谊文出版社2002年版,第8页。

20世纪60年代以来,世界上陆续出现了一大批高新技术,主要包括:以微电子技术、电子计算机技术、人工智能技术、通信技术为基础的信息技术;以导弹为代表的精确制导技术;以人造卫星和航天飞机为代表的航天技术;以激光为先导的聚能技术;以核聚变为代表的新能源技术;以遗传工程为代表的生物技术;以海洋工程为代表的海洋开发与应用技术;以复合材料和耐高温材料为代表的新材料技术;以及以新材料为基础的隐形技术等。在这些新技术中,信息技术又处于"龙头"和基础地位。它作为基础技术,通常包括微电子、激光、光电子、分子电子、超导电子等技术。它作为系统技术,又包括信息的收集、加工、传输、处理、存贮、控制以及电报、电话、广播、传真、光纤通信、卫星通信、传感、遥感、遥控、仿真等应用技术。

在人类历史上,任何高新技术一经出现便会首先应用于军事领域。在20世纪也同样如此。体现在军事工程方面,通过采用新的工程技术,就使各种武器和作战平台的射程、航程、速度等性能指标都达到或接近了物理极限。比如,洲际导弹可以打击世界上任何地点的目标,战略轰炸机可以飞到地球上的任何角落,运输机的最大巡航时速几乎接近大气层所能允许的飞行速度极限,导弹的时速达到2马赫等等。在军事探测技术方面,随着控制系统计算机化,武器的性能大大提高。战术导弹具备了超视距制导能力。单个作战平台不仅可探测和跟踪目标,还可用远程导弹或制导鱼雷等对目标实施超视距攻击。装有新型传感器的作战平台,其探测距离相当于过去的5倍,探测范围和探测信息量为过去的25倍。在军事通信技术方面,出现了可处理大量数据信息的指挥、控制、通信、情报与计算机系统,能够保证远距离、高质量的信息传输。

而更令人叹为观止的是,由于新技术革命的迅猛发展和科学家、军人、实业家的高效组合,竟让战争的设计者们所梦寐以求的"按需发明"也变成了现实。继20世纪上半期两次世界大战中先后有坦克、飞机、潜艇、航空母舰和原子弹问世以后,作为第二次工业革命和新技术革命、新军事革命的产物,氢弹、导弹、反弹道导弹、中子弹、激光武器、粒子束武器、战术核武器和反卫星武器等等新技术装备,又几乎完全按照人们对战争的设计需求一一呈现。这是人们难以预料到的。

这次新军事革命规模之大、范围之广、力度之强、影响之深,是历史上

绪论 20世纪——全球战略博弈的世纪

任何一次军事革命无法比拟的。它对战略的影响与过去相比也有许多特别之处。一是战略活动的范围极大拓展，陆、海、空、天、电磁、信息以至外太空，都从此成为角逐的空间。二是战略打击手段更加灵活多样，战略指导者可使用远程打击、精确打击、硬摧毁、软瘫痪等多种物质技术手段以达成战略目标。三是这场新军事革命的核心即军事思想革命，它明白无误地表明，进行新军事革命的战略目的就是争夺在国际战略格局中的优势地位。

有鉴于此，所以冷战结束以后，尽管美苏两国和以美苏两国为首的两大阵营之间的竞争不复存在，但在一超多强格局下的多国战略竞争中，围绕新技术革命和新军事革命的竞争却并没有随着冷战的结束而结束。相反，由于新技术革命和新军事革命的成果本身就代表着先进的生产力和战斗力，且既具有实用价值又具有威慑作用，因而冷战结束以来，在这两个领域的竞争仍然有增无减，仍然是国与国战略竞争的重要内容。并且，随着各种新技术新装备新成果的继续不断涌现，它们在其战略竞争中的地位与作用只会加强而不会削弱。

第四，全球化的加速发展，给战略竞争创造了更加宽广的领域和更为广阔的舞台。

在20世纪后半期，由于全球一体化的明显加速，其对战略的影响也越来越大。1991年两极格局解体后，这种影响就更加不可逆转。

一是东西方之间长期存在的意识形态对立有所淡化，有利于缓和长期紧绷的国际紧张局势。在冷战时期，美苏遏制与反遏制的一个突出特点就是意识形态色彩浓厚，两方都不承认世界是多样性的统一，都有一种把自己的意识形态和社会模式推广于全世界的强烈欲望和强大动力。而历史又在证明：世界是多元的，多样性的，正是因为有不同的意识形态、价值取向和社会发展模式存在，世界才如此缤纷，人类才如此有生命力；虽然人类意识形态的歧见可能永远都不会消失，但决定意识形态谬误、优劣或胜负的应是时间和社会实践，应是和平竞赛和自由选择，而决不应该是囊括政治、经济、文化、外交、军事等在内的全面较量和紧张对峙。

正是基于这样的意义，所以邓小平在会见美国前总统尼克松时说："考虑国与国之间的关系主要应该从国家自身的战略利益出发，着眼于自身长远的战略利益，同时也尊重对方的利益，而不去计较历史的恩怨，不去计较社会制度和意识形态的差别，并且国家不分大小强弱都相互尊重，平等相待。"①邓小平的这段话虽然是在特定的历史条件下讲的，但却道出了国家间交往的一种普遍价值，即一国的利益与国际主义观念、人类的共同利益是不相矛盾的，是可以一致的。

二是随着全球化的深入发展，世界各国的相互依赖性显著增强。不仅在经济发展中形成了你中有我、我中有你的局面，而且出乎意料的是，最初以经济为主要内容和目的的全球化格局一经建立起来，很快就蔓延到人类生活的所有领域了。到20世纪末，传统民族国家之间的界限已经逐渐模糊，世界性的、地区性的和国家性的事务互相影响，政治的、经济的、军事的、文化的各个要素互相关联，把世界仿佛变成了一个无国界的世界。在人类历史上，国家与国家、地区与地区之间的联系还从未像现在这样紧密过，相互间的依赖程度也从未像现在这样强烈过。

三是国际合作的紧迫性加剧。一方面，随着两极格局解体，东西方之间长期以来人为设置的障碍逐步消除，使加强国际间的交流与合作有了可能；另一方面，在全球化条件下，日益紧迫的诸多世界性难题也迫使各大国间纷纷建立起种种不同性质的战略伙伴关系，来共同应对挑战。世界形势要求，国际政治不仅要应用于包括安全和军事事务在内的传统领域，而且还要应用于许多经济、社会和生态问题中。环境污染、核扩散、恐怖主义猖獗、大面积的贫困等等，都是急剧增加的跨国问题；而这类问题的解决，超越领土管辖权和现存的全球政治同盟，必须进行广泛的国际合作，才有可能更有效地解决。

四是在全球化条件下，国与国之间的竞争实际上已经成为常态。全球化的过程，其实也是世界各国赛跑的过程。尽管起跑线不一致、速度有快有慢，但没有一个国家不卷入其中，没有一个国家可以不接受竞争。这主要是因为：

——各国在全球化中必不可少的在贸易、投资和技术转让方面的开放，不仅为本国的公司、企业创造了新的市场机会，而且使来自国外的竞争对手也进入国内市场，竞争对手之间为了争取客户、降低成本、获得规模效益和最佳效益，就必然展开激烈的竞争。

---

① 《邓小平文选》第3卷，北京：人民出版社1993年版，第330页。

绪论 20世纪——全球战略博弈的世纪

——在全球化条件下，尽管国家和政府仍然理所当然地是各行各业强有力的组织者和行动者；但是，在现代国际政治生活中，国家又受到无数跨越不同空间范围的政府间组织、国际机构和国际规则体系及秩序的挑战；同时，大量非国家主体或超国家实体也都频繁地参与全球政治。这样，国家和政府就必须和一大群其他的境内外机构和组织共享全球政治竞技舞台。

——由于全球化是由经济、政治、文化、信息和网络技术、通信技术诸领域诸要素在世界范围内同时进行的一体化，就使得这一进程格外富有渗透性和超越性。它意味着，越来越多的活动既可能发生在自己国内，也可能发生在国家边界之外，甚至在超越时空的范围发生。这就不可避免地把国家和政府卷入了越来越多、越来越激烈、越来越不可控的竞争漩涡之中。

因此，全球化给国家战略带来的影响是多面的多重的。它既让人们的战略活动和战略关系在空间和时间上得到了极大的扩展与延伸，同时又向人们提出了新的更大的挑战，并且这种挑战根本就不可能回避。唯有积极主动地应战，采取正确的战略，才可能趋利避害，收获战略利益。

第五，战略本质的理性回归，激发了战略竞争的新活力。

第二次世界大战结束之后，英国战略学家富勒既指出了"战争指导像医道一样，是一种艺术，因为医师的目的是预防、治疗或缓和人体的疾病，所以政治家和军人的目的也就是预防、治疗或缓和危害国际体的战争"；同时又提出了，"战争的真正目的是和平而不是胜利"，"和平才是政策的根本理想，而战争则只是企图实现此种理想时所使用的一种手段"。[①] 战略大师作此番论述的全部缘由虽然难以考察，但其中有一点似乎又可以肯定，这就是必然包含着其对战略本质的了解和把握。

其实，在国与国之间的战略竞争中，战略的真正本质就是平衡各种有利的和不利的因素，将一个国家的利益实现最大化。在具体实施过程中，战略的指导者也总是按照既定的战略目标实现对现状的调整，既最大限度地朝着有利于自己的方向推进，同时又努力保证不至于引发战争或类似的崩盘结局。

回眸20世纪，人们不难发现，战略本质的理性回归其实是在二战结束以后就开始了。人们不得不称道的是，即便在剑拔弩张的冷战时代，美苏两国

---

① 钮先钟：《西方战略思想史》，桂林：广西师范大学出版社2003年版，第452、454页。

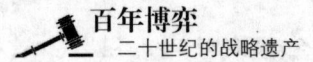

也从未兵戎相见，不仅没有发生或筹划大战、核战，甚至连小规模的直接军事冲突也没有发生过。而到冷战结束以后，不仅大国间的热战已经不属于选项，而且意识形态领域里的恶性争斗也逐渐淡化、融冰。可以说，人类已经进入这样的时代：战略竞争已从主要为利害之争，发展到既有利害之争，又有善恶之别。伐谋者必须以此为基础来争夺道德制高点，于内以增强凝聚力，对外以增强影响力。这不能不说是人类在战略领域的最大理性回归。

回眸20世纪，人们也还可以发现，战略本质的理性回归是有着深厚的历史背景的。其中一个最初的原因是，经过两次世界大战特别是第二次世界大战以后，人们对战争的认识有了大的改变和进步。

人类的发展史已经表明，人类的暴力从个人间的争斗逐步升级为国与国之间的全面战争，都是技术进步使然。只要人类还处于采食者时代，人们就既没有动机也没有手段进行大规模的战争。只是人类的技术发展到一部分人已经积聚了值得为之争斗的财富这一步，人们才既获得了这种手段，也拥有了这种动机。而历史前进到20世纪后半期后，第二次工业革命却使战争不仅变得无利可图、得不偿失，而且还具有灾难性和毁灭性，这就迫使人们不得不在战与不战或战争与和平之间进行选择。两次世界大战的经验足以示人：选择战争的方式来发展自己或解决国与国之间的纷争是多么地不合时宜；它将搬起石头砸自己的脚，无异于自杀。正如俄罗斯战略学家布罗赫所指出："战争的未来不是战斗而是饥饿，不是杀人而是国家的破产和社会组织的总崩溃。"①

再一个促使战略本质理性回归的因素是，20世纪下半叶中期"核恐怖"的出现，既从根本上改变了人们的战争观，也从根本上改变了人们的战略观。

通观20世纪的科学技术发展，最令人望而生畏的科学发现是原子能的开发利用并首先应用于军事领域。它使得单一武器的杀伤力大幅度提高和投放军队的距离大幅度增加，带来了战争中绝对死亡的人数和国家在战争中死亡人数占居民总数的比例节节攀升，因此，由此种战争而产生的社会心理震荡也越来越大。再加上，美苏两国在冷战中的核军备竞赛你追我赶、毫无节制，以致到1991年苏联解体前，美国能用核力量摧毁苏联1250次，苏联能用核力量摧毁美国145次。在所有威胁人类安全的危险中，核战争已经首当其冲，

---

① 钮先钟：《西方战略思想史》，桂林：广西师范大学出版社2003年版，第370页。

它使人类面临着是生存还是毁灭的严峻考验。苏联核物理学家萨哈罗夫尖锐地指出:"降低将要毁灭人类的核战争的威胁,在所有需要考虑的问题中,是压倒一切的问题。"①

所幸的是,由于核战争中不会有胜利者,人们在确保摧毁对方的同时也会确保摧毁自己,因此20世纪后半期再没有出现过把核武器用于实战的状况。人们终于认识到了,人类如果要避免自我毁灭,就必须树立一种责任感,共同寻求建立一种确保人类文明和人的生命免遭灭顶之灾的有效机制。正是由于这样的原因,它促使了若干限制核武器协定和条约的形成,主要包括:1963年的《控制核武器试验协定》、1967年的《禁止空间核武器协定》和《拉美无核区协定》、1968年的在现有核国家以外《不扩散核武器协定》、1971年的《海底禁止核武器协定》和1972年的美苏《限制战略武器条约》。这些协定和条约的签署,在实质上舒缓了笼罩在人们头上的核恐怖气氛。

以上这两个方面,既是战略本质理性回归的最深刻原因,也构成了战略本质理性回归的最坚实基础。毕竟,人类是命运的创造者而不是命运的产物。在20世纪经历了两次世界大战和一次长达40多年的冷战之后,人们是绝不可能愚蠢到再选择大战或者核战的方式来解决国家间尤其是大国间的纷争的。

---

① 肖德甫:《20世纪的政治遗产》,北京:中央文献出版社2011年版,第107页。

第一章
Chapter One

接二连三的失败者——战争和军备已成为最昂贵最危险的统治工具,不戢将自焚

纵观历史,强大的社会总会凌驾于其较弱的邻国之上,并将其变为帝国统治下的臣民。帝国的建立出于多种目的:控制自然资源,征服潜在的敌人,积聚财富,为土地而扩张,以及为荣誉而战。但即使在最幸运的情形下,征服外国领土的行动都是充满危险、代价高昂的。

——〔美〕杰里·本特利

永存的东西是没有的,至少靠武力建立起来的帝国是不能长久的。罗马征服了世界,同时也毁灭了自己。

——〔美〕亨德里克·威廉·房龙

第一章 接二连三的失败者

尽管战争与人类相伴，一部人类史就是一部战争史，但是，一些哲人先贤还是反复地指出过滥用战争或者武力的种种罪恶。古罗马政治家、著作家西塞罗甚至认为："即使是不公正的和平也胜于正义的战争。"[①]英国诗人、戏剧家莎士比亚同样指出："武力的本身虽值得称颂，不过当它高居宝座的当儿，已经伏下埋葬它的基础了。"[②]然而，在20世纪，人类不仅未能避免战争，反而还把战争推向了极致，还因为战争遭受了前所未有的损失。一个世纪以来，接二连三的新兴大国或土崩瓦解，或大起大落，从高空跌落，莫不在证明着：权欲如同烈酒和毒药，会使人丧失理智；而丧失理智的如果是一个统治者或者统治集团，则最终不但会销蚀人的躯体、灵魂，而且还会销蚀国家和民族。

一　德国1945："由于天堂被剥夺，希特勒选择了下地狱"

在20世纪，如果说曾有一个人利用一个口号绑架了整个国家，如果有一个国家在一个人、一个口号下集体地疯狂起来，并且还祸及世界，贻害子孙，那么，这个人就是希特勒，这个口号就是"争夺生存空间"，这个国家就是德意志第三帝国。

本来，1871年后德意志民族就已进入自己历史上最辉煌的年代。在铁血宰相俾斯麦的主导下，千年的民族分裂得以结束，强大而统一的德意志第二帝国得以建立。按照俾斯麦所奉行的"大陆政策"，德国既可以避免海外殖民

---
① 《人类智慧宝库·西方智慧卷》，北京：改革出版社1992年版，第866页。
② 《3000年世界名言大辞典》，北京：汉语大词典出版社1995年版，第625页。

地的争端，也可以避免招致俄、法两国的两面夹击，而专心致力于巩固和壮大德国在中欧的地位。

德意志统一之初，为了确定此后国家政策的方向，俾斯麦也曾上一封密奏给德皇，指出德国叨天之幸，已完成统一大业，但富强统一的德国又容易招致全欧的畏忌，今后在行动上一有不慎，即足以促使欧洲诸国群起而攻，于是虽有智者亦不能善其后矣。所以，俾斯麦建议德意志今后采取两项重要原则：(1)从此不再作任何扩张的企图，而应以维持现状为满足。其原因是，德国的地理位置介于东西欧之间，面积狭小，腹背受敌，欲求自保都已很难，何能不明事理，妄自尊大，而再采取扩张政策，那不仅吃力不讨好，而且更有自取灭亡的危险。(2)不仅本国不应再制造战争，而且还应尽量努力维持欧洲的和平。其原因是，欧洲实在太小，无论何处出现危机，都足以酿成大祸。德国既已统一，今后所求者即为安定，安定对德国最为有利。假使欧洲一有战祸发生，德国虽无意参加，但仍然难于置身事外。

俾斯麦既坚持这样的理念，也将这一理念付诸行动。从1871年到1890年这20年间，欧洲国家间尽管危机和冲突不断，但作为德国首相的俾斯麦不但不作浑水摸鱼的打算，而且一心只想作居间调解的努力。而且，由于俾斯麦的才能和威望，再加上有德国强大的实力作后盾，所以这种努力常常能获得成功。英国伦敦《泰晤士报》对俾斯麦的这种努力也曾赞赏有加，称："没有任何其他欧洲国家在行为上能像德国那样明智而谦恭。德国在欧洲政治中的确已经发挥协调和节制作用，并且也经常运用其强大的军事权力来吓阻任何扰乱欧洲和平的企图。"①由此，俾斯麦也曾被尊称为"欧洲的宰相"和"和平的保障者"。

但是，德皇威廉二世不满足于现状，不认可俾斯麦的主张，他1888年继位两年后就把俾斯麦赶下了台，同俾斯麦一道离开历史舞台的还有他的"大陆政策"。威廉二世所需要的是一条争夺世界霸权的"新路线"即"世界政策"。他认为他是世界上最伟大的君主，他绝不能满足于德国只充当欧洲强国角色，而是要充当世界强国，确立德国在世界上的霸权。为此，在"世界政策"的指引下，德国"全速前进"，加强了与英、法、日、美在世界各地的殖民地争夺。

---

① 钮先钟：《西方战略思想史》，桂林：广西师范大学出版社2003年版，第350页。

第一章 接二连三的失败者

到 1914 年，尽管他仍然耿耿于怀，极为不满，就已抢到手 290 万平方公里的海外土地。1914 年 6 月 28 日萨拉热窝事件的发生，威廉二世认为这是"千载难逢的良机"，于是又"拿德国人的命运去赌博"，发动了第一次世界大战。结果，除给战争受害国带来巨大的人员和财产损失以外，"帝国崩溃了。1914 年 8 月初，人们曾认为帝国遭到敌人攻击，因而心甘情愿地去保卫它，二百万人阵亡。但现在，世界发生了变化。德国公民食不果腹，衣不蔽体，在街头踯躅。他们曾把自己的金银财宝奉献给祖国，他们的子弟不是阵亡就是被俘，回来的人变得惨不忍睹"。在 1919 年 1 月的巴黎和会上，德国又被解除了武装，海外的所有殖民地被剥夺，还要首付 200 亿马克的战争赔款。

事已至此也罢。既然大祸已经铸就，灾难已经发生，也还有机会汲取教训，慢慢医治好战争创伤，争取重生，像 1888 年 3 月继承皇位的腓特烈三世所希望的那样，"可以不用铁和血，而在道德上征服别人，成为统一、自由和强大的国家"①。况且，一战结束后建立起来的凡尔赛—华盛顿体系，仍是 19 世纪初建立的那个"以欧洲为中心、以欧洲大陆均势为特点、对世界加以控制"的维也纳国际体系的延续，德国虽然受到战胜国残酷的"剥削和掠夺"，甚至连领土也被分割了，但重要的是德国这个以日耳曼人为主体的国家主权实体生存了下来，其社会制度和社会基础也没有太大的变化，只要悉心经营，在欧洲列强争斗的缝隙中悄悄恢复国力仍然是可能的。

然而，由骑士文明和天主教文明孕育出来的日耳曼民族从来就是一个不甘于失败的民族，神圣德意志的思维从来就是一种不乏征服与扩张的思维。终于，希特勒的出现，"争夺生存空间"的诱人，改写了德意志的历史。

希特勒 1889 年出生在奥地利北部布劳瑙小镇的一个普通家庭，年轻时是踯躅在维也纳街头的流浪汉。

1913 年春，希特勒移居慕尼黑。第一次世界大战爆发后，希特勒自愿申请参战，受训三个月后开赴前线。曾先后两次负伤。因作战勇敢，两次获得铁十字奖章，并被提升为下士。

1919 年 9 月，希特勒脱离军队后加入"德国工人党"。不久开始接管德国工人党的宣传工作，并首次发表演说，阐述德国工人党的二十五点纲领。

---

① 吴友法：《德国现当代史》，武汉：武汉大学出版社 2007 年版，第 32 页。

1920年4月，德国工人党改名为"国家社会主义德国工人党"，简称"纳粹党"，并以希特勒提出的二十五点纲领作为该党党纲，以希特勒绘制的红地白圆心、中间镶嵌着黑"卐"字的图案为纳粹党党旗。

1921年7月，希特勒成为纳粹党的唯一领袖。他还把一批由退伍军人组成的纠察队改名为"冲锋队"，作为纳粹党的武装。接着，他又买下了一家名为《人民观察家报》的报纸，由每周出版两次改为日报，作为纳粹党的机关报。

1923年11月，希特勒在慕尼黑贝格勃劳凯勒酒馆发动政变失败，被捕入狱。纳粹党被勒令解散，《人民观察家报》被迫停刊。服刑9个月后希特勒获释出狱，继续从事推翻魏玛共和国的活动。

1925年2月，《人民观察家报》复刊，当天发表了希特勒撰写的题目为《新的开端》的长篇社论。在复活后的纳粹党组织的一次群众集会上，希特勒发表激烈演讲称："我们的斗争只有两种可能的结局：不是敌人踩着我们的尸体过去，就是我们踩着敌人的尸体过去。"①

1926年至1929年，是纳粹运动处于低谷的几年，希特勒以"花岗石般的意志"进行党的重建工作。到1929年底，纳粹党得到较大发展，党员人数增加到17.8万人。为了夺取全国政权，希特勒将纳粹党的政治组织分为两个部。第一部负责对付政府，设有外交、工会、新闻等部门。第二部负责建立一个"国中之国"，下设农业、司法、国民经济、内政、劳工、种族、文化、工程等部门。在这期间，希特勒还建立了忠于他个人的党卫队。

1929年10月，从美国纽约股票市场崩溃开始的世界性经济危机迅速席卷了整个资本主义世界。由于德国经济对美的依赖性，从而使德国经济遭受的打击比其他资本主义国家要严重得多。到1931年7月，柏林的银行几乎全部关闭，国库黄金储备减少五分之四，工业生产下降42%，贸易减少60%，整个经济系统处于总崩溃的边缘。而危机带来的一个最严重的后果还在于，高达800多万人的大量失业人员的增加，给社会造成了一个庞大的不稳定的阶层，进而导致社会危机加剧。这为纳粹运动的迅速崛起提供了良机；精于计算和权谋的希特勒也及时地捕捉并成功地抓住了这一机会。

在这次危机一开始，纳粹党就利用社会中间阶层反对"巴黎和会"和一战

---

① 解力夫：《希特勒》，北京：世界知识出版社1994年版，第452页。

第一章 接二连三的失败者

后资本主义世界新秩序的情绪以及基层民众对政府的不满,极力散布这场危机是魏玛共和国接受《凡尔赛和约》及战争赔款、政府无能、奉行错误政策的结果。在攻击魏玛政府的同时,纳粹党也根据各阶层民众的心理和生活需求,"许诺向失业者提供面包,向农民提供低廉的租金,向有产者提供抵御共产主义的保护,向国防军提供重整军备的军费,向工商业界提供高额的利润,答应给满怀民族自豪感的人一个新的强大的德国"。纳粹宣传机关还大肆吹捧希特勒,宣称"希特勒对于千百万人民来说就是拯救的同义语","从这个名字中就可以看到新的生活和新的成功道路"。① 通过这样一些宣传和许诺,企图使民众相信,只有希特勒和纳粹党才能把德国从多灾多难的困境中拯救出来。其宣传和许诺也是很有成效的。就在经济大危机期间,纳粹党便从一个微不足道的小党迅速发展到夺取全国政权的阶段。

1930年9月,德国大选揭晓,希特勒的纳粹党得选票640.96万张,在国会中取得107个席位,由原来位居第九的小党,一跃而成为国会中第二大党。

1932年3月,希特勒第一次竞选总统,得选票1133.9万张,占30.1%,仅次于时任总统兴登堡。虽然希特勒这次竞选总统失败,但这时纳粹党在国会中的席位已达到230席,成为第一大党,并由希特勒的亲信戈林出任国会议长。

1933年1月,魏玛共和国垮台,希特勒被任命为总理,成为德国历史上第一次实现了统一和取消了联邦的独裁者。

1933年2月,为了镇压共产党和其他进步力量,希特勒一手策划了"国会纵火案",先后逮捕达七八万人。在"国会纵火案"发生的第二天,希特勒内阁就通过法令,终止实行宪法中有关人身不可侵犯和言论、通讯、出版、集会、结社等自由的条款。不出一个月,国会又通过所谓授权法,授予总理立法权、批准同外国缔结条约权和宪法修改权。从此,希特勒就既不受议会的约束也不受年老多病的总统的约束了。半年后,希特勒又宣布,纳粹党是德国唯一的政党,其他政党一律取缔。

1934年6月,借口镇压"二次革命",希特勒血洗冲锋队头目罗姆及其骨干60余人。同时规定,纳粹"党卫队"作为"领袖意志"的工具,为一个独立的武装组织,不受国家法律规定的约束。此举,进一步巩固和加速了法西斯独

---

① 吴友法:《德国现当代史》,武汉:武汉大学出版社2007年版,第151页。

裁统治、恐怖统治的建立。

1934年8月初，87岁的德国总统兴登堡逝世后，内阁立即宣布一项法律，即在兴登堡逝世的前一天由希特勒主持内阁会议秘密拟定《国家元首法》，规定"德国总统职务与总理合并为一，因此，帝国总统原有的职权移交给帝国总理和元首阿道夫·希特勒"。至此，纳粹党元首、总理、总统、国防军的最高统帅权，就都被希特勒集于一身，他成了真正的不受任何法律约束的独裁者。

1934年9月，纳粹党在纽伦堡召开代表大会，庆祝希特勒就任新职。20万名纳粹党员聆听了希特勒的演讲。希特勒在演讲中宣称："我们是强大的，我们必须更加强大！"纳粹党徒尽情欢呼，庆祝胜利。他们吹捧希特勒："纳粹党就是希特勒，希特勒就是德国。"高呼："万岁——希特勒！万岁——胜利！万岁——胜利——希特勒！"这次大会后，在希特勒心腹——政府宣传部长戈培尔的组织下，德国掀起了一个崇拜希特勒的狂潮，人们相互问候时要行希特勒式的举手礼，以"万岁——希特勒"相互问候，对希特勒的称呼也由"国家总理先生"改为"我们的元首"。骤然间，希特勒成了德意志民族的伟大人物。

在希特勒一步步登上德意志权力的巅峰后，"争夺生存空间"自然就成了希特勒施展政治抱负的纲领。

在近代德国的历史上，还从来没有人像希特勒这样具有强烈的征服欲望。早在1925年，他还没有任何政府公职和社会地位时，就在其《我的奋斗》一书中鼓噪"生存空间"，提出了为"生存空间"而奋斗是纳粹运动的目标。他在书中写道："一个国家的外交政策，它的任务是在使他们民族的繁殖和他们土地的大小，能够有一种自然和适当的比例，而保障种族的生存。""惟有地球上的充分的空间，德意志民族也只有靠了这种方法，才能保障它是世界的强国。""如果民族社会主义运动的确想要在历史面前为我们民族获得一个神圣的伟大使命，它就必须无视传统和偏见，敢于把我们民族及其力量聚集起来，奋勇向前，走出这个民族今天的狭隘的生存空间，走向新的土地，从而也永远摆脱在这个地球上消失或作为奴隶民族不得不为其他民族效劳的危险。"①

1926年，希特勒又出了第二本书，重点阐述以种族、生存空间、战争为

---

① 〔德〕迪特尔·拉夫：《德意志史》，香港中询公司1987年版，第281页。

第一章 接二连三的失败者

主线的纳粹外交政策，继续宣扬他在《我的奋斗》中鼓吹的种族主义，呼吁要集中"民族的全部力量，为攫取充足的生存空间而奋斗"①。

希特勒的这些言论蛊惑性很强，尤其是在经济危机发生后人们试图寻找新路并挣脱困境的情况下。1933年，希特勒《我的奋斗》这本书销量即突破100万册，1940年第二次世界大战全面爆发后销量更是高达600万册，所以这本书被认为"一直主宰着从1933年至第二次世界大战结束的纳粹帝国的政治"。

人们似乎还记忆犹新，刚刚跨入20世纪时，《泛德意志报》在为新世纪所写的一篇评论文章中就曾抱怨："德国因本身殖民地拥有的不充分而不得不依赖于从南美和亚洲土耳其取得补充，从而处于一种非常被动的地位。"一位德军将领也曾疾呼："如果我们来观察一下英国、法国，甚至小小的比利时所拥有的殖民地面积，我们会清楚地看到，在地球的分配中，我们自己早犯了严重的错误，吃了大亏。"还有一个记者宣称："德国人让他们的一个邻国得到陆地，另一个邻国得到海洋，而给自己留下天空，纯教条占上风，这样的时代已经过去了。我们不想把别人挤到阴影中去，但是我们也要在阳光下取得一席之地。"②

延续了几十年的这些喧嚣，积聚了几十年的这股力量，终于借着希特勒的上台，与大日耳曼民族主义相汇合，汇成了一股迷失大部分德国人的浊流。在完成了终止《凡尔赛和约》、退出国际联盟、与意日缔结法西斯同盟和一系列扩军备战等重大步骤后，裹挟着狂热民族主义情绪和强烈民族主义征服欲的德意志战争机器便很快开动起来了。

虽然，希特勒对从1888年到1918年统治德意志长达30年之久的前德皇威廉二世是崇拜的，也深受他的影响。具有浓烈普鲁士军国主义情结的威廉二世把军队看得高于一切，把军规置于一切道德和自然法则之上，甚至把士兵齐步行进动作的绝对准确也视为德国的光荣。威廉二世认为："把德意志帝国锤炼出来的是士兵和军队，而不是议会决议。"他登基后的第一道圣谕是《致我的军队》。他说："我和军队是一体的，我们天生来互相帮助，不管上帝的

---

① 吴友法：《德国现当代史》，武汉：武汉大学出版社2007年版，第144页。
② 〔德〕迪特尔·拉夫：《德意志史》，香港中询公司1987年版，第206页。

意志是要给我们和平还是风暴，我们都将站在一起，永不分离。"①希特勒同样视军队为己出，同样把军国上下一种手势、男女老少一个口号视为德意志的荣耀。他在1939年9月1日150万德国大军越过波兰边境发起第二次世界大战时，也与威廉二世如出一辙地在《告德国军队书》中宣称："从现在起，我只是德意志帝国的第一名军人。我又穿上了这身对我来说最为神圣最为宝贵的军服。在取得最后胜利以前我决不脱下这身衣服，要不然就以身殉国。"②

但是，尽管继承了威廉二世的征服欲、军国观，在战争进攻的路数上却又与威廉二世有所不同。威廉二世在他的《朕之作战》中征服全欧的战略步骤是：首先征服法国。他说："朕之征服全欧不可不以征服邻邦之骄儿法兰西为第一步。盖与其先征奥匈比等弱国，宁先侵法国。"第二步是打败英国。他认为，"德英之战终无可免"，"先将法兰西征服，然后西指而征英"，"夺取英国所掌握的海上霸权，务使其降至二等国以下"。第三步是吞并奥匈比荷等国。对波兰先是采取怀柔政策，尔后"对波兰人最后手段惟有杀戮之一途"。第四步也是最后一步，是征服俄国。而希特勒最终所采取的进攻步骤，则是分为五步，并且顺序也不太一样。

第一步，吞并奥地利。

希特勒认为，德国可以实行的最稳妥的扩张领土政策，是在欧洲本土内取得新领土，先建立一个广阔完整的"大德意志国"，然后再征服全世界。而奥地利位于欧洲中部，与德国的南部接壤，人口中又主要是日耳曼人，理所当然地应该把奥地利并入德国作为建立大德意志帝国的第一个步骤。于是，在通过外交途径探明英、法等国对德、奥合并采取"不干涉"立场后，希特勒便于1938年2月12日把奥地利总理舒士尼格召到德国伯希特斯加登的高山别墅，向他提出最后通牒：释放奥地利法西斯罪犯，由奥地利法西斯头目担任内政、国防、财政部长，奥地利的经济体系和外交关系由德国控制。虽然舒士尼格犹豫不决，但当他了解到英、法两国的态度后，被迫接受德国的要求。

1938年2月16日，奥地利政府改组，一批法西斯骨干分子入阁任要职。这一变动马上引起奥地利民众强烈抗议，纷纷举行集会游行，要求保卫国家。

---

① 吴友法：《德国现当代史》，武汉：武汉大学出版社2007年版，第35页。
② 杨双等主编：《政坛大地震》，合肥：安徽人民出版社1993年版，第181页。

第一章 接二连三的失败者

奥政府在民众的支持下宣布于3月9日就奥地利独立问题举行公投。这一决定遭到纳粹分子的猖狂反对，奥地利全国一片混乱。借此机会，希特勒又向舒士尼格再次提出最后通牒，要求他停止举行公民投票，并自行辞职；如拒绝，将有20万德军开入奥境。舒士尼格又一次屈服，在最后通牒期限之前辞职，由纳粹党头目赛斯·英夸特接任总理。接着，在赛斯·英夸特的"邀请"下，20万德国正规军于3月11日晚在飞机大炮的掩护下侵入奥地利，开进维也纳。3月13日，希特勒亲临奥地利，签署了德奥合并法令。从此，奥地利并入德国版图，称为"东方省"。

第二步，入侵捷克斯洛伐克。

捷克斯洛伐克位于欧洲中心，是一个工业发达、资源丰富的国家。占有捷克斯洛伐克后，对德国来说既可以控制多瑙河流域的所有通道，又可以补充德国的军事实力。

早在1933年，希特勒就在当地扶植纳粹分子汉莱因拼凑了一个"苏台德日耳曼人党"，专门从事把苏台德区并入德国的阴谋。1938年4月，汉莱因发表演说，公然要求苏台德区"完全自治"，废止法捷、苏捷互助条约，转而依附德国。这一主张被捷政府拒绝后，汉莱因分子便决定于5月间发动叛乱，德国也向捷边界集结军队，准备大举入侵。5月20日，捷政府发出局部动员令，指挥40万大军进入防御阵地。面对德捷边界的紧张局势，英、法等国便出面调停。

1938年9月29—30日，根据英国首相张伯伦的建议，张伯伦、达拉第、希特勒和墨索里尼代表英、法、德、意四国，在德国的慕尼黑举行会议。会议在没有捷克斯洛伐克代表参加的情况下，把由德国起草的宰割捷克斯洛伐克国家的决定确定下来，形成了《慕尼黑协定》。协定规定：捷克斯洛伐克必须在10天内把苏台德和与奥地利接壤的南部地区割让给德国，上述地区的防御工事、工矿企业、铁路及一切建筑一并移交。英、法等国对捷的新疆界给予国际保证。这样，希特勒不费一兵一卒就从捷克斯洛伐克夺走了其三分之一以上的领土和一半的工业实力。捷克斯洛伐克被肢解了，希特勒向东侵略的大门也被打开了。但是，《慕尼黑协定》并没有阻止法西斯的侵略扩张，相反，还纵容了希特勒的扩张野心。1939年3月，德国就直接出兵占领了捷克斯洛伐克的其余部分。

第三步，进攻波兰。

在利用英、法所推行的绥靖政策侵占了奥地利、捷克斯洛伐克两国的大片领土后，希特勒即坚定地按照自己的战争总目标推进，于1939年9月1日发动了向波兰的进攻。

波兰位于欧洲东部，东接苏联，西临德国，南接捷克斯洛伐克，北濒波罗的海，不仅战略地位十分重要，而且也是当时英、法在欧洲诸盟国中军事上最强大的一个国家。德国若占领波兰，不仅能获得大量的军事经济资源，而且还能大大改善自己的战略地位：既可以消除进攻英、法的后顾之忧，又可以建立进攻苏联的前进基地。因此，在并吞奥地利和侵占捷克斯洛伐克以后，希特勒便选定波兰为侵略的目标。

1939年3月21日，德国向波兰发出通牒，要求它把但泽地区"归还"给德国，并把连接该地区的公路、铁路的权利也转让给德国。这一无理要求遭到了波兰政府的严词拒绝。4月28日，德国废除了德波互不侵犯条约，并再次提出领土要求。其实，希特勒的目的不仅是要夺回根据《凡尔赛和约》被割去的但泽地区，而且还要占领整个波兰。他在一次高级将领会议上就曾明确地说："但泽根本不是争执的中心问题。中心问题是要把我们的生存空间向东方扩张。"①

为了确保这次进攻胜利，希特勒集中了绝对优势兵力。战前，波兰曾预测德国若发动进攻，使用的兵力可能是20个师的规模。而德国实际用于对波作战的总兵力是62个师，160万人，2800辆坦克，6000门火炮，2000架飞机。远远超过波兰24个步兵师、8个骑兵旅、56个民防大队约100万人的总兵力，以及870辆坦克、4300门火炮和824架飞机。

为了确保这次进攻胜利，纳粹军队使用了"贼喊捉贼"的办法来试图获取进攻的正当性。1939年8月31日晚，一批身穿波兰军服的德国党卫队队员，按照预定计划，"袭击"并"占领"了紧靠波兰边境的一个德国城市——格利维策，并炸毁了附近的一座桥梁。德军"占领"该城的电台后，马上用波兰语辱骂德国，并抛下了几具身穿波兰军服但实际上却是德国囚犯的尸体。接着，德国的所有电台便广播了所谓"德国遭到了波兰突然袭击"的消息。由此，德

---

① 〔美〕威廉·夏伊勒：《第三帝国的兴亡——纳粹德国史》，董乐山等译，北京：世界知识出版社1979年版，第677页。

第一章 接二连三的失败者

国以反击为借口于 1939 年 9 月 1 日向波兰发动了侵波战争。9 月 3 日，英、法等国对德宣战，这也意味着第二次世界大战的爆发。

为了确保这次进攻胜利，法西斯德国在这次作战中首次应用了"闪击战"。其特点就是以突然袭击发动战争，以大量快速兵团和武器闪电般地摧毁对方的抵抗能力。在开战的第一天，德军就以大量的航空兵和坦克部队实施猛烈的首次突击，摧毁波兰的有生力量和军事设施，破坏了波兰的交通枢纽和指挥体系，使其一开始就处于混乱和瘫痪状态，从而失去了抵抗能力。在战役行动上，德军也首次使用了在航空兵密切配合下行动的快速兵团，以每昼夜 30—50 公里的速度实施钳形突击，围歼波军主力。而作为同盟国的英、法虽然对德宣战，并表示要履行保护波兰独立的诺言，但实际上两国都宣而不战。所以，不出一个月这场进攻波兰的战争就以德军的胜利而迅速结束了。

第四步，直取法国，空袭英伦。

对进攻法国，德早有准备。法国是德国在欧洲大陆上的最强大竞争对手和争霸的主要障碍。德国于 1939 年 10 月消灭波兰后就开始制订进攻法国的计划。1940 年 3 月德军入侵北欧，北欧各国投降，德国便完成了对法国的包围。1940 年 2 月 24 日，希特勒批准进攻法国的作战计划，其战略构想是：充分利用集群坦克的攻击力，对具有战略决定性的突破口——阿登森林地区实施主要突击，以攻其不备、出奇制胜地攻入法国北部。

法、英两国的战备进展缓慢。直到 1940 年 3 月 12 日，两国政府才最后批准联军总司令制订的"D"作战计划。该计划提出全力守住法国与德国邻近的东北和北部地区，以阻挡德军占领巴黎，等条件成熟时再予以反攻。

就在法、英两国批准"D"作战计划不久，1940 年 5 月 10 日凌晨 4 时 30 分，德军即对荷兰、比利时和卢森堡突然发动大规模进攻，揭开了希特勒入侵法国的序幕。

令人意想不到的是，这时的法国军队竟然军心涣散，难以组织有效的抵抗。再加上，法国统治集团内部的投降派开始掌握军政大权，主张放弃抵抗，所以又加快了法国败降的步伐。5 月中旬，年逾 85 岁的驻西班牙大使贝当和 73 岁高龄的驻中东法军司令魏刚就任副总理和法军总司令。他俩面对危急形势，不但不组织力量为民族的独立和生存而战，而且断然拒绝了法国共产党提出的进行全民抗战的建议。6 月 12 日，魏刚在内阁会议上公开要求停战。

在他的要求下，巴黎竟然宣布为不设防城市。6月14日，德军未经过任何战斗就开进巴黎，并把希特勒德国的"卐"字旗挂在了埃菲尔铁塔上。6月16日，法国总理雷诺屈服于投降派的压力辞职，由贝当组阁。17日，继任总理的贝当便命令法军放下武器，向德国求和。20日，贝当政府正式宣布停战投降。至此，拥有300万大军、号称欧洲第一陆军强国的法兰西第三共和国，不到6个星期就被法西斯德国灭亡了。

法国投降之后，北起挪威南迄西班牙的全部西欧海岸已被德军控制，英伦三岛三面被围，形势岌岌可危。但希特勒此时尚未定下进攻英国的决心，他认为打败大英帝国后，其殖民地将落入美国、日本和苏联的手中，对德国并无多大益处；同时，为了对付苏联和避免出现两线作战的局面，也需要拉拢英国，诱英妥协。只是在1940年6、7月间希特勒一再向英国提出"和平建议"但每次都遭到丘吉尔政府的坚决拒绝后，德国航空兵才从1940年8月12日开始展开对英国的空袭。

第五步，入侵苏联。

征服苏联，独享欧洲，夺取世界霸权，这是法西斯德国蓄谋已久的国策，也是希特勒梦寐以求的目标。早在1925年，希特勒就在《我的奋斗》一书中写道："当我们今天谈到欧洲的新领土的时候，我们主要必须想到俄国和它周围的附庸国家。"①1936年11月，德国和日本签订反共国际协定，次年11月意大利也加入这一协定，其主要目的就是为了对付社会主义的苏联。1939年8月，苏、德两国签订了互不侵犯条约，但条约并没有改变希特勒的侵略野心。条约签订后不久，希特勒就在一次会议上说："现在俄国并不可怕，因为我们已同俄国缔结了条约。但是条约只是在对我们有用的时候才有遵守它的必要。一旦我们在西方腾出手来，我们就可以对俄国作战。"希特勒正是根据这个总的战略构想，不断加紧对苏作战准备。

1940年12月18日，希特勒发布第21号训令，批准了代号为"巴巴罗萨"的对苏作战计划。希特勒之所以要用12世纪神圣罗马帝国皇帝腓特烈·巴巴罗萨的名字来为其侵苏战争的作战计划命名，就是想为这场最为重要的战争涂上圣战的色彩。

---

① 黄玉章等：《第二次世界大战》，北京：世界知识出版社1984年版，第107页。

第一章　接二连三的失败者

"巴巴罗萨"计划总的战略目的是：要以一次极为快速的战役击溃苏联。德国国防部企图，以大量坦克部队、摩托化部队及航空兵实施"闪电"式的突然袭击，分割围歼苏联西部苏军主力，尔后向战略纵深发展进攻，攻占列宁格勒、莫斯科和顿巴斯，前出到阿尔汉格尔斯克、伏尔加河、阿斯特拉罕一线。战争最初计划于1941年5月15日以前发起，由于当时巴尔干作战正处于胶着状态，希特勒便把时间推迟到了1941年6月22日，并要求在1941年入冬之前结束这场战争。

为了速战速决，德军统帅部集中了152个师又2个旅，连同芬兰、罗马尼亚等仆从国家的29个师又18个旅，共计181个师又20个旅，约4300辆坦克，4.7万门火炮，4980架飞机，192艘舰艇，总兵力为550万人，编成3个集团军群和3个独立行动的集团军，在北、中、南三个战略方向对苏联实施进攻。

按照既定计划，纳粹德国于1941年6月22日（星期日）凌晨4时30分不宣而战，终于向苏联发动了进攻。

然而，纳粹德国的侵略军自从踏上苏联国土后，就被苏联人民的卫国战争所包围。1942年夏，德军向斯大林格勒展开了疯狂的进攻，被苏军彻底打败。从此，德国侵略军陷入了侵苏战争的泥潭之中，被迫从战略反攻转入战略防御，在苏德战场上节节失利。与此同时，世界反法西斯统一战线逐渐形成。1944年6月，美英盟军在法国诺曼底登陆，开辟了反法西斯战争第二战场，德国法西斯精心设置的西欧防线土崩瓦解。苏联红军和美英军队从东、西两面直逼德国本土。德国法西斯虽然孤注一掷地拼命反抗，但却再也无法挽救失败的命运。曾任美国国家安全事务助理和国务卿的基辛格评论说："斯大林赌希特勒是个理性的人，但他赌输了；希特勒赌斯大林很快就会败北，但也赌输了。只不过斯大林的错误可以弥补，希特勒的却不行。"①

1944年11月6日，斯大林在纪念十月革命27周年的大会上指出："苏军最后一个使命，就是同我们盟国的军队一起粉碎德国法西斯军队的事业，把法西斯野兽打死在它自己的洞里，在柏林城上升起胜利的旗帜。"②半年后，苏军攻克柏林，完成了这一历史性任务。

---

① 〔美〕亨利·基辛格：《大外交》，顾淑馨、林添贵译，海口：海南出版社1998年版，第344页。
② 黄玉章等：《第二次世界大战》，北京：世界知识出版社1984年版，第485页。

希特勒"争夺生存空间"的结果是人所共知的。由他策划发动的第二次世界大战是迄今为止人类历史上规模最大的一场战争。战火遍及世界五大洲，交战双方曾在全球四大洋展开激烈角逐。卷入战争的国家和地区多达80多个，其中参战国61个，人口近20亿，占当时世界总人口的80%以上。投入战争的武装人员达到1.1亿人，直接军费开支达到1万亿美元以上，直接经济损失达到4万亿美元以上。

令人类永无释怀的，是在这场战争中，战争罪孽对于无辜生命的摧残是历史上最为残酷最为血腥最为惨重的。全世界共有5120万人死于这场灾难，其中平民3430万人，军队1690万人。比在数量上更骇然惊人的，还有残害无辜生命的类型和手段，其恐怖程度远远超过了人类所能理解的范畴。依照"没有生存价值的生命就全部淘汰"的法西斯逻辑，德国在纳粹集中营专门组建了一批死亡营，党卫队的屠杀手段一再创新，大批犹太人和妇女、儿童被大规模地用毒气"无痛苦致死"，许多人被迫接受"医学实验"。这些都像梦魇一般长久地存留在人们的记忆中，反映在战后的国际政治和社会生活中。

希特勒策划发动的这场惨绝人寰的战争，也使德国深受其害，给德意志民族烙下了难以抚平的创伤。1945年战争结束时，德国到处都是残垣断壁，每十个德意志人中就有一人为这场战争付出了生命的代价。德国的领土和主权也再一次沦落。根据1945年6月苏、美、英、法四国签署并公布的《关于击败德国并在德国承担最高权力的宣言》、《关于德国占领区的声明》以及《关于德国管制机构的声明》等三个文件，德国正式由以上四国接收其最高权力，并由以上四国对德国进行分区占领。其中，东区由苏联占领，南区由美国占领，西区由法国占领，北区由英国占领。首都柏林也同样由四国分区占领。

更具有讽刺意味的是，希特勒实施"争夺生存空间"的战略本是为了扩张生存空间，掠夺别人的生存空间，而结果却恰恰相反。1945年2月，美、英、苏三国雅尔塔会议时，就规定德国应把东普鲁士哥尼斯堡以南部分地区以及上西里西亚、奥德河以东部分地区划归波兰。而到1945年7月波茨坦会议时又进一步规定，德国的东部边界沿奥德河至西尼斯河一线划定，除将雅尔塔会议所规定的区域划归波兰外，还将哥尼斯堡地区划归苏联。这样，德国的国土面积即比魏玛共和国时期减少四分之一，由希特勒上台时的47.26万平方公里缩减到了35.34万平方公里。然而，比这更让德国人羞辱的还在于，在地理空间减少的同时，德国人的精神空间和灵魂也受到了空前未有的挤压。在法国占领区，因多次被侵略而产生的民族仇恨，使法国对占领区的德国人采取了更为严厉的政策。占领区居民的生活和新闻出版等，无不受到严密的监视和控制，连"德意志"、"德国"等字眼也被禁止使用。一向孤傲的德国人顿感生命和灵魂也破碎了，被压缩了。

玩火者必自焚。战争狂人希特勒自己也在这场战争落幕时被扫入了历史的垃圾堆。而且，他是在真正感受到了这个偌大的世界再也没有了他的生存空间时才自己结束自己的生命的。

早在他发起这场战争之初，希特勒就宣称："对于我来说，有两种可能性。我的计划要么全部实现，要么全部失败。如果实现了，我将成为历史上的伟人之一；如果失败了，我将被制裁，被唾弃，被诅咒。"①

不出他自己所料，希特勒的生命尽头是令人不齿的。1945年4月30日下午3时许，人们听到希特勒的卧室一声枪响后走了进去，看见对准自己右边太阳穴开了一枪的希特勒趴在沙发上，尸体还在流血。躺在他身边的是服氰氨身亡的爱娃——一个做他情妇12年之久的女人。人们忠实按照希特勒的要求，找来汽油迅速地将希特勒和爱娃的尸体火化了。在一个火光冲天的城市里，火化时的火光虽然微不足道，但却令人毛骨悚然。在希特勒的众多追随者看来，在火光中被翻滚着烧毁的是一个不朽的灵魂，他可以与恺撒和拿破仑比肩，因为历史上谁也没有像他那样影响了如此众多的生灵和带来了如此巨大的改变，尽管都是罪恶。入夜，希特勒和爱娃的骨灰被扫到一张帆布上，埋在了地堡进口处的一个弹坑里。与希特勒一起被埋葬的，还有曾希望生存千载的第三帝国。就在希特勒死去的第二天——5月1日黎明，苏军红军战士便把胜利的旗帜插在了帝国国会大厦的屋顶。希特勒自称热爱的德国，也因为他而躺在了废墟上。

不能否认，希特勒"争夺生存空间"的战略从军事上、外交上抑或人的智力上看，都有其高明之处，甚至是高明极了。他把整个德意志绑上战车，像脱缰的野马在广袤的原野恣意狂奔、猛突、践踏，曾是多么地惬意。他挥舞着纳粹的军刀，突袭波兰，横扫法国，远征英伦，闪击苏联，曾是多么地成

---

① 杨双等主编：《政坛大地震》，合肥：安徽人民出版社1993年版，第182页。

功。他敢与世俗为敌，敢与世界为敌，敢与人类为敌，曾是多么地威风。但是，道义、正义、人性、理性，决定了他的低下，决定了他的失败。自古以来，多少渴望确立自己霸权的崇武者都是搬起石头砸自己的脚，自食其果。希特勒同他缔造的第三帝国也同样没能逃脱这一历史的命运。

二　日本1945：贪心不足蛇吞象——向外发展超越了自然的限度，必定要栽大跟头

自19世纪末叶开始，借着明治维新的成功，自恃羽翼已丰的日本即进入侵略扩张的时代。

1874年，日本派兵入侵中国领土台湾。

1879年，日本吞并琉球。

1894年，日本同清军开战，1895年4月逼迫清政府签订马关条约。通过这次战争，日本不仅攫取了中国的台湾和澎湖，而且利用中国巨额赔款促进日本经济进一步发展，大大加强了其实力，为下一步的侵略扩张准备了条件。

1904年，日本突袭俄军，经过连续的会战，以日本大获全胜告终。1905年日俄双方签订朴次茅斯和约，日本得到了对朝鲜的完全控制权和中国辽东半岛的各项特权以及半个库页岛。

1910年，日本用武力完全吞并了朝鲜，设总督府对朝鲜实行殖民统治。

1927年，日本三次出兵入侵中国山东省。

1931年，日本侵占中国东北三省。

1937年7月，日本一手制造卢沟桥事件，发动了全面侵华战争。在日本的总体侵略图谋中，中国是日本的前进基地和依托，必须排除其他列强在中国的势力，必须攫取中国的资源，然后才能控制整个亚洲大陆。

1941年12月7日，日军偷袭珍珠港，对美、英宣战，挑起了太平洋战争。这是日本朝着称霸世界迈出的决定性一步。日本参谋本部计划着，要南下东南亚，西取印度次大陆，确立日本在亚洲太平洋地区的绝对霸权，同美、英两国必有一战。从此，疯狂的日本战车全速开进了。

第一章 接二连三的失败者

在不到半年的时间里,日本就打败了美、英、荷在远东的部队,相继占领泰国、香港、马来亚、菲律宾、荷属东印度、缅甸,以及西太平洋上的若干岛屿。占有的土地面积达到380万平方公里,人口1.5亿。接下来,日本又势如破竹,相继占领西南太平洋的俾斯麦群岛、新爱尔兰群岛、新不列颠群岛、中所罗门群岛的大部和吉尔伯特群岛,接管了东南亚广大地区和西太平洋、南中国海的全部美英海空军基地,重创了美国太平洋舰队和英国远东舰队,夺取了海空控制权。日军在战争初期取得的胜利不仅使同盟国震惊,也超出了日本大本营的预期。

然而,就在日本憧憬着建立以自己为霸主的"大东亚共荣圈"时,以美、英、中为首的同盟国苏醒了,对日本的决定性打击开始了。从1943年起,日军即开始退败收缩,而1944年7月的塞班岛失守,则注定了日本军国主义的败局。为此,东条英机内阁总辞职。

到了1945年上半年,"大东亚圣战"就再也无法进行下去了。起初,挑起战端的日本军国主义者们还迟疑不决,试图寻找机会继续维护他们的尊严,不料一连串前所未有的大灾难突然降临,结束了他们的优柔寡断和帝国残梦。

3月9日,美国发动了对东京的大规模空袭。在日本有着"政治记者"之称的户川猪佐武在他的《政权角逐》这本书中回忆起东京被炸的情景时写道:"由于度过了令人窒息的漫长黑夜而感到疲劳和在黑暗中突然遇到光明而带来的安定感,在轰炸刚结束时,人们心里像开了一扇天窗。人们喜欢用'虚脱状态'一词来形容这种情况。虚脱的国民居住的日本空间在战时由于遭到可怕的空袭也已彻底崩溃,留下的是一片残垣断壁、弹痕累累的焦土。"①

8月6日,一架美制B-29轰炸机将一颗被命名为"小男孩"的原子弹投在广岛上空,炸毁了五分之三的城市,炸死了78150个平民。美国总统杜鲁门说:"这颗原子弹的威力比2万吨梯恩梯炸药的威力还要大。"

8月8日,苏联对日宣战,英勇的红军战士以势如破竹之势越过边境,进入被日本侵占已久的中国东北,一举击溃日本关东军68万人。这一仗是苏联期待已久的。斯大林在1944年的一次演说中即称:"俄国军队1904年在俄日战争中的失败在我国人民的意识中留下了沉痛的回忆。这是我国的奇耻大辱。

---

① 〔日〕户川猪佐武:《政权角逐》,李汝松译,吉林:东北师范大学出版社1987年版,第2页。

我国人民相信并期待着有朝一日粉碎日本，洗刷掉这一奇耻大辱。我们老一代等待这一天等了40年了。"①

8月9日，另一颗被命名为"胖子"的原子弹又在长崎市上空投下，使这座城市遭到了同广岛一样的命运。

将原子弹用于战场，并在短短的4天之内将两颗原子弹投掷在同一个国家，这是人类历史上唯一的一次。至此，日本在这场战争中的死亡人数也达到了500多万人，无家可归者猛增到2300多万人。

日本军国主义在全世界人民的联合打击下彻底地失败了。

8月14日，天皇裕仁在御前会议上决定接受波茨坦宣言，随即于15日宣布无条件投降。9月2日，日本政府代表在投降书上签字，战争以日本的惨败而告终。

不过，令自大情结一向严重的日本人痛彻心扉的，除了人的生命财产损失和战争失败的耻辱以外，还有遭遇的政治尴尬。

1945年8月30日，当美国五星上将、太平洋战区盟军最高司令官麦克阿瑟嘴里叼着玉米芯烟斗，脸上浮现着自信与嘲弄的笑容，以胜利者的姿态踏上满目疮痍的日本国土，来东京执掌战后日本的最高权力时，明治维新后大和民族急剧膨胀的民族优越感像气球一样干瘪了。特别是9月27日这一天，裕仁天皇为了逃避被作为战犯而遭逮捕和审判的命运，竟谦卑地求见麦克阿瑟，用颤抖着的手接过麦克阿瑟递过来的一支三五牌香烟时，日本国民的心一阵痉挛，被深深地刺痛了。

这样的结局是日本没有想到的，也是他们难以接受的，因为他们为这场战争倾注了太多。

为了这场战争，日本蓄谋已久，进行了精心地策划。

1890年，日本近代军队缔造者、时任内阁首相山县有朋就提出了"防守主权线，保护利益线"的扩张理论，为侵略朝鲜和中国制造舆论。

1927年7月，时任内阁首相田中义一又在日本《对华政策纲领》出炉后呈给裕仁天皇一份密奏。密奏中称："欲征服中国，必先征服满蒙；欲征服世

---

① 国家教委高校社会科学发展研究中心编：《中外历史问题八人谈》，北京：中共中央党校出版社1998年版，第136页。

界,必先征服中国。"①

1936年3月,在皇道派军事政变失败后,得到统制派支持的广田弘毅内阁一开始就接受了陆军"建设国防国家"的要求,恢复了保障军部特权的军部大臣现役武官制。接着,又由陆海军修改了"帝国国防方针",把苏联和美国并列为第一位的假想敌国,并依此展开扩军备战。

1940年8月,日本又抛出了所谓"大东亚共荣圈"构想。依据这个构想,在政治上,日本要把包括中国、朝鲜、印度支那、印度、马来亚、缅甸、印度尼西亚、菲律宾、泰国、澳大利亚、新西兰以及南太平洋上所有岛屿在内的东方各国都置于自己的统治之下。在经济上,要由日本来垄断"共荣圈"内的丰富自然资源和广阔市场。在军事上,日本在东方要保持绝对的优势地位。其实,在日本人眼里,"大东亚共荣圈"根本就不只是一个地理概念,而是一个集政治、经济、军事、思想文化为一体,以日本为宗主国的殖民大帝国。日本的处心积虑也由此可见一斑。

为了这场战争,日本进行了精心准备,攒足了劲。

第一位重要的,是建立军国主义的法西斯体制。在明治宪法体制中,依仗"统帅权独立"、"帷幄上奏"制度和陆海军大臣现役武官制,军部在国家政权中就占有特殊地位,可以影响天皇,钳制内阁,压制议会。而从20世纪20年代初开始,日本的法西斯势力迅速发展起来。一份鼓吹天皇军事专制和侵略战争有理的《日本改造法案》被法西斯势力奉为经典。玄洋社、黑龙会、犹存社等法西斯右翼势力组织也迅速建立起来。而1932年5月15日、1936年2月26日接连两次发生的刺杀内阁总理大臣事件,又给终结政党内阁时代、进一步壮大军部势力提供了绝佳机会。待到1937年6月近卫文麿内阁成立时,军部即在国家政权中占据主导地位,从政治、经济、外交、军事及思想文化各方面初步确立起了军国主义的法西斯体制。随着侵略战争规模的不断扩大,1938年日本政府颁布了《国家总动员法》,以动员一切国家力量支持战争。这是日本军国主义战时体制得以确立的又一重大标志。而到了1941年10月,由东条英机出面组阁,他集内阁首相、外务大臣、内务大臣、参谋总长于一身,就把日本军国主义法西斯统治发展到了顶点。

---

① 陶德言主编:《20世纪纵览》,杭州:浙江人民出版社1996年版,第215页。

在政治上实行军国主义法西斯化的同时，日本在经济上也加速了军事化步伐。从1931年起，日本的军事预算年年上升，1936年达到10.78亿日元，占其全部财政支出的47.2%。日本政府还颁布和修订许多法令，加强了对主要经济部门的控制，逐步将国民经济纳入战时轨道。其中最主要的，就是强化军事工业，尤其是强化构成军事工业基础的化学和钢铁工业。化学工业在1931年至1936年间，增长了2.5倍。钢铁产量1931年不足16万吨，1936年增长到200万吨以上。到1941年，生铁产量增长到600万吨、钢产量增长到550万吨，为侵略扩张创造了条件。

发动战争的政治、经济条件具备了，军力也迅速膨胀起来了。1930年时，日军的人数还只有23万人。而到1941年东条英机组阁后，日本即拥有陆军51个步兵师团，58个独立旅团，航空兵151个中队，飞机3000架；海军战舰391艘，飞机2170架。陆海军现役总兵力241万人，在10年间扩充了10倍。在1941年当年，日本就出厂飞机4000架，下水舰艇48艘，其中航空母舰5艘。

为了这场战争，日本与欧洲法西斯轴心国密切互动，费尽了心机。1936年11月，日本与德国签署《德日防共协定》，声称"共同抵制共产主义势力的蔓延"。在此以前，德国同意大利也签署了一项类似的条约。至此，这三个国家共同组建起一个反共产主义的轴心国。其实，日本之所以同德国缔结这个所谓的"防共协定"，主要是受霸占世界的野心所驱使。

1940年9月，为了共同对付英、法、美、苏等国，进一步为侵略扩张创造条件，日本又同德、意签署了《三国同盟条约》。这份有效期为10年的条约载明：日本承认并尊重德国和意大利在欧洲建设新秩序的领导地位，德、意则承认日本在大东亚建设新秩序的领导地位；德、意、日约定，三国中任何一国遭到现在尚未参加欧洲战争及日华纠纷的一国攻击时，三国须用全部的政治、经济和军事手段互相援助。三国签署同盟条约的第二年，德国便发动了侵苏战争，日本便发动了太平洋战争。1942年1月，德、意、日三国又签订军事协定，以东经70度为界，划定了各自的作战区域。于是，第二次世界大战全面爆发。

为了这场战争，日本在广阔的海陆战场上进行了殊死的战斗，付出了惨重的代价。仅在中国战场就被毙、伤、俘173万人。到了1945年3月间，硫黄岛和冲绳岛相继失守，战火临近日本本土，但法西斯军国主义者们仍不甘心灭亡，准备在本土实行决战。日大本营确定，在全国实行第三次总动员，要使本土总兵力达到 250 万人，飞机达到 7000 架。至 6 月中旬，日本在本土共集中步兵 53 个师团，25 个旅团，2 个战车师团，7 个战车联队，4 个高炮师团；航空兵 3 个军，特攻机 2100 架，其他飞机 1100 架；海军驱逐舰 19 艘、潜艇 38 艘、特攻艇 2593 艘，飞机 5200 架。准备投入本土决战的陆海军总兵力达到 240 万人。

为了把日本国民驱上战场，日本政府还于 6 月 22 日和 23 日相继颁发"义勇兵役法"和"国民义勇战斗队统率令"，规定 15 岁至 60 岁的男性公民和 17 岁至 40 岁的女性公民均须服役，从事各种为战争服务的活动。根据这项法令组织起来的国民义勇战斗队，总人数达到了 2800 万人。日本实行本土决战的指导思想，就是要在海上、空中和陆上都实施持续不断的特攻作战，以挽救帝国失败的命运。日军参谋次长河边在 6 月 8 日的御前会上甚至叫嚷，要把"皇国的万物众生统统化为战力"，"发挥一亿国民的特攻攻击精神"，以"互相刺杀的战法"消灭敌人，保卫国土。

但是，幸运之神没有眷顾日本，日本军国主义分子的叫嚣也掩盖不了其衰亡的实质，这场战争的胜利已经不属于日本。

也许，作为一个后起的帝国，日本的军备发展是神速的，其军事战略也可能是精妙的，毕竟，以区区不足 40 万平方公里的弹丸之地，在一个并不算长的时间里就突然炮制出一部如此庞大的战争机器，并且凭着这部机器在如此广大的亚洲—太平洋地区任意碾踏，不能不令人叹为观止。只可惜，这部机器又把日本引向了一条毁灭之路。而究其原因，除了政治之不义，国力之不济，武道之不仁，也还有国家战略认知上的失败。

由于日本人历史上未曾遭受过外来入侵，对战争的失败毫无戒备。而中日甲午海战和日俄战争的胜利，又使其骄狂之心盛起。再加上，日本又造就了一个新的朝鲜国，又打败了偌大的中国，因此，就忘记了一条最不应该忘记的戒律：贪心不足蛇吞象——向外发展如果超越了自然的限度，必定要栽大跟头。

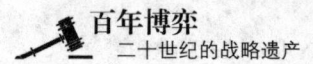

三 苏联 1991：陶醉军备已不可能给国家带来胜利品

1991年12月25日19时32分，克里姆林宫上空那面为苏联几代人所熟悉的印有镰刀锤子图案的苏联国旗在夜幕的寒风中悄然落下，再也没有被升起。随后，戈尔巴乔夫怀着不安的心情，面对架在总统办公室的苏联中央电视台和美国有线新闻电视台的摄像机，向全苏联和全世界发表声明，宣布辞去苏联总统职务。再随后，苏联最高苏维埃举行最后一次会议，通过最后一项决议，宣布存在了74年的苏维埃社会主义共和国联盟正式解体。

而这样的结果，是1945年5月1日黎明时分当两个苏联红军战士把胜利的旗帜插上德意志第三帝国国会大厦屋顶时人们所绝然不会想到的。并且，苏联红军战士把胜利的旗帜插到德意志第三帝国国会大厦的屋顶上是战争的结果，是千百万人流血牺牲的结果，而这次苏维埃联盟红旗降落却是在和平的条件下谢幕的，是自我瓦解和崩溃。对这一离奇的悲剧性事件，人们尽可以从多个方面寻找原因，尽可以作出这样或者那样的推测，但其中一个不可或缺的重要因素，就是第二次世界大战结束后苏联冷战战略的失败。

如前所述，始于1947年的冷战先后持续了40多年，并且不断发展和变化。冷战的斗争形式既是战争的也是和平的，这一基本特征贯穿了冷战的始终。苏联与美国这两个超级大国是冷战的主角，它们之间的关系构成了冷战的核心内容。

冷战的最严重后果是以苏美为首的东西方两大政治、军事集团之间的军备竞赛不断升级。尽管冷战主要是通过政治、经济手段进行的一场不流血的战争，但在东西方政治、经济对抗加剧的同时，军事对抗也日益增长，有时候冷战甚至以内战、代理人战争或局部战争的热战形式出现。而对抗和竞争又需要有武力作支撑，这就不可避免地会引起了苏美两国的军备升级。

在二战结束后的整个斯大林时期，斯大林审时度势，平衡各战胜国之间被战争掩盖了的矛盾，重点布局欧洲，应对方略是非常成功的。二战一结束，

第一章 接二连三的失败者

针对战后恢复任务重、东欧社会主义国家政权立足未稳、强大的西方阵营又咄咄逼人等不利形势，斯大林就确立了总体上采取守势、巩固二战成果、保证本国和平建设的方针。

东欧阵营——波兰、捷克斯洛伐克、罗马尼亚、保加利亚、南斯拉夫、阿尔巴尼亚等社会主义国家政权本身就是在苏联的直接或间接作用下建立起来的，它们位居欧洲的心脏地带，战略地位非常重要。所以苏联明确宣布，反对美国等西方国家对东欧进行渗透和扩张。

在经济发展上，突出发展重工业，努力为增强国防实力奠定基础。斯大林要求，苏联的工业要比战前水平提高3倍，并建立一些新的国防工业部门，以加强与美国的竞争力度。在1946年至1950年的第四个五年计划中，苏联达到了斯大林提出的这一要求。1949年9月，苏联成功爆炸了第一颗原子弹，打破了美国在原子武器方面的垄断地位。

在军事建设上，先是实行精兵战略，一方面让数百万人复员充实工农业和建筑方面的劳力，将苏军总兵力由1945年的1200万人裁减到1947年的287万人；另一方面又对军队进行整编，改组指挥系统、加强军官培训、提高人员素质，使军队的组织体系更加严密，质量也更高了。1947年冷战序幕拉开及随后北约军事集团成立以后，苏联又逐步扩大军队规模，到1955年总兵力达到了550万人。

在对外关系上，斯大林在战后的前两年维持大国合作态势，努力巩固二战的胜利成果。在与美国的矛盾趋向尖锐时，尽量采取协商与妥协退让的政策，避免与其直接相撞。直到美国相继出台"杜鲁门主义"、"马歇尔计划"，开始全面推行冷战政策之后，苏联才改变对西方国家的政策，以美国为主要对手，展开一系列反击。先是在波兰举行了欧洲九国共产党会议，讨论加强欧洲各国共产党之间的联系，并在波兰成立了共产党和工人党情报局。接着，在东欧国家拒绝加入"马歇尔计划"后，苏联与东欧各国签订了被西方称之为"莫洛托夫计划"的双边贸易协定，加速了以苏联为首的社会主义阵营的形成。不久，苏联又与东欧一些国家共同成立了经济互助组织，进一步同"马歇尔计划"相抗衡。

斯大林采取的这些步骤，有效地顶住了以美国为首的西方阵营的挑战，也发展和壮大了自己。虽然从斯大林时期开始的着重发展重工业特别是军工业的做法给后来苏联经济的畸形发展埋下了隐患，但人们完全没有理由对前人进行超越时空背景的指责。

斯大林1953年逝世以后，苏联面临的形势更加复杂和严峻，两极世界格局和两个阵营的对立进一步加剧，所以，在1956年2月苏共召开的第20次代表大会上，接替斯大林的赫鲁晓夫提出了"和平共处"、"和平竞赛"、"和平过渡"的"三和"路线，借此改善同西方国家的关系，营造对自己有利的局面。

从实际效果看，在当时的国际形势下，赫鲁晓夫提出并推行"三和"路线，对于缓和国际紧张局势，争取实现不同社会制度之间的和平共处，探索建立新的国际格局，以及推动在处理国际事务上思想解放方面，都具有积极意义和时代精神价值。也正是在"三和"路线的引导下，苏联积极参与国际事务，努力缓和冷战对峙局面，有效解决一些二战遗留问题和当时的热点问题，才使苏联与西方国家的关系得到了改善，才使两次世界大战的主战场、东西方冷战对峙的前沿地带欧洲得以比较平静和安宁。并且，东西方两大阵营之间也从此开始了对话，苏联与美国之间也形成了既对立又对话、既争夺又合作的局面。

赫鲁晓夫在这一时期提出和推行"三和"路线也有一些缺陷和错误，主要集中在以下三个方面。

第一是，低估了社会主义同资本主义两大体系基本矛盾和对立的尖锐程度，对国际形势的估计过于乐观，对西方国家也抱有过多的不切实际的幻想。比如，作为"三和"路线的一部分，赫鲁晓夫当时还提出并极力渲染"全面彻底裁军"，认为可以实现"没有武器、没有军队、没有战争"的"三无世界"。这显然是一种毫无根据的、幼稚可笑的空想。同时，东西方国家之间的缓和与合作，也不是单方面的事，需要双方面共同努力才能实现。而当时的实际情况是，西方国家对"和平共处"并无诚意，它们对社会主义国家十分敌视，极力封锁和颠覆这些国家的政权，甚至进行军事挑衅和战争威胁。

其次是，赫鲁晓夫扩大了"和平共处"的适用范围，把"和平共处"引申到了全世界所有共产党人的总路线，并要求全世界的社会主义国家都要"把争取和平共处的斗争作为自己政策的总原则"。与此同时，赫鲁晓夫还过分夸大局部战争转化为世界大战的可能性和危险性，认为"一个小小的火星也能引起世界大战"，而一打起世界大战就是热核战争，就是人类毁灭。因此，赫鲁晓夫声称:"苏联反对一切战争——正义的或非正义的。"这样,赫鲁晓夫就抹杀了当时被殖民被压迫民族同殖民者和帝国主义进行斗争的正当性和合理性。这显然是违背国际公理和当时的客观实际的。

第三是,为了追求与西方"和平共处",武断压制社会主义阵营,又反过来削弱了苏联在处理苏美关系时的实力和地位。

在赫鲁晓夫时期,赫鲁晓夫对当时的社会主义国家在政治、经济、军事上的控制欲是比较强的,突出表现在对波兰、匈牙利事件和对中国关系的处理上。

1956年3月,奥哈布继任波兰统一工人党第一书记后,即着手为在清洗铁托分子运动中受到牵连的波兰前领导人哥穆尔卡恢复名誉,同时,在经济上也开始采取一些新的政策,其中包括普遍调整工人的工资。由于大量的社会问题积压,因而引发了一起上万人的游行示威并导致了流血事件。赫鲁晓夫决定立即进行干预。他亲率人马飞到波兰,一下飞机就大声斥责拟接替奥哈布出任波兰党第一书记的哥穆尔卡。在双方发生激烈争吵后,赫鲁晓夫竟下令苏军向苏、波边境机动,准备动武。这一举动受到了哥穆尔卡的强烈抵制,波兰人民和军队也随时准备进行抵抗。在冲突一触即发之际,赫鲁晓夫才冷静下来,下令苏军停止前进,并率领苏联代表团离开华沙返回了莫斯科。

再就是匈牙利事件。1956年上半年,当时一度被撤销总理职务、开除党籍但并没有停止反匈活动的纳吉,在苏共二十大召开后受到鼓舞,重申自己的观点,要求恢复党籍。一些知识分子也组成所谓"裴多菲俱乐部",宣扬他们心目中的自由和民主。随后匈政府逮捕了这个俱乐部的成员,激化了矛盾。为此,在苏联的授意下,匈撤换了党的领导人,但此举不但没有化解危机,反而使矛盾进一步加剧,发生了上十万人的游行示威。在党内激烈争斗后,由纳吉复任总理。而纳吉上任后采取的一系列政策措施对苏联的控制十分不利,赫鲁晓夫遂下令由华沙条约组织出动军队"击溃反革命,恢复匈牙利秩序"。最后,这次事件以苏军坦克开进匈牙利首都布达佩斯、纳吉以反革命罪被处决而告平息。

对中国,苏联则从1956年起逐渐改变了对华友好政策,力图控制中国,以实现其"苏美合作,主宰世界"的战略构想。当赫鲁晓夫提出的一些不合理要求被毛泽东拒绝后,苏联就在军事、经济、政治上对中国全面施压并采取制裁措施，由此遭到了中国更坚决的反对和抵抗。于是，中苏关系急剧恶化，世界社会主义阵营名存实亡，这就使苏联在同美国较量时的实力大不如前了。对于赫鲁晓夫的这些行为，美国第37任总统尼克松也大为不解，曾说："他应当对苏联和共产党中国的分裂承担主要责任。这次分裂是共产主义遭受的最大挫折，也是第二次世界大战以后发生的最重要的地缘政治事件。在外交政策方面他尽管取得了一些成就，采取了一些主动行动，但人们不会忘掉他最惨重的失败——失去了中国。"①

  同美国展开全面军备竞赛和东西方冷战白热化，是在勃列日涅夫时期出现的。1964年10月勃列日涅夫主政后，前期同西方的关系也有过有限的缓和和改善，甚至一度还出现过被人们称为"蜜月期"的时期。1972年5月，美国总统尼克松访问苏联时在与勃列日涅夫举行会谈时即称："苏美两个不同制度的伟大民族同居一室，应合作共事"，"我们的目的也就是你们的目的，我们并不试图强人意志或控制别人"。② 就在这次会谈后，苏美两国发表了联合公报和《苏美相互关系原则》，并且一揽子签署了包括《苏美关于限制反弹道导弹系统条约》、《苏美关于限制进攻性战略武器的某些措施的临时协定》以及关于防止海上事件、科技合作、保护和改善人类环境、医学和卫生合作、探索和利用宇宙空间合作、建立苏美贸易联合委员会等在内的6项协定和一系列附属文件。只是后来随着美国深陷越南战争的泥潭和苏联国力的逐渐强大、勃列日涅夫自身地位的逐渐稳固，他才发起同以美国为首的西方世界的全面对抗和军备竞赛。

  20世纪70年代中后期，勃列日涅夫认为苏联的国力和军力已处于极盛时期，国际无产阶级已经到了"历史性进攻时期"，"苏美之间的竞争与对抗是当代国际生活的主要矛盾和主轴"。所以，勃列日涅夫决意要把自己执掌的苏联与自己的冷战对手美国所进行的竞争全面升级，不惜一切代价争当世界头号超级大国。

  为了实现这样的战略目标，苏联采取了若干非常的措施：

  第一，确立了"积极进攻"的军事战略。

---

① 〔美〕理查德·尼克松：《领袖们》，施燕华、洪雪因、黄钟青译，海口：海南出版社2008年版，第163页。
② 陈之骅等主编：《苏联兴亡史纲》，北京：中国社会科学出版社2004年版，第523页。

第一章 接二连三的失败者

既不同于斯大林重视发展常规武器、只立足于打常规战争的军事战略思想，也不同于赫鲁晓夫只迷信核武器，勃列日涅夫提出，苏联既要准备打常规战争，又要准备打核战争，还要准备打各种规模的战争。他强调，战争是军事、经济力量和战略态势的总较量，必须把扩充军事实力、加速经济发展以及加紧战争部署同时都抓起来，力争苏联的军事力量对美国具有压倒性优势。

根据这一战略选择，在十年间，苏联每年平均部署战略洲际导弹150枚，潜射导弹50枚。在常规武器发展上，苏联注重了各种武器的综合发展和现有装备的更新改造。尤其是在海军建设方面大大加强，由近海防御型转变成了远洋威慑型，对美国构成了严重的海上威胁。

第二，在传统战略要地欧洲加强了同美国的争夺。

于20世纪70年代后期在这一地区部署重兵，集结了苏军75%的陆军师，80%~90%的中远程导弹，80%以上的坦克，70%的海军力量，74%的空军和空防军力量。到20世纪80年代中期，苏联部署在欧洲的军力就在武器装备的数量方面占据绝对优势，迫使美国在相当长的一段时期内都不得不利用技术上的优势来抵消苏联的数量优势。

与此同时，在军事部署的态势上还对西欧的南北两翼形成了钳形包围，使这一地区的对峙处于高度紧张状态。

第三，在对欧洲加紧采取行动的同时，对世界其他地区也进行了一场大规模的势力扩张。

在亚、非、拉地区，苏联的手伸得很长，企图在几个洲都建立自己的势力范围。在亚洲，勃列日涅夫支持越南入侵柬埔寨，并于1978年11月与越南签订了军事性的友好合作条约。当越南在1979年占领金边后，苏联就借机取得了有战略价值的金兰湾、岘港等重要海军基地。在西亚，苏联策动了阿富汗的亲苏政变，除掉了政府首脑达乌德，建立了亲苏的塔拉基政府，随即同其签订了有军事色彩的友好合作条约。到了1979年，苏联又操纵副总理兼外长阿明接替塔拉基，但当阿明出现不从时，勃列日涅夫就直接出兵占领了阿富汗。对中国，在勃列日涅夫掌权的很长一段时间内，苏联在中苏边境地区都陈兵百万，造成两国关系很紧张。1969年春发生了苏军入侵中国的珍宝岛事件，受到了中国军队的顽强反击。到了同年的8月，为了报复中国取得的胜利,苏军又在新疆的铁列克提地区制造了武装冲突。只是到了20世纪70年代末,由于苏联自身的处境才逐步改变了对华政策。

在非洲和拉美,苏联于1975年利用古巴出兵干涉处于西南非洲的安哥拉,使其处于战火之中。得手后,又在东非的苏丹策动政变,同时伸手东非的埃塞俄比亚和索马里,以挑起两个国家的冲突,并运送大量军火至非洲之角,以便在这一地区进行干涉。1977年,苏联对扎伊尔使用雇佣军进行了入侵,失败后于1978年又进行了一次。

在进行直接或间接干预的同时,苏联还通过提供军事援助、经济援助、签订各种友好条约等方式,支持世界各地的亲苏政权或政治派别扩大自己的影响,与美国对抗。从20世纪70年代后期起,苏联明显加快了向第三世界销售军火的步伐。1976年为34亿美元,1977年为49亿美元,1978年为59亿美元,1979年为80亿美元,首次超过了美国。

第四,在国际和国内两条战线强化意识形态领域的斗争。

勃列日涅夫说:"我们决不能忘记未来考验落在苏联人民肩上的可能性,在今天如此复杂和紧张的国际形势下,我们的责任是表现出不懈的警惕性。'缓和'并不能取消阶级斗争,而是推动这种斗争,'缓和'仅仅涉及到国家之间的关系,而不涉及到阶级与政党之间的关系。社会主义和资本主义国家之间可以达成各种协定,诸如军备控制、贸易或其他领域,但是这仅是政府之间的协议,而不是'人民'和'阶级'之间的协议。""在任何情况下'缓和'都没有取消也不能取消阶级斗争。谁也不能指望在'缓和'的条件下共产党人能容忍资本主义剥削,或者垄断资本家能成为革命的拥护者。"[1]

依据勃列日涅夫的这些思想,从20世纪70年代后期起,苏联就动用一切手段和舆论工具同美国进行意识形态战,指责批评美国的价值观与政策,宣传苏联社会和政治制度的优越性。

在勃列日涅夫执政的18年中,他在执政的后半期把全部精力都用在了同美国的争霸上,疯狂发展军备,并以此为基础向美国展开全球攻势,曾使苏联取得了前所未有的世界地位,连美国也不得不承认它是最强的对手和超级大国。但这种建立在军备竞赛基础上的战略,同时也是不平衡的战略,给国

---

[1] 陈之骅等主编:《苏联兴亡史纲》,北京:中国社会科学出版社2004年版,第525页。

家的整体建设和发展带来了极其严重的灾难性的后果。

一是军费开支扶摇直上,导致积累率长期居高不下。

有资料表明,在20世纪60~70年代这20年间,苏联的积累率持续高居28%左右,其中个别年份高达30%。之所以造成这么高的积累率,主要就在于苏联是在经济实力长期落后于美国并且与其存在着巨大差距的条件下投入军备竞赛的。为了满足这场竞赛的需要,它只能用高于美国的积累率来弥补经济实力上的不足。

二战结束以后,苏联的军费开支不降反升,从60年代初开始更呈加速之势。在一个相当长的时期内,苏联的军费开支都占其国民生产总值的11%~13%,军费年增长率都保持在4%~5%,比美国同期的军费开支大约高出30%。根据美国中央情报局的统计,到1980年时苏联的年度军费开支为1750亿美元,高于美国的1150亿美元。

二是国民经济军事化,导致经济比例严重失调。

为了扩充军备,苏联长期奉行优先发展重工业特别是军事工业的方针。在二战后的40年间,苏联的军工生产一直占其国民生产总值的25%左右,而美国只占6%,其他北约国家只占3%~4%。在一些重工业部门情况更为严重,如冶金业产量的三分之一,机器制造业产量的三分之二,苏联都用到了军事方面。

这种经济方针不仅造成了轻工业与重工业之间的比例严重失调,更严重的后果还在于,迫使苏联农业长期未获大的发展而处于严重落后状况,直接影响到市场供应和人民生活。以1940年的工业、农业产值为基础进行对比,到1985年时,苏联全部工业总产值增长了24倍,其中重工业产值增长了48倍,机器制造业产值增长了97倍,而农业总产值在这样漫长的45年时间里只增长了1.7倍。以致有着宽广无垠的土地的苏联,粮食生产长期不足,从1972年开始连年大量进口,有的年度进口粮食多达4000万吨。

三是,先进的科学技术成果大量闲置和浪费,导致国家经济整体落后。

20世纪60~70年代,苏联的科学技术水平同其国力一样已到达鼎盛时期,处于仅次于美国的科技强国地位。尤其是作为与美国长期军备竞赛的结果,一些世界顶级水平的航空航天技术、电子技术、核技术以及机器制造业、仪表制造业、化学工业等,都已经达到规模化水平,令世界瞩目生畏。其高素质的科技队伍1985年前后也达到150万人，占当时世界总数的四分之一，每年产生的新技术发明占到世界总数的三分之一。但是，苏联却未能预见和发现现代科学技术对于社会发展的巨大作用，没有把先进的科学技术成果运用到经济发展和社会生活领域。

所以，有美国学者指出："苏联巨大的军事工业体系对国民经济的损害更为深远的，是该类企业集合了最有才华的科学家、工程师和熟练工人，并拥有最好的机器和最佳的技术资源，拥有自己的研究中心和最先进且全面的技术，以及进口配额的优先分配权。它们吸收了苏联最好的工业、人力及技术潜能，但这些资源一旦到了军事部门，就很少再转回民用生产或应用上了。"[①]"这个大体系在20世纪80年代初期生产出2/3的工业产值，和军方一起创造出苏联20%的国民总产值，但却是一所科学和技术浪费的贮藏所。"[②]

虽然至20世纪80年代中期，在全面衡量战略武器的13项指标中，苏联已有10项领先，在总体上取得了对美国的军事战略均势，但在经济发展上却与美国的差距越拉越大。20世纪70年代初，苏联的国民生产总值最高时曾相当于美国的75%，而到1980年时则只相当于美国的45.7%，到1985年时则只相当于美国的44.3%。在工业生产技术方面，苏联则比美国落后了15~20年。所以，勃列日涅夫时的苏联表面上看起来似乎很强大，但数十年的扩张争霸和军备竞赛却使国家早已失血。正如有的评论家所言，此时的苏联已经变成了一个有高度组织的真空，就像内部已经腐化的臭蛋，只剩下表面完整的硬壳了，危亡已指日可待。果然，勃列日涅夫逝世9年后，苏联土崩瓦解，红旗落地。

应该看到，苏联在勃列日涅夫主政的后半期奉行全面争霸的扩张战略，陶醉于军备竞赛，也有国际环境和美国逼迫的成分，但结果却是苏联垮了，美国安然度过。并且，在勃列日涅夫逝世至苏联崩溃前的这一段时间，美国在经济发展上又远远地把苏联抛在了后面。这是因为，从1982年——勃列日涅夫逝世这年开始，美国的经济即持续增长，年平均增长率达到4.2%。在里根政府8年执政期间，美国的国民生产总值几乎翻了一番。而这一时期苏联的经济增长率却持续下降。在1981年至1985年这个五年计划期间，其增长

---

① 〔美〕曼纽尔·卡斯特：《千年终结》，夏铸九等译，北京：社会科学文献出版社2006年版，第17页。
② 〔美〕曼纽尔·卡斯特：《千年终结》，夏铸九等译，北京：社会科学文献出版社2006年版，第23页。

率下降幅度达到3%以上。而到了1986年至1990年这个五年计划时，苏联整个国民经济就出现了负增长。1990年与1985年相比，国民生产总值增长率为负4.4%，国民收入增长率为负5.6%，工业生产增长率为负4.6%。国家经济如此"自由落体般地迅速下滑"，怎么能承担得起庞大的军备呢？怎么能不危及联盟自身呢？所以，这不仅说明，无论拥有多么强大的军力和强大的国家机器，一旦失去了经济力的支撑，也不足以保证国家的安全；而且也说明，作为共产党执政的社会主义国家，如果忘记了无产阶级夺取政权以后的根本任务是发展社会生产力，如果背离了社会主义社会的根本宗旨是不断满足人民群众日益增长的物质文化生活需要，而去盲目地扩军备战，追求霸权，是不可能给国家带来什么光明的前景的。

四　挑战者之所以难获成功：当几个大国企图阻止一个大国崛起时，其结果往往是悲剧性的

　　无疑，在20世纪，德国、日本、苏联是既有世界秩序的三个主要挑战者，也是挑战的失败者。

　　自1871年德意志民族完成统一大业后，德国的发展就出现了突飞猛进的飞跃。到1933年，德国的工业生产增长了4.6倍，其经济总量赶上并超过了英国和法国，仅次于美国而居世界第二位。但德国与美国不同，当它的经济地位超过英国以后便立刻向英国的世界领导权发起挑战，既谋求建立与英国舰队规模相等的海军，在世界范围内争抢殖民地；又企图依靠强大的陆军打破欧洲均势，建立说一不二、不容英国插手的欧洲独霸地位。德国咄咄逼人的挑战终于导致了第一次世界大战。在被英国、法国、美国、意大利、日本以及前期还有俄国加入的联合力量打败后，德国的政客、军人、知识分子和民众普遍不能接受强加给德国的《凡尔赛和约》，再加上极端狭隘的民族主义的鼓噪，终于导致希特勒法西斯军国主义的崛起和第二次世界大战的爆发，并再次成为挑战世界秩序的失败者。

　　从第一次世界大战结束到第二次世界大战开始之前，其间的世界秩序可

以称为"凡尔赛—华盛顿体系"。与德国发起二战主要是挑战其中的凡尔赛体系不同，日本则是挑战其中的华盛顿体系。1921年11月至1922年2月在华盛顿召开的被称为"确立远东新秩序"的会议，其主要文件都是针对日本的。其中，《九国关于中国事件应适用各原则及政策之条约》是要求保障中国的领土完整、行政自主与门户开放，不允许日本把中国变成自己的殖民地或者势力范围。还有一份文件《五国海军条约》，是规定美、英、日主力舰总吨位的比例为5：5：3，把日本限制在二等海军强国的位置。同时，东亚和太平洋区域在美、英双头领导格局中是属于美国的管辖范围，日本要打破华盛顿体系的限制，逐步加深对中国的全面入侵，实际上就是挑战美国在这一地区的领导权；日本当时也流行一个口号，就是"打倒白种人的霸权，建立东亚新秩序"。所以，当美国动用经济手段以石油禁运惩罚日本时，太平洋战争就爆发了。尽管日本与德国、意大利在二战中连成法西斯轴心国，妄图颠覆既有世界秩序，但还是避免不了失败的命运，并且把前几次战争的胜利品也统统赔出来了。

与德国和日本以战争的手段分别挑战二战前的凡尔赛体系、华盛顿体系不同，苏联主要是以发展军备、扩张争霸的"和平"手段来挑战二战后所形成的国际秩序。第二次世界大战结束后，在全球范围内实际上形成了三个秩序结构：一个是由美苏两个超级大国分别领衔并逐渐形成和发展起来的东西方两大阵营，一个是由美国倡议建立并在建立起来以后又由美国所主导的联合国体制，再一个是战后的经济秩序，包括布雷顿森林货币体系、关税和贸易总协定、世界银行和国际货币基金组织等。这三大秩序结构，通常称之为雅尔塔体制、联合国体制和布雷顿森林体制。雅尔塔体制是军事实力的直接反映，苏联在这个范围内取得了与美国平起平坐的地位。在联合国体制中，苏联早期处于孤立地位。在布雷顿森林体制中，美元是世界货币且处于垄断地位。因此严格地说，冷战时期的两极格局其实并非"双头领导格局"，而只是核毁灭前景下并不对称的核恐怖平衡；而这时，苏联也并不具有世界领导国的心态和实力，所扮演的仍然是一味争霸并崇拜武力的挑战者角色。所以，缺乏道义和经济力支撑的军事平衡终难持久，最后挑战失败。所以基辛格说："苏联帝国的覆亡，部分是因为其本身历史诱使它坚定不移地走上过度扩张之途。""苏联的领袖一路推进下来竟失去均衡感，过分高估苏联制度巩固军事与

第一章 接二连三的失败者

经济成果的能力,忘记自己是站在非常薄弱的基础上,向所有其他大国挑战。"①

不过,虽然上述三国挑战失败的时间、对象和方式不尽相同,但从中却又可以看到一条被它们所共同证明的教训,这就是:一个国家常常垮在发展巅峰或者胜利面前,尤其是当几个大国企图阻止这个国家继续崛起时,其结果往往是悲剧性的。

就德国两次挑战失败来看,第一次世界大战威廉二世的失败其实不是德奥同盟的失败,而只是德意志第二帝国的单独失败。因为第一次世界大战的战火主要是由德国点燃的,在威廉二世的眼里,奥匈帝国只不过是一具早已腐朽的"木乃伊",作为同盟国它根本就不够格;而战争发起后首先对德国宣战的英国、法国、俄国等协约国和随后加入战争的意大利、美国、日本,其锋芒所指也主要是针对德国的。第二次世界大战中希特勒的失败,同样不能认为是法西斯轴心国集体的失败——尽管它们都惨败无疑,但在实际的战前以及战争过程中,所谓的法西斯轴心国从来就没有形成统一的有实际意义的政治或军事集团,统一的作战行动就更谈不上。所以,德意志第三帝国的失败只能是它的单独失败;而它的单独失败则是以苏、美、英为首的强大同盟国集体应对的结果。

再看日本,尽管在时间节点和战争性质上,日本发动全面侵华战争、印度支那战争和太平洋战争同德、意法西斯点燃欧洲战火几无二致,但它在亚洲几乎没有什么帮凶,而其所面临的敌国,除了强大的域外反法西斯同盟国以外,被其碾踏的广大亚洲—太平洋国家也同仇敌忾,无不纷纷奋起反抗。可以毫不夸张地说,自从日本 1937 年 7 月全面发动侵华战争开始,它就种下了自己彻底失败的种子。正如毛泽东在 1937 年 7 月 7 日卢沟桥事变发生一个多月后就曾指出的:"日本的进攻是大规模的,是继续的,但又是一个冒险的进攻。"②"日本的实力与它的野心之间的矛盾,也是一定要把日本法西斯压得粉碎的。"③

1991 年底苏联的和平瓦解、自我崩溃,从外部原因来看,更是一个不但

---

① [美]亨利·基辛格:《大外交》,顾淑馨、林添贵译,海口:海南出版社 1998 年版,第 739 页。
② 《毛泽东文集》第 2 卷,北京:人民出版社 1993 年版,第 8 页。
③ 《毛泽东文集》第 2 卷,北京:人民出版社 1993 年版,第 447 页。

遭到整个西方列强围追堵截、开动一切国家机器反对其争霸世界的结果,而且也是包括苏联主导的社会主义阵营中一些主要国家为反对它的霸权主义而作出的努力的结果。从苏联挑战失败的过程中其实也可以看到,崛起中的新兴大国怎样与世界既存大国共生实在是一门莫测的学问。虽然不主动争取,不积极努力,一个国家即使条件再优越也永远成不了世界大国;世界大国的头衔也从来不会自动地无缘无故地降落在一个国家头上,但是,竞争世界大国特别是世界领导国地位的最终结果,一般都是非此即彼,落选者往往会处于比先前更为被动和更受压抑的境地。所以,世界大国的地位、世界领导国的更替,从来都不是轻而易举就能实现的,而是一个真正的十足的全球性复杂问题。既有国际体系和已成世界大国会如何对待新兴大国崛起的问题,也有新兴大国应该如何应对崛起过程中难以预测的种种挑战,以及新兴大国崛起后将用何种方式影响和作用于既有国际秩序的种种问题。所有这些问题,都需要高度的政治智慧和恰当的政治战略才能得以判明和加以解决,并且在漫长的崛起过程中丝毫容不得战略上的失误。

总起来看,挑战者之所以难能成功,之所以会招致其他大国或者国家联盟的集体反对,最根本的还在于这样一个原因,即这种以战争的手段或以武力胁迫的方式来挑战既有大国或既有世界秩序,从国际法理和这种挑战的性质来看,它是非正义的,非理性的,排它性的,而这种非正义、非理性、排它性,就必然招致其他国家的一致反对。

1938年10月,毛泽东在论述日本法西斯侵华战争必败的原因时即指出:"敌小,我大;敌人战争是退步的,我们战争是进步的;敌之国际地位比较孤立,我则比较能得外援。这几个矛盾着的对比,又决定了战争的最后胜利定属于我,不属于敌"①。"正是由于敌人战争的性质是帝国主义,换句话说,损人利己的,就不得不把它自己同一切和它利害相反的国家处于对立地位。"②毛泽东还特别强调说:"这一点,就是存在于敌人自己方面而使敌人必归失败的最主要的根据。"实践证明,毛泽东的这些论断,不仅正确地预见了二战中日本法西斯以及德意法西斯轴心国的彻底失败,而且对后世具有普遍的长久的意义。

---

① 《毛泽东军事文选》,北京:中国人民解放军战士出版社1981年版,第131页。
② 《毛泽东军事文选》,北京:中国人民解放军战士出版社1981年版,第133页。

第一章 接二连三的失败者

此外,从德、意、日挑战"凡尔赛—华盛顿体系"并且得以发动第二次世界大战来看,也还有一个深刻的教训是应该认真吸取的,这就是:绥靖和妥协带来的和平一般不会太长久。

1939年9月1日,德国向波兰发起进攻时,英、法作为波兰的同盟国,于9月3日对德宣战。但实际上,英、法两国都宣而不战。当时德国的主力部队在东线进攻波兰时,其西线只有23个师;而英、法两国在德国西线的兵力部署则有110个师,在兵力对比上占据绝对优势。如果英法联军在西线发动进攻,不仅会使德军陷入东西两线作战的不利境地,而且会使希特勒不能集中那么多的兵力去进攻波兰,波兰也就不会败亡得那么快。然而此时英、法两国却另有图谋,它们只祈求西线无战事,任凭德国去吞并波兰,因为它们判断,德国吞并波兰之后便会出兵去进攻苏联,而这正是它们所希望的。因此,英、法两国就采取绥靖、避让政策,其军队只是躲在钢筋水泥的马奇诺防线工事里,偶尔放几枪,半年内竟没有发生过一场真正的战斗。英国元帅蒙哥马利回忆当时的情景说,张伯伦政府在这一段时间内采取的唯一行动,便是对德国不时进行轰炸,使用的武器不是炸弹而是传单。法国政府每天只是发表"西线无战事"的公报,报刊不断渲染希特勒如何垂涎乌克兰,大造德国将进攻苏联的舆论等。

而就在英法大军躲在庞大的工事里消极防御、按兵不动时,德国却在一个月之内就迅速击败了波兰,在进行必要的准备之后,又于1940年4月9日突然大举进攻丹麦,西欧的后院起火了,英、法"祸水东引"的绥靖政策终于破产。后来,德军的作战部长回忆当时的心情道:"我们就像一个在轮盘赌中将其所有财产都押上去的赌徒,感到一种无可名状的恐惧。"希特勒也承认:"在进军莱茵兰以后的48小时,是我一生中神经最紧张的时刻。如果当时法国人也开进莱茵兰,我们只好夹着尾巴撤退,因为我们手中可利用的那点军事力量,即使是用来稍作抵抗也是完全不够的。"①然而,英、法两国的战略决策者们帮助了希特勒,使希特勒及他的将军们所担心的事并没有发生。

远在东方的毛泽东,对此也曾深刻地指出:"英国大部分保守党的政策,历来是以排斥苏联妥协德意为原则的,由于他们畏惧苏联的强盛,畏惧自己

---

① 陶德言主编:《20世纪纵览》,杭州:浙江人民出版社1996年版,第312页。

过早卷入战争，畏惧本国人民运动与殖民地独立运动，早已决心牺牲西班牙、奥国、捷克等国，成就其排斥苏联妥协德意的企图。……假如英国不改变它的政策，势将引导法西斯各国进行更大规模的冒险战争。各大国间的战争虽暂时还可能不爆发，暂时限制于侵略中间国家的过程虽还在继续着，但最后势必引导各大国卷入空前残酷的战争里去，这是没有疑义的前途。'搬起石头打自己的脚'，这就是张伯伦政策的必然结果。"[①]

第二次世界大战爆发前，苏联曾正确地分析了当时的国际形势，多次指出法西斯德国是欧洲发生战争的主要策源地，并积极联合英、法建立欧洲集体安全体系，以阻止德国的侵略行动。但是后来，由于英、法两国不配合，苏联便于1939年8月与德国签订了《苏德互不侵犯条约》；而这份条约的签订，又在客观上使德国解除了东面的威胁，从而得以放手在西面与英、法两国大战。并且，不到两年，德国又于1941年6月22日突然发动了对苏联的大举进攻，使苏联在战争初期遭受重大损失。

同样，在第二次世界大战的战火在欧亚大陆燃烧时，一向挟两洋自保的美国偏于一隅，隔岸观火，迟迟不愿介入。结果，日本于1941年12月7日突然袭击美军太平洋舰队所在地珍珠港，使美国遭受前所未有的切肤之痛。

虽然绥靖和妥协本身并不是罪恶，但是，在二战爆发前，诸多有能力阻止或延缓战争爆发的世界性力量，在不该采用绥靖和妥协的时候而采用了绥靖和妥协的政策，这就不可避免地导致了大战的发生和战争的灾难。所幸的是，人们终于认识并纠正了错误的绥靖政策，于1942年1月1日在华盛顿签署26国《联合宣言》，结成世界反法西斯统一战线，决定用自己全部的经济和军事力量对法西斯开战，终使战局得以扭转，并最终赢得了战争的胜利。

[①] 《毛泽东军事文选》，北京：中国人民解放军战士出版社1981年版，第193页。

第二章
Chapter Two

唯一的常青藤——一切存在都有它合乎逻辑的道理

黄昏？美国没有黄昏。

我们这里，每天都是旭日东升，到处都是崭新的机会，可以编织各种梦想，黄昏是不可能的。

——〔美〕罗纳德·里根

当红色的蔷薇含苞待放时，唯有剪去四周的枝叶，才能在日后一枝独秀，绽放成艳丽的花朵。

——〔美〕约翰·洛克菲勒

第二章 唯一的常青藤

有一种说法认为，美国是由一群聪明人坐在一起精心设计出来的一个国家，是由一些聪明的战略引导其迅速崛起的一个国家。仔细审视美国迄今为止 240 年的历史，这一说法并非没有道理。

1776 年，北美 13 块殖民地的人民不堪母邦压迫争得了自身独立。虽然以《独立宣言》为标志确立了国家的核心价值，随后北美大陆会议通过的《邦联条例》也经各州批准生效，但此时的邦联却并不是一个真正统一的国家。在这个松散的联合体内，各州依然保持着独立和主权，依然拥有自己的政府和军队，事实上还是 13 个独立的国家体。它们当初之所以组成邦联，主要目的是为了共同对英开战，以彻底摆脱殖民统治。在战争期间，虽然 13 个州之间也存在着许多矛盾和冲突，但为了战胜英国这一最高利益，各自都表现出了极大的克制和忍让。但战争胜利后外部矛盾消除了，内部矛盾却逐渐显现并日趋激化，13 个州的统一再难靠邦联体制维系，国家面临着分裂的危险。就是在这样一种情况下，美国召开了历史上时间最长的一次会议——制宪会议。

1787 年 5 月 25 日，来自各州的 55 名代表抵达费城，讨论制定由邦联改为联邦的新宪法。在此过程中，与会者围绕中央政府的设置问题、联邦和州的权限问题、税收和商业管理问题等，展开了激烈地辩论。为了说服对方，扩大共识，寻求最佳方案，他们研究了古代历史中的政治模式，调查了不同形式的共和制，也琢磨了欧洲列国，终于，在 116 天之后产生了一部新宪法。又经过为期 10 个月的全社会性的辩论，联邦新宪法于 1788 年 7 月获得各州批准生效。

于是，在独立 13 年之后，人民有了中央政府，也拥有了自己的第一位总统。至此，一个崭新的国家——美利坚合众国诞生了。尽管呱呱坠地的新国家只有 89 万平方英里的区区国土和约 300 万的人口，但战略给新生的美利坚插上了腾飞的翅膀。在 20 世纪结束前的两百多年间，美国就通过成功的战略，实现了自己三次历史性的跨越。

第一次是到 1898 年美西战争时，美国实行孤立主义战略，专心经营美洲，实现了国土面积和经济规模急剧膨胀的跨越。自 1894 年其经济总量超过英国后，国民生产总值世界第一的头把交椅就再没有易主。

第二次是到 1945 年第二次世界大战结束时，美国实行门户开放战略，义无反顾地介入海外事务，实现了从经济单项领先到综合国力全面领先、从地区大国到世界大国的跨越。并且在第二次世界大战中同苏联力挽狂澜，从此奠定了两个超级大国的世界格局。

第三次是到 1991 年苏联解体时，美国实行遏制战略和全球扩张政策，终修成正果，耸立在世界之巅。并且凭借其超强实力，从此领跑世界，实现了梦寐以求的、独一无二的全球地位。

而在这每一次的历史性跨越中，让世界印象深刻的都是，美国治国者们超常的战略谋划能力和其所制定所实施的美国战略的成熟。尤其是在风云激荡、变幻莫测的 20 世纪，这一点就体现得更为充分。

一 "美国世纪"的争论

还是在 20 世纪 40 年代中期第二次世界大战结束前后，一场关于"美国世纪"的争论就开始了。

时任美国总统罗斯福指出，因为美国，世界进入了一种新的秩序。他说："在将近 2500 年的时间里，在人类的发展过程中，只出现过为数甚少的几个新秩序。"①

后来接任罗斯福总统职务的杜鲁门说："从大流士一世的波斯，亚力山大的古希腊，哈德良的古罗马，维多利亚的英国，没有哪一个国家或国家团体拥有过我们所拥有的责任。"②"我认为这是地球上最伟大的国家，历史上最伟

---

① 〔美〕唐纳德·怀特：《美国的兴盛与衰落》，徐朝友译，南京：江苏人民出版社 2002 年版，第 155 页。

② 〔美〕唐纳德·怀特：《美国的兴盛与衰落》，徐朝友译，南京：江苏人民出版社 2002 年版，第 7 页。

大的国家。"①"再持续1000年，这个国家将仍然是世界上最伟大的国家。"②

时任美国国会参议员佛兰德斯在哈佛大学所作的一次报告中称："命运之轮的运转已经改变了方向。在公国与强国相继出现的漫长的历史过程中，我们西方世界的文化经历了繁荣与衰落。古希腊接替了尼罗河与幼发拉底河流域；古罗马接替了古希腊，西欧接替了古罗马。在西欧，法国接替了西班牙，英国接替了法国。旋转的轮子现在终于暂时停了下来，而世界的命运，无论幸运还是不幸运，被我们惊奇地、不情愿地控制在了没有经验的手中。"③

美国历史学家怀特认为："20世纪中期，第二次世界大战结束时，美国享有没有任何外国所经历过的财富与繁荣，并且达到了权力的顶峰。美国人的利益与影响延伸到国土以外遥远的地方。……并向古老的社会展示了它的贸易之道及文化与现代生活方式。"④

美国《时代》和《生活》杂志的出版商亨利·鲁斯说："想想20世纪吧，这是我们的世纪。这不仅是因为我们碰巧生活在这个世纪里，而且因为这是美国主导世界的第一个世纪。"⑤

在一项关于历史问题的调查中，一位美国教师称："在人类事件的历史过程中，不时会出现一个独一无二的社会，它最终支配大多数人类，并且随之建立了某种类似世界政府的政权机构。公元前六世纪波斯的命运就是如此，公元前四世纪马其顿的命运、后来时候罗马的命运以及随后阿拉伯帝国、蒙古汗国及莫斯科大公国的命运都是如此。在我们这个世纪里，这样的一个独一无二的社会再度出现。这个社会就是美国。"⑥

还有一个法裔美国人写了一本书颂扬美国，他确信，"美国是上帝的国

---

① 〔美〕唐纳德·怀特：《美国的兴盛与衰落》，徐朝友译，南京：江苏人民出版社2002年版，第8页。
② 〔美〕唐纳德·怀特：《美国的兴盛与衰落》，徐朝友译，南京：江苏人民出版社2002年版，第153页。
③ 〔美〕唐纳德·怀特：《美国的兴盛与衰落》，徐朝友译，南京：江苏人民出版社2002年版，第152页。
④ 〔美〕唐纳德·怀特：《美国的兴盛与衰落》，徐朝友译，南京：江苏人民出版社2002年版，第1页。
⑤ 〔美〕尼古拉斯·盖耶特：《又一个美国世纪吗?》，丁郡瑜译，北京：商务印书馆2005年版，第21页。
⑥ 〔美〕唐纳德·怀特：《美国的兴盛与衰落》，徐朝友译，南京：江苏人民出版社2002年版，第154页。

度，非地球上任何国家之所能比"。他在书中写道："这不是一片退隐的地带，而是一片给人以敬畏、鼓舞与力量的土地。""看到这个国家是如此的广袤和对它如此的开发利用，真是一种永久的心灵的慰藉。"①

对美国世纪持质疑的代表人物是 1940 年至 1944 年任美国副总统的亨利·华莱士。他在一次报告中说："有人已经谈到了'美国的世纪'。然而我认为我们现在所处的这个世纪——一个将从战争中走出的世纪——必将是而且必须是普通民众的世纪。……先进的国家有责任帮助新兴的国家踏上工业化的道路，但不能通过军事或经济帝国主义。19 世纪的做法在即将开始的人民世纪将不再奏效。"②

华莱士提出"普通民众的世纪"，表达了他对第二次世界大战结束后建立新的国际秩序的期望，他相信，只有建立一个更加平等的全球秩序才有可能利于世界各地的发展。华莱士还大声疾呼反对扩张主义，支持殖民地的解放。后来，他还认为冷战的开启并非是苏联一方的责任，而且也有美国的责任。他强调指出："没有哪个国家享有天赋的权利来剥削其他国家。……纳粹分子不是什么优秀的民族，我们美国人也同样如此。"③

正是因为华莱士持有这样一些观点，所以罗斯福总统在竞选第 4 任期时迫于舆论压力和民主党党内压力，不得不放弃了把他作为竞选伙伴的选择，只是在开始第 4 个总统任期后，才又任命他为商务部部长。但是，在罗斯福逝世后接替其出任总统职务的杜鲁门一上台，便又因为华莱士所持的观点而解除了他的商务部部长职务；并且，在华莱士任副总统、商务部部长及卸任后就职一本刊物的编辑时，都长期被美国联邦调查局秘密监控。

二战结束之际在美国发生的这场关于"美国世纪"的争论，不仅仅是人们陶醉于美国在反法西斯战场上的胜利，更主要的还是基于美国社会建设的成就、美国国力的强盛和美国这时在世界上的地位。

到 1945 年时，美国已经创造了工业生产的一个奇迹：国民生产总值翻了

---

① 〔美〕唐纳德·怀特：《美国的兴盛与衰落》，徐朝友译，南京：江苏人民出版社 2002 年版，第 175 页。
② 〔美〕尼古拉斯·盖耶特：《又一个美国世纪吗？》，丁郡瑜译，北京：商务印书馆 2005 年版，第 23 页。
③ 〔美〕唐纳德·怀特：《美国的兴盛与衰落》，徐朝友译，南京：江苏人民出版社 2002 年版，第 25 页。

一番，从 1940 年的不足 1000 亿美元增长到 1945 年的 2000 亿美元以上。象征工业实力的钢铁生产，美国一年的产量已经相当于德国 3 年的产量、日本 8 年的产量。二战结束时的美国，已经拥有了全世界 70% 的汽车，35% 的铁路线，83% 的民用飞机，50% 的电话和 45% 的收音机。与此同时，美国资金的总储备量增长了 20 倍，从 450 亿美元增长到了 8950 亿美元。到 1949 年，美国的人均收入达到 1453 美元；而紧随其后的人均高收入国家加拿大、新西兰、瑞士、瑞典与英国则只有 700 至 900 美元，基本只达到美国的一半或一半多一点。此时，苏联的人均年收入仅为 308 美元，相当于美国的 21%；中国的人均年收入更是只有 27 美元，不足美国的 2%。美国《财富》杂志称："1945 年 8 月 15 日，不但标志了战争的结束，也标志了世界历史上最伟大的和平时期工业繁荣时期的开始。"①

到 1945 年时，美国已经拥有了世界上规模最大的海军、最远程的空军、装备最优良的陆军。其国防预算从 1940 年的 10 亿美元剧增到 1945 年战时的 810 亿美元。1945 年时，美国有 1200 万以上的军队编制人员在各军种服现役。在 1942 年至 1943 年之间，美国的海军第一次不仅在吨位上而且在战舰数量上都超过了英国的海军。到二战结束时，其海军拥有战舰 70579 艘，总吨位 1382 万吨，并有各型飞机 4 万架。1939 年时，美国空军还只有飞机 1175 架，而到 1945 年时，其飞机就增长到 72726 架。更让美国兴奋不已的，是其极具摧毁力的原子弹的问世。在得知美国在日本广岛和长崎投掷的两颗原子弹取得预期效果后，时任总统杜鲁门说："从空中会降下毁灭一切的雨，类似的现象在地球上还从来没有见到过。"②

到 1945 年时，作为衡量一个民族创造力的标准——政府签发专利证书的数目，也猛增到 43040 份。并且，随着电子计算机与晶体管的问世，技术对消费品及其他用于和平时期的产品的生产产生了明显的影响。耶鲁大学一位教授称："今天，仅仅凭人的数量，或者对原材料的占有，或者拥有战略上的重要位置，已不是实力的基本源泉。只有这样的国家，即它们拥有了掌握了

---

① 〔美〕唐纳德·怀特：《美国的兴盛与衰落》，徐朝友译，南京：江苏人民出版社 2002 年版，第 63 页。
② 〔美〕唐纳德·怀特：《美国的兴盛与衰落》，徐朝友译，南京：江苏人民出版社 2002 年版，第 70 页。

为设计、操作复杂的机器与化学工艺过程之必需的知识与技能的科学家、工程师以及技术熟练工人,才能够充分地装备起武装力量。而武装力量是一台巨大的社会机器中占绝对优势的部件,可以组织起来产生当代技术所能保证的最大的能量。"① 另一位物理学家更断言说:"美国已经在探索自然的奥秘上取得了领先的地位。"②

对于这一时期美国的国力和世界地位,美国战略学家阿诺德·乌尔夫斯深感自豪。他说:"这个国家在世界上竟占有这样独特的地位——还从未有过像现在这样的时候,所有其他大国都如此地根据一个主要大国的态度来行事。"③

而到了20世纪90年代,由于1991年12月庞大苏联的解体,更是把"美国世纪"的热浪掀到了高潮。比起二战结束之际的那场讨论来,这次对于20世纪属于美国似乎就没有什么争论了,存在的唯一悬念是,20世纪已经属于美国,那21世纪是不是还将属于美国;并且在美国国内,答案几乎又是肯定的。

还是在苏联解体前夕,时任美国总统老布什在其首篇国情咨文中即讲道:"刚刚结束的一年发生的重大事件——1989年开始的革命——已经产生了一系列的连锁反应。其惊人的变化标志着在世界事务中一个新纪元的开始。……在这个新世界形成的过程中,美国处于不断扩大的自由圈的中心。今天如此,明天如此,进入下一个世纪也是如此。"④

继老布什之后担任美国总统的克林顿同样在他的国情咨文中说:"我的美国同胞们,这是我们的时刻。""你们知道,历史上没有哪一个国家像美国一样,有这样的机会和责任来缔造一个更和平、更安全和更自由的世界。""让我们整个民族睁开双眼,从这个美国世纪的顶峰俯瞰遥望下一个——让上帝保佑我们的努力,保佑我们这个亲爱的国家。"⑤

---

① 〔美〕唐纳德·怀特:《美国的兴盛与衰落》,徐朝友译,南京:江苏人民出版社2002年版,第58页。
② 〔美〕唐纳德·怀特:《美国的兴盛与衰落》,徐朝友译,南京:江苏人民出版社2002年版,第59页。
③ 〔美〕唐纳德·怀特:《美国的兴盛与衰落》,徐朝友译,南京:江苏人民出版社2002年版,第71页。
④ 《美国研究》,2000年第4期,第9页。
⑤ 〔美〕尼古拉斯·盖耶特:《又一个美国世纪吗?》,丁郡瑜译,北京:商务印书馆2005年版,第100、244页。

苏联解体时，第37任美国总统尼克松说："当我们回顾美国200年的历史时，地球上再没有人比美国人更有理由表示谢意。"①感谢什么呢？他自己作出了回答："美国是有史以来第一个没有刻意追求却成为世界强国的国家。"②"我最大的满足是活着看到了西方国家战胜了共产主义并且开始进行一场新的、同样艰巨、同样崇高的战斗，以确保自由在国内外获得胜利。"③"只有美国才具备一个肩负领导责任的国家所必需的军事、经济和政治力量。"④"我们正处于历史的伟大转折关头，回首过去是一个世纪的战争和专制，放眼未来，我们可以缔造一个世纪的和平和自由。超越和平的未来就在我们的手中。"⑤

曾先后出任美国国家安全事务助理和美国国务卿的基辛格说："几乎是某种自然定律，每一世纪似乎总会出现一个有实力、有意志且有知识与道德动力，企图根据其本身的价值观来塑造整个国际体系的国家。17世纪的法国在黎塞留枢机主教领导下，引进了以民族国家为基础，以追求国家利益为终极目标的近代国际关系的作风。18世纪的大英帝国将'均势观念'发扬光大，使这个观念主宰了后两个世纪的欧洲外交。19世纪梅特涅领导的奥地利重新建构了'欧洲协调'，而俾斯麦主政下的德国又使欧洲协调瓦解，使欧洲外交成为冷酷无情的政治权力斗争。20世纪最能左右国际关系的，作风却也最矛盾的国家则非美国莫属。"⑥

前美国国家安全事务助理布热津斯基也说："美国在全球的首要地位，就其范围和性质而言，都是独一无二的。""在这种情况下，在今后一段时间内，或者说在一代人以上的时间内，不可能有任何单个国家向美国的世界首要大国地位提出挑战。国家实力有四个主要方面，即军事、经济、技术和文化。它们合在一起造成决定性的全球政治影响力，而在这四个方面没有任何一个民族国家能与美国相比拟。"⑦

同样担任过美国国家安全事务助理的安东尼·莱克在华盛顿大学所作的

---

① 〔美〕理查德．尼克松：《超越和平》，范建民等译，北京：世界知识出版社1995年版，第214页。
② 〔美〕理查德．尼克松：《超越和平》，范建民等译，北京：世界知识出版社1995年版，第4页。
③ 〔美〕理查德．尼克松：《超越和平》，范建民等译，北京：世界知识出版社1995年版，第19页。
④ 〔美〕理查德．尼克松：《超越和平》，范建民等译，北京：世界知识出版社1995年版，第24页。
⑤ 〔美〕理查德．尼克松：《超越和平》，范建民等译，北京：世界知识出版社1995年版，第217页。
⑥ 〔美〕亨利·基辛格：《大外交》，顾淑馨、林添贵译，海口：海南出版社1998年版，第10页。
⑦ 〔美〕兹比格纽·布热津斯基：《大棋局：美国的首要地位及其地缘战略》，中国国际问题研究所译，上海：上海人民出版社1998年版，第255页。

一次演讲中称："现在，比起美国在世界上所扮演的角色，没有更为根本的问题，也没有更为重要的后果。只要我们继续进行领导——不仅仅是参与，而是领导，那么我们就能够取得成功，这是确定无疑的。我们现在听到了一种呼声，有关美国世纪的呼声。如果我们留意这种呼声的话，那么，为了使全世界达到像我们今天这样的自由与进步，为了我们国家实现真正的安全与繁荣，我们就要保持我们的这支军队。下一个世纪将是美国世纪，我们所处的这个世界也将美好。"①

而美国政治学界更是断言："没有哪个国家拥有结束美国'单极时刻'的物质实力和政治意愿。"②莫蒂默·朱克曼说："在21世纪即将来临的时候，美国正处在类似其进入20世纪时的地位。……美国拥有过20世纪，它也将拥有21世纪。"③

美国在这一时期的举国狂欢、弹冠相庆——甚至还带有一些轻狂、狂妄，并不是完全没有道理的。冷战的结束和苏联的解体，导致了一个真正单极时刻的出现。自那以来，美国在经济、军事、政治力量方面继续占有巨大优势。作为世界上唯一的超级大国，它影响国际政治的能力远远超过其他国家。

在经济力量上，1991年，美国的人口是2.53亿，为世界总人口53.4亿的4.7%，但是它的国民经济生产总值为60100亿美元，是全球248000亿美元的24%。这一年，距它最近的竞争者——日本和中国，两国的人口虽是美国的5倍（12.74亿），但两国的国民生产总值却只占全球的20%，仅为50300亿美元。

在军事力量上，美国的优势更为明显。在20世纪90年代的大部分时间里，美国每年的防务支出仍然占其国民生产总值的3%以上，是整个西欧军事支出的1.5倍多。另一方面，美军的规模和能力也体现了它的军事优势以及新的努力。海湾战争后，美国虽减少了冷战时期的军队规模，但其程度并没有像人们所预期的那样剧烈。美国的军事能力，特别是向全球投放军事力量的能力，则不仅没有削弱反而有所增强。从老布什到克林顿政府时期，美国的战略计划继续建立在同时在世界的不同地区进行并赢得两场战争的要求之

---

① 〔美〕理查德·哈斯著：《新干涉主义》，殷雄、徐静译，北京：新华出版社2000年版，第248页。
② 胡鞍钢、门洪华主编：《解读美国大战略》，杭州：浙江人民出版社2003年版，第9页。
③ 胡鞍钢、门洪华主编：《解读美国大战略》，杭州：浙江人民出版社2003年版，第12页。

上。更为重要的是，到冷战结束时，美国的新军事革命已经结出了丰硕的果实，向美国提供了一种新型的军事能力，即致命的准确性、远距离的攻击和极低的伤亡率。在1991年的海湾战争中，美国就曾只以343人死亡的代价造成了伊拉克约18万士兵和上10万平民丧生。而在1999年的科索沃战争中，美国更是零伤亡。在20世纪90年代，这一新军事革命的影响进一步扩大。美国军队在精密制导弹药、联合打击作战、通讯和情报搜集等领域，取得了惊人的进展。由此，美国在军事行动中遭受伤亡的危险明显减弱，而这曾是阻碍美国使用军事力量的关键因素之一。

在政治力量上，在20世纪90年代，美国一度同样处于极为突出的地位。第一，以苏联为首的华沙条约组织的瓦解和东西方冷战的结束，并未导致以美国为首的北约以及其他类似同盟的萎缩或崩溃，美国维持并且改善了这些条约工具。第二，由于苏联这一主要对手遭到削弱以至最终消失，美国在各个国际组织乃至整个国际舞台上的影响大大增强。从1990年8月25日到9月25日，联合国安理会曾在一个月间就海湾危机先后通过了9个决议案，有力地支持了美国的立场。这年12月29日，联合国安理会又通过了限令伊拉克在1991年1月15日前无条件地撤出科威特的决议，从而为美国对伊拉克使用武力开了绿灯。这一切在冷战期间是不可想象的。第三，东欧国家社会制度和经济制度发生的巨变，以及苏联的解体，似乎又证明了美国的价值、规范和制度的胜利，使美国的软权力得到了急剧增长。正是这样一些原因，所以美国认为自己已经获得了建立单极霸权的最佳时机，成为"世界大家庭无可争辩的领导"就是其最合乎战略逻辑的诉求。

但是，在美国政坛也从来不乏理性的声音。

前总统尼克松在苏联解体之初即指出："历史在某些阶段把某些国家推上舞台的中心。在当今这个时代，聚光点在美国身上闪耀。它在我们身上将停留多久、它的光辉能达到什么亮度，将取决于我们自己。"[1]"世界并非一块可以供我们任意挥洒笔墨的空白画布。现实世界百态纷呈，当我们为实现自己的目标而努力时，必须对此加以考虑。美国不可能对我们的理想在那些未曾实现的所有国家和地区都进行干预。我们赞成延续和平、扩大自由，但延续

---

[1] 〔美〕理查德·尼克松：《超越和平》，范建民等译，北京：世界知识出版社1995年版，第18页。

和平不应危害我们的利益和原则，扩大自由不应危及和平。如果和平是我们的唯一目标，那么已经赢得的自由可能受到危害。如果自由是我们的唯一目标，那么和平将受到危害。我们承担起了唯一超级大国的重负，因此，有些事情我们不希望做但必须去做；我们承担起了一个负责的超级大国的重负，因此，有些事情我们希望做但不能去做。"①

同样是在苏联刚刚解体——美国步入世界之巅时，前国家安全事务助理布热津斯基也尖锐指出："尽管目前美国是举世无双的，也没有一个对手能够取代美国的综合实力，但是，美国的国内难题却抑制了美国力量的实际影响范围，并阻碍了把该力量转变为公认的全球权威。""美国成不了全球警察，也当不成全球银行家，甚至连全球道德家也做不成。因为第一种人需要名正言顺的合法性；第二种人的根基是拥有偿债能力；而第三种人则需要自身清白。"②

针对苏联解体后美国社会一度出现的狂热和不羁，美国著作家雅各布·尼德曼出于"向历史寻求力量"的目的，对美国的建国理想、建国历程和历史上的重大政治行为进行了系统、深刻而富于哲理的反思，出版了名为《美国理想：一部文明的历史》这部广受欢迎并畅销全美的著作。尼德曼在这部著作中直言不讳地指出了美国存在的问题，呼吁要客观理性地认识美国。他说："美利坚的罪孽就和它的理想一样，是它的含义的一部分，我们如果只接受一部分，而不接受另一部分，我们就会迷失方向。我们需要对我们升华的潜能以及我们会怎样失足都有一种全新的、更加准确的认识，对我们自身实际上意味着什么以及我们怎样才能而且必须改变有一个全新的认识。我们不需要一种道德的狂热使人类的狂热躁动持久不衰；我们不需要仅仅为了遮盖过去人间不公正的痕迹或者为了重新描绘历史而去做一些好事去弥补；我们的爱国主义热情不应该让我们对自己的残暴和恐惧视而不见，或者对我们的那些严重背叛我们理想的行径轻描淡写得哲理化。……我们必须在摒弃自鸣得意的前提下，去认识代表美利坚的美好一面的东西，同时在不做自我鞭挞的前提

---

① 〔美〕理查德·尼克松：《超越和平》，范建民等译，北京：世界知识出版社1995年版，第31—32页。
② 〔美〕兹比格涅夫·布热津斯基：《大失控与大混乱》，潘嘉玢、刘瑞祥译，北京：中国社会科学出版社1994年版，第163页。

下，去认识代表美利坚丑恶一面的东西。"①

美国历史学家唐纳德·怀特还认为，无论是美国的世纪，还是普通人的世纪，无论是美国的世纪，还是不是美国的世纪，这两个互相排斥的口号虽然非常简单，但它们却把建立与维护一种世界秩序这一根本问题的实质揭示出来了。所以唐纳德·怀特说：

> 美国的世纪过高估计了单边力量的性质，却忽略了它的相对质量问题以及盟国和对手国家的利益和欲望。普通人的世纪则是一种理想主义的情绪，它忽略了将世界分隔为各个主权国家的敌意和思想。在符合各民族的自决权和经济发展利益的前提下使用力量，才最有可能带来共同的和平。
>
> 美国的世纪和普通人的世纪都没有充分认识世界。这两种观点都没有在美国占据优势地位的时期结束时解决世界问题。这些旧的神话被束缚于一个正在逝去的世纪的框架中和美国是占据优势地位的国家这一正在终结的概念中。
>
> 美国只在历史上短暂的一个时期占据了优势地位，在有史以来的国家和帝国之中，它是一个强大的国家，幅员辽阔，人口众多，它发展科学，创造财富，发展军事，发动战争，遵从信仰，信念坚定。由于过去的国家、民族和帝国都衰弱了，因此我们可以认为在未来，就像在过去一样，旧的国家将会退场，新的国家将会崛起，宣告它们的世界角色。崛起的国家会提出新的神话，进行新的创造和发现，在从前的大国留下空缺的地方运用力量。但是，随着时间的过去，一个社会并不一定会失去创新的意识，或者一定会用武力将它的意志强加给别的国家。
>
> 重要的是那些被进步中的国家记住和仿效的东西，而不是被衰弱中的国家抵制的东西。重要的是对哲学、科学、农业、工业、医药、艺术、歌曲、建筑、写作、道德和慈善的创新，这些事物蕴涵着比文明本身更

---

① 〔美〕雅各布·尼德曼：《美国理想：一部文明的历史》，王聪译，北京：华夏出版社2004年版，第147页。

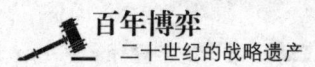

加持久的不朽。①

显然，关于这样的争论一时半会儿是不可能有什么统一的结果的，最权威的评判也许要到21世纪行将结束时才有可能出炉。不过，从上述的争论中人们还是可以看到这样一个事实和现象，即在世界历史上，很少有像美国这样保持全球的影响力并把身后的大国甩得这么远的；并且，美国至今并没有明显的退出世界主导地位的迹象。除了美国自己在不停地杞人忧天以外，世界其他声音也并没有多少唱衰美国的。

二 美国战略的矛

通观美国240年的历史，无论是在大陆扩张时期的100多年间，还是在海外扩张时期的40多年间，美国的战略都是以进攻性著称的。而自1941年底由于珍珠港事件导致其进入全球争霸时期以来，其战略的"矛"就更加锋利，并且处处寒光，咄咄逼人。一部美国史几乎就是一部战争史，一部扩张史。

直接宣战、参战和威胁使用战争

这是为美国战略服务的一把最尖利的"刀"。

在20世纪，据美国官方和《纽约时报》的统计，在1900年至1945年期间，美国的海外征战达到28次；在冷战期间，美国海外较大规模的军事行动共125次，平均每年2.8次；在1990年至2000年期间，美国以执行联合国决议、维护和平、实施人道主义援助、反对侵略以及保护美国公民生命财产安全等为理由，又先后出兵40次，其中第二次海湾战争中美国动用兵力高达40万人。

---

① 〔美〕唐纳德·怀特：《美国的兴盛与衰落》，徐朝友等译，南京：江苏人民出版社2002年版，第613、614页。

第二章 唯一的常青藤

通过战争能够直接迅速获取战略利益，是美国喜好战争的基本动力。从历史上看，美国每经历一次大的战争都获得了一次大的发展机遇。美国立国后曾面临四次大的挑战或威胁，即：1812年至1815年的对英战争、1861年至1865年的南北内战、第二次世界大战以及二战结束后与苏联的冷战。而在每次战争之后，美国往往都会更加繁荣和稳定，其民主制也更加巩固。因此，美国已经形成了一种战争能带来好处的心理预期和思维惯性。在一定意义上，战争对于美国人来说既不是负担也不是损害，而是一个"褒奖"。在20世纪，除60～70年代的越南战争之外，战争对于美国的"好处"也显而易见。第一次世界大战使美国脱颖而出，成为列强中的新贵。第二次世界大战则把美国打造成了一个世界超级大国。与苏联40多年的冷战，不仅未将美国拖垮，相反，美国还因赢得了冷战而在相当大的程度上奠定了其作为世界唯一超级大国的基础。在20世纪90年代的海湾战争中，美国不但没有受到经济损失，反而还通过中东国家和盟国对军费的分担而增加了自己的经济所得。在1999年的科索沃战争中，美国通过持续的战争行动，不但沉重打击了欧元，使其对美元的汇率下跌，而且还使道琼斯指数直线上升，在短短的时间内创下了11000点的历史记录，使世界其他地区的财富源源不断地流向美国。整个20世纪90年代的发展表明，美国国力进入了新一轮的扩张期，这种反差与俄罗斯的衰落、欧洲和日本的蹒跚不前，都形成了鲜明对比。

正因为此，所以美国在决定使用武力时，还主张必须忍受战争的代价。认为：只要国家利益需要，美国就应该采取更多的武力干涉行动，即使发生大的人员伤亡，也应该继续采取军事行动；只要使用武力是为了避免对文明或者其他无辜者造成损害，或者避免浪费美国的资源，以及避免使更多的人面临不应有的危险，那么它就是正确的，付出相应的代价也是值得的；而如果一味地等待，直到其他政策都遭受失败后才考虑使用武力，那就会限制或者丧失有效使用武力的时机，反而为敌人提供了机遇。同时，美国智库还认为，"在使用经济制裁这个不分青红皂白的武器之前，如果使用武力对谨慎选择的军事目标进行打击，那么从道义上来说可能更为可取"，就必须投入更多的而不是更少的军事力量。美国政治学会会长、哈佛大学国际和地区研究所所长、曾任美国国家安全委员会安全计划顾问的亨廷顿认为，"杀鸡就要用牛刀"应该成为经典战略家们的思想核心。他说："我们的最大优势并不是智力，因此我们应该开发它。如果我们不得不进行干涉，我们就应该投入压倒性的军事力量。"①

也许是因为海外出兵太多，担心美国的形象受损，老布什在任总统时曾对美国海外出兵提出五项原则，即：在有正当理由的地方使用武力，在可能产生效果的地方与时机使用武力，在其他政策都证明已失效的情况下使用武力，在对使用武力的范围和时间进行限制的地方使用武力，在为了潜在的利益而值得付出代价与牺牲的地方使用武力。② 但是，小布什担任总统后却把老布什总统奉行的原则抛到了脑后，在21世纪初又接连发动了阿富汗战争和第三次海湾战争。

在20世纪，美国还是世界上唯一将核武器用于实战的国家；非但如此，由于从二战末期直到70年代初期的20多年中，美国享有核优势，据美国前总统尼克松在其著作《1999年：不战而胜》这本书中记述，美国还曾四次发出过核威胁。

第一次是在20世纪50年代的朝鲜战争中。尼克松说："美国不仅是为击退共产主义对朝鲜半岛的侵略而战，而且也是为了保护没有武装的日本和防止苏联和中国在亚洲其他地区的扩张。中国进行干涉之后，1953年这场战争已在三八线附近陷入了僵持的局面。在南朝鲜已经得救的情况下，美国人民很快对不断流血感到厌倦，肯定不会考虑美国常规力量的升级。艾森豪威尔总统也反对在亚洲打一场长期的地面战争。因此，他命令约翰·杜勒斯通知印度驻联合国大使克里希纳·梅农——他同共产党中国和苏联都有良好的关系——总统已越来越不耐烦，正考虑在朝鲜使用核武器。结果是，在1953年7月艾森豪威尔就职半年后签署了停战协定。"③

第二次是在1956年的苏伊士危机中。尼克松说："艾森豪威尔面临着苏联在中东进行干涉的威胁。在英法进行了军事干涉要从埃及总统纳赛尔手中夺回对苏伊士运河的控制之后，赫鲁晓夫想使艾森豪威尔相信两个超级大国应联合部署兵力迫使伦敦与巴黎撤军。由于没有成功，这位苏联领导人就以

---

① 〔美〕理查德·哈斯：《新干涉主义》，殷雄、徐静译，北京：新华出版社2000年版，第91页。
② 〔美〕理查德·哈斯：《新干涉主义》，殷雄、徐静译，北京：新华出版社2000年版，第18页。
③ 〔美〕理查德·尼克松：《1999年：不战而胜》，王观声等译，北京：世界知识出版社1989年版，第65页。

第二章 唯一的常青藤

单方面派兵帮助埃及并向英国和法国发射苏制导弹作为掩护火力相威胁。艾森豪威尔命令北约的美籍司令传达我们的反应。北约司令格伦瑟将军在一记者招待会上说明了赫鲁晓夫的威胁如果变成行动会有什么后果：'莫斯科将象黑夜接替白昼一样肯定遭到摧毁。'于是，赫鲁晓夫退让了。"①

第三次是在1959年的柏林危机中。尼克松说："苏联要与东德缔结一项单独的和平条约，其作用不仅是违反同盟国的战略协议使苏联对东柏林政府的控制合法化，而且也会阻碍西柏林向西方的开放。在一次记者招待会上，艾森豪威尔似乎有些闪烁其词。他说我们'肯定不会在欧洲打一场地面战争'，'在我看来，核战争总的来说对所有人都是于己无益的'。但他又说我们'决不会在权利和责任上让步'，他'没有谈过核战争是完全没有可能的'。四天之后美国空军司令在国会的证词中使人们对艾森豪威尔讲话的含意不再有任何疑问。他明确宣布，如果我们在柏林受到挑战，就会使用核武器。所以，赫鲁晓虽然继续在柏林问题上进行威吓，却没有象他所威胁的那样采取单方面行动。"②

第四次是在1962年的古巴导弹危机中。尼克松写道："肯尼迪总统的核外交尽管没有言明，却是迫使赫鲁晓夫妥协的关键。当肯尼迪发现赫鲁晓夫秘密向古巴运送了导弹时，总统要求撤走这些导弹，并接着以海军进行了封锁。赫鲁晓夫在面对美方登船搜查一艘苏联货轮的威胁时反击说，这'将使会谈成为多余的'，将使'战争力量'起作用，并会产生'无法弥补的致命后果'。肯尼迪对赫鲁晓夫的核恫吓采取了蔑视的态度。赫鲁晓夫退让了，但这是在他迫使美国允诺从土耳其撤走美国导弹和不支持古巴和美国的反卡斯特罗力量之后。虽然肯尼迪政府的一些前官员今天争辩说是美国常规力量的压倒优势起了决定性作用，而不是核优势。但是如果没有强大的美国核优势为后盾，我们的常规优势是否有足够的威慑力量阻止赫鲁晓夫是十分值得怀疑的。"③

对美国进行的以上这四次核威胁，尼克松还特意强调说："以上是美国得

---

① 〔美〕理查德·尼克松：《1999年：不战而胜》，王观声等译，北京：世界知识出版社1989年版，第65页。
② 〔美〕理查德·尼克松：《1999年：不战而胜》，王观声等译，北京：世界知识出版社1989年版，第66页。
③ 〔美〕理查德·尼克松：《1999年：不战而胜》，王观声等译，北京：世界知识出版社1989年版，第66页。

胜的四个例子。这四个事件都危及我们的重大利益。在这些事件中，我们都有一定的核优势，美国总统都不容置疑地表明了他将采取一切必要行动以保护美国利益的意志，而且除在古巴外，美国以常规力量进行干涉都是不可能或无法取胜的，只有核优势才解决了问题。在朝鲜，它结束了战争。在苏伊士，它把苏联人挡在了中东之外。在柏林，它避免了超级大国在中欧的冲突。在古巴，它防止了莫斯科在距美国90英里的地方部署核力量。"①

从以上的事实中不难看到，在美国的政治中确有好战的成分，美国对使用武力确有一种特殊的嗜好。有学者形容，美国崇武就如同鲨鱼只有在血腥中才能寻求刺激一样，早已嗜血成性。从美国的历史记录来看，这种说法也许并不过分。

1898年美西战争前，时任总统麦金利曾再三犹豫是否发动战争。他曾表示，"在穷尽和平的努力之前，美国决不能开战"。但美国舆论群起而攻之，连篇累牍的新闻报道指责他优柔寡断，软弱无能。美国国会的议员们也个个义愤填膺，纷纷发言要求一定要教训一下西班牙。麦金利最后屈于压力，只好决定开战。他在回忆录中回首这一幕时写道："我是坚持到最后一刻的人。"②

2003年美国发动了伊拉克战争，而美国政治制度中的"民主"因素也对战争起到了推波助澜的作用。据美国多种民意调查，在开战前，60%以上的美国选民支持这场战争。美国参议院更是以99票对0票批准发动这场战争。原来，战争的结果是富于刺激性的——往往是统治者们从中得到了权欲的满足，种种社会集团从中得到了利益的满足，而许多民众则又从中得到了心理上的满足。由此，就构成了美国崇武的动力来源。

美国历史学家施莱辛格也曾对美国政界和美国社会的暴力传统进行过深刻剖析，并且尖锐地批评本民族的劣根性，甚至称本民族为"最可怕的民族"。他说："我们总自以为是一个温和的、宽容的、仁慈的民族，一个受法治而不是君主统治的民族。……然而，这决不是我们传统中唯一的气质。因为我们一直是一个崇尚暴力的民族。看不到这一点，我们就不能正视我们国家的现

---

① 〔美〕理查德·尼克松：《1999年：不战而胜》，王观声等译，北京：世界知识出版社1989年版，第67页。
② 丁一凡：《美国批判：自由帝国扩张的悖论》，北京：北京大学出版社2006年版，第39页。

第二章 唯一的常青藤

实。我们必须承认,我们的身体内有一种破坏性的欲望。它源于我们历史上社会制度中的黑暗和紧张关系。毕竟,我们从一开始就屠杀印第安人并奴役黑人。毫无疑问,过去我们做这些事情时,手持《圣经》和祷告书,但是,没有人能像我们意识到自己国家的使命。在它的深处,在它的传统中、社会体制中、条件反射中和灵魂中,深深地埋藏着一种暴力倾向。……我们是一个最可怕的民族,因为我们在国内和国外的各种暴行到现在还没有唤醒我们的政治家的良知,或者削弱我们在道德上自以为始终准确无误的超然信念。"①

经济援助与经济制裁

这是美国根据自己战略的需要,对不同类型的国家、在不同的时期所交替使用的两种武器,认为它们往往能够起到"子弹"所不能够起到的特殊作用。也可以说,这是服务于美国战略的一把尖刀的两面刃。

1948年11月,在一份美国国家安全委员会致总统杜鲁门的呈文中,专门对开展经济援助包括军事援助作了阐述,认为:"为促进所有非苏维埃国家转向美国,与我们发展关系,对其中有意愿、有能力的国家,我们要帮助他们增强经济和政治上的稳定以及发展军事能力,使得他们能为美国的安全作出重要的贡献。"②

1950年4月,在标志美国遏制战略成型的国家安全委员会第68号文件《美国国家安全的目标和计划》中,又对受援国家作了明确。主要包括:帮助欧洲复兴并建立一种欣欣向荣的经济;帮助其他由于战争或冷战而产生特殊需要,且美国在那里有特殊利益并有责任满足它们要求的国家;帮助经济发展落后的地区;对北约成员提供军事援助。③

自此以后,对外援助就在美国的对外政策中具有了重要地位,成了美国全球战略中不可或缺的部分,并且日益制度化。

据《美国统计年鉴》1992年披露的数据,1946年至1990年间,美国政府

---

① 《美国研究》,2003年第3期,第24—25页。
② 周建明、王成至主编:《美国国家安全战略解密文献选编》第1册,北京:社会科学文献出版社2010年版,第32页。
③ 周建明、王成至主编:《美国国家安全战略解密文献选编》第1册,北京:社会科学文献出版社2010年版,第73页。

共向国外提供了3740.46亿美元的援助，其中经济援助2329.71亿美元，军事援助1410.75亿美元。如果加上其他非政府组织和多边组织提供的援助，1946年至1986年的40年间，美国对外援助的总额为8746亿美元。其具体项目包括：发展援助2014.49亿美元，占援助总额的23%；军事援助为3157.7亿美元，占援助总额的36.1%；粮食援助为1038.89亿美元，占援助总额的11.9%；参与多边发展银行共提供385.01亿美元，占援助总额的4.4%；设立经济扶持基金1080.13亿美元，占援助总额的12.3%；其他经济援助1069.78亿美元，占援助总额的12.2%。如果按地区分，欧洲为2713.52亿美元，占其援助总额的31%；亚洲为2936.89亿美元，占其援助总额的33.6%；中东为1182.28亿美元，占其援助总额的13.5%；拉丁美洲为569.28亿美元，占其援助总额的6.5%；非洲为255.27亿美元，占其援助总额的2.9%；世界其他地区为1088.76亿美元，占其援助总额的12.5%。

美国的对外经济援助具有鲜明的目的，且受援国要得到其援助也必须接受其苛刻的附加条件。美国提供援助的根本要求就是，必须符合美国的国家战略利益，包括美国的安全利益、经济利益，以及输出美国的政治制度、价值观念和经济模式。为此，美国也是不惜代价的。1961年1月20日，第35任总统肯尼迪即在就职演说中发誓说："我们要让所有的民族知道，无论他们希望我们过得好还是不好，我们将付出任何代价，承受任何负担，面对任何的艰难困苦，支持我们的朋友，反对所有的敌人，为的是确保自由的生存空间和自由的成功。……精力、信仰、忠诚等所有我们为了这些尝试所付出的东西，将点亮我们的国家，并且将点亮这个世界。"[①]

对于在对外援助中增加军事援助的分量，尼克松同样强调说："如果我们不能够向盟友提供足够多的军援，莫斯科的附庸们就会从各条战线上向前推进。到那个时候，我们将面临严峻的选择：或者放弃我们的利益；或者牺牲美国士兵的生命，以保护我们的利益。我们必须承认，如果我们现在在军援上多花一点钱，就可以避免今后既流血牺牲又花更多的钱。"[②]为此，美国在

---

① 〔美〕威廉·A.德格雷戈里奥：《美国总统全书》，周凯等译，北京：社会科学文献出版社2007年版，第588页。
② 〔美〕理查德·尼克松：《1999年：不战而胜》，王观声等译，北京：世界知识出版社1989年版，第102页。

其对外援助中根据国际形势的发展变化，也不断对经济援助与军事援助所占的比重进行调整。根据美国官方发布的统计数据，二战结束初期其经济援助的比重最大，1946年为100%，1947年为97.6%。到了20世纪50年代，军事援助的比重急速超过了经济援助，达到55%以上。20世纪60年代经济援助的比重又大于军事援助。进入20世纪70年代后，其军事援助的比重又回升到55%以上，并且在苏联解体以前，军事援助的比重一直都保持在50%左右。

在服务于美国国家战略的对外经济政策中，除了经济援助就是经济制裁。这是迫使一些国家根据美国的战略意愿与要求行事的又一重要手段。其制裁针对的主要对象是社会主义国家，而在社会主义国家中又主要针对苏联和中国。

1951年10月，美国在自己针对苏联和中国实行禁运的基础上，又颁布了《相互防御援助管制法》，其中规定：凡是接受美国援助的国家如将军械、弹药、战争工具、原子能物资、石油、有战略价值之运输器材，以及用于制造军械、弹药及战争工具之首要战略性物资运往苏联、中国等社会主义国家，美国就立即停止对该国的一切援助。该法还附了一个详细的禁运货单，包括几百种它们认为有助于增强苏联和中国的军力、国力并危及它们安全的货物明细清单。这一被称为"经济防卫战略"的法案，是美国对社会主义国家实施经济制裁所制定的第一个系统法律文件。

在整个冷战期间，美国对苏联都持续保持了高强度的经济制裁，直至苏联解体崩溃。其采取的措施主要有以下三个方面。

一是实行贸易歧视政策。

自1951年起，美国即终止了向苏联提供贸易最惠国待遇。在1951年6月通过的《贸易条件附加法令》中，第5条明确规定：取消1930年曾给予苏联的贸易最惠国待遇；第11条还规定，禁止从苏联进口物品，同时限制美国向苏联的出口，也不提供美国向苏联出口的信贷担保。

1972年美苏双方均奉行缓和政策，两国签署了贸易协定，尼克松政府承诺给予苏联贸易最惠国待遇，但美国国会横加阻挠，把提供最惠国待遇同苏联的犹太人移民问题联系起来，使双方签署的贸易协定变成了一张废纸。

1989年5月，布什政府提出超越遏制战略，决意要把苏联拉入国际社会，使苏联的国内行为和国际举止符合国际公认的准则。这年12月初，布什在马耳他与戈尔巴乔夫的会晤中向其许诺，将给苏联以贸易最惠国待遇以及帮助苏联参加国际货币基金组织、世界银行以及关贸总协定等国际组织，但条件是苏联必须颁布新的移民法，允许苏联公民自由出入境。这时，苏联国内的改革步履维艰，迫切需要来自美国在政治上的支持和在经济上的援助。于是，戈尔巴乔夫作出重大让步，于1991年通过了新的旅行法，允许苏联公民自由出入境。但此时布什政府却不履行自己的诺言，迟迟不给苏联贸易最惠国待遇。直到1992年12月10日，布什政府才正式宣布给予苏联贸易最惠国待遇；但此时，离苏联崩溃只差15天。姗姗来迟的贸易最惠国待遇，对苏联已经毫无意义。

二是经济施压。

比较集中的有这样三次。第一次是1978年七八月间，美国借口苏联和它所支持的古巴干涉非洲国家内政，以及苏联在国内对持不同政见者进行所谓"迫害"等，对苏联所急需的石油和天然气钻探装备、高性能计算机，实行禁运。第二次是1980年初，卡特政府以苏联入侵并占领阿富汗为由，对苏联实行以粮食禁运为主的经济制裁。第三次是1981年12月，为报复苏联对波兰实行军管，美国再次宣布对苏联所迫切需要的天然气管道设备和技术实行禁运，并中止了双方的海运协定谈判。后来还随着波兰紧张局势的加剧，又对苏联采取了其他一系列制裁措施，包括谷物禁运、禁止苏联航空班机直飞美国、禁止民间接触、中止新的文化交流协定和开设新领事馆的谈判等。

三是禁运战略物资和高新技术及产品。

这是对苏联的制裁中美国最看重的一部分。美国认为，苏联得到这些战略物资和高新技术及产品以后，就有可能实现其军事力量的现代化，从而打破美苏军事实力的整体平衡，构成对美国国家的安全威胁。

在这方面的禁运，美国主要通过两个途径。一个是，通过设在巴黎的实际由美国所控制的统筹委员会进行多边禁运。巴黎统筹委员会是以美国为首的西方国家对苏联和其他社会主义国家实行各种制裁的专门机构，正式成立于1950年。它开始主要是削弱苏联和东欧国家的经济，对这些国家实施经济战。后来，安全问题占据主导地位后，巴黎统筹委员会的职能也随之改变，即所有可能被苏联用于军事方面的新技术和物资，或者能促进苏联经济增长的新技术、新产品，都在其严格控制之列。再一个途径就是美国直接禁运。

通过颁布一系列的出口管制法和实行严格的许可证制度,对所有有利于苏联增强其军事潜力和战略能力的物资与技术,美国都一律实行禁运。

对于中国,除了曾长期不给予中国贸易最惠国待遇、阻止中国加入世界贸易组织以外,美国还采取了两次大的集中制裁行动。

一次是20世纪50年代初,鉴于中国出兵抗美援朝,美国对中国采取了严格的制裁措施。1953年5月,美国国家安全委员会在一份文件中明确:(1)对于共产主义中国和北朝鲜,美国对所有的出口商品实行彻底禁运;(2)禁止美国船舶和飞机进入共产主义中国的港口;(3)拒绝向从事对华贸易的外国注册船舶提供船用燃料;(4)鉴于香港和澳门是货物进入中国的转运站,对所有准备出口到香港和澳门的美国商品实行严格甄别。[①]

再一次就是1989年中国发生政治风波后,美国的反华情绪达到顶点,时任总统老布什于这场政治风波发生后的第二天——6月5日,就迫不及待地宣布了对中国实施制裁。这次制裁在美国冷战期间对社会主义国家实施的所有制裁记录中,其反应之快、幅度之大、危害之烈,都是空前的。美国对中国开出了一系列一长串制裁罚单。

——中止中美两国政府副部级以上高层官员往来,中止中美两军军事领导人往来;

——中止所有美国对华军售,包括美国政府的对华直接销售和美国商业合同销售;

——中止美国贸易和发展项目中的对华援助;

——中止海外私人投资公司对在华私人投资的风险担保和其他资助;

——中止核合作协定,禁止对华出口可用于发展核能的设备和技术或任何可用于发展核武器的项目;

——禁止一切对华武器和军事设备的出口;

——禁止对华出口用于控制犯罪或犯罪监测的设备;

——禁止使用中国的火箭发射美国制造的卫星;

——停止世界银行和其他国际开发银行对中国的新贷款;

——同同盟国协调一致,继续加紧对华出口武器和高科技产品的限制。

[①] 周建明、王成至主编:《美国国家安全战略解密文献选编》第3册,北京:社会科学文献出版社2010年版,第950页。

与此同时，对中国留美学生要求延长滞留美国的时间给予"同情性审查"，允许中国留美学生和学者滞留美国的时间延长一年，并通过红十字会对在北京受伤的人员提供人道和医疗援助。

进入20世纪70年代后，随着国际社会对于人权问题的日益关注，美国还以人权状况为理由，对不少国家采取了经济制裁措施。这些国家是：智利（1970年至1973年）、阿根廷（1973年至1983年）、巴西（1977年至1984年）、玻利维亚（1979年至1982年）、萨尔瓦多（1977年至1983年）、埃塞俄比亚（1976年至今）、危地马拉（1977年至1986年）、柬埔寨（1975年至1979年）、巴拉圭（1977年至1981年）、韩国（1973年至1977年）、乌拉圭（1976年至1981年）、海地（1987年至今）、缅甸（1988年至今）、苏丹（1989年至今）。

价值观输出

笃信自己的价值观在全世界是最优越的，笃定在全世界输出自己的价值观是天经地义的，并且把输出自己的价值观既作为一种目的又作为一种武器，必欲在全世界推而广之，迄今为止，美国的确是独此一家。

还是在1917年4月美国刚刚决定加入第一次世界大战时，时任总统威尔逊就意识到美国输出价值观的机会到了，说："新的自由民主将是美国的重要输出品之一。"[1]

1950年4月，美国国家安全委员会在第68号文件《美国国家安全的目标和计划》中宣称："现实的和意识形态上的考虑，都迫使我们得出一个结论：我们别无选择，惟有通过展示自由思想在建设性应用方面的优越性，同时尽力采用除战争之外的一切手段才能改变世界局势。"[2]

第35任总统肯尼迪强调："我们必须经常意识到我们自己是一座山巅之城——全世界人民的目光都在注视着我们。""我们保有意识形态上的优势，我

---

[1] 刘国平：《美国民主制度输出》，北京：社会科学文献出版社2006年版，第3页。
[2] 周建明、王成至主编：《美国国家安全战略解密文献选编》第1册，北京：社会科学文献出版社2010年版，第59页。

们比世界上任何国家都更有条件对外输出《独立宣言》中的革命思想。"①

第37任总统尼克松说："美国从建国之初即不仅仅是一个地理概念。它代表着人类文明的价值和理想。我们的主要使命就是在国内外维护这些价值观念并使之发扬光大。"②

前国务卿基辛格半褒半贬地说："美国自开国以来始终自诩与众不同，在外交上形成两种相互矛盾的态度：一是美国在国内使民主政治更趋于完美，为其他人民做榜样，以此作为证明美国价值观优越性的最佳方法；二是美国的价值观使美国人自认为有义务向全世界推广这些价值。""再没有其他国家像美国一样，既绝对坚持决不容许外国干预本国内政，又如此一厢情愿地认定美国的价值观是放诸四海而皆准的。"③

前国家安全事务助理布热津斯基认为："大体上讲，欧洲人在推广民主的过程中没有热衷于传教的态度。他们倾向于认为民主是内在的特产，他们多少对于想要强行推广民主的想法抱怀疑态度。我们则是传教型的。"④

美国《华盛顿邮报》专栏作家戴维·伊格纳休斯更是指出："我们的外交政策，每隔一分钟就会推广一次民主。"⑤

完全可以说，在美国治国者们的心目中，美国国家战略所追求的真正目标，就是追求共同的普遍的价值观，以美国的意识形态来改造全世界，主宰人类社会。因此，在美国的战略语境中，无论处于什么时期，无论别的国家接受不接受，输出美国的价值观，推广美国的政治制度，都是他们念念不忘的使命和所醉心的事业。

在20世纪初至第二次世界大战之前，美国通过武力干涉、扶植亲美政府、军事占领等方式，重点是向拉丁美洲输出自己的价值观。采取的具体步骤，按照第25任美国总统麦金利所说，主要是四步：先是"悬挂星条旗的正式占领"，然后是"在美国直接操纵下建立亲美政府"，再后是由亲美政府按照

---

① 《美国研究》，2006年第2期，第62页。
② 〔美〕理查德·尼克松：《超越和平》，范建民等译，北京：世界知识出版社1995年版，第146页。
③ 〔美〕亨利·基辛格：《大外交》，顾淑馨、林添贵译，海口：海南出版社1998年版，第10页。
④ 〔美〕兹比格涅夫·布热津斯基、布兰特·斯考克罗夫特：《大博弈：全球政治觉醒对美国的挑战》，姚芸竹译，北京：新华出版社2009年版，第170页。
⑤ 〔美〕兹比格涅夫·布热津斯基、布兰特·斯考克罗夫特：《大博弈：全球政治觉醒对美国的挑战》，姚芸竹译，北京：新华出版社2009年版，第169页。

美国宪法"建立法律和秩序",最后是运用美国的制度和价值观进行"善意的同化"。① 这种被史学界称为"加勒比海版本"的价值观与制度输出方式,也成为此后美国进行类似行动的惯用做法。1914 年至 1916 年,美国按照这一模式迫使墨西哥颁布了一部新宪法,实行全民普选,建立了民选政府。1922 年至 1924 年,美国以扶持建立军事政府的方式控制了多米尼加,同样按照美国的意愿进行立宪政府选举,以美国为榜样建立了亲美政权。1928 年至 1930 年,美国对尼加拉瓜、海地、圣多明戈等国都如法炮制,胁迫这些国家在美国的摄政和保护下,建立了类似美国的民主制度。

在第二次世界大战结束后,美国把输出价值观的范围进一步扩大到了欧洲腹地和亚洲。战败的德国、意大利和日本,几乎一切都需要重建,因而成了移植美国制度的最佳对象。在美国的直接军事占领或强大压力下,这些国家或占领区都接受美国的价值观,建立起了被称为美国民主制度输出的"成功典范"。至此,这些国家或地区也就完全被纳入了美国全球战略的轨道。正如美国学者沃尔特·米德所说:"威尔逊主义者日益坚决地传播民主,其中一个重要因素是二战后美国在德国、意大利和日本政策的惊人成功。""在这三个国家,民主政府都扎了根,三个国家都成了冷战期间以及之后美国的可靠盟国。"②

在整个冷战期间,美国都把价值观和民主制度输出的重点放到了社会主义国家。为了促成苏联和东欧地区的和平演变,美国还不遗余力地宣传美国的现代生活方式,以期对苏联和东欧国家的民众发生潜移默化的作用。美国新闻署强调,这是一种争夺头脑、争夺心灵的斗争,无论什么时候,美国都需要或者说更有必要继续在世界进行宣传。

鉴于在价值观输出中进行思想渗透的重要性,自诩为反共斗士的前总统尼克松强调说:"他们的思想与我们的思想进行交流,他们的人民与我们的人民进行交流,他们的社会与我们的社会进行交流。这种交流会引起不受欢迎的对比,打破克里姆林宫对信息的垄断,播下有一天会开出和平演变之花的

---

① 刘国平:《美国民主制度输出》,北京:社会科学文献出版社 2006 年版,第 129 页。
② 刘国平:《美国民主制度输出》,北京:社会科学文献出版社 2006 年版,第 135 页。

思想种子。"①

被誉为冷战英雄的第40任总统里根说："美苏之间的竞争不是在制造炸弹和武器方面，而是在意识形态领域。美苏在制度之间正进行和平竞赛，苏联人现在是、将来仍然是我们的主要敌手——实际上是人类所有信仰自由的人的敌手。"②"我们永远不会拿我们的原则和准则讨价还价。我们永远不会出让我们的自由。我们永远不会背弃对上帝的信仰。""我宁可看到我的孩子们现在怀着对上帝的信念溘然长逝，也不愿她们在共产主义的阴影下成长，并且有朝一日带着对上帝无所信仰的心态死去。"③

里根的忧虑并没有白费，并且在冷战期间就种下了苏联崩溃的种子。正是依照这种持续不断地"争夺头脑、争夺心灵"的努力，在1948年铁托率领南斯拉夫脱离苏联社会主义阵营、1956年纳吉领导匈牙利叛乱、1956年哥穆尔卡领导波兰在农业集体化道路上挫败赫鲁晓夫、1961年霍查领导阿尔巴尼亚与苏联分裂、20世纪60年代齐奥塞斯库使罗马尼亚在一些国际问题上与苏联路线拉开距离、1968年杜布切克发起"布拉格之春"、1979年盖莱克政府同意与波兰的"团结工会"谈判并达成协议、20世纪80年代卡达尔使匈牙利经济逐渐实现自由化等等方面，美国都成功地扮演了自己的角色。而在苏联解体和东欧剧变中，美国的价值观输出对于推动事态的发展和最后结局的出现更是功不可没。

在苏联崩溃两极解体后，美国又认为这是向全世界输出其价值观的最佳时机，因而其采取的行动和措施也更为积极和突出。时任总统老布什和后来的总统克林顿都力图抓住这一机遇，在全球范围内——特别是在影响到美国战略利益的关键地区——扩大民主以及民主国家共同体。他们相信，这不仅符合美国的价值和观念，而且符合美国的国家利益，有助于维护美国在世界上的领导地位。前总统尼克松还唯恐当政者迷，特意提醒说："没有任何一桩事比政治自由和经济自由能否在俄国和其他前共产主义国家生根并茁壮成长

---

① 〔美〕理查德·尼克松：《1999年：不战而胜》，王观声等译，北京：世界知识出版社1989年版，第160页。
② 于歌：《美国的本质》，北京：当代中国出版社2006年版，第194页。
③ 于歌：《美国的本质》，北京：当代中国出版社2006年版，第195页。

对世界的政治影响更大。"①

老布什虽然不久即将卸任,但他对继续推进价值观和民主制度输出毫不放松,并且决意要对前苏联地区国家和东欧国家乘胜追击。在讨论未来十年美国的国家利益和美国的地区政策时,他首次提出了"整体和自由欧洲"的概念,强调"所有东欧国家都有权变成世界性的自由国家共同体的一部分";东欧国家和西欧国家有权"自由地在同样的社会和经济组织中联合起来";"冷战是以欧洲的分裂而开始的,只有当欧洲再次成为整体时冷战才能真正结束"。②

克林顿更是将输出美国的价值观、在世界上扩大民主同盟当作自己的重要使命。在其整个八年的任期内,他都将"在国外促进民主、自由和人权"列为美国对外战略的三大核心目标之一。据2000年发表的美国国家安全战略报告称,自1992年以来,民主国家在世界国家中的比例已经增加了14%,历史上首次有了一半多的世界人口"生活在民主治理之中"。克林顿对这份成绩单颇为自得,认为美国通过"鼓励民主化"加强冷战后国际体系的做法,"已经产生了明显的成果"。③

进入21世纪以后,美国的价值观输出并没有减弱。2002年6月,时任总统小布什在西点军校发表讲话说,20世纪的结束为人类进步建立了一个单一的持久模式——西方的自由民主制度,美国不能将此模式强加于人,但将通过各种手段来促进它的扩展。他还说:"对自由的渴望遍及非洲、拉丁美洲及整个伊斯兰世界。伊斯兰国家的人民应该和其他任何国家的人民一样享有同样的自由和机会。"④"美国的目标不仅仅是控制威胁、遏制怨恨。我们将超越反恐战争而努力建立一个公正和平的世界。"⑤

小布什在他的任期内,针对不同地区、不同国家的特点,对推广美国的价值观和制度采取了许多与冷战时期不同的做法。在中东,美国是以战争的

---

① 〔美〕理查德·尼克松:《超越和平》,范建民等译,北京:世界知识出版社1999年版,第45页。
② 朱明权:《冷战后美国国家安全战略》,天津:天津人民出版社2005年版,第194页。
③ 朱明权:《冷战后美国国家安全战略》,天津:天津人民出版社2005年版,第201页。
④ 黄柏富主编:《"9·11"事件后美国国家安全战略文件选编》上册,北京:军事译文出版社2002年版,第159页。
⑤ 黄柏富主编:《"9·11"事件后美国国家安全战略文件选编》上册,北京:军事译文出版社2002年版,第160页。

方式开始的。2003年,美国通过军事入侵占领了伊拉克,强行向这个国家全面移植了美国的民主制度。在东欧、中亚和俄罗斯卫星国地区,美国主要是以"颜色革命"的方式在推动。美国认为,已经在这些地区取得了"比较满意的进展"。

在小布什政府时期,美国在输出自己的政治价值和制度方面还有一个新的创造,即在军事占领一个国家后,直接按照美国的意愿转换一个国家的政权或者重建一个国家。这一做法的理论依据是,认为恐怖主义与国家、恐怖主义与专制制度,以及恐怖主义与大规模杀伤性武器之间存在某种必然的联系,因此,将反对恐怖主义与改变一些国家的政权或重建一个国家联系起来,就是很自然的,很有必要的。而这一做法,是老布什和克林顿在与萨达姆和恐怖主义作斗争中都没有考虑过的。据老布什的国家安全顾问斯考克罗夫特的回忆,在1990年12月的白宫会议上,老布什政府决定不以颠覆萨达姆的统治作为目标。一方面,它担心这是一个超出美国能力的任务;另一方面,老布什政府还担心,"推翻萨达姆可能最终导致伊拉克的分裂",出现"伊拉克黎巴嫩化"。时任参谋长联席会议主席鲍威尔也在回忆录中说:"使伊拉克分裂成单独的逊尼、什叶和库尔德政治实体,将无助于我们在伊拉克追求的稳定。""我们的政治意图是要留给伊拉克足够的力量,以便它能作为对伊朗的一种威胁继续生存下去,伊朗依然对美国十分敌视。"①

但是,青出于蓝而胜于蓝,老布什不敢做的事,小布什却又做了。事后,小布什说:"我们不应当在军事目标实现之后,就简单离开。""在我们的军事使命完成之后联合国军的一项有益功能,是承担所谓的国家建设——我要将它称作一个未来政府的稳定。"②

从此以后,政权转换和国家重建,并在被实施政权转换和国家重建的国家中建立民主自由的政治制度,就成了布什主义的一个首要因素。在小布什看来,将民主自由扩大到产生恐怖主义的国家这一做法,将同时具有战略上和道德上的双重重要含义。

有必要在这里指出的是,美国对外输出自己的价值观和政治制度,本身就是一种对民主、自由和人权原则的背离;而且,由于美国使用战争手段或

---

① 朱明权:《冷战后美国国家安全战略》,天津:天津人民出版社2005年版,第309页。
② 朱明权:《冷战后美国国家安全战略》,天津:天津人民出版社2005年版,第310页。

"颜色革命"的街头政治方式输出其政治价值和制度,还使世界许多地区重新陷入了流血冲突和无政府状态,这说明,美国想通过价值观的输出来实现"按照自己的面貌为自己缔造出一个新世界"的想法,不但不符合实际,而且还十分危险。

外交施压和秘密行动

美国是一个长于外交的国家。在其国家战略中,一项核心内容也是外交。

第35任美国总统肯尼迪曾说:"一个国家在国内的强大与在国外的强大同等重要。""我们必须磨砺我们的政治和外交工具——这是合作和协议的手段,一种可实行的世界秩序最终必须取决于此。"[1]

第36任总统约翰逊在任副总统期间,在当时交通尚不发达的情况下遍访25国,既疏通、斡旋美国的国务,又历练、丰富自己的外交阅历,为积攒总统岗位所需要的大国外交技能做足了准备。

第67任美国国务卿希拉里在四年任职期间,遍访全球112国,行程近100万英里,平均每年有近三分之一的时间在空中度过,创下了美国国务卿在一个任期内访问国家数、访问里程数、访问时间数三项纪录。美国外交的繁忙与重要,由此也可见一斑。

美国外交的目标与其国家战略目标是高度一致的。

在大陆扩张时期,美国固守自己的大西洋国家概念,认为参与欧洲的纷争是多余的——甚至是"堕落和肮脏"的。

在奉行门户开放政策时期,鉴于自己的羽翼未丰,美国在一个漫长的时间里对欧洲和世界事务也大多持中立和不介入的立场。

而第二次世界大战后,自己的实力壮大了,在世界上的角色变了,国家的战略利益也不一样了,于是,美国马上就完成了自己的全球外交目标定位。这就是:维护国家的安全;扩大国家的经济利益;扩展美国的价值观念;确立美国在世界上的尊严与领导地位以及争取与此相适应的有利国际环境。在1946年1月的一份美国国务院与美军参谋长联席会议的文件中更是明确:作

---

[1] 周建明、王成至主编:《美国国家安全战略解密文献选编》第1册,北京:社会科学文献出版社2010年版,第389页。

为美国外交四项根本任务的基石,其宗旨是为了保卫世界和平,而保卫世界和平是保卫美国自由的唯一途径。①

此后,美国历届政府虽在政策声明中对美国的对外政策目标有过许多阐述;在不同的时期因国内外形势的发展变化,所面临和所需要解决的问题也不完全一样,但其外交目标的基本点是基本相同的。在20世纪80年代,里根政府时期的副国务卿斯平尔斯还把美国自二战结束后所追求的外交目标归纳为九个方面:(1)重建一个被战争破坏的世界;(2)树立美国在世界上政治自由与个人自由的榜样,吸引世界的向往与移民;(3)建立同盟关系,希望在对付安全与经济方面的新挑战时得到盟国更多的支持;(4)遏制共产主义,同时处理好与苏联的关系,既不放弃原则也不导致爆发战争;(5)控制地区危机和冲突,以免扩大到整个世界;(6)对穷国和不发达国家提供经济援助,支持自决原则;(7)关注人权状况,反对滥用权力;(8)反对毒品走私和恐怖主义,在解决人类共同面临问题的斗争中充当领导;(9)发挥美国的榜样作用,促进世界建立市场经济和政治自由。②

在追求自己的战略利益中,美国外交中的进攻性并不逊色其军事领域。

1945年10月,时任总统杜鲁门在一次演讲中即明确指出:"美国外交政策的基本原则是正义与公平。在贯彻这些原则的时候,我们应该坚定不移地坚持我们认为正确的事物,决不与邪恶妥协。……这是美国人民外交政策的基石。"③

1946年3月,在美国国务院与参谋长联席会议的一份文件中也同样指出:"在可预见的将来,苏联力量的稳定和发展对美国来说是最大的威胁。我们强烈赞成'在与苏联政府打交道的时候采取坚定和友好的态度',但是重点要放在'坚定'上。"④

1988年12月,时任总统里根在弗吉尼亚大学的一次演讲中还刻意强调:

---

① 周建明、王成至主编:《美国国家安全战略解密文献选编》第1册,北京:社会科学文献出版社2010年版,第3页。
② 刘金质:《美国国家战略》,沈阳:辽宁人民出版社1997年版,第35页。
③ 周建明、王成至主编:《美国国家安全战略解密文献选编》第1册,北京:社会科学文献出版社2010年版,第3—4页。
④ 周建明、王成至主编:《美国国家安全战略解密文献选编》第1册,北京:社会科学文献出版社2010年版,第24页。

在美国的外交活动中必须保持我们的才智,坚守我们的原则、利益,对苏联要采取坚决果敢的行动,回击一切可能的挑战。① 而在里根讲这一番话时,苏联这个巨人已经摇摇欲坠了。

在整个20世纪中,冷战期间的外交是美国外交中最重要的部分,也是其外交成就中最精彩的篇章;而作为冷战对手的苏联,又是其外交的重中之重。其间,美国通过结盟、操控国际组织、时而激烈对抗、时而奉行缓和,甚至于采取秘密渠道等手段,努力寻求或扩大自己的优势地位及在战略上的回旋空间,几乎使尽了浑身解数。

尼克松集他42年公职生涯中亲眼目睹美苏九次首脑会晤——其中他自己作为总统进行三次面对面直接交锋的经验教训,专门提出了同苏联打交道的5条原则。他在《1999年:不战而胜》这部书中写道:

——不要期望与苏联领导人之间良好的个人关系会促使国家关系的改善。如果相信一个有超凡魅力的美国总统能够诱使苏联领导人在世界各地放弃侵略政策,那将是最危险的幻想。我们必须承认,通向外交灾难的道路是由天真幼稚的想法铺设的。我们必须懂得,关键的因素不是充满激情的友谊,而是冷静的互相尊重。总统无须对苏联人捶胸顿足,以证明其男子气概。相反,他在谈判中应该努力采取严肃务实的态度,给予苏联领导人以一个超级大国领导人应得到的尊重。但与此同时,总统必须清醒地意识到,是两国间不可调和的分歧使两国对立,而这种不可调和的分歧是无法通过两国领导人之间的个人外交来弥合的。

——不要假设首脑会晤只要开成功一次就会带来永久和平。成功的首脑会晤往往产生过分乐观的期望,产生欣快症。但是,不可能靠美苏两国领导人的一次会晤就改变整个世界,结束两国之间的争夺。欣快症是一种幻觉,它导致失望,使人优柔寡断。我们必须记住,首脑会晤中签署的任何条约都不会消除苏联侵略的威胁,至多只能减少那种威胁升级为武装冲突的可能性。

——不要在毫无准备的情况下参加匆忙举行的首脑会晤。接受参加

---

① 刘金质:《美国国家战略》,沈阳:辽宁人民出版社1997年版,第39页。

第二章 唯一的常青藤

毫无准备的首脑会晤的邀请，就等于接受走向外交灾难的邀请。莫斯科之所以靠这种会晤取胜，是因为它们可以利用新闻报道进行宣传，而无须作出任何实质性让步。美国匆忙举行首脑会晤的消息一公布就会引起人们期望取得成果，滋生不现实的希望。这种希望不可避免地不能成为现实时，就会产生不符合实际的忧虑和失望。这种首脑会晤在政治上可能会带来短期好处，但这种因一时冲动而举行的首脑会晤最终是搬起石头砸自己的脚。从长远来看，它破坏了美苏改善关系的前景。

——不要让军控问题占据首脑会议的整个日程。在首脑会晤中，总统必须对美苏关系中的所有问题给予适当注意。事实上，首脑会晤不应把军备控制问题放在首位，而应把美苏冲突的潜在爆发点放在首位。归根结底，不是武器，而是政治分歧，导致了武器的使用，进而引起战争。如果对这些政治分歧不给予持续不断的重视，就会使克里姆林宫得到一个错误的信息。在首脑会晤时，克里姆林宫领导人就会密切观察他的对手。我们对要谈问题的选择本身就是一个信号：我们谈论的问题是我们认为重要的问题；如果我们回避一个问题，他们就会以为我们在这个问题上将会听凭他们随心所欲。

——不要在有最后期限的情况下进行谈判。我们往往以4年为周期来制定外交政策，并希望在下次总统大选之前解决所有悬而未决的问题。因此，他急于求成，并可以明显地看出他对时钟的嘀嗒声感到关切。克里姆林宫领导人非常清楚地知道时间对美国总统的压力，而且有能力无情地利用这一点。因此，我们的最高领导人必须对希望达到的目标采取更加现实的态度。哪一位总统也不可能解决所有的问题，而且也不可能一劳永逸地解决一个问题。在首脑会晤中，如果条件不合适，我们应该高兴地在达不成交易的情况下结束会晤。任何总统在有最后期限的情况下进行谈判都将犯致命的错误。①

20世纪70年代，针对美国与苏联的贸易与军控谈判进入胶着状态，尼克松还亲自制定并总结了与苏联谈判的六项被称为"关键性"的策略，以促使谈

---

① 〔美〕理查德·尼克松：《1999年：不战而胜》，王观声等译，北京：世界知识出版社1989年版，第193—199页。

判取得实质性成果。这六项策略是:

第一,采取包抄行动。即从侧翼包抄,挫败莫斯科的立场。尼克松认为,在谈判之外所做的事情与在谈判中要做的事情同等重要。只有当美国采取的行动使苏联意识到,如果不同美国达成协议便会陷入更糟的境地时,他们才会同美国达成美国所希望达成的协议。

第二,坚持联系原则。尼克松说:"在我执政期间,我们将苏联人最为关心的禁止反弹道导弹系统的谈判与我们最为关心的限制进攻性战略武器系统的谈判联系起来。如果我们不坚持把这两者联系起来,我们绝不可能缔结第一阶限制战略武器条约。苏联可能会同意就反弹道导弹条约进行谈判,而在进攻性武器系统临时协议问题上进行拖延,这样就可以腾出手来加强核力量的建设。我们还把苏联重视的关于发展东西方贸易问题的谈判的进展与苏联在其他地区的行动挂钩。当克里姆林宫采取的行动威胁到我们的利益时,我们就放慢谈判速度;苏联人很快就明白了。他们尽管不喜欢,但他们的确会对此作出反应。世界事务本身是相互联系的。但是,要从'联系'中受益,美国必须实行这种策略。我们必须把美苏全面关系的改善与苏联在全世界各地的行动挂钩。"①

第三,利用经济优势。一方面,尼克松感到,单靠贸易不能实现和平,也不能阻止战争,"克里姆林宫是收买不了的";另一方面,尼克松又认为,在美苏谈判中,美国最大的王牌就是其经济实力,美国应该利用这一点。尼克松说:"最基本的一点是,经济关系永远不能代替威慑和竞争。但如果正确地处理经济关系,就能够加强威慑和竞争力。"②

第四,要坚忍不拔。尼克松同样总结道:"我们的外交官在与莫斯科打交道时常犯两个根本性的错误。一是,他们常常低估对手,看不起苏联人,认为他们笨拙、粗鲁、野蛮。然而,他们没有认识到,风格与能力是毫不相干的两回事。斯大林可能不像罗斯福那样有风度,但他在雅尔塔谈判中赢得了东欧。……二是,我们的外交官普遍有替苏联与自己进行谈判的倾向。这样

---

① 〔美〕理查德·尼克松:《1999年:不战而胜》,王观声等译,北京:世界知识出版社1989年版,第182页。
② 〔美〕理查德·尼克松:《1999年:不战而胜》,王观声等译,北京:世界知识出版社1989年版,第185页。

做简直愚蠢透顶。我们绝不能根据苏联是否会接受来修改我们的建议,而只能是根据按照我们的观点建议中的条件是否合乎需要来决定是否修改。""苏联的谈判代表堪称世界上最能干的谈判家,他们肯定会捍卫苏联的利益。在这方面,无须我们先作让步,来帮助他们维护他们的利益。""我们的根本方针必须是,在没有得到回报的情况下绝不让步。我们决不能让苏联人白坐车。"①

第五,说话要温和,行动要坚决。尼克松说:"外交上的男子气概可能会在国内得分,但在国外并不能起到有益的作用。苏联人精通讹诈术。玩扑克的人都知道,对他人进行讹诈的人一般都会识破对手进行的讹诈。与苏联人打交道的最好办法是说话温和,行动坚决。"②

第六,掌握不可预测性。尼克松说:"我们的外交官常常在尚未看到苏联的牌的时候,就先在桌子上摊开自己的牌。他们应该牢记与苏联人打交道的外交原则:以其人之道,还治其人之身。苏联人善于出其不意地采取行动,我们也应该像他们一样地不可预测。"③

尼克松执政时期注重讲究外交策略,也获得了许多最突出的外交成果。在他划时代地访问中国实现美中关系正常化、比较体面地从越南战争中脱身,并且首度同苏联达成第一份限制战略核武器条约后,美国历史学家阿瑟·施莱辛格对尼克松时期的外交作了这样的评价:"尼克松和基辛格这对奇特的搭档毕竟使美国外交政策甩掉了包袱,冲出了禁区,把全国的视线从意识形态转向了地缘政治,并且调整了美国政策以适应国际关系结构中发生的深刻变化。"④

美国在强化公开性外交的同时,在其对外征战中也还包括诸如渗透、颠覆、制造动乱、暗杀等等在内的所谓"秘密行动",以服务于国家总体战略。冷战一开始,美国的这种秘密行动就开始了。并且,冷战结束以后,这种秘密行动也仍未停止。只不过,碍于国际法和一般国际准则,也为了利于美国

---

① 〔美〕理查德·尼克松:《1999年:不战而胜》,王观声等译,北京:世界知识出版社1989年版,第187、189页。
② 〔美〕理查德·尼克松:《1999年:不战而胜》,王观声等译,北京:世界知识出版社1989年版,第189页。
③ 〔美〕理查德·尼克松:《1999年:不战而胜》,王观声等译,北京:世界知识出版社1989年版,第189页。
④ 刘金质:《美国国家战略》,沈阳:辽宁人民出版社1997年版,第77页。

政府摆脱责任，这些活动都是以极其隐秘的方式进行而已。

关于秘密行动的性质和活动界定，美国1948年6月出台的国家安全委员会文件明确："是由美国政府针对敌对的外国政府或团体，或者为支持友好的外国政府或团体而实施或支持的，但它们是如此计划和实施的，以至于在未经授权的人看来，美国政府在这些活动中的职责并不明显，而且，如果这些活动被发现的话，美国政府能够令人信服地否认对它们所负的任何责任。"①

关于秘密行动的类型，美国国家安全委员会文件明确："有宣传战；经济战；预防性的直接行动，包括破坏、毁灭和疏散措施；颠覆敌对政府，包括援助地下抵抗运动、游击队和流亡解放团体，在受到威胁的自由世界国家中支持本地的反共产主义分子。这些行动不应该包括由公认的军事力量进行的武装冲突、间谍、反间谍以及为军事作战而进行的掩护和伪装行动。"②

在20世纪50年代，艾森豪威尔政府对秘密行动进行了重新规范。

首先，进一步强调了它的重要性。指出："国家安全委员会认识到苏联、中共及由他们所支配的政府、政党和团体正在进行秘密的邪恶行动……为了世界和平与美国的国家安全利益，应该通过秘密行动来弥补美国政府公开性外交活动的不足。"③

其次，对进行秘密行动的组织机构作了调整。美国国家安全委员会明确："中情局一直由国家安全委员会管理，负责在国外开展谍报和反谍报行动。因此，出于行动的考虑，似乎比较理想的情况，不是建立一个新的秘密行动机构，而是根据国家安全委员会指令，将负责行动的职责置于中情局，将秘密行动与谍报、反谍报行动联系起来，由中情局局长完全掌控。"④

第三，对秘密行动的任务作了更明确的规定。主要为：（1）给国际共产主义制造、开发出一些棘手问题，削弱苏联与中共之间以及它们与其卫星国之间的关系，使得苏联、中共内部以及它们与其卫星国之间的控制能力复杂化，

---

① 周建明、王成至主编：《美国国家安全战略解密文献选编》第3册，北京：社会科学文献出版社2010年版，第1202页。
② 周建明、王成至主编：《美国国家安全战略解密文献选编》第3册，北京：社会科学文献出版社2010年版，第1202页。
③ 周建明、王成至主编：《美国国家安全战略解密文献选编》第3册，北京：社会科学文献出版社2010年版，第1227页。
④ 周建明、王成至主编：《美国国家安全战略解密文献选编》第3册，北京：社会科学文献出版社2010年版，第1227页。

延迟苏联阵营军事、经济潜力的增长；(2)诋毁国际共产主义的声誉和意识形态，削弱其政党和其他力量的实力；(3)防止一个政党或一些个人直接或间接地响应共产主义的控制，从而在一个自由世界的国家确立起主导性力量，为此对于这种威胁要进行对抗；(4)削弱国际共产主义对世界任何地区的控制；(5)加强自由世界人民、国家对美国的向心力，无论在何处只要可能，就要强化这些人民、国家与美国的利益关系，以及增强这些人民、国家抵制国际共产主义的能力和意愿；(6)对受国际共产主义支配或威胁的地区，只要具备可行度，就要发展秘密性抵抗运动和秘密的游击行动，确保战争发生时能够利用这些力量。①

在20世纪60年代，美国实施秘密行动的频率是最高的。仅在肯尼迪、约翰逊任期内，经由美国政府批准实施的秘密行动就达305项之多。

20世纪60年代末尼克松执政后，对秘密行动仍然没有放松。尼克松说："我确信，对美国的防御和安全及其对世界和平的努力而言，继续以秘密行动的实施来补充美国政府的公开外交活动是必不可少的。"②"如果没有这种能力，我们将无法保护美国的重要利益。如果美国不把秘密行动看成实现外交政策的一种手段，那将会犯致命的错误。"③

三　美国战略的盾

美国人向来是看重实力、迷信实力、崇拜实力的。在他们看来，16世纪控制世界的葡萄牙、西班牙，其权力资源为黄金、殖民地贸易、雇佣军和王朝统治；17世纪控制世界的荷兰，其权力资源主要是商品贸易、资本市场和强大的海军；18世纪控制世界的法国，其权力资源主要是众多的人口、军队

---

① 周建明、王成至主编：《美国国家安全战略解密文献选编》第3册，北京：社会科学文献出版社2010年版，第1228页。
② 周建明、王成至主编：《美国国家安全战略解密文献选编》第3册，北京：社会科学文献出版社2010年版，第1227页。
③ [美]理查德·尼克松：《1999年：不战而胜》，王观声等译，北京：世界知识出版社1989年版，第105页。

的战斗力、乡村工业、公共管理和法国的文化；19世纪控制世界的英国，其权力资源主要是工业、金融、海军、自由准则和政治融合。而20世纪的美国，其权力资源则主要是经济规模、科技地位、军事实力与盟国、普世的价值观，以及文化等软实力。

总体而言，美国的这些看法是有道理的。在美国的历史上，它们扩张领土靠的是实力，海外征战靠的是实力，冷战争霸靠的是实力，输出价值观也同样靠的是实力。可以说，实力构成了美国全部战略的基础。

庞大的经济

经济虽然不是美国战略的单一主题因素，但却在美国战略的形成和实施中起到关键作用。在20世纪，人们对于美国在这样三个历史节点上的超级经济地位是不能够忘记的。

一个是，在第一次世界大战前，美国的工业生产总值已经达到240亿美元，占当时世界工业总产值的三分之一，超过英、法、德、日四国工业产量的总和。正是凭借这一世界地位，时任总统威尔逊携着他的"十四点计划"远赴欧洲进行战后调停时，才受到"人间上帝"般的欢迎。

其次是，第二次世界大战结束时，美国的经济总量占世界经济总量的比重已经达到了顶峰——60%。虽然经济学家们认为，这种按国民生产总值的计算只是基本符合实际情况，但是，美国这时所取得的成就却是自英国工业革命以来的世界近代史上绝无前例的。所以《财富》杂志认为，美国从那时起即"进入了世界历史上最令人惊奇的时代"。

第三个重要的时间节点是20世纪结束时。就在另一个超级大国苏联崩溃、日本和欧洲的经济都处于涨滞乏力之时，美国却出现了历史上少见的被称为"大放异彩"的十年发展期。截至2001年2月，美国的经济已持续增长118个月，成为自1854年以来美国经济史上32个增长周期中持续时间最长的一次。短短十年间，美国的GDP在世界的份额一路攀升，比重从1990年的24.2%提高到2000年的33%。2000年时，美国GDP的规模几乎相当于紧随其后的日本、德国、法国三国的总和，相当于中国GDP的8倍，俄罗斯GDP的20倍。所以，时任美国总统克林顿在2000年的国情咨文中自豪地宣称：

"我们国家从来没有过如此大的繁荣和社会进步。"①

进入21世纪后,有一种声音认为,美国衰退了。其最有力的证明就是,2008年的全球经济危机既是从美国最先开始的,同时也是因为美国所造成的。甚至还有一种观点,把美国的衰退与中国联系起来,认为是中国的崛起而凸显了美国的衰退。然而,就在2008年经济危机发生一年后在英国伦敦召开首届G20峰会时,不仅美国的经济总量仍然高居榜首,超过随后五国经济总量的总和;而且,在G20国家中的人均GDP排序,美国也同样高居榜首,高达45594美元。而中国此时的人均GDP,在G20国家中的排序为第17名,在全球国家中的排序为第104名,仅有2460美元。更有分析家在美国《纽约时报》2008年8月19日发表的文章中指出:有人说中国将追上美国,但简单的理由就可以说明这不可能很快实现。对一个经济上欠发达的大国来说,要想在人均收入上追上世界头号大国往往需要很长时间,甚至100多年。即使假定两国都保持现在各自的增长率向前发展,到2100年,扣除物价因素后中国人均GDP将不超过4万美元,而美国几乎达到65万美元。如果到2100年,中国人口还像现在一样是美国的4倍,那中国的人均GDP将不可能追上美国的人均GDP。所以,不管从绝对意义上还是从相对意义上来看,中国在GDP上都不可能很快超过美国。也许会出现一个中国的世纪,但这会发生在22世纪,而不是21世纪。也正是因为这样一些原因,所以时任世界银行行长佐利克说:"在伦敦、华盛顿和巴黎,人们谈论的是要不要发奖金。在非洲、南亚和拉美部分地区,人们是在为有没有饭吃而斗。"②

可以肯定地说,美国在新世纪的头十年经济增长速度虽然放缓,美元的国际地位虽然有所下降,美国虽然是世界上最大的财政赤字国、贸易赤字国、对外债务国,但是,美国的综合国力和经济实力仍然高居全球榜首。美国经济的全球霸主地位,在一个相当长时期内都没有任何一个国家能够撼动。

诺贝尔经济学奖获得者哈耶克曾就一个国家的经济实力与政治权力之间的关系讲过一席话,他说:"不论是谁,一旦掌握了全部经济活动的控制权,也就掌握了我们生存的命脉,从而就有力量决定我们所追求的其他方面的价

---

① 肖德甫:《美国崛起沉思录》,北京:中国华侨出版社2008年版,第15页。
② 新华社《环球》杂志,2009年第8期,第19页。

值以及替我们安排这些价值的优先顺序。"①

这一结论也许过于简单和武断,但就美国经济在美国战略中的地位和作用来看,还是很有道理的。

强大的军事优势

美国的军事优势在美国战略中的重要地位和作用是无须赘言的。

1946年3月,在美军参谋长联席会议的一份文件中就明确提出了确保美国绝对军事安全的目标。文中称:"在未来,如果侵略者要摧毁世界和平,地理位置或盟友都不能使一个国家免于突然而致命的袭击。鉴于此,美国外交政策的决断应该始终考虑到用武力支持我们政策的即时行动的能力,而不是考虑长期的潜力,为动员国家资源所需的时间可能来不及避免另一场战争的灾难。归根结底,世界安全的唯一最重要的军事因素是美国的绝对军事安全。"②

在冷战中,尼克松特别强调军事优势和军力运用的重要性。他说:"没有军事实力,没有决心在重要的冲突中果断地有选择地使用军事实力的决心,我们在与苏联的竞争中就将不战自败。"③

冷战结束后,时任国家安全事务助理安东尼·莱克在1996年3月的一次演讲中仍然强调:"请允许我援引一条基本的和不朽的原则:为了捍卫国家利益,我们将时刻准备使用武力。除非人性发生了变化,否则实力与武力将永远是国际关系中的核心。"④

进入21世纪后,美国在新世纪出炉的首份《国家安全战略报告》也同样宣称:"现在正是重申军事实力的核心作用之时。"⑤时任总统小布什则在美国国

---

① 谢韬等编:《帝国残梦》,北京:中国友谊出版公司2006年版,第10页。
② 周建明、王成至主编:《美国国家安全战略解密文献选编》第1册,北京:社会科学文献出版社2010年版,第25页。
③ 〔美〕理查德·尼克松:《1999年:不战而胜》,王观声等译,北京:世界知识出版社1989年版,第102页。
④ 〔美〕理查德·哈斯:《新干涉主义》,殷雄、徐静译,北京:新华出版社2000年版,第241页。
⑤ 黄柏富主编:《"9·11"事件后美国国家安全战略文件选编》上册,北京:军事译文出版社2002年版,第2页。

会一再重申:"我的预算要求国防开支得到20年来最大幅度的增长。这是因为,尽管自由和安全的代价高昂,但是再高也是值得的。为了捍卫我们的国家,无论花多少代价,我们都将承担。"[1]

为了确保美国武装力量能够有效履行其历史使命,美国在冷战结束后的国防预算不降反升。据瑞典斯德哥尔摩国际和平研究所公布的数据,从1998年至2006年,美国的国防开支都占到全球国防开支的50%左右,高居世界首位。据美国官方公布的数据,2000年时,美国的军费总额为3041.4亿美元。此后连续6年递增,到2006年时达到5598.4亿美元。在这期间,美国的军费开支都超过紧随其后9个或10个国家军费开支的总和。其中,2002年的开支比第2位至第15位国家的军费开支总和还多出300亿美元。在世界军人人均军费占比中,美国同样是高居榜首的。世界上除极少数经济实力强大和安全形势严峻的国家,军人人均国防费超过10万美元以外,一般国家的军人人均国防费都在2万~10万美元之间;而美国,2000年,军人人均国防费即为21万美元,到2006年则更是高达39.3万美元。这是任何一个大国所不及的。

除了有庞大的国防预算作保障外,美国军事优势的强大还尤其体现在武器技术装备的性能先进上。

如今,总兵力为48.6万人的美国海军,是世界上最庞大最强大的一支海上力量。共拥有281艘舰艇,其中包括13艘航空母舰、58艘核动力攻击潜艇、14艘核动力弹道导弹潜艇、115艘水面作战舰艇。即便如此,近年来美国海军还在加快未来武器装备及信息系统的更新换代步伐,不断提升远程打击能力,着力打造一支21世纪的"海上无敌舰队"。

总兵力为55万人的美国空军,拥有各种型号的飞机9360架,其中战略轰炸机635架,已经具备"全球警戒、全球抵达、全球打击"的能力。为了进一步升级其作战系统,现正在实施大规模的持久的转型计划。其主要内容之一,是重点发展以隐身技术、远程精确打击技术和信息技术为核心的武器技术装备,以增强其全球反应、核反应和航天攻击能力。

总兵力为56万人的美国陆军,正重点致力于具备同时迅速击败两个侵略者、对若干重要的战区实施威慑,并保留进行一场大规模反击以占领一个侵

---

[1] 黄柏富主编:《"9·11"事件后美国国家安全战略文件选编》上册,北京:军事译文出版社2002年版,第142页。

略者首都并改变其政权的能力。为此,其陆军已放弃主导了美国防务计划近半个世纪的"基于威胁"的旧战略,而采用"基于能力"的新战略,突出强调发展应付多重威胁的能力。

而更令世界瞩目的,是其强大的战略打击力量和庞大的核武库。这既是美国维护其国家安全的基石,也是其推进全球战略的基本力量。虽然冷战后美国对战略打击力量的理解已经从单纯的核力量转变到了包括常规力量在内的洲际远程打击力量,但是其核心仍然还是战略核力量。从其系统构成上看,除了传统的陆、海、空基战略核武器及运载工具外,现还包括正在发展的常规洲际弹道导弹和太空常规打击系统。从装配的核弹头数目来看,美国现役核弹头数有 4896 枚,其中战略性的有 4216 枚。世界上唯一能与美国比肩的是俄罗斯,其核弹头数有 7360 枚,其中战略性的有 3980 枚。

此外,美国还在海外保持了强大的军事存在。其中,在欧洲和亚洲常年驻军都达到 10 万人左右,可以随时应付各种突然来临的挑战。

为了永续在世界上的军事领先优势,不断开发各种新型武器技术装备在美国已是常态。他们认为,在战争信息化的今天,谁掌握了制天权,就等于掌握了制空权、制海权、制陆权,战争的主动权也就会掌握在自己手里。为此,美国正在加紧太空武器系统的研发,计划到 2032 年将至少在太空部署 3 艘核动力"航天母舰"。在这种巨大的宇宙飞船上,将配有火箭、导弹、核弹头、激光炮和定向能武器,并可起降航天飞机。与此同时,一大批新概念武器,如激光武器、微波武器、粒子束武器、动能武器等,也正加速成型,加快转入实战运用。

先进的科学技术

还是在 1945 年初,美国科学研究发展局就向时任美国总统罗斯福提交了一份报告——《科学:无尽的前沿》,呼吁政府大幅度提高科学研究经费。美国科学研究发展局在这份报告中写道:"应该把科学放在国家事业的中心地位,建立一套依靠国家扶持科技、利用科技创造财富的机制。政府必须承担起促进新知识创造和培养年轻一代科学才能的责任。"罗斯福总统当年 4 月去世后,继任总统杜鲁门以这份报告为基础,迅速向国会递交了《战后复兴计划》，要求加大科学研究方面的投入。杜鲁门说："没有一个国家可以在当今世界上维持领先地位，除非它充分开发了它的科学技术资源。"①

这是美国第一次把发展科学技术放在这样的战略高度来考虑。此后美国也从未放弃过这一努力。从1940年到1990年，美国的科研经费增长4000倍。自20世纪60年代初开始，美国政府用于科学研究和开发的经费投入，在国民生产总值中的占比就一直保持在2%以上。其绝对值也节节攀高，在1980年达到300亿美元，1990年达到615亿美元。而到2000年时更是达到2640亿美元，占到世界科学研究发展经费总开支的45%。

正是由于美国把发展科学技术放在了国家发展的战略位置，所以在20世纪给人们带来了一个个惊喜。

1903年，莱特兄弟把飞机送上了天，为人们进行洲际旅行提供了可能；

1908年，福特发明了一种既实用同时又能向大众普及的汽车，从此改变了人们的生活方式；

1942年，费米和他的搭档西拉德发明出一种核反应堆，使原子能成为迄今为止人类所能够控制的最大能量；

1943年，第一台"可编程"计算机在哈佛大学的问世，1946年第一台通用计算机的诞生，使"人脑"之外有了"电脑"；

1969年，"阿波罗11号"登月成功，实现了人类在星际间行走；

1977年，被命名为"不屈不挠"的医学仪器核磁共振成像技术发明成功，为人类作出巨大的医学贡献；

20世纪80年代，随着计算机网络技术的发明和广泛运用，又使人类从美国开始，从此步入了信息时代。

与此同时，美国的原子能技术、宇航技术、电子计算机技术等，还带动了一系列产业的诞生和发展，不仅为美国也为全球创造出了无比巨大的财富。

在今天，美国已经拥有世界上最先进最发达的科技水平，拥有世界上最优秀最杰出的科学家和技术人才。至2004年底，在诺贝尔奖诞生以来共产生的672名得主中，美国就有284名，占总数的42%。而作为科学技术源泉和摇篮的教育体系，美国同样完善和发达。在世界排名前20位的研究型大学

---

① 中央电视台《大国崛起》节目组编：《大国崛起·美国》，北京：中国民主法制出版社2006年版，第236页。

中，美国就占有17个。确实，美国的科技实力和科技潜力，令世界折服。

隐形霸权——软实力

这是美国战略中一张看不见的盾牌。

按照美国哈佛大学肯尼迪政府学院前院长、教授约瑟夫·奈的观点，一个国家的影响力，不仅依靠其经济、科技、军事、自然资源等硬实力，还尤其来自于一个国家以其政治价值、政治制度、政治文化为核心内容而构成的软实力。

约瑟夫·奈在2000年发表的一篇文章中指出："美国软实力的一个源泉是其价值观念，在某种程度上美国被认为是自由、人权和民主的灯塔，而其他国家则纷纷效仿；软实力的另一个源泉是文化输出、电影、电视节目、艺术和学术著作，以及因特网上的材料；软实力也通过国际组织例如国际货币基金组织、北约或美洲人权委员会等发挥作用，它们在一定程度上为其他国家提供了多样化的、与美国利益相一致的选择，这些国际组织巩固了美国的软权力。"[1]

约瑟夫·奈在他出版的《注定领导世界：美国权力性质的变迁》一书中还写道："不管我们做什么，美国的大众文化都具有全球影响。好莱坞、有线电视网和互联网的影响无所不在。美国的电影和电视节目宣传自由、个人主义和变革。笼统地说，美国文化的全球影响力有助于增强我们的软实力，即我们的文化和意识形态的号召力。"[2]

美国前国家安全事务助理布热津斯基在20世纪90年代出版的《大失控与大混乱》一书中也曾就美国的软实力发表评论称："目前，外国模仿美国已成为全世界的现象。这不仅是一个文化时尚、社会风气或消费方式的问题。它本身还说明是一个政治问题，无论从严肃认真的角度看和从细枝末节方面看都是如此。"[3]

---

[1] 《美国研究》，2005年第1期，第24—25页。
[2] 《美国研究》，2005年第1期，第23页。
[3] 〔美〕兹比格涅夫·布热津斯基：《大失控与大混乱》，潘嘉玢、刘瑞祥译，北京：中国社会科学出版社1994年版，第107页。

第二章 唯一的常青藤

应当看到，约瑟夫·奈和布热津斯基的这些见解还是比较客观的。第二次世界大战结束以来的一些世界现象已经说明，这种被称为"软实力"的隐形权力，确实已经构成了美国战略中一张虽然无形却又坚固的盾牌。这集中体现在以下五个方面。

一是，依靠这种软实力，美国获得了一种塑造国际规则的能力。从1944年7月以经济为主要目的的《布雷顿森林协议》的签署、1945年10月以和平和安全为目的的联合国等国际组织机构的建立，到1947年10月再次以经济为主要目的的《关税及贸易总协定》的签订，都无不投射出美国居间调停和主导的影子。事实上，在二战结束后的一段相当长时间内，当美国需要寻求国际合作时，都总是能够创造出一种秩序，运用适当的机制就可以把世界联系在一起。对于这一点，担任过德国副总理和外交部长的约施卡·费舍尔曾经讲过这样一段话："联合国、北约、世界货币组织和世界银行、国际法和国际刑法，甚至今天自由和一体的欧洲，都是美国外交政策的至高无上的成就。它们记载了美国的强权被用来推动世界秩序的历史时刻，虽然同时也是美国有效和可持续地获取其自身利益的时刻"。[1] 应该说，费舍尔的这段话对美国在二战结束后的一些年所曾拥有的世界影响力，还是一个比较恰当的说明。

二是，依靠这种软实力，美国的政治价值和制度获得了世界众多国家的认同和追捧。第二次世界大战结束以后，美国的民主共和政体、总统制、政党制，以及《独立宣言》中的民主自由价值，都曾对世界上许多国家反对封建专制制度、争取民主自由权利起到巨大鼓舞和推动作用，并被许多国家所效仿。世界上也有100多个国家的宪法是以美国的宪法为蓝本而制定的。这其中虽然有美国输出其价值观和进行制度移植的成分，但主动选择者也不在少数。

三是，依靠这种软实力，美国成了全球移民最向往的国家之一。从历史上看，美国就是一个移民国家；而20世纪全球各个种群、族群大量移民的源源不断涌入，则更成为美国社会活力和发展动力的不竭源泉。综合美国官方发布和美国学者研究提供的数据，在美国历史上曾经有过三次比较大的移民潮。第一次是1820年至1880年，平均每年约有80万移民来到美国。第二次

---

[1] 《人民日报社·台港澳报刊参阅》，2007年第4期，第17页。

是 1900 年至 1920 年间，有 880 万人分别从全世界 40 多个国家迁移到美国。第三次是 20 世纪 60 年代末到 90 年代，又有 560 万人移民到美国。而在这庞大的移民队伍中，由于美国移民政策的选择性，大多数人又是已经具备一定劳动技能的青壮年，而且，他们之中还不乏众多已经在母国完成高等教育的高端人才。这样的人力资源优势，是世界上任何一个国家都不及的。

四是，依靠这种软实力，全球许多地区的生活方式越来越美国化。特别是，在 20 世纪 90 年代初苏联解体后，美国文化形成了一股强大的力量向世界各地辐射。在非洲的喀麦隆，有模仿美国音乐的歌手，随处可见好莱坞大片的宣传画。在北京的地铁，有人手拿好莱坞的电影光盘叫卖。可口可乐、麦当劳、迪斯尼、好莱坞、CNN、NBA 等等美国的符号，一时风行全球。种种迹象表明，美国文化已成为不折不扣的"强势文化"，对地球上几乎所有的国家都在进行着单向输出。人们越来越看到，美国已经是一种世界现象——美国现象。无论你承认它、否定它、喜欢它、反感它、赞美它、诅咒它，它都无处不在无时不有，似乎在催着人逼着人身不由己地接受它，跟着它跑。

五是，依靠这种软实力，美国在全球建立起了强大的联盟体系。二战后的国际政治现实表明，美国不仅具有相当的全球外交倡导力，不仅对联合国拥有相当的控制力，而且通过广泛的结盟，把世界上绝大多数发达国家和次发达国家或囊括在庞大的国家集团中，或归结在地区组织中，或与其结成特殊盟友，从而在事实上既强化了以自己的意志为主左右大多数世界事务、地区事务的能力，又进一步减轻了自己在采取单边行动时所面临的外部压力。人们不难看到的是，美国每次在发动战争时，都总会有不变的两条，一要争取联合国的授权，以便在道德上占有主动；二要争取尽可能多的盟国参加，以壮大自己的力量。朝鲜战争、越南战争、三次海湾战争、科索沃战争以及 21 世纪的阿富汗战争、伊拉克战争等等，莫不如此。

与此同时，在 20 世纪还出现了与以往相悖的一大战略现象，即：美国异军突起并坐大后，世界上还从未出现过实质性的反美联盟，甚至连这样的战略意愿也不曾有一个国家明显地持有过。是慑于美国的淫威吗？是基于世界历史上迄今为止还没有任何一个新兴大国以联盟方式挑战现成大国而成功的纪录吗？是现实世界战略格局中力量过于悬殊，即使形成联盟力量挑战美国其前景也不可预测、其代价也不可承受吗？如此这些问题的答案，也可能从美国的世界地位、美国的国家战略以及美国国家战略的运用中能够得出一部分；但是，有一个基本点却又是不能忽视的，这就是，美国的软实力事实上对世界上的大多数国家是具有其特有的吸引力和影响力的。

四　美国战略的巧

在奥巴马总统第一任期内出任国务卿期间，希拉里提出了美国在外交活动中将更多地运用"巧实力"。此语意味着美国要在国际事务中追求外交、经济、军事、政治、技术和文化工具的最佳组合，以实现美国用最小的代价来获取最大的国家利益这一战略目标。

希拉里这一外交政策宣示的根据，来自于软实力概念提出者约瑟夫·奈的这样一个观点："如果一个国家可以塑造国际规则，使之与自己的利益和价值观念相吻合，其行为就更可能在他人看来具有合法性。如果它可以使用和遵循那些能够引导和限制它国自愿行为的制度和规则的话，那么它就没有必要使用代价高昂的胡萝卜与大棒。"[1]

不过，从美国整个20世纪对外交往的实践来看，希拉里所提出的这一"巧"还并不是美国战略全部的"巧"。在更多的时候，美国战略的"巧"还主要体现在隐忍以待时、胡萝卜加大棒、防范与借重并重、遏制与接触相结合等等这样一些基本策略方面；并且因此为美国国家利益斩获不少。

隐忍待时，巧捉机遇

德意志帝国铁血首相俾斯麦对于捕捉战略机遇曾说过这样一段话："当我们尚未听到上帝在历史中的脚步声时，就只能耐心等待，但一听到之后，就应马上跳起来尝试着抓住他的袍角。"[2]

在20世纪，美国像俾斯麦所说的那样捕捉重大历史机遇最成功的，还是

---

[1] 《美国研究》，2005年第1期，第24页。
[2] 钮先钟：《西方战略思想史》，桂林：广西师范大学出版社2003年版，第348页。

属在两次世界大战期间。

第一次世界大战爆发后,美国虽已在世界头号经济大国的位置上坐了十多年,但仍然奉行中立政策。大多数美国人也不理解,为什么一起皇室刺杀事件会引起如此多的国家大动干戈。虽然美国的战略家们很清楚大战的真正原因,并看到了国家面临的重大机遇,但时任总统威尔逊仍然颁布了《中立宣言》。在大战爆发后的两年多时间里,美国政府也竭力表现出不偏不倚的姿态。

第二次世界大战爆发后,美国全社会仍然沉浸在一种浓烈的和平主义氛围中,认为美国应该专注本土和西半球的事务,而不是世界其他地区。这时的一项民意调查还显示,仅有10%的美国人主张参战。由此,美国政府决定再次坐山观虎斗,待时机成熟后再作打算。所以时任总统罗斯福宣布:"我国将继续是一个中立国家。……我希望美国将置身于这场战争之外。"①

但是,美国宣布保持中立并不等于不作为,而是基于一种利益考量和一种战略运用。更确切地说,是在等待一个足以加入战争并因此而获得最重大战略利益的最佳时机。美国的政治精英们其实早就有一种共识:"与其在水的这边防御,不如积极地穿过大洋到彼岸去活动。"②

在第一次世界大战前,美国所担心所防范的,主要是德国在欧洲大陆称霸。如果德国在欧洲大陆得势,美国认为,它就可能动用全欧的力量与美国抗衡,美国在西半球的地位也将不保。同时,作为新崛起的世界第一大经济强国,美国这时与欧洲两大对立集团之间也都存在矛盾,并不希望看到哪一方大获全胜。对于美国来说,最好是它们两败俱伤,这就会给美国带来更大的世界性机遇。就在这次战争爆发之初,美国驻英国大使沃尔特·佩奇还曾写信给总统顾问爱德华·豪斯,称:"几乎所有的国家都将破产……而10年以后,整个世界的前途将会握在我们手中。"③正是基于这样的看法和立场,所以威尔逊政府一边信誓旦旦地宣称要严守中立、不偏不倚,一边却又暗中掂量何时参战、以何种方式参战,以及支持哪一方可以获致最大的利益。

第二次世界大战爆发后的前两年美国之所以持中立态度,同样是基于国

---

① 姚有志、阎启英主编:《大国雄魂》,北京:解放军出版社2011年版,第61页。
② 丁一凡:《美国批判:自由帝国扩张的悖论》,北京:北京大学出版社2006年版,第18页。
③ 姚有志、阎启英主编:《大国雄魂》,北京:解放军出版社2011年版,第56页。

家利益最大化的盘算。在亚洲，美国之所以避免卷入中日冲突，一是认为日本的侵略行径不会使美国蒙受多大损失；二是想让在华利益较多的英、法两国承担因干涉中日战争可能带来的战争风险；三是想让日本背上中国问题的包袱，直到它背不动这个包袱为止。在欧洲，美国之所以采取中立政策，其要旨在推动和利用德、英、法、苏等欧洲大国的矛盾，并让这些矛盾在欧洲的范围内发展，以便以后在有利于美国时再相机解决。所以，当纳粹德国向苏联发起进攻一个星期后，时任美国副总统杜鲁门即对《纽约时报》发表谈话说："如果我们看到德国正在胜利，我们就该帮助俄国。如果我们看到俄国正在胜利，我们就该帮助德国。无论谁占上风，我们都该让他们互相杀戮。"①基辛格在其《大外交》一书中对这时的总统罗斯福也曾有过这样的记述："罗斯福在耐心沉着地达成他的目标，在每个阶段一步步教导人民他们所需面对的问题。大众对于他的呼吁，根据自己的观念来加以筛选。虽然他们知道到最后冲突在所难免，却不一定了解他最终的目的是战争。"②这时的美国，是一心等待欧洲列强都消耗殆尽时，再乘虚而入，使自己成为当然的主宰与救星。

主意打定之后，就是寻找机会了，并且机会还是可以制造的。

1915年5月7日，德国的潜艇炸沉了英国轮船"卢西塔尼亚"号，使包括128名美国人在内的1200人遇难。虽然美国舆论大哗，但美国政府认为此时参战火候还不到。而待到战争发展到1917年春，当欧洲列强在一战中已经筋疲力尽、同盟国与协约国两大集团都无以为继；同时，1917年3月美国又有几艘商船连续被德国潜艇击沉时，美国才认为时机成熟了，可以出动了。于是，美国政府便发布消息说，已从德国外交部得到情报，德国正在与日本及墨西哥商谈，准备当美国决心参战时，即动员日本与墨西哥共同对美宣战；德国给墨西哥的允诺是，如果战争胜利，墨西哥就可以收回被美国吞并的得克萨斯、新墨西哥及亚利桑那等地。闻此消息，美国社会上上下下再也坐不住了，认为与其到那时再被动挨打，不如现在就积极进攻。乘此良机，时任总统威尔逊于1917年4月2日请求国会召开紧急会议，批准了对德宣战。终于，在第一次世界大战接近尾声时，美国将100万大军投入了欧洲战场。此时，威尔逊还搪塞说："不是我们要选择进入世界政治，而是因为我们人民的

---

① 丁一凡：《美国批判：自由帝国扩张的悖论》，北京：北京大学出版社2006年版，第19页。
② 〔美〕亨利·基辛格：《大外交》，顾淑馨、林添贵译，海口：海南出版社1998年版，第367页。

天赋才能、我国实力的成长，我们已经成为人类历史的决定因素了。而在你成为决定因素的时候，不管你愿意不愿意，你就不能保持孤立了。"[1]一战胜利后，为了确保美国战后的主导地位，威尔逊又亲率包括1300多名专家在内的庞大美国代表团参加巴黎和会，成为美国历史上第一个肩负外交使命而远渡重洋的总统。

在正式加入第二次世界大战之前，美国同样有不少政府行为加快了美国参战的进程。时任总统罗斯福一直相信美国不可能长期置身事外，因此力求在中立的框架下有所作为。1941年3月，在他的推动下，美国国会通过了《租借法》，使美国可以以租借贷款形式向一些被认为对美国国家安全具有重要意义的国家提供武器、军用物资和粮食等。这标志着美国向战争跨出了重要一步。与此同时，美国还以为运送租借物资的船只提供护航为理由，把太平洋舰队四分之一的兵力秘密调到了大西洋。1941年6月，美国又宣布冻结德国、意大利在美国的所有资产。这一举动彻底激怒了德国。由此，在1941年九十月间，连续发生了数起德国潜艇袭击美国舰船的事件。此时，美国与德国实际上已处于不宣而战的状态。

在亚洲，鉴于日本与德国和意大利签订了《军事同盟条约》，德苏战争爆发后日本又南下入侵印支南部，使美国利益受到了直接威胁，罗斯福遂下令冻结日本在美国的资产，并对日本实行除大米和棉花以外的全面禁运。由此，美日矛盾急剧恶化。1941年12月7日，日本偷袭珍珠港成功，造成美国海军3784名官兵死伤、14艘舰艇被炸沉或受到重创，并损失231架飞机。这一事件在美国激起了强烈的反日情绪和参战热情，中立政策在一夜之间消失得无影无踪。总统罗斯福在国会发表慷慨激昂的演说："我们准备用我们所拥有的一切来投入这场战争。"[2]美国参议院随即以82票对0票、众议院以388票对1票通过了罗斯福的宣战要求。终于，美国正式加入二战了。

美国参加这两次世界大战，每一次都实现了自己所预期的国家目标——一战使欧洲列强满身疮痍，而美国却成了世界上一支崭新的力量；二战摧毁了欧洲列强和亚洲新强赖以称雄的基础，而美国却成了世界第一强国，并开始了它的巅峰时期。无疑，美国的成功来自其正确的战略选择，而其中对于

---

[1] 姚有志、阎启英主编：《大国雄魂》，北京：解放军出版社2011年版，第58页。
[2] 姚有志、阎启英主编：《大国雄魂》，北京：解放军出版社2011年版，第63页。

战略机遇的正确把握和对于战略时机的正确选择,则尤其是值得称道的。

精心布局,一石三鸟

1947年6月5日,在哈佛大学举行的一次校友集会上,美国国务卿乔治·马歇尔被授予荣誉学位,并随即发表了演说。这次演说虽然没有超过15分钟,但他却提出了一项大规模帮助欧洲恢复战争创伤的计划。

马歇尔说,由于欧洲的经济困难,它所需要的进口量远远超过它的支付能力,如果没有大量额外援助,它们就会"面临性质非常严重的经济、社会与政治变化"。因此,美国应尽其所能帮助世界恢复正常的经济状态,"使自由制度赖以存在的政治和社会条件能够出现"。他说,美国的援助将是一揽子式的,而不是零星付给,美国愿意同任何政府合作,以协助完成恢复工作。马歇尔强调,为了使美国的行动能收到应有的效果,欧洲必须首先提出倡议,然后美国在可能的范围内对这项欧洲计划"给予友好的协助"。①

看起来,这一后来被称为"马歇尔计划"的欧洲援助计划,似乎是马歇尔在不经意间讲出来的,并且是在具有相当私人色彩的场所所讲的。但是,这其实是一个事先经过精心策划和布局的妙招。从根本上讲,它从一开始就不只是一项经济援助计划,而且还是一项政治计划、战略计划。

第二次世界大战结束后,饱经战火的西欧满目疮痍,疲惫不堪。1946年底又遇百年罕见的严冬,粮食、燃料严重匮乏。法国居民每日口粮只有半磅面包。过去以"不夜城"著称的巴黎现在路灯只开一半,而且光线微弱。英国居民用煤配额减少一半,比战争时期还低,连战争时期也不需要定额配给的粮食现都凭卡购买。1948年春,英国继几次暴风雪后又遇洪水泛滥,工厂有一半停工,煤矿完全停产。意大利的生产只有战前的一半,而货币流通量却超过13倍。其铁路货车上挤满了无家可归而到处寻找出路的退伍兵。德国的情况更糟。其城市几乎一片废墟,物价飞涨,黑市猖獗,香烟成了流通的交换单位。不少居民靠占领军发放的菜汤度日,柏林西占区的工人一天清除瓦砾的劳动所得还不够买一支香烟,占领军的一块巧克力糖就能换取"廉价的爱

---

① 陶德言主编:《20世纪纵览》,杭州:浙江人民出版社1996年版,第384页。

情"。种种迹象表明，民众处于饥寒交迫之中，笼罩在西欧国家头上的是一片绝望。

而更严重的问题还在于，严重的经济困难造成严重的社会问题，民众日益不满，政局越来越动荡不安。西欧各主要国家的工人运动蓬勃发展，共产党人数比战前增加了8倍。法国共产党在大选中得票占四分之一，成为第一大党。意大利共产党在大选中得票三分之一，位居全国第三。西欧各国不分战胜国、战败国，都面临着同一类问题：如何挽救不稳定的政权和资本主义制度，如何避免或防止人民革命运动与共产主义政权的出现。总之，整个西欧国家都处于经济和政治的双重危机之中。

另一方面，大洋彼岸的美国在二战后也面临一个记忆犹新的问题，这就是一战后，美国曾遇到过无法安排就业和生产过剩等一连串难题。现在二战结束了，美国对于战时急剧膨胀起来的过剩的生产能力向何处去，必须有所安排。美国政府认为，西欧是美国的传统市场，如今一贫如洗，无力进口美国的粮食和工业品，美国出口锐减，必然会影响国内经济。说不定，今天席卷西欧的经济危机，明天就会殃及美国，导致经济萧条。而如果这种情况出现，就又会给正在易北河以东耐心等待、静观西欧局势恶化的苏联以可乘之机。如果美国不能尽快改变西欧的不稳定状况，有朝一日，苏联就会里应外合地把西欧纳入苏联体制。脆弱的西欧，加上强大的苏联，会造成整个欧洲"共产主义化"。这种局面将是美国难以接受的，将会给美国带来最大的安全威胁。

此情此景对早就想涉足世界的美国来说，既是挑战，又是机遇。美国认为，在西欧这个资本主义的关键地区，遏制苏联的最好办法是"面包和投票，而不是子弹"，"应该恢复西欧的健康和元气，使他们坚强起来，才能铲除共产主义得以扎根成长的土地"。而对欧洲在财政经济上施以援助，则能在这样三个大的方面收到成效：一是，既能在西欧增强与苏联的抗衡力量，又能为自己迅速膨胀的经济开拓市场，解决生产过剩问题；二是，既能使西欧的资本主义制度转危为安，又符合自己将盟国拴在一起，将其纳入自己全球战略轨道的愿望；三是，既能有效地阻止共产主义势力在欧洲的增长，又能少冒与苏联发生直接对抗的风险。所以，对于美国来说，这种办法是风险最小、花钱最少、得到最多、效果最好的最佳选择。于是，马歇尔计划就应运出笼了。

为了不致引起美国公众对突然宣布再开支一笔新的援外巨款接受不了，美国国务院为此煞费苦心作了一番筹划，对国内舆论和国外舆论采取两种不同的做法。在国内，只是在哈佛大学先笼统一般地提出建议，采取低姿态进行试探，并不大肆宣扬。而在国外，则唯恐大洋彼岸的伙伴对这次"非同一般"的讲话等闲视之，事先就专门约定3名英国记者将讲话内容迅速传给英国政府，再由英国与法国联系协调，响应美国的倡议，主动提出计划，并以此反馈回来影响美国舆论。此外，美国对苏联和东欧国家也事先进行了各种评估，认为苏联阵营最终不会接受美国的计划与条件。所以，美国也故作姿态地邀请苏联和东欧国家出席讨论马歇尔计划的会议。美国对苏联的设局是：如果苏联不来，责任就在于苏联；如果苏联参加，从经济而言，也对西欧国家有利，因为西欧国家需要苏联的粮食、煤和石油，并且可借此控制苏联的经济；如果苏联压制东欧国家不让其参加，就会引起苏联和东欧国家之间的关系紧张，西方就可以利用矛盾，打进一个楔子，离间苏东关系。

马歇尔计划深受西欧各国欢迎。因为在政治上，它们可以依靠美国的支持度过社会危机；在经济上，可以凭借美元"输血"，重振国力；在军事上，可以仰仗美国保护，免于苏联威胁。就这样，双方一拍即合。1947年7月3日，由英、法两国出面邀请除西班牙和德国以外的欧洲国家参加在巴黎举行的欧洲经济会议。苏联、波兰、捷克斯洛伐克、匈牙利、南斯拉夫、罗马尼亚、保加利亚、阿尔巴尼亚和芬兰等9国未派代表参加。英国、法国、意大利、荷兰、比利时、卢森堡、爱尔兰、冰岛、挪威、瑞典、丹麦、瑞士、奥地利、葡萄牙、希腊和土耳其等16国（德国西部3个占领区于1948年4月加入）联名向美国提出了一份为期4年的欧洲经济复兴计划，要求美国政府提供援助。

马歇尔计划从1948年4月3日开始实施到1952年6月30日结束，美国共拨款131.5亿美元，其中90%是赠款，10%是贷款。计划结束时，西欧地区工业产量比战前提高了约35%，农业产量提高了近10%。使摇摇欲坠的西欧国家，在经济上恢复了元气，在政治上挽救了危局。而美国，不仅为自己的剩余产品和资本找到了出路，也为美国用经济手段控制西欧铺平了道路。

总起来看，马歇尔计划是二战后美苏冷战的产物，它把美国遏制苏联、解决西欧国家的危机和美国自己进行扩张这几个政治、经济、战略目标结合在一起，一举多得，确是第二次世界大战结束后美国战略史上的一个高招。

恩威并举，定义主仆

1956年10月29日，震惊世界的苏伊士运河战争爆发了。以色列出兵45000人分4路进犯埃及西奈半岛。埃及总统纳赛尔立即进行全国总动员，抗击以色列的进攻。10月30日，英、法两国借口保护苏伊士运河，向埃及发出最后通牒，要求埃以双方立即停火，并从运河两岸各后撤10英里，由英、法两国派军队进驻运河区各港口。若任何一方12小时内不接受这一要求，英、法两国将进行军事干涉。这些要求理所当然地被埃及拒绝了，因为这次行动是由英、法两国和以色列合谋的。随即，英、法两国空军对埃及首都开罗和运河区各城市、各港口展开了狂轰滥炸。

埃及政府和人民并没有被突然降临的战争所吓倒，对英、法、以三国展开了英勇抗击。阿拉伯国家和世界各地也纷纷谴责英、法、以三国的侵略行径。一些国家还宣布同英、法两国断交，对两国实行禁运。终于，在十分不利的情况下，埃及稳住了苏伊士运河一线。

这场战争主要是因为苏伊士运河而引起的。苏伊士运河自1859年开凿、1869年开通以来，它带给了埃及太多的辛酸和屈辱。同时却又给英、法特别是英国带来了太多的利益。

在1859年至1869年的十余年开凿过程中，由法国人德·莱塞普斯组建的国际苏伊士运河公司为了加快工程进度，强迫民工超强度劳动，不仅让埃及支付了1680万英镑的工程费用，而且还让埃及付出了12万人的生命代价。

历尽艰辛的运河一开通，便立刻显示出它巨大的战略和经济价值。它沟通了地中海和红海，把原来绕道好望角的古老航线一下子缩短了8000至15000公里，成了欧亚两洲航运的一条捷径。为此，这条黄金水道也成了帝国列强激烈争夺的对象。1882年，英国从法国手中抢占了埃及，立即在运河区建立起庞大的军事基地，把运河置于英国的军事控制之下。1914年，它又单方面宣布埃及为其保护国，进一步加深了对运河的控制。尽管埃及于1922年获得了法律上的独立，但根据1936年的《英埃同盟条约》，英国在运河区一直保有10000多名驻军。同时，英国还通过控制苏伊士运河公司的绝大多数股份，牢牢掌握着运河的管理和营运大权。对于英国来说，运河就是它的大动脉、生命线和聚宝盆。在常年通过运河的船只中，英国就占三分之一，其进口石油的70%是经过苏伊士运河运送的。到1949年年底，英国从运河公司获得的利润累计起来，已经是它购买该公司股票资金的16倍。到战争爆发前的1955年，英国每年就可从运河公司获利3000万美元以上。而作为运河属地国的埃及，却只能获得运河营运收入的7%，1955年这一年仅收入217万美元。

面对如此的不公，埃及人民从来就没有停止过抗争。1951年10月，埃及议会宣布废除1936年的《英埃同盟条约》，要求运河区的英军撤出埃及。但英国不承认这种单方面毁约，不仅不撤军反而把驻军增加到85000人，占领了运河区一系列重要城市和据点。当时的埃及国王法鲁克被英国的反应吓得惊恐万状，不惜暗中出卖民族利益。英国的猖狂和国王的卑怯，再次激起了埃及人民的义愤，反英反国王的运动再掀高潮。站在运动前列的就有纳赛尔，他当时是秘密爱国组织"自由军官组织"的实际领导人。终于，在1956年6月，英国不得不降下了那面在苏伊士运河塞得港海军俱乐部屋顶上飘扬了74年之久的米字旗，最后一批英军也撤离了埃及。

在迫使英军撤离之后，纳赛尔又迈出了对苏伊士运河行使主权的决定性一步：将英、法两国把持的国际苏伊士运河公司收归国有。这一接管工作由埃及石油管理局局长尤尼斯负责，并在绝密状态下进行准备。1956年7月，富于斗争精神和斗争经验的纳赛尔，把接管运河公司的总统令装在一个双层密封信袋里交给尤尼斯时同他约定，当7月26日纳赛尔在推翻法鲁克王朝四周年纪念集会上发表演说时，尤尼斯可以打开第一层信袋；当听到总统在演说中提到最早筹划组建运河公司的法国人德·莱塞普斯的名字时，他打开第二层信袋并立即开始持枪接管运河公司在各地的管理处。7月26日这天，埃及亚历山大港的曼奇亚广场人山人海，25万埃及民众聆听着总统热情洋溢的演讲。当总统一遍又一遍提到德·莱塞普斯的名字时，兴奋的人们并不知道这个名字此刻的真正含义。而尤尼斯闻此后则立即带人冲进运河公司设在伊斯梅利亚的总管理处，宣布接管该公司。与此同时，另外三个小组也分别接管了运河公司的其他办事处。当纳赛尔在演讲最后宣读埃及关于对运河公司实行国有化的法令时，所有接管工作已经顺利完成。

埃及政府的这一突然决定，对西方世界犹如晴天霹雳。英、法两国决定使用武力，重新夺回对运河的控制权，并进而逼迫纳赛尔政府下台。而作为西方世界盟主的美国，这时也既想充当调停人，又希望趁此机会扩大自己在苏伊士运河区乃至整个中东地区的影响力。时任美国国务卿杜勒斯一面表示要使纳赛尔"把正打算吞进去的东西吐出来"，另方面又表明美国"不准备用枪炮通过运河"。1956年9月，美国提出了成立"苏伊士运河使用国协会"的方案，试图在"国际管理"的名义下，尽可能增加自己在苏伊士运河问题上的话语权。

看到美国另有打算，再加上美国又正忙于总统选举，英、法两国认为美国难有作为；而刚刚发生的匈牙利事件又捆住了另一个超级大国苏联的手脚，所以，英、法两国便暗中同以色列策划，发动了这场战争。

然而，让英、法、以三国没有想到的是，它们失败了。美国前国务卿基辛格称，这一结果是由于美国的"正义感被激惹起来"的结果。①

基辛格此语并非空穴来风。早在这次战争爆发后的第二天，美国就曾在联合国安理会提出一项决议案，要求以色列武装部队"立刻撤退到已订定的停火线之后"。第三天，艾森豪威尔总统又通过电视演讲向英、法两国喊话："固然这些国家有权利做这样的决定和行动，同样地我们也有权表示异议。我们相信这些行动犯了错误，因为我们并不认为，运用武力是解决国际争端的明智举动和适当工具。"②但是，英、法、以三国没有理睬美国的态度，仍然一意孤行。这下，美国动了肝火，又再一次向联合国提出了要求双方立即停火和英、法、以三国撤军的决议案。同时，美国还采取中断石油供应、不准使用美援武器等措施，迫使英、法、以三国停火撤军。其间，苏联向美国提出美、苏共同出兵埃及进行干预，美国也明确反对苏联插手。为了保证自己提出的决议案能在联合国顺利通过，不致让英、法两国在安理会动用否决权而导致提案夭折，艾森豪威尔总统还要求，美国的提案应该直接提交联合国大会进行表决。结果，提案以压倒性多数获得联合国大会通过，苏联也投了赞成票。至此，英、法、以三国不得不停火撤军，苏伊士运河危机到此结束。

动用在联合国的影响力，对自己的核心盟友下重手，这是二战之后美国

---

① 〔美〕亨利·基辛格：《大外交》，顾淑馨、林添贵译，海口：海南出版社1998年版，第518页。
② 〔美〕亨利·基辛格：《大外交》，顾淑馨、林添贵译，海口：海南出版社1998年版，第518页。

第一次采取这样的行动。如此这般,美国是出于什么考虑?战略意图何在?原来,美国的行动是建立在这样一些事实基础和战略意愿之上的。

一是,二战之后的英、法两国特别是英国,经过十年恢复,有些财大气粗,美国认为,有必要对它们的傲慢踩踩刹车。基辛格说:"埃及仅次于印度代表着大英帝国光荣盛世最重要的遗产。20世纪的苏伊士运河,成为供应石油给西欧的主要通道。即使是第二次世界大战一结束,英国国势日颓,它依然以中东霸主自居。它的霸业有两大支柱:一是伊朗,透过英伊合资公司供应石油;一是埃及,它的战略基地价值无与伦比。英国在埃及、伊拉克和伊朗仍驻守大批军队。……英国已经觉得本身实力强大,不再需要美国支持即可在这么接近苏联边界的地方采取军事行动。"①

二是,鉴于二战之后反对殖民统治的民族独立和解放运动风起云涌,美国想同传统殖民大国英、法保持距离,抢占反对殖民主义的道德高地。基辛格说:"美国在中东地区不愿扮演它在希腊、土耳其的角色;也不愿承担欧洲政治主宰一切的传承,更不愿与殖民传统扯上关系。杜鲁门和艾森豪威尔都坚决反对英国在伊朗或埃及采取军事行动,表面理由是认为这一类争端应该由联合国裁决。事实上,他们不愿跟英国的殖民传统扯在一起。"②尼克松也同样高度评价艾森豪威尔政府在这次危机中所采取的行动,称:"这是有史以来第一次,我们展示出不同于英、法在亚洲及非洲维持殖民传统的政策之作为。这项独立自主的宣示在全世界都有深远影响。"③

三是,美国要确立二战后的全球战略格局,从此与苏联分庭抗礼,在全球争夺势力范围。苏伊士运河危机平息不久,艾森豪威尔总统即咨请国会批准了一项对中东的经援、军援和防共"三合一"政策计划,并在1958年1月的国情咨文中更进一步宣示了美国的世界决心,说:"第一,美国的利益遍布全球,涵盖东西两半球及各大洲;第二,我们与自由世界每个国家都有共同利益;第三,利益相倚需要尊重所有人的权利与和平。"④基辛格后来也评价说:"苏伊士事件变成美国介入环球权力赛场的第一个起点,它的第一课就是权力

---

① 〔美〕亨利·基辛格:《大外交》,顾淑馨、林添贵译,海口:海南出版社1998年版,第501页。
② 〔美〕亨利·基辛格:《大外交》,顾淑馨、林添贵译,海口:海南出版社1998年版,第501—502页。
③ 〔美〕亨利·基辛格:《大外交》,顾淑馨、林添贵译,海口:海南出版社1998年版,第522页。
④ 〔美〕亨利·基辛格:《大外交》,顾淑馨、林添贵译,海口:海南出版社1998年版,第525页。

真空永远会被填补上,主要问题不是填补这个真空,而是由谁来填补权力真空。英国和法国在中东地区的历史地位被占夺后,美国发现中东地区势力均衡的责任已经责无旁贷地落在美国肩膀上了。"①

而除了以上三个方面之外,美国在战略上还有一个最重大的考虑,这就是:在遍布全球的战略联盟中,要定义主仆关系;自己的盟主地位是至高无上的,是不容挑战的。这次英、法、以三国撇开自己单独行事,是对联盟体系的挑战,更是对盟主美国的挑战。而要避免这种事情的再度发生,拿英、法两国开刀,就是杀一儆百的最好选择。美国认为,这一举动对统一联盟体系的认识、强化联盟体系的功能、增强联盟体系的信任、巩固联盟体系的团结,是比一时一事之利更为重要的。正是在这样的意义上,所以尼克松后来说:"任何联盟,如果其成员对联盟本身存在的中心目的产生歧见,这个联盟便不可能存在下去;任何联盟,如果其成员拒绝公平分担集体安全的财务负担,这个联盟便不可能存在下去;任何联盟,如果其成员在它们的安全受到什么威胁的问题上各持己见,这个联盟便不可能存在下去;任何联盟,如果其成员怀疑它的一些伙伴的诚意和良好的意图,这个联盟便不可能存在下去。"②

通过介入苏伊士运河危机,美国再一次收获了战略利益,并且从此形成了一种不可逆转的战略趋势。

苏伊士运河危机结束时,时任埃及内阁宣传主官、后来任埃及总统的萨达特说:"今天,世界上只有两个大国,美国和苏联。美国的最后通牒使得英国和法国归于适当定位,既非大国,亦非强国。"③

时任德国总理阿登纳也称:"英国和法国将不再是堪可与美国和苏联并驾齐驱的大国。德国也不会。"④

基辛格后来评论,苏伊士危机已让美国的盟友彻底明白,大西洋同盟的一项前提——欧洲与美国的利益一致——最多只是部分的正确。他说:"苏伊

---

① [美]亨利·基辛格:《大外交》,顾淑馨、林添贵译,海口:海南出版社 1998 年版,第 525 页。
② [美]理查德·尼克松:《1999 年:不战而胜》,王观声等译,北京:世界知识出版社 1989 年版,第 213 页。
③ [美]亨利·基辛格:《大外交》,顾淑馨、林添贵译,海口:海南出版社 1998 年版,第 523 页。
④ [美]亨利·基辛格:《大外交》,顾淑馨、林添贵译,海口:海南出版社 1998 年版,第 524 页。

士危机结束了西方盟国的天真,彻底改变了战后国际关系的模式。"①

以其人之道还治其人之身,重挫苏联

20 世纪 50 年代中期,赫鲁晓夫坐稳苏共中央第一书记的位置后,对以美国为首的西方国家一面奉行"和平共处"、"和平竞赛"、"和平过渡"的"三和"政策,一面又时不时地想证明社会主义优于资本主义、苏联胜过美国,因而使美、苏两国之间也时不时地撞出一些火花。而戏演多了、过头了,就难免不被识破,更何况其对手又是如此精明和老道的美国。起始于 1958 年的柏林挑衅、落幕于 1962 年的古巴导弹危机,就结结实实地给赫鲁晓夫上了一课,让其吃尽了美国以两手对两手、软硬兼施的苦头。

柏林问题在二战后的相当长一段时间内,是东西方关系中的一个"热点"。在 1948 年至 1949 年发生第一次柏林危机后,柏林被分裂成东西两个部分。西柏林为美、英、法三国占领,苏联则驻军东柏林。由于西柏林地处民主德国境内,美国将西柏林看成是"铁幕"中的一个窗口,视其为同苏联争夺欧洲的前哨阵地;苏联则把它看成是西方"颠覆活动的中心",是长在民主德国心脏上的"毒瘤"。

20 世纪 50 年代中后期,苏联的经济、军事实力取得了迅速发展。国民收入由 1950 年相当于美国的 31% 上升到 1960 年的 58%。1957 年夏,苏联在太平洋地区进行了几次洲际导弹试验,同年 10 月又成功地发射了世界上第一颗人造地球卫星。而同期美国则发生了两次经济危机。赫鲁晓夫认为,这足以证明苏联在科学上与军事上都已超越西方国家。在这种形势下,苏联提出了"苏美合作共同主宰世界"的战略目标。为了达到这一目标,苏联一方面宣扬拥有比美国"更厉害更可怕的武器",另一方面又倡导苏美举行首脑会谈,实现苏美合作。

具体从哪里入手呢?赫鲁晓夫首先想到了柏林。因为他清楚,尽管柏林明确划归美、英、法、苏四国分管,但却从来没有谈判出一个规定它与外界沟通和进出的细节。只要在柏林的对外交通联系上做一点手脚,就可能使柏

---

① 〔美〕亨利·基辛格:《大外交》,顾淑馨、林添贵译,海口:海南出版社 1998 年版,第 528 页。

林成为孤岛。而这一点，正是苏联可以随时利用的。为此，柏林成了赫鲁晓夫向西方发难的第一个目标。

围绕这一目标，赫鲁晓夫接连向以美国为首的西方国家下了三道战书。

1958年11月10日，赫鲁晓夫在记者招待会上提出要结束柏林的四国分治状态，并且警告称苏联有意把它对交通路线的管制权交给民主德国。赫鲁晓夫说，从那一天开始，"让美国、英国和法国自己去和德意志民主共和国建立关系，如果他们对柏林的问题有心解决，就得去和它缔定协议。"①

1958年11月27日，苏联政府又照会美、英、法三国政府，宣布有关柏林地位的协定无效并作废，再次提出把西柏林转化成一个非军事化的"自由城"。如果在6个月之内不能达成协议，苏联将径自与民主德国签署和平条约，并把占领权和交通路线交给民主德国接管。这等于是向美、英、法三国和联邦德国发出了最后通牒。

1959年1月10日，赫鲁晓夫又对美、英、法三个占领国提出一份和约草案，除了要求解决柏林问题以外，还要求界定民主德国的新地位。

赫鲁晓夫发动的这一连串外交攻势，迫使美、英、法三国和联邦德国直面问题，不是选择承认民主德国，就是选择发生战争。对此，四国都感到很为难。

就联邦德国来看，每当民主德国地位上升，就会使得苏联所主张的统一问题必须由两德直接谈判的气氛上升，而这根本就不利于联邦德国。时任联邦德国总理阿登纳认为，赫鲁晓夫的最后通牒最终目标在于孤立联邦德国。因而他强烈反对向赫鲁晓夫的最后通牒让步。

但是，阿登纳的观点并不被英国所接受。因为英国不情愿为一个战败国的安危与地位冒战争风险，更何况这个战败国还是摧毁了英国作为超级大国地位的罪魁祸首。在英国看来，英国的长期安全与德国的强大休戚相关。

而时任法国总统戴高乐则认定，柏林危机可以向阿登纳证明，法国才是联邦德国不可缺少的伙伴。戴高乐的担心同英国政府一样，对于一个强大德国的忧惧，大于害怕赫鲁晓夫的恐吓。因此，他宁肯让问题拖着，也不赞成英、美两国所主张的进行"试探性谈判"的选择。

---

① 〔美〕亨利·基辛格：《大外交》，顾淑馨、林添贵译，海口：海南出版社1998年版，第548页。

第二章 唯一的常青藤

美国时任总统艾森豪威尔虽然清楚此刻的综合实力优势仍然在美国手中，苏联的核武器原型和可以派上用场的军事武器之间差距还很大，但他也深感责任重大，因为是否要冒核战争风险的最后责任在他身上。由此，艾森豪威尔谨慎而坚定地采取了两手。一方面，对于苏联的攻势行动采取了以强制强的强硬态度。1958年12月14日，由美国主导，美、英、法三国外长发表联合声明，声称坚持他们在西柏林的权利，坚决拒绝苏联关于西柏林非军事化的建议；如果苏联封锁西柏林，西方将使用武力进入西柏林。另一方面，又满足赫鲁晓夫要求举行谈判的要求，于1959年9月27日在戴维营举行了第二次世界大战结束后美、苏两国首脑的第一次双边会谈。在赫鲁晓夫看来，这次会谈最重要的意义就在于，会谈本身就证明了美国把苏联放在了与它同等的地位，给世界造成了美、苏平起平坐、共同主宰世界事务的印象。这是赫鲁晓夫最看重的，也是赫鲁晓夫最满意的。而对美国而言，最重要的收获是，赫鲁晓夫软下来了，反复向美国说明解决柏林问题的期限是不重要的，重要的是开始了双边谈判。就这样，危机中出现了缓和。

到了1961年肯尼迪接任总统时，距赫鲁晓夫发出第一道最后通牒已经将近三年。随着时间的流逝，苏联胁迫的可信度越来越低，整个事件的危机感也降低了不少。

然而，就在柏林问题似乎平静下来之时，美国与古巴的关系急剧恶化。1961年1月，美国宣布同古巴断绝外交关系，并试图推翻古巴卡斯特罗政府。而古巴卡斯特罗政府则宣布进行社会主义革命，并向苏联寻求援助。这就为苏联涉足古巴事务提供了可能。

于是，赫鲁晓夫迅速调整了策略和方向。在柏林问题上，他又提出限期6个月来解决柏林悬案，说签订德国和约一事已不容再拖延。在1961年8月13日凌晨，由苏联和民主德国精心筹划和建设的柏林墙又突然矗立在柏林的苏联占领区和美、英、法三国占领区之间，围墙两边的民众从此天各一方。对古巴，赫鲁晓夫认为这是一个新的并且可以大有作为的战略方向。所以，他着手把苏联的中程导弹部署到古巴境内。他认为，如果部署成功，他在迟早要进行的柏林会谈上的力量就会无比强大；同时，如果把古巴纳入苏联阵营，那就无异于让美国芒刺在背，将极大地增强苏联同美国在全球争锋中的筹码和地位。因此，赫鲁晓夫决心毕全功于一击。

1962年7月初，古巴武装部队部长劳尔·卡斯特罗访问苏联，苏、古两国政府达成了苏联在古巴秘密部署核导弹的协议。具体部署分两步：第一步，部署萨姆导弹和米格-21战斗机等防御性武器；第二步，部署弹道导弹和能够运载核弹的伊柳辛-28喷气式飞机等进攻性武器。赫鲁晓夫希望，通过这一行动来加强对美国的威慑力量，提升苏联的战略地位。从7月下旬开始，苏联便着手实施这一计划。

1962年8月29日，美国U-2飞机在古巴上空作例行侦察飞行，发现了苏联在古巴建立的一个地对空导弹发射场和苏式中程轰炸机。为了进一步查明情况，美国飞机又于9月5日、17日、26日、29日以及10月5日和7日连续在古巴上空进行摄影侦察。这些飞行侦察提供的情况表明，那些军事设施似乎是防御性的。但与此同时，美国情报机关通过古巴难民的渠道又不断听到关于部署核装置的传闻。为了搞清这些相互矛盾的情报，美国又再次派出U-2飞机重点对古巴西部进行摄影侦察。10月中旬，美国根据飞机对古巴西部的侦察，最终发现了苏联正在那里修建针对美国的中远程导弹发射场。

时任美国总统肯尼迪得知这一情况后，当即下令由政府各主要部门高级官员和顾问组成国家安全委员会执行委员会，负责处理古巴导弹危机事务。在肯尼迪看来，苏联的导弹深入到西半球来是绝对不能接受的，美国不仅要迫使赫鲁晓夫撤回苏联导弹，同时要在这个过程中"让赫鲁晓夫的柏林外交手法仅余的可信度彻底破灭"。接连一个星期，肯尼迪和执委会召开秘密会议，商讨对策。会上提出了多种可供选择的方案，其中最集中的是两种：（1）用空中轰炸摧毁古巴导弹基地；（2）对古巴实行海上封锁。

肯尼迪敏锐地意识到，任何不当行为都可能会使世界陷入核战争之中。但是肯尼迪也担心，如果不作出反应，就可能使北大西洋公约组织同盟垮台。肯尼迪说："我们不得不采取某种行动，否则这个同盟将分崩离析。现在问题的关键是采取什么行动才能减少互相之间进行核战的可能。"[1]肯尼迪就此询问国防部长麦克纳马拉，如果对古巴的基地发动空袭，死伤情况会是怎样。麦克纳马拉说："我们可以用340公斤的凝固汽油弹。这必须是一次威力强大的袭击，我们必须有把握使数百个苏联人命归西天。"[2]但是，会上又有人提

---

[1] 邓蜀生等主编：《影响世界的100次事件》，桂林：广西人民出版社1995年版，第386页。
[2] 邓蜀生等主编：《影响世界的100次事件》，桂林：广西人民出版社1995年版，第386页。

醒，任何针对古巴导弹基地的军事行动都可能引起苏联在世界其他地点作出反应，其中包括对美国本土的袭击。经过争论，最后决定先对古巴实行海上封锁，如果封锁不起作用时再进行空袭。

10月22日晚，按照既定计划，肯尼迪向全美发表电视演说，披露了苏联正在古巴修建一个进攻性导弹体系的惊人消息。同时宣布，美国将武装封锁古巴，对一切正在运往古巴的进攻性军事装备实行海上"隔离"，并要求苏联在联合国观察员的监视下从古巴撤出进攻性武器，如果不撤离，美国将不惜使用武力。

10月23日，肯尼迪又签署了"禁止进攻性武器运往古巴"的公告，宣布将拦截并强行检查可能前往古巴的舰船。

随即，美国从10月24日起先后出动183艘军舰在加勒比海进行巡逻，50%的战略轰炸机满载着核武器在古巴周围的上空盘旋，核潜艇也进入作战阵地，美国在全世界的海、陆、空部队也都进入最高戒备状态。美国在北大西洋公约组织和美洲国家组织中的盟国军队也进入戒备状态。美国国务卿腊斯克也紧急召见苏联驻美国大使多勃雷宁，指出苏联的行动已经使美、苏两国处于战争边缘。这就形成了战争一触即发之势。

美国如此咄咄逼人的战争态势，是赫鲁晓夫所没有想到的。克里姆林宫一片混乱，苏联领导人"几乎完全忙于考虑如何在威望和面子少受损失的情况下摆脱困境"。直到肯尼迪的演说发表13个小时后，苏联政府才发表声明，谴责美国海上封锁是"海盗行为"，表示要继续履行苏、古协议用武器援助古巴，对美国的威胁将进行最强烈的回击。但是在10月24日，苏联驶往古巴的船只却开始返航了。

10月25日，是双方在僵持中度过的。这一天，一艘苏联船"布加勒斯特号"通过了封锁线，美国军舰并没有对其进行拦截登船检查。美国之所以这样做，是肯尼迪"不想把赫鲁晓夫逼得走投无路"。

10月26日，自知苏联在军事上仍处于劣势的赫鲁晓夫终于无可奈何地后退了。这一天，他给肯尼迪一封秘密信件，提出愿在联合国监督下从古巴撤出进攻性武器，并表示不再向古巴运送这种武器，交换条件是美国撤销对古巴的封锁，并保证不再入侵古巴。但在第二天，赫鲁晓夫在给肯尼迪的另一封信中又要求美国以撤除在土耳其的导弹来换取苏联撤除在古巴的导弹。与此同时，美国的一架 U-2 飞机在古巴上空被击落，驾驶员被击毙。美国政府认为，这说明古巴导弹发射场的苏联导弹已经投入使用。加之，联邦调查局也报告说，驻纽约的苏联外交官正在准备销毁文件。根据这些事件，美国国家安全委员会执委会认为，应该对古巴展开空袭了。

但是，肯尼迪看到了赫鲁晓夫的色厉内荏，判定他是在寻求妥协和体面地退场。得饶人处且饶人。于是，10月27日下午，肯尼迪复信赫鲁晓夫，对赫鲁晓夫26日的信件作了回答。肯尼迪在信中要求苏联先从古巴撤走进攻性导弹，然后美国才同意撤除对古巴的封锁，并保证不进攻古巴。而对赫鲁晓夫27日的信件，肯尼迪则采取了另外一种方式予以回应，即派其弟弟司法部长罗伯特·肯尼迪将肯尼迪对赫鲁晓夫26日复信的附件面交苏联驻美大使多勃雷宁，并传话说，事态即将升级，除非总统立即收到通知说这些导弹将被撤走——而更重要的还是后面这句话——罗伯特·肯尼迪说："美国不能在威胁的压力下作出撤走土耳其导弹的决定。但是，肯尼迪总统早就急切地想把这些导弹从土耳其撤走。"①

10月28日，赫鲁晓夫复信肯尼迪，表示已下令撤除在古巴的核武器，并同意让联合国代表到古巴核实。当天中午，肯尼迪发表了一个简短声明，对赫鲁晓夫具有"政治家风度的决定"表示欢迎。

11月8日至11日，苏联从古巴运走了42枚导弹，并在公海接受了美国"船靠船的观察"。

11月20日，肯尼迪对新闻界发布谈话，说赫鲁晓夫答应将在30天内撤走在古巴的全部伊尔-28轰炸机；同时宣布，美国取消对古巴的海上封锁。

11月21日，苏联也对军队取消了战备动员令。

终于，古巴导弹危机结束了。

终于，美国又一次得到了自己想得到的东西。

基辛格说："柏林危机，加上作为高潮的古巴导弹危机，成为冷战中的一个转折点。……此后双方都抱怨局势，却再也不试图以武力改变版图。赫鲁晓夫在柏林、古巴两个事件上失败的最后结果是，苏联此后不再向美国直接挑战。"②

---

① 邓蜀生等主编：《影响世界的100次事件》，桂林：广西人民出版社1995年版，第388页。
② 〔美〕亨利·基辛格：《大外交》，顾淑馨、林添贵译，海口：海南出版社1998年版，第570页。

借重中国，获取重大战略利益

人类的智慧和谋略往往是相通的。对于中国古典寓言"鹬蚌相争，渔翁得利"中所蕴涵的战略思想，美国人运用起来竟也是如此的娴熟和自如。早在1957年5月，法国总理埃德加·富尔访问中国时，毛泽东在与富尔的交谈中就曾谈到了美国善于渔利的事。富尔在其回忆录中写道："毛泽东喜欢讲寓言，他引用了一则寓言说明最近的外交事态。'中国有一则《鹬蚌相争》的寓言。鹤在海滩啄起一只蚌，但是蚌也紧夹住鹤的嘴。它们开始争论不休。蚌对鹤说，你会在三天之内死去。鹤也对蚌说，你没水喝，也会在三天之内死去。双方都不肯让步，这时渔夫经过，就把鹤蚌都捕捉去了。'我问毛：'他是俄国渔夫还是美国渔夫？'他微笑着作出了我意料之中的回答：'在我看来，他可能多半是美国渔夫。'"[1]

不过，虽然美国在整个20世纪中利用其他国家间的矛盾而渔利的事比比皆是，但斩获最大、获得最重大战略利益的，还是1972年早春那次尼克松在中苏对抗最激烈之时所进行的被认为是"结束了一个时代，开始了另一个时代"的访华之旅。在今天，无论人们多么不情愿听到中国被美国当作"牌"打或是美国被中国当作"牌"打，这已经都是一个经过了历史沉淀的事实。

1972年2月21日，美国总统尼克松抵达北京，开始了他定义为"和平之旅"的中国之行。

飞机停稳后，尼克松走出了机舱。在机场迎接他的有中国总理周恩来等。尼克松在走下舷梯时面带微笑，早早地向周恩来总理伸出了手。他是想告诉人们，1954年在日内瓦会议期间，美国国务卿杜勒斯不仅自己不同周恩来握手，而且还禁止美国出席会议的代表同周恩来握手，这不仅是不礼貌的、傲慢的，而且是愚蠢的。今天，他要在中国的土地上向周恩来伸出友谊之手、和解之手。

这次访华，尼克松在中国逗留8天，创下了3个纪录：一个是，8天的时间是美国总统访问外国时间最长的一次；再一个是，这是美国总统第一次访

---

[1] 泽明、哲武编：《外国首脑文集》上册，北京：中华工商联合出版社1997年版，第195页。

问一个与美国没有建立正式外交关系的国家；还有一个是，这是美国第一位总统访问诞生于1949年的中华人民共和国。

尼克松总统的这次访华，并不是美国政府或尼克松总统本人的即兴之作。

早从18世纪80年代起，美国政府和美国人民就开始了在中国播撒中美两国友谊的种子，培养中国民众对于美国的友好情绪。

1784年，美国就将一艘商船命名为"中国皇后号"，满载着30吨贵重的人参和极富美国特色的产品，远渡重洋来到中国广州，受到中国商人和百姓的热情欢迎。3个月后，这艘商船又满载着中国的茶叶、丝织品、瓷器等返航，在美国掀起了一股"中国热"。

1843年，当美国政府派代表顾盛来中国时，给他的指示是："去培植该国政府和人民的友好情绪，才是得计的。"[1]

19世纪后期，美国与英国不同，同中国的交往主要不是凭借武力，而是办学堂、建教堂，希望以此树立美国的良好形象。到19世纪结束、20世纪开始时，美国已经在北京、上海、南京和山东，开办了燕京大学、圣约翰大学、金陵大学和齐鲁大学。并从1908年起，美国政府每年资助100名中国学生赴美留学。

20世纪中国辛亥革命前后，美国收留了被清政府通缉的孙中山；当1911年10月辛亥革命成功后，美国又不顾其他列强反对，率先承认了中华民国。孙中山不无感慨："本党应以美国为榜样。……仿美利坚民族的规模，将汉族改为中华民族，组成一个完全的国家。"[2]

1943年，在中国抗日战争最艰难的时刻，美国又说服英国同中国签订条约，放弃了其领事裁判权和其他在华特权。这一举动使中国摆脱了"百年枷锁"。蒋介石向全国发表广播讲话称："这实在是英美的政府和人民最光明最正大的举动，尤其是美国对我政府的希望完全一致，并无一点保留的要求，更为欣慰。"延安也举行隆重庆祝活动，《解放日报》发表文章称，这"确定了中国与英、美友邦的平等地位"。[3]

1944年，美国在华外交官和军事人员同中国抗日军民积极合作，毛泽东

---

[1] 《美国研究》，2006年第2期，第116页。
[2] 《美国研究》，2006年第2期，第119页。
[3] 《美国研究》，2006年第2期，第119页。

给予高度评价,授意《解放日报》在这年7月4日——美国的国庆日,发表社论祝贺美国国庆。文章中称:"我们共产党人现在所进行的工作乃是华盛顿、杰斐逊、林肯等,早已在美国进行过了的工作。"结语祝"民主的美国万岁"。①

新中国成立后,美国政府的确是竭尽所能对中国采取敌视政策,在新生共和国的前进道路上设置了重重障碍,让中国承受了巨大的压力和蒙受了巨大的损失。但是,从美国的社会价值和国家战略来看,与其说美国是敌视中国,倒不如说美国是敌视中国所走的苏联道路,敌视新中国建国初期所实行的"一边倒"的对苏外交政策。

1961年初,肯尼迪就任美国总统后,美国就有改善对华关系的意愿。1963年11月,肯尼迪在遇刺前的最后一次记者招待会上称:"如果红色中国希望同美国及其周边国家和平共处,那么毫无疑问,美国会重新审定自己的政策。我们并没有和一项敌视中国的政策结下不解之缘。"②

而从尼克松总统本人来看,他对改善同中国的关系、实现这次访华,更是期待已久。

早在1967年,他就认识到西方社会是无法长期把中国隔绝于世的。他在这年10月的美国《外交季刊》上撰文说:"就长期观点而言,我们根本不能让中国永久排除在国际大家庭之外。""我们必须不忘掉中国。我们必须不断寻求机会与它谈谈。……我们必须不只注意是否变化,我们也必须寻求机会制造变化。"③

1969年上半年,尼克松又先后通过巴基斯坦总统叶海亚、罗马尼亚总统齐奥塞斯库,向中国高层传递信息。他对叶海亚说:"中美两国对骂了20年,相互敌视,互不来往。我想结束这种状况。""美国决不会参加孤立中国的任何安排。你可以把我的想法在最高一级转达给中国人。"④他告诉齐奥塞斯库,美国反对苏联提出的亚洲安全体系,在亚洲建立反对中国的小集团是错误的;美国的政策是同中苏两国都建立良好的关系。他向齐奥塞斯库表示:"我想在我的任期中,改善美国同中国的关系,能否请您从中斡旋,向中国人传递我

---

① 《美国研究》,2006年第2期,第119页。
② 于群主编:《美国国家安全与冷战战略》,北京:中国社会科学出版社2006年版,第35页。
③ 〔美〕亨利·基辛格:《大外交》,顾淑馨、林添贵译,海口:海南出版社1998年版,第697页。
④ 张家康:《走出对峙:毛泽东与尼克松的和谈"对话"》,载《党史纵横》,2007年第3期。

的意愿?"①

1969年秋,尼克松又授意基辛格给美国驻波兰大使斯托塞尔拍电报,明确指示他在最近的社交场合中,要努力接触中国外交官。斯托塞尔马上行动。在不久后几乎所有驻波兰的东西方外交官都参加观摩的一次展览会上,斯托塞尔在人头攒动的人群中终于发现两位中国人走进了大厅,这是当时中国驻波兰大使馆临时代办雷阳和译员。于是,斯托塞尔径直朝他俩走去。但鉴于当时中国正处于"文化大革命"的高潮之中,在没有得到国内的明确指示之前,对于这位"美帝"的大使,避之都唯恐不及,哪还敢与他直接接触。所以一见斯托塞尔朝自己走来,他俩便匆匆走出大厅。可斯托塞尔还是穷追不舍,并且边追边用波兰话喊道:"中国代办先生,我有话对您说,我有话对您说,美国对同中国再次会谈十分感兴趣。"②后来,周恩来总理曾开玩笑对基辛格说,华沙那一幕差点没让中国外交官得了心脏病。

特别是,1969年9月11日,当苏联部长会议主席柯西金从越南河内参加完胡志明主席的葬礼后飞抵北京,在首都机场同周恩来总理就中苏关系中的紧迫问题,尤其是缓和边界冲突问题进行了突然会晤后,使尼克松受到震动。此事美国方面事先未得到任何消息,尼克松是从华盛顿的一份报纸上获悉这一消息的。尼克松担心周恩来与柯西金的会晤会导致中苏关系的缓和,这对美国来说非同小可。尼克松感到有一种坐失良机的感觉。

而这时,尼克松改善对华关系的试探性信息已经发出多时了,至今还不见中国回音,他有些沉不住气了。1970年9月27日,尼克松在接受美国《时代》周刊杂志采访谈到中国在未来世界可能发挥的作用,以及他为改善与中国的关系而作的努力时,他不无焦虑地说:"也许在5年时间里,或甚至10年的时间里,中国还不可能起到主要作用。但是,在20年内,它应当能起这种作用,否则的话,世界就会处于致命的危险境地。如果说在我去世之前,有什么事情要做的话,那就是到中国去。如果我不能去,我希望我的孩子能够去。"③他还曾对他的女儿特里西娅和其未婚夫考克斯说:"你们将来度蜜月,

---

① 张家康:《走出对峙:毛泽东与尼克松的和谈"对话"》,载《党史纵横》,2007年第3期。
② 张家康:《走出对峙:毛泽东与尼克松的和谈"对话"》,载《党史纵横》,2007年第3期。
③ 张家康:《走出对峙:毛泽东与尼克松的和谈"对话"》,载《党史纵横》,2007年第3期。

第二章 唯一的常青藤

我希望你们到中国去,去看看那里的大城市,那里的人民,那里的一切。"①

1971年1月,尼克松在他发表的总统外交咨文中,又再次重申美国愿意与中国接触,也再一次明确表示,美国与中国接触没有不良意图。他说:"我们预备与北京建立对话。虽然我们不能接受其意识形态观点,或者共产主义中国必然在亚洲施展霸权的理念。但是我们也不希望对中国施加一种国际立场,否定了它的合法国家利益。"②

尼克松总统的这次访华,是他对国际战略格局和美国国内形势正处在一个重要历史节点这一战略背景深刻认识、正确判断和及时把握的产物。

20世纪70年代初的国际战略格局,正处在一个新的深度变化之中,其基本特征有三个大的方面。

首先是,从美国与其冷战对手苏联的战略态势来看,此时正是整个冷战期间苏联国力最旺的时期,美苏两国全球争霸的格局正开始朝着有利于苏联的方向转变。1962年古巴导弹危机之后,苏联卧薪尝胆,大规模扩充核武库,在军事上已经逐步取得与美国的均势。第三次中东战争的爆发及苏联入侵捷克斯洛伐克事件,都接连导致美苏两国发生严重对立。而此时,美国又还在经受越南战争的煎熬。在某种程度上,美国已处于苏攻美守的不利地位。

其次是,就在美苏两极格局的天平发生微妙变化之时,世界新的多个力量中心的雏形已见端倪。尼克松总统本人即认为,即将到来的世界将有美、苏、中、日和西欧"五大力量中心"和"三个超级大国,而不是两个——美国、苏联和中华人民共和国"。③

尼克松在这里提出"五大力量中心"和"三个超级大国",其实是承认美国的相对实力在下降,苏联、中国、日本和欧洲的相对实力在上升。特别是对于中国的发展潜力和在未来世界的格局中必将起到的重大作用,尼克松表现出了他独特的见解和战略远见。他说:"世界上最能干的10亿人所具有的潜力必然会使中国成为经济巨人和军事巨人。现在以及在20世纪结束前,我们的目标应是:确保21世纪的中国是个独立的巨人——不一定亲西方,但肯定

---

① 张家康:《走出对峙:毛泽东与尼克松的和谈"对话"》,载《党史纵横》,2007年第3期。
② [美]亨利·基辛格:《大外交》,顾淑馨、林添贵译,海口:海南出版社1998年版,第700页。
③ [美]理查德·尼克松:《1999年:不战而胜》,王观声等译,北京:世界知识出版社1989年版,第253页。

不亲苏。华盛顿和北京之间关系冻结了 20 年，两国人民之间的这种隔阂不合乎情理。""只要中国同苏联结盟，我们别无选择，只能是对手。这一障碍排除了之后，我们有充分的理由结为朋友。……假如双方坚持走这条道路，21 世纪的美中关系将是世界上最重要、最互利的双边关系之一。"①

第三点，也同样是尼克松政府最看重的，是中苏分裂的加剧以致直接爆发军事冲突，在客观上就给第三方介入而谋取利益提供了机遇。

自勃列日涅夫出任苏联最高领导人以后，中苏关系急剧恶化。从 1964 年 10 月 15 日到 1969 年 3 月 15 日，由苏联挑起的中苏边境事件就达 4189 起之多。特别是 1969 年春珍宝岛武装冲突事件的发生，把两国关系的紧张气氛推向了极点。到 20 世纪 70 年代初，在中苏边境上的苏联驻军已由 10 个师增加到 54 个师，共 100 万人，大有剑拔弩张之势。由此，美国政府认定，在把苏联视作最危险敌人方面，美国与中国找到了共同点，甚至有可能构成中美两国战略关系的支柱。尽管在珍宝岛冲突之后，苏联发动大规模宣传攻势，把主要责任归咎于中国，但美国认为事实并非如此。当苏联驻美国大使多勃雷宁就对中国实施核打击以"一劳永逸地消除中共威胁"来试探美国政府的反应时，美国对此表示了坚决反对。

1969 年 8 月，尼克松在国家安全委员会会议上明确指出："苏联是更富侵略性的一方，如果听任中国在一场中苏战争中被摧毁，不符合我们的利益。"②

1969 年 11 月，尼克松在关岛之行中又对苏联发出了更加明确的信号。他在关岛演说中宣称："如果一个核国家威胁一个同我们结盟国家的自由，或者威胁一个我们认为其生存对我们的安全及整个地区的安全至关重要的国家的自由，我们将提供保护。"

而时任美国国家安全事务助理基辛格对此就阐述得更加清楚："从一开始，尼克松总统和我就确信美国不能接受苏联对中国的军事进攻。""我们这样做并非反映出北京和华盛顿之间达成一致看法，而是根据地缘政治所作出的清醒估计。如果莫斯科在侮辱北京而使其丧失战斗力方面得逞，苏联的全部

---

① 〔美〕理查德·尼克松：《1999 年：不战而胜》，王观声等译，北京：世界知识出版社 1989 年版，第 256 页。
② 于群主编：《美国国家安全与冷战战略》，北京：中国社会科学出版社 2006 年版，第 39 页。

军事力量就可以投向西方，从而显示出苏联的冷酷无情和美国的软弱无能。""这样一来，日本和西欧便会屈从于苏联的其他要求，更不用说在苏联周围的许多小国了。"①

基于这种形势和认识，美国重新检讨了自己的对华政策，初步得出了这样一些结论：(1) 20多年来，美国孤立和封锁中国非但没有奏效，反而在对华利益上蒙受了大的损失，美国再也不能无视新中国的存在；(2)美国不应该与势头正旺的苏联和日益强大的中国同时为敌，这将既是一种糟糕透顶的战略，也将是美国国力所不可承受之重；(3)在世界力量格局中如果失去了中国对于苏联的牵制和威慑，那美国对付苏联就会更加困难，而如果"世界上人口最多的国家，因而将屈服听命于一个核超级大国——这将是中、苏集团复活之征兆，也是1950年代令人不寒而栗的噩梦"②，那就不仅是困难，而是更加可怕了；(4)既然中苏分裂后中国已经成为并且可以成为美国借重的力量，美国就应该主动采取行动，否则，"一旦变迁已发生，再行动就太迟了"。

后来，基辛格在回忆这一时期的研究决策过程时说，改善中美关系，"转而把两极对峙的世界转化为战略性的美、苏、中三角关系之策略"③，"成了尼克松政府对苏策略的关键因素"④。同时，基辛格在回顾这一时期时还指出："有趣的是，最早察觉中苏分裂有机可乘的领袖是欧洲外交政坛的两个老人：阿登纳和戴高乐。"⑤"美国的决策者有很长一段时间，由于意识形态的定见所限制，未能体会到中苏不和是西方国家的战略大良机。"⑥

再从美国自身来看，20世纪70年代初的美国，也正处在一个重要的历史节点，而且是一个内忧外困的节点。

首当其冲的，是越南战争已经越来越撑不下去了。虽然尼克松1969年就任总统之初就提出"美国政府的第一项任务就是体面地结束越南战争"，但正

---

① 于群主编：《美国国家安全与冷战战略》，北京：中国社会科学出版社2006年版，第39页。
② 〔美〕亨利·基辛格：《大外交》，顾淑馨、林添贵译，海口：海南出版社1998年版，第698页。
③ 〔美〕亨利·基辛格：《大外交》，顾淑馨、林添贵译，海口：海南出版社1998年版，第695页。
④ 〔美〕亨利·基辛格：《大外交》，顾淑馨、林添贵译，海口：海南出版社1998年版，第699页。
⑤ 〔美〕亨利·基辛格：《大外交》，顾淑馨、林添贵译，海口：海南出版社1998年版，第695页。
⑥ 〔美〕亨利·基辛格：《大外交》，顾淑馨、林添贵译，海口：海南出版社1998年版，第696页。

如基辛格所说,"带领美国退出它有史以来第一次不成功的战争"①并不容易。一个基本的原因是,"尼克松是在冷战以来最分歧破碎的国内环境之下,挑起这令人伤心的担子的"②。在军事上,越南战争是美国在历次战争中失败最惨的一次。开战 12 年以来,美军已经死亡 5.8 万人,受伤 30 多万人。在经济上,这场战争已经耗费 2000 亿美元,被称为美国"有史以来最花钱、最残酷却又最无价值"的战争。在政治上,它撕裂了美国社会,反战运动空前高涨,大大加深了美国国内的政治危机。

其次是,从 1969 年开始,美国陷入第二次世界大战后的第五次经济危机,对外贸易由盛转衰,国际收支状况恶化,美元危机频频发生,美元地位一落千丈。再加上西欧和日本的国际竞争,美国全球经济地位遇到的威胁越来越现实,越来越突出。

第三是,美国国内社会问题严重。尼克松说:"60 年代以来的反文化浪潮造成了道德和精神的空白,从而削弱了美国的社会基础。倡导对立文化的新精英们轻视传统道德——努力工作,俭朴,节约,知恩图报,婚姻神圣,忠诚,自我控制两性关系以及个人责任。那些仍然信奉这些道德观念的人被新精英们污蔑为古怪的、政治观点不正确的'什么也不懂的'落后分子。"③"我们在国内首先要解决的问题不是就业,不是医疗保健,不是财政赤字,而是精神和文化的堕落。这是困扰美国的一切问题的根源。"④"一场精神危机已经影响到了美国的各个社会阶层。"⑤"在这个时期,我们的敌人不是海外某个国家,我们的敌人主要在我们内部。"⑥

国际国内的种种情况都表明,要摆脱困局,要继续在世界上保持美国的地位和作用,要赢得这场"连做梦都没有想到的挑战",最佳的选择,甚至是唯一能够从根本上扭转战略格局的选择,就是乘中苏——一个今天的巨人、一个明天的巨人——分裂之机,尽快打破中美关系坚冰。

尼克松既是理想主义者,又是现实主义者、行动主义者,思绪清楚了,

---

① 〔美〕亨利·基辛格:《大外交》,顾淑馨、林添贵译,海口:海南出版社 1998 年版,第 652 页。
② 〔美〕亨利·基辛格:《大外交》,顾淑馨、林添贵译,海口:海南出版社 1998 年版,第 652 页。
③ 〔美〕理查德·尼克松:《超越和平》,范建民等译,北京:世界知识出版社 1995 年版,第 149 页。
④ 〔美〕理查德·尼克松:《超越和平》,范建民等译,北京:世界知识出版社 1995 年版,第 201 页。
⑤ 〔美〕理查德·尼克松:《超越和平》,范建民等译,北京:世界知识出版社 1995 年版,第 209 页。
⑥ 〔美〕理查德·尼克松:《超越和平》,范建民等译,北京:世界知识出版社 1995 年版,第 210 页。

步伐也就加快了。在1970年12月从巴基斯坦渠道得到来自中国的"振奋人心的消息"后，尼克松即派基辛格于1971年7月9日进行了秘密访华。7月16日，中美两国同时发表公告，宣布尼克松即将访华。1972年2月21日，毛泽东会见了尼克松。2月28日，双方发表了上海联合公报。从此，中美两国把诸如朝鲜战争兵戎相见、越南战场间接冲突、台湾海峡隔海对峙等等历史的和现实的宿怨都忘却、搁置一边，开始了中美关系的新篇章。

尼克松总统的这次访华，借重中国收获了足以增强其世界地位的最重大战略利益。

第一，借重中国，显著地增强了美国同苏联抗衡的战略能力和战略地位。

在尼克松访问中国之前，美国曾多次提出就双边关系和进攻性战略武器问题与苏联举行会谈，但苏联都迟迟不予回应。基辛格抱怨说："1969年4月，美国派出未来的国务卿万斯到莫斯科，授权他同时就战略武器限制和越南问题进行谈判，都告失败。"①而在中美1971年7月发布尼克松即将访华的消息后，尼克松就接到了苏联领导人勃列日涅夫的访苏邀请。1972年5月20日——尼克松访华后不到3个月，他就应邀前往莫斯科。这一结果是美国没有想到的。在尼克松访华前，美国曾估计，苏联对中美接近可能会有激烈抵触。但没想到，苏联不仅没有疏远美国，反而还马上放下身段，急切地要求与美国举行会谈。基辛格说："虽然许多苏联事务专家警告尼克松，与中国改善关系，不利美苏关系发展，事实却恰恰相反。在我秘密访问中国之前，莫斯科在勃列日涅夫和尼克松高峰会谈这件事上就拖了一年多，迟不安排。它提出一大堆条件，才肯安排高峰会议。可是，我密访北京后一个月内，克里姆林宫就改变主意，邀请尼克松到莫斯科会谈。苏联领导人放弃逼美国单方面让步的做法后，美苏所有的谈判就开始了加速进行。"②

尼克松的这次访苏，又使他成了第二次世界大战结束后第一个访问苏联的美国总统。在这次访问中，他同苏联领导人共同签署了《美苏相互关系原则》、《美苏关于限制进攻性战略武器的协定》等9个文件。其中，《美苏关于限制进攻性战略武器的协定》的签署，意味着两国迈出了从核竞争到核控制的重要一步，对维护世界和平与安全具有重要意义。而对于美国来讲，尼克松

---

① 〔美〕亨利·基辛格：《大外交》，顾淑馨、林添贵译，海口：海南出版社1998年版，第695页。
② 〔美〕亨利·基辛格：《大外交》，顾淑馨、林添贵译，海口：海南出版社1998年版，第706页。

政府收获的最大战略利益还在于，中美关系融冰以后，美国与中国的关系和美国与苏联的关系都分别好于中苏之间的关系。这就使美国在美、中、苏战略三角关系乃至世界战略格局中，都处在了比较有利的地位。

第二，借重中国，美国总算比较体面地从越南战场撤军，结束了越南战争。

早在1969年1月尼克松就任美国总统之初，他就意识到越南战场的停战撤军，同中美关系的改善具有很大的关联性。他说："问题的关键不在河内，而在北京和莫斯科。"①

果然，在尼克松总统访问中国11个月后，美国就同越南于1973年1月27日签署了停战撤军协议。这一被尼克松总统称为"光荣退出"②的结局出现，不仅使美国终于甩掉了这个沉重的政治、经济包袱，而且还使尼克松总统本人在竞选第二任期总统时，"以破竹之势赢得大胜而连任"。③

第三，借重中国，美国增强了在第三世界的影响力。

尼克松总统的这次访华，产生了积极的良好的国际效应。不仅促使日本等西方国家迅速同中国建立了外交关系，而且还带动了东西方国际关系的整体改善。在当时的形势下，对中国来说，迎来了一次外国与中国建立外交关系的高潮；而对美国来说，不仅加强了其在与苏联竞争和对抗中的砝码，而且还借助中国在第三世界的影响力，改善了美国在国际舞台上的形象。所以有评论指出，中美接近带来的不仅是中美双方国际地位的改变，双边关系的改变，而且是全球关系和战略格局的变化。所以美国第39任总统吉米·卡特说：同中国交朋友还有一些更有意义的潜在益处，其中之一是中国能够悄悄地左右一些第三世界国家——中国在这些国家中间信誉很高，而我们同这些国家交往相对比较困难。我们认为，同中国合作是促进美国同这些国家之间的和平和了解的一种途径。④

第四，通过尼克松总统这次访华，美国在中国获得了长远的政治、经济和战略效益。

---

① 张家康：《走出对峙：毛泽东与尼克松的和谈"对话"》，载《党史纵横》，2007年第3期。
② [美]亨利·基辛格：《大外交》，顾淑馨、林添贵译，海口：海南出版社1998年版，第665页。
③ [美]亨利·基辛格：《大外交》，顾淑馨、林添贵译，海口：海南出版社1998年版，第673页。
④ 泽明、哲武编：《外国首脑文集》下册，北京：中华工商联合出版社1997年版，第105页。

第二章 唯一的常青藤

自 1972 年 2 月 28 日发表上海联合公报为中美两国奠定关系改善和发展的基础后，中美关系虽有波折、起伏、矛盾与摩擦不断，甚至还出现过严重挫折，但总体上还是在向上发展。如今，中美双边每年的人员往来以数百万计，双边贸易额在 2014 年达到 5600 亿美元，美国是中国的主要投资国，中国是美国的最大债权国；在解决全球气候、贫困、核不扩散、反对恐怖主义犯罪，以及地区事务等等共同关心的广泛领域，都形成了相互依存、互利共赢、共同发展的大格局，成了当今世界最重要的双边关系之一。

中国人民是重大局、明大义，十分善良而宽厚的。尽管美国在冷战结束以后仍然用冷战思维来看待当今国际关系，屡屡给中国制造事端，但中国——正如邓小平 1989 年 10 月 31 日在会见来访的尼克松时所说："中国没有做任何一件对不起美国的事。"①

具体到尼克松总统本人，即使在他任内，由他和基辛格亲手将钓鱼岛划归日本管辖，以致酿成今天这样的祸根，中国人民也仍然愿意给予原谅。他们本人或者子女每每来中国，都被中国奉为上宾。甚至尼克松的女儿和女婿来中国，都受到毛泽东的接见。1989 年中国政治风波后，尼克松造访中国，邓小平又高度肯定他对改善中美两国关系所作出的贡献。邓小平说："你是在中美关系非常严峻的时刻到中国访问的。从 1949 年中华人民共和国成立到 1972 年，23 年间，中美关系处于敌对状态。在你担任总统的时候，改变了这个状况。……你 1972 年的中国之行，不仅是明智的，而且是非常勇敢的行动。"②

在这里有必要特别指出的是，进入 21 世纪第二个十年以来，中美关系又在南海等问题上遇到了障碍，甚至面临严峻挑战。

2015 年 5 月 20 日，一架美国最先进的 P-8A 军机抵近中国南沙岛礁进行侦查活动，直接挑战中国的主权，挑战中国人民和中国人民解放军的韧性和耐力，也直接挑拨国际社会的敏感神经。白宫和五角大楼的决策者们、美国的许多战略家们，似乎都相信，只要美国动一动拳脚，施加足够多的压力，中国就会屈服于美国的淫威，就会在涉及自己主权的问题上让步。而且，他们还可能认为——并且也很想证明，当下的美国仍然有实力、有智力，既在

---

① 《邓小平文选》第 3 卷，北京：人民出版社 1993 年版，第 330 页。
② 《邓小平文选》第 3 卷，北京：人民出版社 1993 年版，第 330 页。

欧洲对抗俄罗斯,又在亚洲对抗中国,可以任意在欧亚大陆泼洒笔墨。如果果真这样,那可能就大错而特错了。须知,中国政府和中国人民今天的克制和忍让,只是基于中国国家的远大理想和目标,只是基于中美两国关系的大局,只是基于地区和世界的和平与稳定,只是基于中国人民即将对于人类所要作出的贡献。

可以肯定地说,43 年前中美关系的改善,是美国的主动先于中国的主动,美国对于中国的需要大于中国对于美国的需要;43 年后的今天,中美关系的向好,仍然应该是美国的主动先于中国的主动,美国对于中国的需要大于中国对于美国的需要。作出这一判断的基础不是别的,关键就在于:中国的利益就是一个利益,即中国自己的利益;而美国的利益则是"多个利益"、"全球利益",而在这其中,许多利益根本就不属于美国的利益。从来,合法的利益、正确的战略和人的智慧,只存在于真理之中,如果它不是建立在世界的和平与繁荣发展之上,不是用来为人类服务,那它就可能成为非常可怕非常危险的东西。

五 美国战略的战略

美国既以战略谋划著称,又以追求战略目标达成为甚。由此,美国就形成了一套颇具特色的战略谋划战略、战略实施战略和战略目标达成战略。最能体现其战略谋划特色的,是其战略的"大"。最能体现其战略实施特色的,是其战略的"恒"。最能体现其战略目标达成特色的,是理想主义地提出战略目标,现实主义地实现战略目标。

美国的战略是真正的"大"战略

首先是美国战略的目标大。这从 20 世纪 90 年代以来几任美国总统所追求的国家利益目标中就可以一目了然。

1990 年,按照时任总统老布什提出的国家安全战略报告,美国在未来十年的国家利益目标就强调了这样几点：(1)美国将作为一个自由、独立的国家继续繁荣发展，其基本价值将保持完整，其制度和人民将保持安全；(2)实现美国经济的健康和增长，以保证个人具有实现抱负的机会，国家在海内外的努力则具有资源基础；(3)保持世界的稳定和安全，以促进政治自由、人权和民主制度；(4)保护盟国和友国的健康发展及政治上朝气蓬勃。

1994年，时任总统克林顿提出的国家安全战略报告，对国家战略的三项主要目标作了新的解释。他说，考虑到冷战后时代的现实以及新的威胁，增强美国安全的具体含义是：要具有"在规模和态势上适合于满足我们战略的各种需要的军事能力，包括与地区盟国一起赢得几乎同时发生的主要地区冲突的能力"；促进国内繁荣的具体含义是：要"设计一种具有活力和整合性的经济政策"，刺激全球性的、符合环境保护要求的"健全的经济增长以及自由贸易"，使得美国可以"自由与平等地进入外国市场"；促进民主的具体含义是：要建立"扩大民主的框架"，通过"保护、巩固和扩大自由的市场与民主国家的共同体"，增加美国的安全。①

1997年，克林顿在第二任期提出的国家安全战略报告中，又对美国国家利益目标的内涵作了更具体的描述："我们追求这样一个世界：没有一个关键地区为一个与美国敌对的大国所支配，对美国最重要的地区总是稳定及和平的。我们寻求这样一种气候：全球贸易和开放式贸易不断增长，民主规范和对人权的尊重越来越得到接受，稳定及和平关系未因恐怖主义、毒品交易和国际犯罪遭到破坏。我们还寻求这样一个世界：核、生、化和其他潜在不稳定技术的扩散被最小化，国际社会愿意和能够防止灾难性事件并对之作出反应。这也是美国与世界上最有影响的国家具有紧密的合作关系的世界，以及美国能够对那些会影响到我们国家的福祉的人的政策和行动产生作用的世界。"②

美国战略的目标"大"，不仅仅是目标宏伟巨大，而且也还体现在目标的层次性上，它在美国是一个庞大的目标体系。

2000年8月，美国国家利益委员会完成了一份关于美国国家利益的研究报告。该报告不仅清晰地重新界定了冷战结束后美国国家利益的目标，而且

---

① 朱明权：《冷战后美国国家安全战略》，天津：天津人民出版社2005年版，第167页。
② 朱明权：《冷战后美国国家安全战略》，天津：天津人民出版社2005年版，第167页。

还按照国家利益的优先次序详尽地排列了核心国家利益、极其重要的国家利益、重要国家利益和次要国家利益的内容要点。此外，该报告还按照地缘因素(中国、日本和东亚；俄罗斯；欧洲和北约；西半球)和关键性战略问题(核武器问题；大规模杀伤性武器的扩散；恐怖主义以及跨国犯罪和贩毒；全球贸易和投资；电脑和信息技术；全球环境问题)逐次对影响美国国家利益的重大问题进行了深刻剖析。这份报告中的一些观点和提法，反映了美国智库和决策层对21世纪头几十年美国国家利益的界定和思考，是值得作一详细了解的。

美国国家利益委员会将美国的"核心国家利益"定义为："是维护和增进美国公民生存和福利所必不可少的条件"。其具体内容是：(1)防止、遏制及降低核武器、生物武器和化学武器对美国本土及其海外军事力量的攻击威胁；(2)保证美国盟国的生存以及它们在能够促进美国繁荣的国际体系形成上的积极合作；(3)预防敌对大国的出现或在美国边境地区对抗性政府的出现；(4)保证主要的全球体系(贸易、金融市场、能源供应和环境)的可持续和稳定性；(5)以有利于美国国家利益的方式与可能成为战略对手的国家(中国和俄罗斯)建立建设性关系。

美国国家利益委员会将美国的"极其重要的国家利益"定义为："是如果进行妥协将对美国政府确保和增进美国公民福利的能力产生严重影响但不会导致致命性打击的条件"。其具体内容是：(1)预防、遏制和减少核武器、生物武器和化学武器在世界上任何地方的威胁；(2)防止地区性大规模杀伤性武器及其发射系统的扩散；(3)促进国际法规及和平解决争端机制的可接受性；(4)防止重要地区出现地区性霸权；(5)促进盟国和友好国家的福利水平并保护它们免遭外部侵略；(6)促进西半球的民主、繁荣和稳定；(7)防止、应对、终止在重要地区的重大冲突；(8)在关键的军事及其他战略技术特别是信息技术方面保持领先地位；(9)防止流向美国的大规模移民失控；(10)打击恐怖主义、跨国犯罪和贩毒；(11)防止种族灭绝。

美国国家利益委员会将美国的"重要国家利益"定义为："是如果进行妥协将对美国政府保护和增进美国公民福利的能力带来重大负面影响的条件"。其具体内容是：(1)限制外国的大规模侵犯人权；(2)在重要战略地区尽可能地促进多极化、自由和民主；(3)防止并终止不太重要的战略地域的冲突；(4)保护可能被恐怖主义组织作为人质目标的美国公民的生命和福利;(5)降低发达国家与贫穷国家之间的经济差距;(6)防止美国海外资产被国有化;(7)鼓励关键性战略产业和部门的国内产出;(8)维护国际信息传递能力以确保美国价值观能够持续地对外国文化产生积极影响;(9)以与长期生态要求相一致为基础促进国际环境政策的改善;(10)从国际贸易和投资中实现美国国民生产总值的最大化;(11)维持联合国的力量及其他地区性合作机制。

美国国家利益委员会将美国的"次要国家利益"定义为:"是一些重要的条件,但对美国政府增进美国公民福利的能力具有较小的直接影响"。其具体内容是:(1)平衡双边贸易赤字;(2)扩大在世界各地区的民主;(3)保护其他国家的领土完整或特殊宪法体制;(4)增进特定经济部门的出口。

美国国家利益委员会还特别提出了美国总统所要关注的六个优先事项:(1)加强同日本和欧洲盟国的战略伙伴关系,不管有没有巨大的现实威胁;(2)促进中国进入国际舞台而不受阻碍;(3)防止核武器以及用于核武器资源的失控,遏制生物武器和化学武器的扩散;(4)防止俄罗斯回到极权主义体制或陷入混乱和分裂;(5)维持美国的单独领导权、军事和情报能力及其国际信誉;(6)利用空前的经济的、技术的、军事的和政治的优势构造21世纪的全球体系,以促进美国及其盟国和全世界的自由、和平和繁荣。

美国之所以把自己的国家战略利益定格在如此远大、如此庞大的目标体系上,从根本上说,这源自于美国"山巅之城"的理想,源自于美国独大、独霸的心态。正如尼克松所说:"美国人不知道如何处在第二的位置上,或者在同等者中处于领先的位置上。他们只知道如何成为最好的。第二次世界大战结束后,美国被拥戴为自由世界的领袖。其他的选择根本不可想象。"[1]而美国石油大亨约翰·洛克菲勒的一段话则又是美国这种独大、独霸战略的最好注脚。他说:"当红色的蔷薇含苞待放时,惟有剪去四周的枝叶,才能在日后一枝独秀,绽放成艳丽的花朵。"[2]由此也就不难解释,为什么美国自第二次世界大战结束以来就一直在千方百计地打压其他逼近美国世界地位的大国。

其次,是在必要时,美国可以迅速动员国家的政治、经济、军事、外交、

---

[1] 〔美〕理查德·尼克松:《超越和平》,范建民等译,北京:世界知识出版社1995年版,第208页。
[2] 中央电视台《大国崛起》节目组编:《大国崛起·美国》,北京:中国民主法制出版社2006年版,第275页。

科技和文化资源，同时、集中、精准地对一个特定对象或目标发力，综合实力、瞬间威力和摧毁力大。

美国的战略运用如同它们的拳击手一样，是善于打组合拳的。尤其是在对手濒临崩溃时，往往会迅速发力以一阵狂风暴雨般的重拳将对手迅速击倒。在20世纪80年代末90年代初——苏联崩溃的最后阶段，美国就把这一幕演绎得淋漓尽致。

80年代时任总统里根一上任，最为优先的事项之一就是更为准确地搜集了解有关苏联的情况，尤其是"喜欢阅读有关苏联经济的原始资料"，"诸如工厂由于缺乏备品备件而停工、硬通货匮乏以及排队购买食品等，这使他产生了极大的兴趣，使他明白苏联的经济面临着很大的麻烦"。里根在日记中写道："苏联经济境况极其糟糕，如果我们能够切断对他们的信贷，他们就不得不挨饿，不得不呼喊'大叔'了。"①当他发现苏联的经济同其政治一样所面临的各种危机迹象后，就决心采取各种手段来加剧这种危机。他坚信，苏联体制"是一种不再与其他经济基础相适应的政治结构，一个生产力被政治所牵制的社会"，这将导致苏联毁灭。在一次对大学生的演讲中，他说："西方将不会容忍共产主义，我们将战胜共产主义。……我们将把它作为人类历史上的一个悲哀的奇异的篇章而予以删除。"②在另一次演说中，他又进一步提出，美国应该举国一致援助民主，使"自由民主事业在向前挺进中把马克思列宁主义抛进历史垃圾堆"③。

针对苏联这时的政治、经济这两大基本弱点，里根政府制定了一项直指苏联体制核心的被称为"三位一体战略"的秘密计划。所谓"三位一体"，是里根政府把这场即将对苏联展开的进攻锁定在三个方面：一是从经济上破坏苏联的经济收入，阻断其所需的技术，激化其经济矛盾，加重其经济危机；二是援助阿富汗反苏武装，加重苏军和苏联经济的消耗；三是加大从经济上援助苏联国内及东欧国家的反对派，从内部动摇苏东社会主义国家的基础。时任美国国防部长温伯格称："这是一场无声的战役。"④

---

① 〔美〕彼得·施魏策尔：《里根政府是怎样搞垮苏联的》，殷雄译，北京：新华出版社2001年版，第6页。
② 谭索：《戈尔巴乔夫的改革与苏联的毁灭》，北京：社会科学文献出版社2006年版，第544页。
③ 谭索：《戈尔巴乔夫的改革与苏联的毁灭》，北京：社会科学文献出版社2006年版，第544页。
④ 谭索：《戈尔巴乔夫的改革与苏联的毁灭》，北京：社会科学文献出版社2006年版，第545页。

第二章 唯一的常青藤

到了1987年前后，里根政府的组合拳就正式展开了。其具体手法包括：（1）以隐蔽手段对波兰团结工会的活动予以财政、情报和后勤方面的支持，以确保反对派在苏联帝国的心脏得以生存；（2）对阿富汗抵抗组织提供切实的财政与军事支持，也对穆斯林游击队提供支持，把战争引向苏联本土；（3）通过与沙特阿拉伯合作压低石油价格，并且限制苏联向西方国家出口天然气，使苏联的收入显著减少；（4）发动一场圆滑而详细的精神战，在苏联领导层中煽风点火，使他们变得优柔寡断和担心害怕；（5）发动一场包括秘密外交在内的全球性行动，极大地减少苏联获得西方高技术的可能性；（6）发动一场广泛散布假技术情报的战役，竭尽所能瓦解苏联的经济；（7）开展一场具有进攻性的高技术国防建设，"使苏联的战略优势变为战略债务"，加剧其经济资源危机。

这一回合下来，苏联果然受到了重创。由于美国操纵石油价格下跌，使苏联每年减少收入13亿美元。美元贬值使苏联减少收入20亿美元。美国对波兰的制裁迫使苏联每年支援波兰10亿到20亿美元。苏联在阿富汗的损耗每年达到30亿到40亿美元。苏联被迫应战美国的军事高技术战略，花费了数百亿美元。再加上美国和西方对苏联的工业生产采取技术封锁、资料造假等手段，又使苏联蒙受了更大的损失。苏联的政治经济危机已经到来。基辛格说："里根的表现令人咋舌，无懈可击。""他抓住了苏联制度脆弱的本质。""苏联阵营的分崩离析在里根总统第一个任期内已现迹象，到他即将卸任时已经大势底定、不能挽回。"①

1989年1月，里根政府任期结束后，新任总统老布什接着对苏联施以拳脚，"技巧地导引着苏联寿终正寝"。② 具体，是从以下五个方面展开了对苏联的最后一击。

一是突破苏联的外围，在1989年7月到1990年11月之间，使东欧国家一个个迅速改变了政治制度，转换了国家政权。并达到了通过这一剧变反过来推动和鼓励苏联反对派、加剧苏联演变的目的。1991年3月，老布什在会见原为波兰团结工会领袖、后为波兰总统的瓦文萨时说："我们对波兰及整个

---

① 〔美〕亨利·基辛格：《大外交》，顾淑馨、林添贵译，海口：海南出版社1998年版，第739、740、741页。
② 〔美〕亨利·基辛格：《大外交》，顾淑馨、林添贵译，海口：海南出版社1998年版，第740页。

中欧、东欧自由民主的成功再次作出了贡献。"①

二是加紧对苏联国内的思想渗透，既延续冷战以来的一贯做法，在意识形态领域加紧向苏联社会进攻，又把重点放在苏联领导层，促使苏联领导核心内部发生变化。美国满意地看到，戈尔巴乔夫成了"第一个不赞成苏联搞扩张主义、第一个放弃对东欧的控制权、第一个同意销毁核导弹、第一个提出搞市场经济并支持公开选举和言论自由的苏联领导人"②。

三是进行经济胁迫。在这方面，美国对苏联采取双管齐下的策略：一方面对戈尔巴乔夫改革中符合西方利益的思想、做法给予肯定、鼓励及必要的支持和援助，以拉住它继续前进；另一方面又对苏联不断提出新的目标，如要求减少军事力量，保证支持东欧和中欧自决，实行持久的政治多元化、进行自由选举，与美国协力解决紧迫的全球性问题等，迫使苏联向着美国的要求一步步退让。这种双管齐下的做法几乎成了戈尔巴乔夫执政时期美国对苏联策略的定式。苏联对美国和其他西方国家的依赖也逐步加深。1991年10月，戈尔巴乔夫在电视讲话中公然说，苏联的食品形势非常严重，在目前条件下，不得不指望西方伙伴的支持，"没有这种支持我们简直就活不下去。"苏联报刊也说：不论我们怎么用互利合作的说法来自我安慰，我们不得不扮演乞讨者的角色；苏联让步越多，美国要价就越高。③

四是通过秘密行动，包括派遣间谍、培训工会领导人、暗中联络反对党领导人等，鼓动与支持苏联国内的反政府势力。

五是在军事上持续保持高压态势，把最新型的导弹部署到了欧洲，在一些关键地区加强了美国的军事存在。

在后期，苏联领导集团也知道了美国要通过这一系列行动拖垮苏联的策略，但他们始终未能有效地对付美国的这些恶招。基辛格评论说："戈尔巴乔夫从来没有找到答案。他在位的最后一年里，身陷梦魇，眼睁睁看到大祸临头，却没法脱身或弥补大祸。"④"东欧附庸卫星国家解体，苏维埃帝国土崩瓦解，几乎把彼得大帝以来俄罗斯侵吞之所有权益，全都吐出来。从来没有一

---

① 谭索：《戈尔巴乔夫的改革与苏联的毁灭》，北京：社会科学文献出版社2006年版，第548页。
② 谭索：《戈尔巴乔夫的改革与苏联的毁灭》，北京：社会科学文献出版社2006年版，第549页。
③ 谭索：《戈尔巴乔夫的改革与苏联的毁灭》，北京：社会科学文献出版社2006年版，第550页。
④ [美]亨利·基辛格：《大外交》，顾淑馨、林添贵译，海口：海南出版社1998年版，第738页。

个世界强权未经交战失利，就如此迅速彻底地四分五裂。"①

虽然正如被击倒的拳击手失败的根本原因还是其自身实力不支、技不如人一样，苏联的崩溃并不完全是由美国的组合攻击所致，但这无疑是其中的一个重要原因，并且美国对此津津乐道，不时地又要露一手。

2015年5月间，美国就中国的南海问题又借题发挥，对中国同样玩起了组合拳手法。

5月11日，曾任美中关系全国委员会主席的美国智库重量级人物兰普顿发话称："美中关系的临界点正在接近。我们各自的恐惧比关系正常化以来的任何时候都更接近于超越我们对双边关系寄予的希望。我们正在看到对以积极为主的美中关系的一些关键的根本性支持受到侵蚀。"②

5月16日，美国以"经济间谍"为名，采取"钓鱼"手法，诱捕了中国天津大学一名教授。

5月17日，美国国务卿克里飞抵北京，就南海问题当面同中国较劲。

5月19日，美国司法部以"窃取美国高科技商业机密，以帮助中国的大学以及受政府控制的企业"为名，对6名中国公民提起起诉。

5月20日，美国派出最先进的P-8A军机抵近中国南海岛礁海域侦查。

5月22日，美国副总统拜登在其海军学院发表演说，公开批评中国挑战"航行自由"，并扬言增兵驻守亚太。

还是5月22日，美国金融大鳄索罗斯又在世界银行举行的一次会议上说，如果中国经济的健康状况不佳，如果中国将出口驱动的经济转变为内需驱动的经济努力失败，中国很可能就会制造一个外部冲突，"我们就处于第三次世界大战的临界点"。③

在此期间，美国还动员亚洲盟国、鼓动南海主权声索国，对中国集体发声，对中国采取围攻行动；美国国会多名参议员也提出要求五角大楼取消对中国参加2016年环太平洋军演的邀请，以此作为对中国在南海"采取挑衅行动"的惩罚。而在早些时候，美国还一再阻挠其他国家加入由中国倡导设立的亚洲基础设施投资银行。

---

① 〔美〕亨利·基辛格：《大外交》，顾淑馨、林添贵译，海口：海南出版社1998年版，第772页。
② 《环球时报》，2015年5月13日，第14版。
③ 《环球时报》，2015年5月23日，第8版。

看到如此密集、如此咄咄逼人的攻势集中在 5 月中下旬出现，加拿大独立记者埃里克·索默撰文称，美国正在利用军事、经济和舆论工具对中国进行恫吓、削弱和遏制，展开"混合型战争"①。

其实，美国此时的这些做法和性质，同 20 世纪 80 年代末 90 年代初对苏联的做法和性质，并没有什么根本的不同。如果说会有什么根本的不同，就将是美国这样做的结果可能会有根本不同。试想，在一个公平、正义和尊严在国际政治生活中越来越居于主导地位的今天，一个"远方恶徒"怎么可能既在军事上占优又同时在道德上占据高地呢？更不要说，今天的中国同当年的苏联已不可同日而语。

第三，美国战略的"大"，还体现在战略舞台的"大"上。

自第二次世界大战结束步入世界舞台中央后，美国从来就是在全球各地布局、下棋。即使在同苏联激烈对抗的冷战时期也同样如此。

在冷战初期，虽然美国奉行遏制政策，战略的重点对象是苏联，但其并没有放松对世界其他地区的控制和对其他战略目标的追求。实际上，后来被称为"杜鲁门主义"的美国二战后的政策，其主题词可以概括为：反共、遏制、控制和扩张。其中，反共和遏制主要是针对苏联；控制主要是针对西欧和日本；扩张主要是针对亚非拉及全球其他地区。

作为实施"杜鲁门主义"的战略步骤，在欧洲，于 1947 年 6 月宣布实施马歇尔计划，于 1949 年 4 月成立了北大西洋公约组织；在亚洲，于 1951 年 9 月与日本签订了《美日安全条约》，于 1951 年与澳大利亚和新西兰签订了《美澳新安全条约》，于 1953 年与菲律宾签订了《美菲共同防卫条约》；在拉丁美洲，与多国共同签署了《里约热内卢公约》，确立了西半球的集体防卫制度；对亚非拉其他不发达国家，杜鲁门在第二任总统就职演说中提出了"技术援助和开发落后地区"的计划。到 1953 年杜鲁门总统卸任时，美国共拨款 3 亿多美元，向 35 个国家派出了 2445 名技术人员执行对不发达国家的技术援助和开发计划。

在 20 世纪 60 年代中期，鉴于社会主义阵营的分裂和东南亚不可阻挡的民族解放运动，约翰逊政府又对遏制战略进行微调，开始了新一轮在全球布

---

① 《环球时报》，2015 年 5 月 23 日，第 8 版。

局。他在1965年1月的国情咨文中说：

> 我们正在进入美利坚联邦成立后的第三个世纪。在第一个世纪中，我们曾进行斗争来维护历史长河中大陆上第一个民主的联邦。在第二个世纪中，我们曾努力使构成美国社会的许多集团有着一致的目的和利益。
>
> 而现在——1965年，我们开始进行一种新的谋求一致的努力。我们设法使人们同他们缔造的世界一致，同能够拯救他们也能毁灭他们的知识一致，同能够激励他们也能窒息他们的城市一致，同能够使他们的精神丰富起来也能使他们的精神受到威胁的财富和机器一致。我们设法使人们和社会和谐一致，以使我们每一个人都能扩大自己生活的意义，并使我们大家都能提高我们的文明的质量。这就是我们今天开始进行的工作。
>
> 但是我们谋求的一致在孤立情况下是不可能充分实现的，因为今天联邦的情况在很大程度上取决于世界的情况。我们关心和感兴趣的事情是，我们的同情和警觉性遍布这个日益缩小的星球上的每一个角落。
>
> 对于苏联，我们谋求能够减少对威胁自由的和平的谅解。
>
> 在东欧，动荡不安的国家正在慢慢地开始维护自己的地位。
>
> 在亚洲，共产主义有着一种更富于侵略性的面孔。我们在越南看到这一点。
>
> 对于拉丁美洲的各自由的共和国，我一向感到——我国也一向感到有着特别的利害关系和感情的联系。加强这种联系将是我国政府的目标。
>
> 在大西洋共同体内，我们继续设法实现我们20年来抱有的目标，这就是实现一个力量越来越大、越来越团结并且同美国越来越合作的欧洲。
>
> 在非洲和亚洲，我们正在看到新的国家和新的大陆出现动荡不定的发展。我们欢迎它们加入国际社会。我们决心帮助那些谋求加强自己的独立的国家，并且同那些致力于自己的全体人民的福利的政府进行最密切的合作。①

---

① 周建明、王成至主编：《美国国家安全战略解密文献选编》第1册，北京：社会科学文献出版社2010年版，第429—430页。

约翰逊还特别为他的全球政策找出一种说辞,称:"我们不想扩大美国的力量,而是想使人类得到更大的进步。我们不想支配别人,而是想加强所有的人的自由。"①

在 20 世纪 70 年代尼克松政府时期,如尼克松自己所言:"我国外交政策的议程必须以美苏关系问题为重点,但又不能仅限于此。我们应在四条战线上采取主动行动:(1)我们应同苏联发展一种自己活也让别人活的新关系。这种关系承认尽管两国有不可调和的分歧并将继续进行全面竞争,但两国应共同关心避免因这些分歧而打仗;(2)我们和盟国应承担更多的全球责任,西欧和日本应为保卫西方的总体利益在人力物力方面作出更合理的贡献;(3)我们应继续培育美国同中国的关系,重点首先放在经济和政治合作方面,并视可能伴之以军事和战略合作;(4)我们应有一项更富有创造性的政策,促进第三世界的和平、自由与繁荣。在未来几代人的时间里,最富有生气和戏剧性变化的是那些政治、军事实力最弱的国家。"②

尽管当时美苏的全面竞争高度紧张,尼克松也还专门强调改善与第三世界国家关系的重要性和必要性。他认为,在"为发展中国家的前途而进行的竞争中,美国不能置身事外"。他说:

第三世界国家的重要性有以下四个原因:

第一,第三世界拥有庞大的自然资源和人力。它生产世界上大部分的石油和其他原料。没有这些工业经济就会崩溃。

第二,第三世界正是现实的第三世界战争正在进行的地方。苏联正在亚洲、非洲、拉丁美洲和中东进行非常规性战争,企图控制拥有石油等资源的国家,而这些资源对西方的存亡利害攸关。

第三,第三世界是全世界战争和革命的震中。40 多场战争正在第三世界激烈进行。这些战争大多同苏联无关,但却同美苏争夺密切相关。超级大国之间爆发战争的最大危险是当它们的利益发生冲突时,一场小

---

① 周建明、王成至主编:《美国国家安全战略解密文献选编》第 1 册,北京:社会科学文献出版社 2010 年版,第 430 页。
② [美]理查德·尼克松:《1999 年:不战而胜》,王观声等译,北京:世界知识出版社 1989 年版,第 11—12 页。

型战争便可能升级。小型战争总是具有引发世界大战的潜力。

第四，扪心自问，无法容忍这样的现状：西方是个富足的小岛，而周围却是贫困的汪洋大海。我们不应容忍这一现状。必须满足第三世界的安全需要，充分发掘其经济潜力并实现其政治愿望。①

从以上可见，美国的战略从来是不乏宏观性、全面性和整体性的。

第四，美国战略的"大"，尤其还体现在规划战略目标的长远上。

凡称得上一项美国国家的战略计划，它所着眼的一般都不是几年、十几年，而是几十年、上百年，甚至几百年。

冷战初期，随着对苏联遏制战略的形成，它实际上也就形成了一套对苏联、对其他社会主义国家实行和平演变的战略。1957年7月，时任美国国务卿杜勒斯在一次记者招待会上说：我认为，几乎可以肯定，将要发生一种演进性的变化。我不会对这种事情确定任何日期，但是我深信，这是一个基本真理。如果说赫鲁晓夫是社会主义苏联的第二代领导人，那么，他的"孩子"以及"孩子的孩子"，当然是第三代、第四代，将获得自由。② 遏制战略自1947年形成推行42年后，杜勒斯的预言在东欧被证实了；44年后——1991年，又在苏联身上得到了应验。

就在杜勒斯在记者招待会上发表和平演变的讲话不久，当时担任美国副总统的尼克松一面到访苏联，与苏共中央第一书记赫鲁晓夫进行了那次著名的"厨房对话"，同时也强调，在冷战时期，"竞争是美苏关系的核心，并将决定谁将在超级大国的争斗中取胜。我们的政策不能建立在对苏联的进攻临时作出反应的基础之上，这是失败的政策。临时措施对付不了克里姆林宫精心策划、顽固坚持的扩张主义。我们必须发展按照苏联的条件对付其策略的能力，而且必须制定按我们的条件与莫斯科竞争的长期战略"③。

而当1991年苏联崩溃、俄罗斯跌入谷底时，美国所担忧所考虑的则又

---

① 〔美〕理查德·尼克松：《1999年：不战而胜》，王观声等译，北京：世界知识出版社1989年版，第277—279页。
② 肖德甫：《世纪悲歌——苏联共产党执政失败的前前后后》，北京：中共党史出版社2008年版，第282页。
③ 〔美〕理查德·尼克松：《1999年：不战而胜》，王观声等译，北京：世界知识出版社1989年版，第93页。

是，当俄罗斯再次崛起时美国怎么办。尼克松说："老对手寿终正寝所带来的往往是更加危险的挑战，而不是国家间的和平与和谐。"①"俄罗斯拥有再次成为大国的潜力。它有丰富的文化、骄傲的历史、深厚的学术传统、丰富的自然资源以及能够忍受艰难困苦和作出巨大牺牲的坚强人民——二战期间它们曾极为明显地表现出这个特点。有些人说，俄罗斯分崩离析、软弱无力符合我们的利益。我们不存在这种选择。俄罗斯必然会再次强大起来。唯一的问题是，一个强大的俄罗斯是西方的朋友还是它的敌人。我们必须尽力去做每一件事以确保是前者而不是后者。"②

尼克松给出的药方是，把俄罗斯从政治上经济上完全纳入到西方的体系中。为此，他以前总统的身份频繁出现在俄罗斯。他说："在我作为众议员、参议员、副总统、平民、总统和前总统的整个生涯中，我被恰当地冠以毫无悔改之意的冷战斗士和共产主义之敌的头衔。我一生都在批评莫斯科共产主义的不人道和扩张主义政策，现在则每年都以西方大规模私人投资和政府投资及援助倡导人的身份访问莫斯科，有人认为这很有讽刺意味。我仍旧是原来的那个我。我的立场的改变是由于俄罗斯的民主革命为把俄罗斯纳入西方国家集团、使莫斯科与其极权主义和帝国主义的往昔一刀两断创造了一个独一无二的历史性机会。现在，推动俄罗斯向稳定和非侵略性方向发展，巩固前苏联地区非俄罗斯的其他共和国的独立，是我们的重大利益所在。"③

尼克松还以中国为例强调说："27年前，即我担任总统职务的两年之前，夏尔·戴高乐对我说，美国应在中国的实力迫使其与中国重新建立关系之前就这样做。一代人之后，中国快速的发展及经济、外交和军事力量的扩大证明戴高乐的估计是完全正确的。对俄关系必须以同一意义上的预见为指导。它那些看来堆积如山的问题不会永远存在下去。它的人力和自然资源以及与此相关的恢复元气并最终超越的能力实际上是无限的。美国和西方当前应当与俄罗斯形成一种协作的事务性关系，这样，当我们与俄罗斯人再次相逢时，虽然不一定是作为伙伴，但要作为朋友而不是潜在的敌人。"④

---

① ［美］理查德·尼克松：《超越和平》，范建民等译，北京：世界知识出版社1995年版，第35页。
② ［美］理查德·尼克松：《超越和平》，范建民等译，北京：世界知识出版社1995年版，第47页。
③ ［美］理查德·尼克松：《超越和平》，范建民等译，北京：世界知识出版社1995年版，第46页。
④ ［美］理查德·尼克松：《超越和平》，范建民等译，北京：世界知识出版社1995年版，第49页。

第二章 唯一的常青藤

见美国政坛对此不以为然,尼克松还批评一些人的短视:"某些人认为,俄罗斯的诸多困难使它丧失了被作为强国对待的资格。""它已不再是一个世界强国,今后一段时间仍将如此。""倘若美国受其误导,将这种极端荒谬的估计作为其政策基础,那么在俄罗斯、欧洲以及世界其他地区,和平与自由的前景将受到严重危害。""这些人忽略了一个令人不快、但却不容否认的事实:俄罗斯是世界上唯一有能力摧毁美国的国家。仅仅由于这一原因,我们的对外政策便依然要把它放在最重要、最优先考虑的位置。"①

前国家安全事务助理布热津斯基同样向美国执政者建言:"毋庸置疑,虽然俄罗斯国力已受削弱,并可能长期面临困境,但它仍是一个主要的地缘战略棋手。它的存在本身就能对在前苏联境内广阔欧亚地带出现的新独立国家产生重要影响。俄罗斯有雄心勃勃的地缘政治目标,并越来越公开地宣扬这些目标。一旦它恢复了元气,它还将对其西部和东部的邻国产生重要影响。此外,俄罗斯尚未在对美关系方面作出根本的地缘战略选择:美国是朋友还是敌人?它很可能认为自己在欧亚大陆有就这个问题作出选择的很大余地。这在很大程度上取决于它的国内政治发展进程,特别是它将成为一个欧洲民主国家,还是重新成为一个欧亚帝国。无论如何,尽管俄罗斯在欧亚棋局中已丢失了一些'棋子'和关键的地盘,它仍是一个参赛棋手。"②

就是在这样一种呼声之中,时任美国总统克林顿在经过短暂的观望和研判之后,又再次把对俄罗斯政策的重点转向了孤立、遏制和弱化的一面。其具体措施包括:

——把战略安全和取得对俄战略优势放在对俄政策首位。一是不顾俄罗斯的反对坚决推进北约东扩进程,加紧构筑以美国和北约为主导的欧洲安全新体系。1997年7月,以美国为首的北约作出了吸收波兰、匈牙利和捷克三国为新成员的正式决定。美国还于1998年1月与爱沙尼亚、拉脱维亚和立陶宛三国签署了《伙伴关系宪章》,明确表示支持这三国将来加入欧洲和北大西洋公约组织。二是促使俄国家杜马批准第二阶段削减战略武器条约,谋求俄同意修改《反弹道导弹条约》,以便于美国在本土部署有限的国家导弹防御系

---

① 〔美〕理查德·尼克松:《超越和平》,范建民等译,北京:世界知识出版社1995年版,第33页。
② 〔美〕兹比格纽·布热津斯基:《大棋局:美国的首要地位及其地缘战略》,中国国际问题研究所译,上海:上海人民出版社1998年版,第59页。

统。三是与其北约盟国加紧磋商制定"战略新概念",以进一步巩固和确立美国和北约在冷战后欧洲安全格局重建中的主导地位。四是积极介入波黑内战和科索沃危机的调停和解决,并于1999年3月开始对俄罗斯的传统盟友南联盟实施空中打击。

——加紧实施"和平伙伴关系"计划,"在所有的前苏联共和国削弱俄罗斯的影响"。一是致力于把乌克兰作为反俄的缓冲区。二是通过不断扩大与中亚国家在"和平伙伴关系"框架内的合作,加强对包括中亚和北高加索在内的里海地区国家的经济和军事渗透,以抵制独联体的一体化,削弱俄罗斯在该地区的影响,进一步压缩俄罗斯的战略空间。

——减少对俄罗斯的援助。以往,美国在前苏联地区经济援助的三分之二是给俄罗斯,三分之一给乌克兰和其他国家。但到1995年和1996年,援助情况正好相反,只有约三分之一给俄罗斯,三分之二给了其他前苏联地区国家。到1997年,乌克兰不仅接受了比俄罗斯更多的美国援助,而且成了美国的第三大受援国。

——以"人权"为借口干涉俄罗斯在车臣对恐怖分子采取的军事行动,从政治上和外交上对俄罗斯全面施压。

所以有评论说,美国的战略家像哲学家一样,他们所关心的不仅是当前的局势,而是在此后的1000年里,可能会导致什么样的结果;并且,他们所关心的还并不仅仅是自己或某一个国家,而是生活在这个星球上的全人类。

美国的战略是真正的"恒"战略

由于美国的国家战略在实施之前一般都经过了判断、辩论、筛选、择优,并且在实施一段时间后又还有评估和修正,所以它一旦付诸实施,便会一以贯之,不达目的誓不罢休。在20世纪,最能体现美国这一战略特色的,还是其反共政策和遏制战略。

几乎从1917年十月革命开始,美国就视共产主义为洪水猛兽、不共戴天的敌人,必欲除之而后快。时任美国国务卿罗伯特·兰辛向伍德罗·威尔逊总统报告说,苏俄是"对各国现存社会制度的直接威胁","如果布尔什维克继续掌握政权,我们就毫无指望。"威尔逊总统也说:"莫斯科政体在一切方面都是对美国的否定。"①随即，美国率先宣布对苏俄实行经济封锁，并于1918年6月派兵7000人到俄国北部和西伯利亚，直接参加了资本主义世界对苏俄的武装干涉。对这种行径，列宁痛斥："现在英、法、美集团把消灭世界布尔什维主义、摧毁它的主要根据地俄罗斯苏维埃共和国当成它们的主要任务。为此，它们准备筑起一道万里长城，像防止瘟疫一样来防止布尔什维主义。"②

与此同时，一向标榜信仰自由、意识形态多元化的美国，颁布《反叛乱法》对国内的共产党活动严加管制，出现了第一次"红色大恐怖"。1919年八九月间，美国两个共产主义组织——美国共产党和共产主义工党刚刚成立，美国统治集团就迫不及待地对其实施镇压。1920年1月，美国又在全国70个城市进行大规模突袭，逮捕了近万名共产党员和进步人士，力图把共产党人一网打尽。

1947年冷战爆发后，美国的反共仇共达到了顶点。

在国际上，美国对共产主义运动围追堵截，哪里有共产主义国家可能出现，美国就干涉到哪里。对自己力量所不能及的，就长期孤立、封锁。对苏联，美国则在国际社会对其社会主义制度和意识形态进行了最猛烈最恶毒的攻击，声称苏联是"罪恶的帝国"，是对基督教文明、自由世界价值观以及生活方式的最大威胁。至此，反共仇共就成了美国对外政策中的基本指导原则。

在国内，美国又实施所谓"共产主义分子大清剿"，出现了第二次"红色大恐怖"。1947年3月，杜鲁门总统发布《忠诚法令》，要求数百万公职人员宣誓效忠政府，并对公民进行"忠诚调查"。对不宣誓、不接受忠诚调查者，则解雇其工作。1950年9月，美国又颁布《国内安全法》，禁止共产党员及其同情者在政府和国防企业中就职。许多政府官员和政府部门因共产党嫌疑而受到打击、迫害和追究。曾经担任美国国防部长和国务卿的马歇尔不得不辞职回家养老。美国"原子弹之父"奥本海默、喜剧大师卓别林等都受到种种非议。连美国之音电台负责人和30多名雇员也因有同情共产党嫌疑，被强迫辞职。至此，反共仇共又成了美国国内政治生活中的经常性内容。

1991年冷战结束后，美国的反共仇共政策并没有因世界上最大的共产主

---

① 国家教委高校社会科学发展研究中心编：《中外历史问题八人谈》，北京：中共中央党校出版社1998年版，第147页。
② 《列宁全集》第35卷，北京：人民出版社1985年版，第159页。

义堡垒——苏维埃社会主义共和国联盟的土崩瓦解而终止,而是很快又把主要矛头指向了中国。

1993年2月,克里斯托弗出任克林顿总统的国务卿刚刚一个月,就在一次演讲中声称:"我们的政策将是谋求促进中国出现从共产主义到民主制的广泛的、和平的演变。"①

克里斯托弗的助手、助理国务卿洛德讲得就更为露骨和专业。他说:"在过去半个世纪以来,美国曾在亚洲打过三场战争。我们在那里拥有持久的安全利益。……但是世界上最后五个共产党政权中的四个,与其他一些压迫政权一起,在一个被扭曲的时代里仍然困守在亚洲。""因此,我们面对的政策挑战,是既要与这个重要国家交往、又要把我们所承担的促进国际价值观念的责任这两者结合起来。"②

进入21世纪以来,美国对反共仇共、对敌视中国的政治价值和政治制度,仍然念念不忘。

2002年2月,时任美国总统小布什与到访的俄罗斯总统普京在谈到世界面临的威胁时,毫无避讳地说:"从长远来看,我们的问题在中国。"③

2007年6月,在华盛顿举行的"共产主义受难者纪念碑"揭幕仪式上,小布什又恶毒攻击共产主义。他说:20世纪是人类历史上死亡最惨重的世纪,共产主义在这个世纪里夺走了大约一亿男男女女和孩子的性命,光是在中国和苏联就夺走了几千万人的生命。以"邪恶和恨为基础的共产主义",到今天还继续存在。共产主义不只夺走受难者的生命,他们还企图盗窃他们的人性,抹消他们的记忆。这座纪念碑的落成,就是要归还他们的人性,重建他们的记忆。④ 在这次讲话中,小布什还把共产主义与恐怖主义相提并论,认为共产主义"杀人不眨眼"。他呼吁,自由世界要团结一致,直至让共产主义和恐怖主义"成为历史灰烬"。⑤

从美国统治者的这些言论中,人们不难看到,美国对于共产主义的放肆诋毁和一贯仇恨到了何种程度。

---

① 张海涛:《何处是"美利坚帝国"的边界》,北京:人民出版社2000年版,第206页。
② 张海涛:《何处是"美利坚帝国"的边界》,北京:人民出版社2000年版,第208—209页。
③ 于歌:《美国的本质》,北京:当代中国出版社2006年版,第176页。
④ 《新华文摘》,2007年第22期,第62页。
⑤ 《新华文摘》,2007年第22期,第62页。

一个世纪以来，美国对于共产主义和社会主义国家的攻击和打击，一刻也没有停止。时至 2015 年，美国就南海问题又对中国发难，所谓威胁航行自由、所谓有违国际法、所谓影响地区和平与稳定等等，统统都是借口。政治信仰的不同、政治制度的区别、政治追求和抱负的差异，才是根本。中、美两国的所有分歧，盖出于此。

再从美国的遏制战略来看，它同样是美国的一个"恒"战略。

从 20 世纪 40 年代后期杜鲁门总统开始，美国民主、共和两党的 9 个总统，在 40 多年中不论谁上台执政，对推行遏制战略都孜孜以求，毫不放松，一直到 1991 年苏联崩溃，才总算松了一口气。

然而，苏联虽然垮了，但这项战略的使命却还没有结束。因为，美国的遏制战略既是其针对苏联的战略，同时也是其谋求世界霸权的战略。正是由于后一种本质特征的存在，所以苏联崩溃、冷战结束后，美国也并没有放弃遏制战略的思维和遏制战略的运用；并且，可以肯定地说，这项战略美国还会长期地无限期地推行下去。对于这其中的战略考量，基辛格阐述得就更加清楚。他说："不论冷战存在与否，单——一个大国主宰欧亚大陆两大范围之一（欧洲或亚洲），都会对美国构成战略意义上的危险。因为这样的组合会在经济上胜过美国，最后在军事上也凌驾美国之上。即使这个主宰的大国开明，也必须抵制此一危险；因为一旦这个大国改变意向，美国将会发现本身有效抵抗的力量已经大减、也逐渐没有能力影响事件发展。"①

对此，人们是不必责备或苛求美国的，毕竟，存在决定意识，利益决定战略。

理想主义地提出战略目标，现实主义地实现战略目标，是美国战略的经典和精粹

毫无疑问，美利坚民族是一个不乏浪漫主义的民族，美利坚合众国也是一个不乏理想主义的国度。

1607 年，当北美仍处于蛮荒状态之时，首批虔诚的英裔清教徒就举家漂洋过海来到这块尚未开发的土地。虽然前途未卜，但他们相信，只要更加勤

---

① 〔美〕亨利·基辛格：《大外交》，顾淑馨、林添贵译，海口：海南出版社 1998 年版，第 786 页。

奋地诚实地劳动,像信仰上帝一样信仰职业,像热爱生命一样热爱工作,就会有好日子过。

1776年,当13块殖民地的人民刚刚获得自由争得独立,前路仍然充满未知数时,他们就相信,他们将要建立的国家是一座"山巅之城",将照亮世界。

后来,通过一步步努力,通过血与火的洗礼,个人的机遇之梦,民族的美利坚之梦,都一一成真。自然,这种既充满理想主义色彩又不乏现实主义精神的民族特质,就渐渐地渗透到了美国的政治和战略文化之中。

正是基于这样的意义,所以尼克松说:"哪里没有幻想,那里的人民就会消亡。哪里有虚假的幻想,那里的人民就会更快地消亡。"①"没有现实主义的理想主义是天真而又危险的。没有理想主义的现实主义是玩世不恭而又毫无意义的。""将讲求实际的理想主义和有远见的现实主义合为一体,美国获得了世界领袖的地位,创造了繁荣。"②

正是基于这样的意义,所以基辛格说:制定美国外交政策是在现实主义和理想主义之间寻求平衡的过程。理想主义地提出目标,现实主义地实现目标,这是美国外交的一大特征。美国理想的实现是靠耐心积累的许许多多的小成就来完成的。

应该看到,尼克松和基辛格的这些认识和主张,都不只是坐而论道,而是他们执政时期活生生的战略或政策实践;都不只是他们自己执政时的战略或政策实践,而是美国历届政府和历任统治者一贯的战略或政策实践。这在20世纪美国的许多重要时刻和美国许多总统的任期中都得到了充分体现。

在20世纪的第一个十年中,第26任总统西奥多·罗斯福既谨慎地处理了与当时综合国力最强盛的英国的关系,又努力避免了与新兴强国日本发生直接冲突。于英国,美国与其达成战略妥协,在北美划定并遵守各自的势力范围,免除了自己的安全隐忧。于日本,美国三次违心地对其迁就和忍让,虽然遭到中国和世界的不满与谴责,但对美国国家利益显然更为有利。

在20世纪的第二个十年中,尽管第28任总统伍德罗·威尔逊在巴黎和会上风光无限,并且决定性地促成了《凡尔赛和约》的签署;但是,基于美国当时的国际国内环境和国家利益考量,美国最终还是没有加入该条约,也没

---

① 〔美〕理查德·尼克松:《超越和平》,范建民等译,北京:世界知识出版社1995年版,第145页。
② 〔美〕理查德·尼克松:《超越和平》,范建民等译,北京:世界知识出版社1995年版,第161页。

有加入由英、法、日、意等 30 多个国家所组成的国际联盟。

在 20 世纪的第三个十年中,虽然美国把希特勒法西斯德国和苏联共产主义政权都视为不共戴天的极权统治,但出于当时的政治、经济考虑和战略需要,美国又颁布《中立法》,同德国法西斯保持中立;于苏联,则搞实用主义,在十月革命胜利 16 年后,与苏联建立了正式外交关系。

在 20 世纪的第四个十年中,虽然美国仍然坚定地反共反苏,但是,第 32 任总统富兰克林·罗斯福在第二次世界大战中,又超越社会制度和意识形态分歧,同苏联结成同盟,共同抗击法西斯轴心国,直至最后取得战争胜利。

在第二次世界大战结束后长达 40 多年的冷战中,美、苏两国为了在全球扩张自己的势力,对第三世界国家展开了激烈地争夺,虽然美国誓言"既要寻求阻止共产主义在第三世界扩张,又要寻求实行旨在扩大自由的政策",但在实施过程中,美国同样也采取了现实主义的态度。

在尼克松政府时期,美国朝野许多人希望把立即实行民主作为解决第三世界一切问题的办法,要求美国向第三世界国家的政府施加压力,迫使它们达到美国在人权上的标准;否则,美国就宣布与那些达不到标准的政权断绝关系。

但是,既是理想主义与现实主义相结合的倡导者、也是理想主义与现实主义相结合的模范实践者的尼克松,否定了这些主张。他认为:"我们应该始终如一地鼓励朝着民主政府方向前进的进程,鼓励人们更加尊重人权。这一政策不仅符合第三世界人民的利益,也符合美国的利益,因为通过自由选举产生的政府是我们更强大、更可靠的盟国。但是,我们必须看到,在第三世界不大可能实行符合我们标准的民主。因此,在决定支持哪个政府问题上,我们必须现实一些。"①

至于为什么不能立即在第三世界国家全面推行民主进程,尼克松分析认为:"在第三世界不太可能有民主政府。民主制度犹如一架复杂的钟表,时钟需要有主发条和相互关联的齿轮系统才能走动,民主制度需要人民有自治的愿望,而且需要有政治、经济和文化的机构来使民主制度正常工作。西方的这些机构是经过几百年的进化而形成的,我们不能期望它们一夜之间在第三

---

① 〔美〕理查德·尼克松:《1999 年:不战而胜》,王观声等译,北京:世界知识出版社 1989 年版,第 124 页。

世界生根开花。"①

那么，怎么既能"阻止共产主义在第三世界扩张"，又"实行旨在扩大自由的政策"呢？尼克松说："我们需要建立早期预警系统，以便在革命之火燃烧起来之前就察觉热点。然后，我们应该在维持现状与实行共产主义之间提出一个积极可行的替代办法。在病人染上不可救药的革命病毒之前，我们就必须配制预防性政治药方，进行医治。"②

为此，美国先后出台了以下两套针对第三世界国家不同情况的政策措施。

一是，在决定支持一个非民主政府时，美国要求必须符合以下四个条件。

第一，这个政府必须允许一些人权和政治权利，其政治制度必须有实现和平变革的前景。尼克松说："我们要谨慎地拉开与那些确实令人讨厌的政权的距离，以免因与压迫者的关系而使自己的形象在这些国家的人民的眼中受到玷污。""同时，我们不应该把自己孤立于世界之外。""如果我们同所有不符合美国的自由和正义标准的国家断绝关系，我们将不得不同世界上三分之二的国家断绝来往。"③

第二，这个政府必须有能干的特别是懂经济的领导人。尼克松指出："一个国家的人民会接受暂时限制他们的政治权利，以换取经济发展；但是，他们不会安于忍受政治压迫和经济停滞的双重重压。如果我们的战略利益要求我们与独裁政府建立密切关系，我们应该运用我们拥有的影响力，促使它实行那种真正给人民带来发展的经济政策。同时，我们还必须看到，光有经济发展是不够的。就像光有经济发展没有自由一样，如果只有自由而没有经济发展，这种自由是短命的。从长远来说，两者缺一不可。我们应该运用自己的影响力，来确保两者齐头并进。"④

第三，这个政府必须有一支能攻善守的军队，既能维持国内秩序，又能

---

① 〔美〕理查德·尼克松：《1999 年：不战而胜》，王观声等译，北京：世界知识出版社 1989 年版，第 124 页。
② 〔美〕理查德·尼克松：《1999 年：不战而胜》，王观声等译，北京：世界知识出版社 1989 年版，第 124 页。
③ 〔美〕理查德·尼克松：《1999 年：不战而胜》，王观声等译，北京：世界知识出版社 1989 年版，第 125 页。
④ 〔美〕理查德·尼克松：《1999 年：不战而胜》，王观声等译，北京：世界知识出版社 1989 年版，第 125 页。

防止发生共产党叛乱。美国认为，有时美国不得不支持不受人民欢迎的政府，但美国绝对不能与共产主义运动一旦兴起就无力捍卫自己的政府保持过密的关系。尼克松说："如果我们与这样的政府关系过密，我们将像坐在导火线通向苏联政治局的火药桶上，将受莫斯科摆布，而克里姆林宫的领导人是不会怜悯人的。"①

第四，只有在没有能站得住脚的主张民主的反对派领袖的情况下，美国才支持独裁政府。但是，美国如果必须与独裁政府合作，也至少必须与反对派保持接触。

再就是，当一个第三世界国家的政府受到共产党游击队或者其他武装力量的袭击时，美国也制定了下述七条指针。

第一，一定不能动摇这个国家领导层的稳定。除非这个国家的领导层不可救药地腐败或无能，或者既腐败又无能，否则，美国在解决这个国家领导层的问题上应该十分谨慎——只有在有更好的选择时才采取行动。尼克松还指出："美国在越南犯的最大的错误是，1963年策动了推翻吴庭艳总统的政变。尽管他的政府有严重失误，然而他的倒台引起了政治上的不稳定，这反过来又损害了南越的军事能力。这样做的直接结果是，美国不得不承担起打仗的主要负担。"②

第二，必须努力切断叛乱分子的外援渠道。没有外援，叛乱力量是不可能坚持打下去的。因此在军事上的首要任务是，在外援供应到达叛乱分子手中之前就切断它。

第三，为了打败叛乱分子，需要多少援助就提供多少。美国认为，这关系到一个国家的生死存亡问题，美国不应该吝啬；至少，苏联为其友国和盟国提供多少，美国也要提供多少。

第四，在必要时必须要求这个国家改组它的武装力量，以便赢得民众支持。尼克松强调，平息叛乱既是一场军事战争，也是一场政治战争，取得政治胜利是取得军事胜利的先决条件；不能因军队粗暴对待平民而使共产党赢

---

① 〔美〕理查德·尼克松：《1999年：不战而胜》，王观声等译，北京：世界知识出版社1989年版，第126页。
② 〔美〕理查德·尼克松：《1999年：不战而胜》，王观声等译，北京：世界知识出版社1989年版，第121页。

得民众的支持,那将导致政治上的失败,进而导致军事上的失败。

第五,必须鼓励这个国家采纳在村庄一级保卫国家的战略。美国在提供军训时,应避免犯按照美国的模式来改造别国军队的错误。必须牢记,在游击战争中,村村都有步兵排比每省都有机械化旅更能有效地保卫民众。

第六,一方面要寻求获得军事胜利,同时也必须促进经济发展,并把它作为政治攻势的一部分。

第七,必须准备长期向这个国家提供援助。美国认为,很少有十年之内结束的游击战争,期待一个国家的政府一夜之间就击败游击队是不合情理的;如果美国的友邦和盟国不能指望美国长期支持它们,美国很快就会失去所有的盟友。

针对美国国内对尼克松政府时期就推行这些政策的种种非议,尼克松还说:"许多人错误地以为,尼克松主义的宣布意味着美国决定撤退,实行孤立主义,让亚洲各国和其他地区国家自己保卫自己。事实并非如此。尼克松主义不是美国撤出第三世界的政策,而是为美国在第三世界呆下去奠定了良好的基础。""美国在这个问题上已积累了足够的经验。我们只要遵循七条基本方针,就能避免重犯过去的错误。"①

经过这一场持久、漫长而艰苦的对第三世界国家的争夺战,结果,苏联不仅没有争得更多的地盘,反而连社会主义阵营的既有阵地也没能够守住;而美国却在冷战期间,建立了广泛的双边或者多边和地区的联盟体系。

总的看,如果战略就意味着以最佳方式追求最高目标这个判断成立的话,那么,美国的战略无疑是成功的。它保证了美国的崛起,帮助美国实现了世界地位,帮助美国打垮了自己的敌人,帮助美国实现了持续达一个世纪之久并且还将继续的美利坚之梦。人们有理由认为,美国无论是对别的国家还是对自己,都负有责任;这两方面的责任,美国都不能逃避。人们还有理由认为,美国与世界上其他国家的关系是重要的,但更为重要的,是美国与自己的关系。人们完全有理由期待,美国有能力剔除自己战略中的糟粕,发扬其战略中的精华,让世界也让美国自己,生活得更加美好。

---

① 〔美〕理查德·尼克松:《1999年:不战而胜》,王观声等译,北京:世界知识出版社1989年版,第121页。

第三章
Chapter Three

觉醒的战略发源地——尊严是人类的普世价值，用太阳的温暖去移风易俗要比用暴风骤雨好

20世纪人类在政治上的觉醒并不只是在内政方面，而且也体现在国际政治方面，处于最高层次的，在全球具有最大公约数的，可能是尊严、和平、正义、平等、与人为善这些不朽的原则。这些也可以称作人类的万能语言，是人类的共同感情，用这种语言能够向任何心灵说话和被一切人所理解所接受。

一旦欧洲的发展臻于某种程度，数世纪以来静静发展成熟的语言与文化群体，便会开始浮现，世界不再是由被动的斯民所组成。他们开始清楚地意识到：自己已成为历史的主宰力量。

——〔英〕埃里克·霍布斯鲍姆

还是在 1992 年 8 月,美国以全球地缘战略研究著称的前国家安全事务助理、布热津斯基博士就曾经这样预言欧洲的发展前景:"目前现有的欧共体是由 12 个国家组成,有 3.43 亿人口。不久,5 个欧洲自由贸易区国家很可能加盟,使一体化中的欧洲——'第一欧洲'——总人口增加到约 3.7 亿。但是,正在敲打'第一欧洲'大门的是'第二欧洲'的欧洲国家——波兰、匈牙利、捷克斯洛伐克和斯洛文尼亚——还得再增加 7000 万人。它的最终结果将使欧洲扩大到约 4.5 亿人和 27 个国家。"①

布热津斯基还进一步指出:"政治上统一的成功,将在欧洲创造出一个生活在民主屋顶之下,享有与美国相当的生活水准,且拥有大约 4 亿人口的单一实体。这样的欧洲必将成为一个全球性大国。"②

到 2009 年 12 月,欧洲一体化的进程和结果竟完全不出布热津斯基所料——既达到了建立 27 国一体化的目标,又真正成了一个"全球性大国",并且还实现了美国对于欧洲所寄予的使其成为欧亚大陆西部"战略桥头堡"的期待。

而令人更可喜的是,羽翼渐丰的"合众国"不仅在自己的前进道路上一改二战后的战略疲惫状态,既积极而富有创造性地加强其内部整合,又重新找回了自己对于世界的意义,开始了既与过去的自己完全不同、又与当今的美国完全不同的一种崭新方式,傲然于世,作用于世,并且启发着世界。

---

① 〔美〕兹比格涅夫·布热津斯基:《大失控与大混乱》,潘嘉玢、刘瑞祥译,北京:中国社会科学出版社 1994 年版,第 151 页。
② 〔美〕兹比格涅夫·布热津斯基:《大棋局:美国的首要地位及其地缘战略》,中国国际问题研究所译,上海:上海人民出版社 1998 年版,第 75 页。

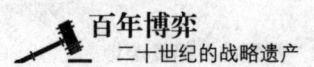

一　英国：蓦然转身——从"英帝国"到"英联邦"

在人类自我酿造的罪孽中，除了战争，可能就再也没有比殖民和种族歧视更为深重、更为丑恶的了。

自15世纪中期以来，西方殖民主义者对亚非拉广大地区进行疯狂的侵略、掠夺和灭绝人性的屠杀，把许多国家和地区变成殖民地或半殖民地，严重阻碍了人类社会的发展。在非洲，数以千万的黑奴被贩卖、被屠杀，不少民族被剿灭，离太阳最近的土地变成了最"黑暗的大陆"。在亚洲，丰富的物产被浩劫，民族的权力被剥夺，人的尊严被践踏，导致了普遍的贫困和落后。在拉丁美洲，残酷的屠杀和疯狂的掠夺，几乎中断了原有社会的正常发展，毁灭了千百年来的固有文化。

而在西方所有殖民帝国中，英国无疑又是罪魁祸首。通过首先建立现代民族国家，到19世纪末20世纪初，英国已是世界上无可争辩的头号帝国。英国海军的力量统治着各大洋。英国的贸易遍及全世界。英国是世界上公认的金融和工业中心。英国统治下的帝国内涵已包括自治领、自治殖民地、直辖殖民地、保护领和保护国，其殖民地遍及非洲、美洲、亚洲、大洋洲和欧洲。其拥有的殖民地总面积达到2409万平方公里，已占地球陆地面积的16%，等于英国领土的100倍。其殖民地人口已近4亿，为英国人口的9倍。每一个英国人也都知道，他们已经具有比任何大陆国家都难以堪比的行动自由，这种行动自由就来源于其庞大的殖民体系。这个体系给英国带来的不仅是财富，而且还有巨大的战略优势，包括为英国在全球的任何冲突中提供军队、舰船、原材料和资金。

正是因为这样的原因，所以英国在20世纪的三大国际主题中，实质上是把殖民地事务摆在了首位。其他两大主题——在欧洲一体化进程中发挥自己的作用；处理好与美国的关系，在以美国为首的西方世界所关心的国际事务中扮演自己的角色，都处于次要地位。在英国看来，参与欧洲一体化进程的努力是可大可小、可进可退、且走且看的；如果不符合自己的心愿，是可以

第三章 觉醒的战略发源地

随时说"再见"的。至于同盟友美国，历来在特殊关系中互存芥蒂，虽有血缘联系但也分主仆，把自己的前途和命运完全寄托在别人身上是不足取的，甚至是危险的。唯有经营好自己多多少少还握有些主动的英联邦事务，才是上上策。所以，从整个 20 世纪来看，英国是把英联邦事业当成自己的主业的，并且，一跨入 20 世纪的门槛就开始了。

1901 年 1 月 22 日，在英国历史上在位时间最长、把英国殖民事业推向顶峰的一代女王——维多利亚去世了。维多利亚在位时，曾首度并两次召开殖民地会议。一次是 1887 年她登基 50 周年时，帝国各地的代表都来到伦敦为女王举行庆典，女王成了全世界最瞩目的人物。再一次是 1897 年女王登基 60 周年时，英国又举行隆重庆典，再一次召开了殖民地会议。这两次隆重庆典和召开殖民地会议，使女王一再享受到了作为英帝国君主的荣耀。维多利亚女王引以为傲是有道理的。因为正是在她在位 64 年期间，英帝国达到了极盛。这时的维多利亚女王已不单单是英国国王、印度女皇，而是整个英帝国——包括众多的自治领、自治殖民地、直辖殖民地、保护领和保护国的女王；而此时的英国也真正是如日中天、傲视寰宇的"日不落帝国"。就在女王去世前六个月——1900 年 7 月，她还签署了澳大利亚为独立自治领的法案。这是英国在 20 世纪调整其殖民政策的第一个重大行动。可以说，以澳大利亚联邦的成立为标志，从此，澳大利亚的历史翻开了新的一页，英国的殖民政策也翻开了新的一页。

接下来发生的事，就更加加速了英国殖民政策的调整和从"英帝国"到"英联邦"的转变。

于 1902 年 5 月结束的已历时三年之久的第二次英国与布尔人战争，使帝国耗资达 2.2 亿英镑，而且派去的军队达到 44.8 万人，共造成了 2.1 万人死亡。

1905 年 10 月、1919 年 3 月和 1930 年 3 月，印度又一浪高过一浪地爆发了反对英国殖民主义的运动。

1937 年 3 月，近在咫尺的爱尔兰终于实施自己制订的宪法，建立了独立自主的共和国。

特别是在第一次和第二次世界大战中，英帝国的沧桑和沦落，更是让英国统治阶层明白了：想让其他国家不用特殊的方式对待你，你就必须不用特殊的方式对待其他国家；人的生存和生活仅有面包是不够的，平等和尊严有时候比生命还重要。

在发生了巨大变化的世界面前，英国虽然在"日不落帝国"的睡梦中醒得有点晚，但毕竟还是醒了。于是，在1931年颁布了《威斯敏斯特法案》，确认了英国和加拿大、澳大利亚、新西兰、南非这四个自治领自由结合成英联邦，这四国与英国具有平等的地位；在1949年印度改制成为共和国并选出自己的总统后，英联邦政府首脑会议随即发表《伦敦宣言》，将英联邦成员需对英王效忠的原则变成了英联邦成员"接受英王为独立成员国自由联合体的象征和首脑"；在1952年召开的英联邦政府首脑会议上，明确每个成员国可根据自己的具体情况采取适合自己需要的政体形式和称号；在1961年3月召开第十次殖民地政府首脑会议，进一步把与英国的平等地位赋予其他各殖民地国家，随后又成立了英联邦秘书处。与此同时，在1966年还把每四年举行一次的英联邦国家运动会的名称由"英帝国运动会"正式更名为"英联邦运动会"。从此，英国不再是各殖民地的主宰，"英帝国"也从此变成了一个松散的、旨在进行政治与经济合作的"英联邦"组织。

后来，对于英国作出的这一历史性选择，曾担任过英国内阁殖民大臣的第41任首相丘吉尔说，这是"一个很有才智而又令人悲叹的选择"。[1] 丘吉尔此话怎讲？是他那曾获诺贝尔文学奖的文思泉涌、文采飞扬的灵感在唆使他故弄文字的悬妙吗？答案显然不是这样的。原来，从"英帝国"到"英联邦"的转变，既有着深刻的历史背景又是紧迫的时代课题，事关英国的前途和命运。在英国的治国者们看来，以下一些方面他们已经不可逾越。

第一，世界范围内种族和民族意识的觉醒与一浪接一浪的民族独立和解放运动，已要求必须抛弃靠战争或威胁使用武力来维持殖民统治的方式。

事实上，早在18世纪，北美13州就离英独立，使第一殖民帝国瓦解了。以后虽改变经营管理殖民地的政策，建立了第二殖民帝国，但也未能有效维持。

1807年，埃及人民把英国殖民军打得落花流水，只是后来英国联合俄、普、奥等国出兵干涉，埃及才被英国军队打败。

---

[1] 《战后世界历史长编》编委会编：《战后世界历史长编》第1编第3分册，上海：上海人民出版社1977年版，第271页。

第三章 觉醒的战略发源地

1814年、1816年和1826年,英国又在加纳连续遭遇三次反英战争,最后虽然获胜,但损失惨重。

1850年至1853年,南非爆发了反殖民起义,英国从遥远的本土出动上万兵力,才使事态基本平息。

1857年至1859年爆发的印度大起义,更让英国殖民者失魂落魄。只是由于英国调动近30万大军,又采用收买印度封建主的卑劣手法,才分化瓦解了这次大起义。马克思评价说:"约翰牛也相信,他认为是军事叛乱的运动,实际上是民族起义。""这使英国的统治从印度的一端到另一端发生了动摇。"[1]

英国的殖民史其实也是一部殖民地人民反对英国的斗争史。尤其是在种族和民族意识空前觉醒的20世纪就更是如此。而在1945年第二次世界大战结束以后,在新的世界政治经济形势和新的世界战略格局下,各殖民地和附属国的民族独立和解放运动高潮接连不断,又在从根本上动摇着英国的旧殖民体系。1946年至1957年间,就先后有约旦、印度、巴基斯坦、锡兰、缅甸、马来亚、苏丹、加纳等国取得了独立,并努力摆脱对英殖民帝国的依附关系。特别是被殖民大国印度的独立,更是让英国感受到了"英帝国"的危机。

长期以来,印度是以它幅员辽阔、人口众多、财力充裕、商业地位重要,其地理位置扼控英伦三岛和非洲至东南亚、澳大利亚、新西兰的海上航线要冲,在战争中具有强大军事潜力,足以抵御来自北方强大入侵者的堡垒等等这样一些战略要素,而处于英帝国的中心位置的。十分清楚印度对于英帝国意义的丘吉尔,早在20世纪30年代他担任英国殖民大臣时就表明:"无意放弃英王皇冠上的那颗真正最为光亮而珍贵的宝石。"[2]"我决没有想象,在我们所能预见到的任何时候,印度应该具有加拿大所具有的同样的宪法上的权利和制度。""英国若是让印度离开它帝国的怀抱,就永远不再成其为一个强国了。"[3]到了1954年,英国又不得不从埃及苏伊士运河区这个至关重要的战略通道撤军。虽然其随后联络法国和以色列在1956年发动了苏伊士运河战争,

---

[1] 四川大学历史系世界近代史编写组:《世界近代史》上册,成都:四川省社会科学院出版社1985年版,第474页。
[2] 四川大学历史系世界近代史编写组:《世界近代史》上册,成都:四川省社会科学院出版社1985年版,第256页。
[3] 四川大学历史系世界近代史编写组:《世界近代史》上册,成都:四川省社会科学院出版社1985年版,第257页。

但又遭到惨败。这对英国是一个重要的转折点。它表明，在新的国际环境和国际战略格局下，靠武力再也无法维持旧的殖民体系了。而紧接着，于20世纪50年代末和整个60年代持续爆发的非洲独立高潮，又彻底宣告了英国殖民体系的最后瓦解。

就是在这样一种世界大势下，英国的殖民政策才从"英帝国"到"英联邦"转变。处在这一关键转变时期的英国第44任首相麦克米伦，曾在1958年和1960年有过两次分别到亚洲和非洲的殖民地之行，他得出的结论是："变革之风正吹遍亚非大陆。无论我们喜欢与否，民族意识的增长是一个政治现实，我们都必须接受它。"①

第二，大不列颠的国势和国力已江河日下，也迫使英国改变殖民政策。

从根本上说，英国的崛起在很大程度上是依赖海外庞大的殖民地；而过于依赖海外庞大的殖民地，这又为后来它的衰落埋下了种子。这些海外殖民地在为英国提供巨大资源的同时，也逐渐成了帝国的包袱。统治和压榨庞大的殖民地消耗了英国国力，从殖民地获取资源和财富是如此的容易，以至于又还逐渐地消磨了英国人的创造力，遏制了国家和社会的活力。

在第一次世界大战结束时，英国虽然处于战胜国的地位，但世界头等强国的地位已不复存在。战后，大批的复员军人都在等待安置，失业工人达到了50万人。1919年参加罢工的人数达到260万，损失工作日3400万个。此时，英国的进口贸易也超出了出口，年逆差多达3.88亿英镑。在此情况下，英国不得不宣布全国进入"紧急状态"。

在第二次世界大战结束时，英国的处境更糟。在政治上，虽然丘吉尔曾同罗斯福、斯大林有过几次"三巨头"聚会，但英国实际上已经开始沦为美国的附庸，离过去那种在世界舞台上叱咤风云的主角角色已经渐行渐远了。在经济上，战争期间实物资产的损失达到50亿英镑，已经欠了国外35亿英镑的债，海外投资已经变卖了上10亿英镑，出口贸易比战前减少三分之二，商船吨位数比战前减少28%。由于工业极度地适应了战争需要，同时也遭到战争的严重破坏，短期内难以恢复。在1947年接受马歇尔援助计划时，英国要求60亿美元的援助，美国只同意了37.5亿美元。而在此之前，由于布雷顿

---

① 金志霖主编：《英国十首相传》，上海：东方出版社2001年版，第377页。

第三章 觉醒的战略发源地

森林会议上美元与英镑的易位,这对英国又是一场灾难。大多数英国国外的债权人都急忙把手里的英镑兑换成美元,造成了英镑贬值和英国国库亏空。英国历史学家梅德利科特说:"大英帝国玫瑰色的朝霞已经消失在寻常大白天的阳光里,剩下来的只是一座节衣缩食而又管辖严密的乐园。"①

第三,国内政治问题特别是北爱尔兰问题长期无法化解,已在加速帝国衰落。

自1937年3月爱尔兰共和国独立建国后,北爱尔兰就无法容忍英国对自己的继续控制,一直要求自治和独立。其反政府组织"爱尔兰共和军"不断在英国各地搞爆炸恐怖活动,引起社会动荡,人心惶惶。后来,还发生了直接针对英国首相的恐怖攻势。

与此同时,由于世界各类肤色的人聚于伦敦,种族歧视问题也日益严重起来。在西伦敦,1958年就爆发了大规模的种族骚乱,后来又蔓延到其他许多城市。这在过去是不曾有的。

进入20世纪60年代后,社会风气也每况愈下。贪图个人享受,不顾应尽的责任,离婚多,弃儿多,少年犯罪多。社会上还出现了一大批离群索居、与社会格格不入的青年,人数达数十万。他们追求奇特的生活方式和离奇的表现手法,终日沉醉于最新式的荒诞不经的个人享乐之中。以上这一切都预示着,帝国已今非昔比。

好在,大不列颠从来不乏审时度势的战略,盎格鲁-撒克逊民族自有传统的绅士风度,在民族和国家的前途命运面临重大抉择的重要关头,深植于英国人心底的利益观念,再次成为英国治国者们约束规范战略思考和战略决策的信条。也正如19世纪中期第28任英国首相帕默斯顿所说:"我们没有永久的朋友,我们也没有永久的敌人。只有我们的利益是永恒不变的,这些利益才是我们应遵循和追求的。"②

在经过了这一"很有才智而又令人悲叹的"选择之后,英国总算比较优雅而绅士地获得了与自己的人口、国土面积和综合国力相匹配的国际地位。虽然在第二次世界大战后一大批殖民地国家争得了独立,但其中的大多数又重

---

① [英]梅德利科特:《英国现代史》,张毓文等译,北京:商务印书馆1990年版,第543页。
② 姚有志、阎启英主编:《大国雄魂:世界大国战略文化》,北京:解放军出版社2011年版,第135页。

新选择加入或留在了英联邦内。截至1990年底,英联邦成员国共有49个。到2004年,其成员国又增加到53个,总人口占到世界总人口的30%。在这53个成员国中,除38个国家由本国公民担任国家元首外,仍有15国由英国女王伊丽莎白二世担任国家元首,其职能由女王任命总督行使。在这15个国家中,也包括加拿大、澳大利亚、新西兰等一些具有很大地区或全球影响力的国家。第44任首相麦克米伦不无感慨地说:"英联邦的结构经历了神秘而令人难以置信的发展之后,不但没有被削弱,反而得到了加强。"①

在这里也需提及的是,在1997年中国香港回归祖国的过程中,虽然香港末代港督——当然也不排除英国政府——对顺利如期回归制造了不少障碍,做了不少手脚,但据英国政府于2007年解密的档案资料披露,英国也曾两次计划提前30年将香港归还中国。

第一次是在1967年。1966年"文化大革命"在中国内地爆发后,逐渐波及香港。许多香港左翼人士学习大陆的红卫兵,手持《毛泽东语录》,高喊口号,上街游行示威,引起了英国殖民当局的极大恐慌,并由此导致一起血案,造成了许多平民伤亡。流血事件发生后,由于担心中国政府会进行报复,英国便制订了一份撤出香港的计划。1967年5月17日,英国外交大臣在一封给当时香港总督戴麟趾的电报中明确指示说:"或许我们撤出香港的时刻已经到来了"。②

第二次是在1969年。当时,由于担心局势不稳和香港回归的不确定性,很多香港市民开始变卖财产离开香港,造成香港的第一轮移民潮,香港的经济也因此受到较大影响。基于中国对香港问题的立场,英国政府考虑到,在1997年后还想延长香港的租借期是不可能的。如果能够保持香港的经济发展和社会稳定,则还可以增加与中国谈判的筹码,尽量为英国争取更多的利益。于是,1969年3月,英国内阁下属的香港问题部长委员会又起草了一份绝密报告,建议与中国尽快接触,合作解决香港问题。这份报告还指出:"如果不考虑中国对香港的主权,任何解决香港问题的途径都不会成功。"③

尽管这两次将香港提前归还中国的计划都不是英国政府的良心发现,其

---

① 金志霖主编:《英国十首相传》,上海:东方出版社2001年版,第375页。
② 刘作奎:《英国曾想提前30年归还香港》,载《环球时报》,2006年11月28日。
③ 刘作奎:《英国曾想提前30年归还香港》,载《环球时报》,2006年11月28日。

根本动机仍然是出于英国的自身利益考虑，但当时提前结束其在香港殖民统治的计划，还是真实可信的。

二 法国：邻居是上帝的安排，相处的方式可以自己选择

法国的大国情怀几乎就是一种本能。

1624 年，红衣主教黎塞留刚刚担任路易十三的首相时就说："我的第一个目标是使国王崇高。""我的第二个目标是使王国荣耀。"①

300 多年后——1959 年 1 月刚刚就任法兰西第五共和国总统的戴高乐同样誓言："除非站在最前列，否则法国就不成其为法国。""法国如果不伟大，就不成其为法国。"②

不过，在 20 世纪第二次世界大战以前的几百年间，法国的大国追求和大国地位主要是通过战争征服邻国、征战欧洲来实现的。

被认为是法国历史上最具谋略的政治家——红衣主教黎塞留，在辅助年幼的国王路易十三 18 年期间，首创国家至上概念，海内外拓展法国的国家利益，扩建海军，壮大陆军，自任航海和商业总监，不仅同西班牙、奥地利和瑞典的哈布斯堡王朝争夺欧洲霸权，而且还在周围边界地区和海外占领了不少地盘，极大地扩展了法国的疆土。黎塞留留给后世的，基辛格说，是"一个占绝对优势的强大法国，分崩离析的弱国德国，及积弱不振的邻国西班牙"，此后"200 年间，法国一直是欧洲最具影响力的国家"，而神圣罗马帝国分裂为 300 多个政治实体，德国的统一被迫延后 200 年。③

同黎塞留一样，路易十四"太阳王"仍将对外政策的主要手法定格在战争上，致力于进一步削弱哈布斯堡王朝的实力和地位。其具体步骤包括：在欧

---

① 中央电视台《大国崛起》节目组编：《大国崛起·法国》，北京：中国民主法制出版社 2006 年版，第 28 页。
② 《战后世界历史长编》编委会编：《战后世界历史长编》第 1 编第 2 分册，上海：上海人民出版社 1977 年版，第 171 页。
③ 〔美〕亨利·基辛格：《大外交》，顾淑馨、林添贵译，海口：海南出版社 1998 年版，第 57 页。

洲南部与西班牙对抗，在东部和北部与法兰斯、孔德、洛林、阿尔萨斯、卢森堡、南尼德兰的哈布斯堡势力和德国的一系列容易遭受攻击的领土对抗。在他执掌法兰西的50年间，法国就有31年处于战争状态，其间进行过四次大规模的战争。这四次大战是：1667年至1668年的移归权战争、1672年至1678年的荷兰战争、1688年至1697年的奥格斯堡联盟战争和1700年至1714年的西班牙王位继承战。对法国来说，路易十四不止是一个国王，而且还是一个时代。在这个时代里，"太阳王"的光辉照耀着全欧洲。

到了拿破仑时期，也就意味着法兰西的顶峰。从1792到1815年，法国对外连连征战，一度几乎将整个欧洲收归囊中。在拿破仑帝国盛年时，全欧没有一个国家不曾败在法国手下。意大利、西班牙、比利时等都成了法国的属国，哈布斯堡王朝从此被肢解，普鲁士几乎被灭亡。到了1809年，法兰西帝国在全欧洲拥有130多个省，"拿破仑撤换国王就像撤换省长一样"。

历史的车轮驶入20世纪后，在两次世界大战中法国虽然不是战争策划国、发起国，但也仍然被卷入这两场大战的大厮杀之中，民族和国家的仇恨也仍然在延续、在燃烧。

战争结束后，面对千疮百孔的战争创伤，面对一盘散沙的欧洲局面，面对严峻的美苏冷战形势，究竟选择什么样的道路才能使国家尽早恢复，才能确保自己的安全，才能重拾自己的大国地位，法国又站在了十字路口。

就是在这样的关键时刻，法兰西第五共和国诞生，戴高乐就任第五共和国第一任总统。他说："只有在从事一项伟大事业的情况下，法兰西才可能呈现出它的真实面目。"①在经过短暂的彷徨和研判之后，戴高乐选择了同法国的所有邻国和欧洲各国的和解之路。作出这一历史性抉择，他考虑了下列几个因素。

一是，二战结束后法国所面临的尴尬处境。

虽然同为战胜国，但二战结束后的法国不同于英国，不像英国那样与美国存在着特殊关系。丘吉尔当时主政的英国是仅次于美国的全球性西方大国，美英两国在大西洋联盟内部形成了一个领导核心，而法国则处于被排斥和被歧视的地位。美国帮助英国发展原子武器，却拒绝向法国提供原子武器资料。

---

① 〔美〕理查德·尼克松：《超越和平》，范建民等译，北京：世界知识出版社1995年版，第5页。

第三章 觉醒的战略发源地

　　法国当时也不同于战败国德国。虽然战败后的联邦德国处于被占领状态，在政治上可能矮人一头，但在经济上、军事上处处都有美国撑腰。法国与联邦德国虽然建立了合作关系，但联邦德国始终是把德美关系放在德法关系之前的。这让法国不能不感到压力。

　　还由于，法国虽然是二战中的战胜国，战后虽勉强被英美承认为世界大国，参加了对德国的军事占领，成为联合国安理会的常任理事国，但在研究确定战后世界秩序的几次会议都没有让法国参加。在北大西洋公约组织中法国没有主动地位，但北约总部和盟军欧洲最高司令部却又设在法国，美国的军队和武器设施可以随进随出。凡此种种，都使法国感到空有战胜国之名，而实际上则等同被占领国。所以基辛格说："在战后国际秩序中遭遇最不幸的是'战胜国'法国。"①

　　二是，美国对于法国的打压。

　　1940年6月法国沦陷以后，戴高乐前往伦敦组建了法兰西自由军流亡政府，虽然得到了时任英国首相丘吉尔的支持，但美国时任总统罗斯福却只承认法国的贝当傀儡政权；而贝当傀儡政权实际上受德国控制，并判处戴高乐死刑。此外，罗斯福还派自己的亲信出任贝当傀儡政权的美国大使。1944年6月，盟军在法国诺曼底进行登陆作战后，罗斯福仍不承认当时已由戴高乐主持的法国临时政府，反对同戴高乐领导的法国临时政府达成任何协议。

　　在一些重要的国际会议上，法国也屡遭排斥。1944年八九月间，美、英、苏三国在华盛顿附近的敦巴顿橡树园开会，草拟战后国际组织的章程，法国被撇在了一边。1945年2月的雅尔塔会议，也没让法国参加。1944年11月戴高乐访问苏联、与苏联签订了为期20年的法苏同盟互助条约后，罗斯福更加不满，认为法国并不是二战的主要参战国，并计划在战后让同盟国军队及军事政府驻扎在法国。

　　戴高乐认为，美国政府对戴高乐个人及法国政府的态度，已经不仅仅是一个有辱法国尊严和法国大国地位的问题，而且关系到法国的安全和未来。他必须为法国的荣誉和未来而战。特别是，当看到美国在1946年爆发的越南战争中对法国见死不救、在1956年爆发的苏伊士运河战争中对法英两国落井

---

① 〔美〕亨利·基辛格：《大外交》，顾淑馨、林添贵译，海口：海南出版社1998年版，第241页。

下石后，戴高乐进一步确认：法国的安全不能依赖于他人，法国的前途和命运只能靠自己。所以，在一次会见美国总统特使霍普金斯时，戴高乐说："我们法国人从本世纪初起处在极端危险境地的时候，没有感觉到美国希望法国强大并就力所能及来帮助法国保持大国地位或重新恢复实力。""你们的态度是要把我们从你们的身边推开。""对于我们来说，法国不可能容忍其命运由其他国家——不管它有多么友善——来代为决定。"①

　　三是，法国二战结束后的国力。

　　在二战中，由于德国的占领和二战后期多次军事行动在法国本土进行，使法国在战争结束时经济受到严重破坏。全国有100多万公顷的耕地因战火而荒芜，有五分之一的房屋被毁坏，大批工厂被摧毁。战争使法国工农业生产下降55%以上，损失人口145万，内外债务由1939年8月的4500亿法郎增加到1944年8月的15000多亿法郎。再加上，蓬勃而起的殖民地独立浪潮，旧殖民体系的纷纷解体，使内外交困的法国再难以为继。此时，法国已经不再可以称为世界大国了。法国历史学家皮埃尔·米盖尔说："国家已经精疲力竭。四年的战争已使国家在精神和人力两方面都濒于破产。"②深感心有余而力不足的戴高乐也说："第二次世界大战以后，我国的实力和影响较之世界上的两大巨头来说，是大大削弱了。"③

　　四是，法国的地理位置、地缘环境和与邻国交往的方式。

　　在西欧国家中，法国虽然幅员辽阔，资源丰富，人口众多，但由于其大陆边缘性国家的地理属性和被众多不乏强国所环绕的地缘政治环境，就在很大程度上掣肘了法国与邻国交往方式的选项。

　　长期以来，法国既不能像英国那样专注于发展海上实力，也不能像德国那样集中精力建设一支具有绝对优势的陆军。而要同时应付陆、海两个方向的威胁，就势必无法在战争中集中优势兵力。拿破仑时期的战争已经证明，当法国试图在欧洲大陆建立绝对优势地位时，就会使周围的陆上国家与海洋国家联合起来，从陆、海两个方向同时对法国形成包围。这就迫使法国不能

---

① 《战后世界历史长编》编委会编：《战后世界历史长编》第1编第2分册，上海：上海人民出版社1977年版，第182页。
② 〔法〕皮埃尔·米盖尔：《法国史》，蔡鸿滨等译，北京：商务印书馆1985年版，第506页。
③ 姚有志、阎启英主编：《大国雄魂：世界大国战略文化》，北京：解放军出版社2011年版，第205页。

不陆、海兼顾，不能不既要发展陆军又要发展海军。而一旦陆军、海军同时发展，就会分散资源，既无法在欧洲建立起一支占绝对优势的陆军，也无法在欧洲建立起一支占绝对优势的海军。因地理位置和地缘环境所造成的这一困境，是法国永远也摆脱不了的。拿破仑最后落败就与这一因素有极大关系。既然曾使整个欧洲都匍匐在自己脚下的天才拿破仑，都没能靠武力和战争让法国保持住其大国地位，那就彻底抛弃武力和战争的方式，走和平发展之路，走与邻国共生共荣的道路。

在国际社会，人们公认戴高乐是以在政治上、战略上和领袖风范上特立独行而著称的，不仅在 20 世纪的法国历史上是如此，就是在 20 世纪西方国家的领导人中，戴高乐也同样因此而负有盛名。人们之所以如此尊崇他，一个重要的原因就是，在确立走和平发展之路、走与邻国共生共荣之路后，作为对最佳方案的选择、对利益最大化的追求，他义无反顾地把与邻国和解的首选目标锁定在了法国的数百年宿敌——联邦德国头上。戴高乐认为，建立超越一般民族国家利益的统一的欧洲，并在欧洲统一的过程中把德国融入其中，这是必需的、最重要的。无论是法国要恢复其大国地位，还是德国要摆脱其战败国地位，无论是法德两国的国家利益，还是欧洲一体化的进程，都必须首先在法德两国之间取得对对方的原谅和支持。这是两国国家利益的重中之重，也是欧洲一体化进程的重中之重。否则，建立一个联合的欧洲，形成一支独立于美苏的战略力量，就无从谈起。

1945 年 10 月，戴高乐访问了德国，说："我们有许许多多的理由今后应该紧密合作。""我们要共同建立'我们的'欧洲和'我们的'西方。"①

尽管因为国内政治原因，戴高乐于 1946 年 1 月辞去了领导职务，但他刚一复出，便于 1958 年 9 月在法国科隆贝双教堂村与联邦德国总理阿登纳举行了第一次会谈，双方表示要加强法德合作，致力于建立一个统一的欧洲。1962 年 7 月，戴高乐在爱丽舍宫接待来访的联邦德国总理阿登纳时又说："在您光临的时候，我们实际上在庆祝的是我们两国从过去是仇人变成坚定的朋友这一巨大转变。"②通过这两次会谈，法德两国彻底结束了法德长期敌对的

---

① 《战后世界历史长编》编委会编：《战后世界历史长编》第 1 编第 2 分册，上海：上海人民出版社 1977 年版，第 195 页。
② 丁金光、李广民主编：《当代国际关系》，北京：时事出版社 2009 年版，第 162 页。

历史，开启了法德和解、相互信任和合作的新篇章。

1962年9月，戴高乐回访联邦德国，他再一次全面阐述了法德合作并结盟的重要性与必要性。他指出：法德之所以要合作和结盟，首先因为法德直接或间接的受着威胁；其次，要使欧洲恢复自信和强大，除了法德合作之外，其他别无基础；第三，要使从大西洋到乌拉尔的欧洲保持和平、均衡与发展，关键是西欧要有一个具有活力的、强大的欧洲共同体，而这个共同体的轴心就是法德合作；最后，法德合作也有利于促进科学、技术、经济和文化的进步。①

由于戴高乐和联邦德国总理阿登纳的全力推动，法德两国于1963年1月在爱丽舍宫签订了《法德合作条约》，规定了两国首脑定期举行会晤，定期举行部长级会议，就外交政策进行磋商和协调。

在戴高乐眼里，这个条约具有特别重要的意义，特别是在法国刚刚拒绝了美国邀请法国参加多边核力量的形势下，他把这个条约当成了与美国抗衡的锐利武器。戴高乐始终都将法德两国的和解、合作同美国相联系，并希望看到德国能够摆脱对美国的依赖。1962年，法国曾建议成立法德战略空军联合指挥部，以此来排除德美空军合作，但未能如愿，因为德国不愿放弃美国的核保护伞。尽管如此，戴高乐还时常不忘提醒德国，欧洲的未来必须由法国和德国来实现。他说："这种雄心必定要有一种推动力，以及独立自主、与美国平起平坐的意志。美国当然是我们的盟友，但我们不能依赖美国。"②

自此以后，法德两国的合作就成了欧洲一体化进程的发动机。50多年来，从戴高乐与阿登纳，到德斯坦与施密特；从密特朗与科尔，到希拉克与施罗德；从萨科齐与默克尔，再到奥朗德与默克尔，两国的几代领导人都恪守承诺，每年定期举行会晤，共商欧洲一体化的大计，为两国和欧洲的共同繁荣发展打下了坚实的基础。

同时，人们也还不能忽略的是，在戴高乐执掌法兰西第五共和国的11年间，他还以他那独特的风格、无比的勇气、深邃的思想及战略远见，在美苏激烈冷战的情况下，采取了与东方社会主义阵营和第三世界国家改善关系的一次次重大行动。

---

① 丁金光、李广民主编：《当代国际关系》，北京：时事出版社2009年版，第162页。
② 丁金光、李广民主编：《当代国际关系》，北京：时事出版社2009年版，第162页。

第三章　觉醒的战略发源地

1962年，法国实行非殖民化政策，加强了同非洲国家的合作。

1964年，与中国建立正式外交关系，法国成了第一个与新中国建交的西方大国。

1966年，戴高乐访问苏联，同苏联建立了定期举行双边磋商的机制。

1967年和1968年，戴高乐又访问了波兰和罗马尼亚这两个社会主义国家。

事实证明，戴高乐的睦邻政策和平等对待与处理国与国之间关系的外交实践，对法国和整个西欧、西方世界都产生了积极而深远的影响。第37任美国总统尼克松说："戴高乐是一个令人倾倒的人物。"①"我们在历史上很少看见一个领袖能像戴高乐那样地把个性同所有高尚的品质结合在一起。"②"他是个真正的英雄，一个矗立于20世纪的英雄。"③

三　德国：欧洲一千年来最强烈的谢罪

1970年12月7日这天，正在波兰访问的联邦德国总理勃兰特在向位于华沙的犹太人隔离区死难者纪念碑献花并垂首致意时，突然跪在了纪念碑前冰冷的石阶上。现场的波兰人被这一举动震撼了。全欧洲的人被这一举动震撼了。世界惊叹：勃兰特的下跪"是欧洲一千年来最强烈的谢罪"！勃兰特自己后来说："在德国近代史的压抑下，面对百万受害者，我只是做了在语言力不能及的情况下一个人应该做的事。""承认我们的责任，这不仅有助于洗刷我们的良心，而且有助于大家生活在一起。犹太人、波兰人、德国人，我们都应该生活在一起。"④

一年之后——1971年12月10日，当勃兰特获得当年的诺贝尔和平奖后，许多德国青年高举着火炬来到勃兰特的寓所，世界各地的祝贺信件雪片般地飞到勃兰特的手里。人们敬仰的是，勃兰特的华沙之跪，代表着一个伟大民

---

① ［美］理查德·尼克松：《领导者》，尤勰等译，北京：世界知识出版社1997年版，第60页。
② ［美］理查德·尼克松：《领导者》，尤勰等译，北京：世界知识出版社1997年版，第65页。
③ ［美］理查德·尼克松：《领导者》，尤勰等译，北京：世界知识出版社1997年版，第106页。
④ 泽民、哲武编：《外国首脑文集》上册，北京：中华工商联合出版社1997年版，第266页。

族和国家的觉醒和重生。人们赞叹的是,德国从此走上了一条通过战争赎罪来重返国际社会、重建自己大国地位的正确道路。

选择这样一条道路,是德国国家政治理性的回归。

在过去,德国的政治事业就是扩张,就是战争。从1701年普鲁士王国建国伊始,腓特烈一世就急速地扩充军备,把普鲁士变成了一个军事专政的国家。历史学家米拉波说:"普鲁士不是一个有军队的国家,而是一支有国家的军队。"而当腓特烈终于因为心脏病即将死去时,他还说:"我至少要穿着我的军服去死。"①

1740年腓特烈二世即位后,在他46年的铁腕统治下,普鲁士军队的人数由原先的9万人激增至20万,军费开支每年要花去政府全部预算的五分之四。腓特烈二世扩军征战的逻辑是:"战争取决于国家利益的需要,至于理由和法律依据可以在战后由律师们慢慢找。"②腓特烈二世经常引用的一句名言是:"敌人越多,荣誉越大。"③

1848年,在德国联邦议会举行的一次辩论会上,一位议员说:"我们的权力就是强者的权力,征服者的权力。""现在是觉醒起来,执行一种健全的民族利己主义政策的时候了。"④

1862年9月,出任德国首相不久的俾斯麦宣称:"当代的重大问题不是通过演说和多数人的决议能够解决的,而是要通过铁和血。""德国所仰望于普鲁士的,不是它的自由主义,而是它的武力。"⑤正是凭着这种"铁血精神",俾斯麦完成了德意志民族的统一大业。

从1888年到1918年统治德国长达30年之久的德皇威廉二世,自视"奉神之命",以建立"大德意志帝国"为己任,疯狂地发动了第一次世界大战。

仅仅时隔20年,盗世奸雄希特勒又发动了人类迄今为止最为残酷、最大规模的战争——第二次世界大战,使德国的罪孽永世难消。

面对如此惨烈的历史重负,德国的政治精英们明白了,一个不会反省过去的民族,一个不能勇敢面对自己历史劣迹的民族,要想和世界其他民族友

---

① 舒绍福编著:《德国精神》,北京:当代世界出版社2008年版,第84页。
② 舒绍福编著:《德国精神》,北京:当代世界出版社2008年版,第89页。
③ 舒绍福编著:《德国精神》,北京:当代世界出版社2008年版,第165页。
④ 舒绍福编著:《德国精神》,北京:当代世界出版社2008年版,第88页。
⑤ 舒绍福编著:《德国精神》,北京:当代世界出版社2008年版,第69页。

第三章 觉醒的战略发源地

好共存下去,那是不可想象的。因此,真诚的忏悔,真心的赎罪,千方百计地弥补自己的战争罪过,就成了德国的国家意志,德意志民族的集体态度。

1952年,在国家经济极度困难的条件下,德国签订了向以色列进行赔偿的协定。

1953年,德国颁布了《战争受害者赔偿法》。根据这项法律,凡在战争中受到政治、种族和宗教迫害的人都可以得到赔偿。到2005年时,德国支付的战争赔偿总额已达到1250亿马克。

1970年,总理勃兰特冒着凛冽的寒风来到华沙犹太人死难者纪念碑,双膝下跪,以此认罪赎罪。

1970年,德国总统赫利向全世界发表赎罪书,对战争进行反省,承认德国"给世界人民和国家带来了无穷的灾难,应该谴责自己"。

1985年,德国总统魏茨泽克在二战结束40周年纪念日发表讲话,声明1945年5月8日是希特勒法西斯的"战败日",同时也是德国人民从法西斯统治之下获得新生的"解放日"。

1998年,德国举行犹太人被害的纪念活动,总统赫尔佐克指出:"对犹太人的屠杀是德国历史上最恶劣最无耻的事件,国家成了有组织犯罪的凶手。"①

2000年,"被害欧洲犹太人纪念碑"在德国的象征——柏林勃兰登堡门和德国的政治中心——议会大厦与总理府的旁边落成。这是一片由混凝土柱构成的碑林。共有748块纪念碑,一个连着一个,它们象征着被纳粹屠杀的748万名犹太人。一位德国作家写道:"每一柱每一方石碑都是一颗亡灵,都是一声空寂遥远的叹息,都是一双寒意浓浓的眼睛,都是一个血凝的、凄怆的故事。"②

与纪念碑同时落成的,还有建在柏林勃兰登堡门以南几百米远处的"被害欧洲犹太人纪念馆"。纪念馆分为图片室、陈列室、家庭室、姓名室、地点室,分别用图片加文字的描述、受害者的信件描述、15个犹太家庭的遭遇描述、全欧洲被害及失踪犹太人名单及简历描述,以及对犹太人的残害在欧洲

---

① 舒绍福编著:《德国精神》,北京:当代世界出版社2008年版,第133页。
② 中央电视台《大国崛起》节目组编:《大国崛起·德国》,北京:中国民主法制出版社2006年版,第176页。

地域上的扩展过程描述等，来揭示法西斯德国的暴行。在纪念馆的入口处写着这样的话："我们要为这一空前的犯罪行为进行忏悔，对其历史责任毫不退却，并将它视为德国国家意识的核心态度。"

这座纪念碑和纪念馆的建成，也曾让世界震惊。历史学家弗莱在美国《时代》周刊发文说，这是有史以来最具标志性的事件——"一个国家在自己首都的中心坦白了自己最大的历史罪行。"[1]

德国选择走这条道路，也是德意志民族人性的皈依。

在过去，德意志是一个喧嚣、崇武、热衷战争的民族。历史上日耳曼人曾征服了强大的罗马帝国，令其无比骄傲。因此，一种高高在上、欲统治世界其他民族的基因就植入了日耳曼民族的骨髓之中。虽然后来在拿破仑横扫欧洲之际，德意志也曾战败和分裂，但它卧薪尝胆，从未停止过重新崛起的军事努力。在德意志人的心目中，战争就是国家的需要，人就是因为国家和战争而存在。

1871年，经过十年征战而建立德意志第一帝国后，柏林大学一位教授称："国家这一概念意味着战争的概念。""战争不仅仅是一种实际上的必要，它也是一种理论上的必要，一种逻辑的要求。""要在这个世界上永远消灭战争不仅是一种荒谬可笑的希望，而且也是极其不道德的希望。这将造成人类灵魂的许多基本的和崇高的力量的萎缩。一个国家的人民，如果执迷于永久和平的幻想，就必然会因为在超然孤立中衰败而不可救药地灭亡。"[2]

在20世纪初德皇威廉二世时期，能够穿军服是身份和地位的象征，许多青少年都以穿军服为荣。一个小男孩过生日，父母给他买了一套军服作为生日礼物。小男孩得到了梦寐以求的军服后欣喜若狂，穿上了怎么都不愿意脱下来。到了晚上睡觉的时候，父母苦口婆心地劝他也不成，最后只好随他穿着军服睡。

第一次世界大战战败后，德国不是对战争恶行进行反思和悔改，而是变本加厉地点燃了复仇的烈焰。1919年6月的一份《德意志报》公开宣称："复仇——德意志民族！不要忘记这件事情！"[3]

---

[1] 舒绍福编著：《德国精神》，北京：当代世界出版社2008年版，第133页。
[2] 舒绍福编著：《德国精神》，北京：当代世界出版社2008年版，第95页。
[3] 舒绍福编著：《德国精神》，北京：当代世界出版社2008年版，第9页。

第三章 觉醒的战略发源地

1933年希特勒纳粹政权上台后,把德意志民族的极端仇恨心理推向了极点。纳粹分子称:"你不算什么,你的民族才是一切!"①儿童团唱歌:"我们愿意战死——为我们的国家撑起一片天空。德国,看着我们,为你献身我们无所畏惧。"②

这时的德国是既可恨又可悲的。正如德国思想家歌德所说:"一想到德国人民,我不免常常黯然神伤。作为个人,他们个个可贵,作为整体,却又那么可怜。"③

直到在第二次世界大战中整整失去一代青年人之后,德意志民族才幡然醒悟。原来,国家是为了"人",而不是"人"为了国家、为了战争。普遍的社会共识终于形成了:战争永远不要再从德国燃起;德国要为过去的战争赎罪。

德国斯图加特基督教委员会呼吁说:"我们给世界人民和国家带来了无穷的灾难,我们应该谴责自己。"天主教作家施奈德说:"在一个民族的生命中可能会出现这样一个阶段,在这阶段中,赎罪是唯一可能的态度,从而是这个民族的历史行为。"④一位大学教授为了表达对犹太人的悔过和赎罪,将自己刚刚成年的女儿送到了以色列一家农场去做义工。

正如德国诗人海涅所说:"德意志不是一个轻举妄动的民族,当他一旦走上任何一条道路,那么它就会坚韧不拔地把这条路走到底。"⑤在经过一次又一次的战争、杀戮和精神摧毁之后,此时的德意志已经深刻地领悟到了国家、民族和人的真谛,它们一定要将战争赎罪进行到底,一定要将人类和平进行到底。毕竟,它们与人类共享的思想巨人马克思早就阐明,人是第一位重要的,人具有最高的价值,"人就是人的世界,就是国家、社会","在那里,每个人的自由发展是一切人的自由发展的条件"。⑥

德国选择走这条道路,也还是二战后德国历代有远见政治家的责任担当。在第一次世界大战和第二次世界大战中,德国的统治者是军事独裁者、

---

① 舒绍福编著:《德国精神》,北京:当代世界出版社2008年版,第9页。
② 舒绍福编著:《德国精神》,北京:当代世界出版社2008年版,第10页。
③ 舒绍福编著:《德国精神》,北京:当代世界出版社2008年版,第125页。
④ 舒绍福编著:《德国精神》,北京:当代世界出版社2008年版,第128页。
⑤ 舒绍福编著:《德国精神》,北京:当代世界出版社2008年版,第5页。
⑥ 《马克思恩格斯全集》第1卷,北京:人民出版社1956年版,第452页。

战争狂人和杀人恶魔。

在一战中,德意志第二帝国末代皇帝威廉二世说:"一切都应当被淹没在火焰和血泊之中。必须把男女老幼都杀死。一所房子、一棵树都不能留下。""运用这种战争手段,战争不到两个月就会结束;而假如我以人道主义为怀的话,战争必将延续好几年。"①

在第二次世界大战中,希特勒宣称:"在这个世界上,除了日耳曼——雅利安种族外,其他来源或其他肤色的人都是劣等的,其中最为劣等的、最有威胁性的种族是犹太人。""高等、天然的主人种族,日耳曼——雅利安种族,比较起那些劣等种族来,总是拥有这种特权的,它履行着一种历史上的使命,那就是征服那些由其他劣等种族居住的国家,并将它们歼灭掉。"②

二战结束以后,联邦德国总理阿登纳一上任,就抛弃了强烈的民族主义感情,称自己"不仅是德国人,而且也是欧洲人","在今天的欧洲,世仇已经完全不合时宜了!"德国阿登纳故居纪念馆馆长尤里娜·弗兰茨谈到:"对阿登纳来说,更重要的是在二战之后,德国人以德国的名义承认对欧洲的犹太人犯下大屠杀的罪行,并开始与犹太人和解,德国与以色列也开始对话。"德国国际历史学会会长、柏林大学教授于尔根·科卡说,1945年德国战败后几乎被彻底破坏,在道德上脸面丢尽,整个民族都为战争负罪;阿登纳没有去粉饰和掩盖历史上的邪恶一面,没有推卸应该对犹太人大屠杀所负的责任,而是诚恳地接受了德国历史上沉重的一面。③

还是在1966年至1969年担任联邦德国外交部长期间,勃兰特就认识到,消除历史上的战争罪孽,改变联邦德国的形象和在世界上的孤立被动局面,已是这个国家的当务之急。所以在他担任外交部长期间,勃兰特促成同波兰和捷克斯洛伐克互设了贸易代表处,与罗马尼亚建立了外交关系,与南斯拉夫重归旧好,使联邦德国同东欧国家的关系有了好的进展。

出任联邦德国总理以后,勃兰特更是加快实施他的"与东欧修好"的新东方政策。他要与昔日的被占领国——捷克斯洛伐克、波兰和苏联重建友好关

---

① 舒绍福编著:《德国精神》,北京:当代世界出版社2008年版,第9页。
② 舒绍福编著:《德国精神》,北京:当代世界出版社2008年版,第108页。
③ 中央电视台《大国崛起》节目组编:《大国崛起·德国》,北京:中国民主法制出版社2006年版,第150、151页。

第三章 觉醒的战略发源地

系,要为祛除战争留下的冷战铁幕、融化凝结在东欧国家人民心底的坚冰打开局面,要让联邦德国重新走向世界。1970年,勃兰特先于8月与苏联签署了关于消除边境武力对峙的《莫斯科条约》,又于12月前往波兰,以"华沙之跪"代表德意志国家和人民向世界交了一份难能可贵的弥足珍贵的答卷。他在同波兰部长会议主席西伦凯维兹签订了《华沙条约》之后说:"我们必须将眼光放长,将道德作为政治力量看待。""《华沙条约》终于结束了充满痛楚和牺牲的罪恶历史,在两国和两个民族间架起了一座桥梁。"①

自勃兰特起,后来历届的联邦德国总统、总理在二战结束每十周年的纪念活动之时,都总会以各种方式反省德国的战争罪行,诚恳向受害国人民道歉,并采取实际行动履行自己的战争赔偿责任。

1995年,在世界各国纪念世界反法西斯战争胜利50周年时,时已卸任的德国前总统魏兹泽克还撰写了《德国和日本战后的50年》一书,对德国和日本领导人对待战争罪行的不同态度作了分析,他说:"处于领导地位的政治领导人,如果不想或者也不能从历史角度对本国在战时的行为做出估价;如果在判断究竟是谁发动战争以及本国军队对其他国家究竟做了什么这类问题上犹豫不决;如果一方面迅速染指战利品,一方面把对其他国家的进攻解释为自卫,那么对现在的我们来说,即使完全不谈道德后果,也会产生外交上的严重后果。产生不信任是导致战争的原因。成功消除不信任是关系到现在和未来生死攸关的大事。否认过去的人就将冒重蹈覆辙的危险。"②

时至2015年5月,正值世界各地纪念反法西斯战争胜利70周年之际,德国总统高克又发表谈话说:"1945年5月8日,我们同样被苏联人民解放了。因此,我们应向他们表示感谢和尊敬。""我们所代表的,并不只是今天的我们,我们同时也是那些在二战期间给欧洲留下满目疮痍的战争罪人的后代。""我们是个具有历史责任感的国家。"③

德国人对战争的悔罪是虔诚的。这也是他们对数百年来德意志好战历史的最大拨乱反正,最大理性回归。正如德国一名作家写道:"一个国家,一个

---

① 丁金光、李广民主编:《当代国际关系》,北京:时事出版社2009年版,第175页。
② 中央电视台《大国崛起》节目组编:《大国崛起·日本》,北京:中国民主法制出版社2006年版,第203页。
③ 《参考消息》,2015年5月4日,第3版。

民族，只要敢于正视过去，勇于承担起自己的历史责任，跨越过去历史的障碍，就能变敌为友，实现国家的共同发展。"①

思想和战略的威力是巨大的。时间过去得越是久远，思想的光芒就越为亮堂，战略的效应就越为明显。历史已经证明，德国在经历了长期的分裂和惨烈的战争之后又迅速崛起，由一个遍体鳞伤的国家变成了一个高度发达的国家，由一个最好战的国家变成了一个最不好战的国家，由一个用两次大战都不曾征服世界的国家，变成了一个通过战争赎罪重获民族尊严和大国地位的国家，不能不令世界感动和敬畏。

四 欧盟：尊严、和平、正义、平等……决定了"合众国"的价值

总体总是大于个体之和，抱团取暖、联合致强，这是人类最古老的一条生存法则。在欧洲，现代意义的民族国家之间的联合，可以追溯到两三百年前。

在思想认识层面，17世纪就有三种关于建立国家联盟的具体设想被提了出来。世纪初，法国国王亨利四世提出了有关建立基督教国家联盟的思想，主张设立一个由各成员国组成的委员会，来共同处理欧洲的冲突和纠纷，以保障欧洲的和平。1623年，另一位法国人埃默里克·克鲁斯在这一方案的基础上又提出了更具体的欧洲和平建议。他的建议不仅限于基督教国家之间，也包括非基督教国家，目的在于促进各国之间在贸易、金融、文化和旅游方面的交流与合作。他提议，建立一个由各国常任大使组成的大会，以解决各种纠纷，其决定要由多数票通过。如果需要的话，可以采取强制性的武力制裁措施。1625年，被誉为"现代国际法之父"的荷兰政治思想家格劳秀斯又在他的《战争与和平法》一书中提出，一国之法律旨在谋求一国之利益，因而国家之间也应该有法。国家间的法律不是谋求某一国之利益，而是谋求各国之

---

① 中央电视台《大国崛起》节目组编：《大国崛起·德国》，北京：中国民主法制出版社2006年版，第171页。

第三章 觉醒的战略发源地

共同利益。他还将"正义"、"公理"、"人道主义"作为国际法的基本准则,认为各个主权国家应该通过它们之间的契约来恪守这些准则。

18世纪,在目睹欧洲连绵不断的战争后,为了达到制止战争、维护和平的目的,许多思想家进一步提出了有关建立国家联盟甚至建立世界政府的主张。世纪初,意大利神父圣皮埃尔提出了成立欧洲议会的设想。他认为,议会应该实行四分之三多数票制,可采取包括使用武力在内的集体制裁。他还建议成立另一个机构,负责协调各国在商业、金融和度量衡方面的合作。18世纪中期,德国哲学家康德在他的《永久和平论》中提出,为了实现和平,各国应该首先缔结一个保持和平状态的初步协议,然后再订立一个各国之间建立联邦的协议。其最终目的,是建立一种最有利于达到永久和平的制度,这种制度或许是共和政体的,或是联合的,或是单一的。他相信,只有在各国和各民族组成的全世界同盟中,所有民族和国家的财产才能绝对得到维护,也才能建立一种真正的和平。他认为,虽然这种多国同盟还可能会再度恢复战争状态,但"努力致力于这一目的,促进组成这种国家同盟不断地向持久和平接近,这样的政治原则却并不是不可行的"①。18世纪晚期,英国思想家边沁也提出了建立国际联盟的思想。他在《国际法原则》一书中写到,为了消灭战争和维护和平,应该建立一个国际联盟由各国派各自的代表组成联盟机构,联盟代表大会有权决定各国军队的数量。他还提出应该建立国际法庭,编纂国际法,以解决国际争端,并提出国家平等、内政独立等原则。②

19世纪中期,法国文学家、思想家维克多·雨果对于欧洲联合的期许就更为直白,他说:"总有一天,所有的欧洲国家都将紧紧地融合在一个高一级的整体里,而无须丢掉你们各自的特点和闪光的个性;到那时,你们将构筑欧洲的友爱关系。"③

进入20世纪后,对于建立欧洲国家联盟的呼声和主张也一直持续不断。1918年3月,英国法学家沃尔特·费利莫提出了成立一个"联合国家会议"的建议。他认为,其联合国家会议的成员,应承诺同意在将争端提交仲裁之前

---

① 李东燕编:《联合国》,北京:社会科学文献出版社2005年版,第4页。
② 李东燕编:《联合国》,北京:社会科学文献出版社2005年版,第4页。
③ 赵伯英、张筱强、周熙明主编:《文化历史二十讲》,北京:中共中央党校出版社2005年版,第130页。

不得对另一成员国诉诸战争;一旦通过仲裁形成解决方案,冲突双方同意不得进攻任何遵守方案的国家;任何不接受解决方案、诉诸武力、寻求其他方案的国家,将自动与其他成员国处于战争状态。这些国家将受到经济或军事制裁。1918年6月,法国也提出了一个国际联盟草案,建议成立一个"国际理事会",解决那些"非法院受理争端"问题的解决;那些"法院受理争端"则交"国际法庭"解决。如果有必要,可由国际联盟领导下的国际军队实施强制解决。1929年,法国外长白里安又提出了建立"欧洲国家联邦联盟"的主张,希望通过建立欧洲统一的联邦制国家以防止再次发生战争。二战爆发后,被墨索里尼关押的意大利反法西斯主义组织领导人斯皮涅里和罗西,在监禁地文托泰内岛起草了《文托泰内宣言》,呼吁建立泛欧联邦。1940年,被誉为"欧共体之父"的让·莫内拟订了"法英联盟计划"。1946年,已经卸任英国首相的丘吉尔提出了建立"某种欧罗巴合众国"的主张。在1948年5月召开的荷兰海牙欧洲大会上,担任这次大会主席的丘吉尔又说:"我们希望看到这样一个欧洲,其中每个国家的人民都认为自己是一个欧洲人,就像同时属于自己的母国一样。并且,不论他们走到这片辽阔疆域的何处,都会真诚地感到:这就是我的家。"①

从欧洲国家间联合的实践层面来看,自17世纪开始也有过多次尝试。

1618年至1648年爆发几乎所有欧洲国家都被卷入其中的"三十年战争"以后,交战各国就签订了《威斯特伐利亚和约》,最终结束了这场旷日持久的战争。《威斯特伐利亚和约》的签订,其实就意味着欧洲国家联合的开始。这一空前行动的历史意义在于两大方面:第一,除罗马皇帝和哈布斯堡王室外,几乎所有的欧洲国家都派代表参加了这次和会,这被认为是欧洲现代外交的开始。第二,这次签订的和约确立了国家主权,各国摆脱了罗马帝国的统治,标志着国家主权开始与国家利益、国家领土完整和国家独立联系在一起。

到了19世纪,鉴于相互分离的主权国家之间出现了两种相互合作的需求:一是共同安全需求,一是共同发展需求;而这两种需求又是单一的主权国家所无法独自获得的,因而欧洲又进行了三项被称为"欧洲协调"、"海牙会议"和"欧洲行政联盟"的制度创新。

---

① 〔美〕杰里米·里夫金:《欧洲梦》,杨治宜译,重庆:重庆出版社2006年版,第181页。

第三章 觉醒的战略发源地

"欧洲协调"是在拿破仑战争结束之后，欧洲四个主要战胜国——英国、俄国、普鲁士和奥地利于1841年在维也纳召开会议，建立"四国神圣同盟"，共商欧洲安全事宜，以防止战争再次发生。"欧洲协调"的贡献在于，它突破了传统的双边外交形式，开创了大国以多边会议方式协调欧洲事务、维持欧洲和平的新形式。这是主权国家走上历史舞台后，开始采取集体行动的标志。虽然这时的欧洲事务一切都操在大国手里，但人们相信，如果大国能够合作，欧洲合作也就有希望了。

1899年和1907年召开的两次"海牙会议"，标志着欧洲国家向建立深度合作目标又迈出了历史性的一步。与以前的"欧洲协调"相比，"海牙会议"具有更大的制度创新意义。第一，这两次会议是在和平时期召开的，其目的不是为处理某次具体的、临时性的战争问题，而是制定了一系列在和平时期调整国家间关系、消除危机与战争根源的规则，试图建立一种规范化、程序化的国家间和平体系。会议采取了一国一票制、多数票通过制及国家平等原则。第二，两次海牙会议提出了和平解决国家间争端的原则，并制定了相关法律。在第一次海牙会议上，通过了《和平解决国际争端公约》、《陆战法规与惯例公约》、《海战法公约》等一系列重要文件。第二次会议就中立国问题、宣战问题、武器问题等订立了十多项公约。第三，会议具有普遍性。以前的会议主要是由少数欧洲大国与会，两次海牙会议具有更广泛的参与性。有26个国家参加了第一次海牙会议，不仅包括所有的欧洲国家，还包括来自亚洲和美洲的国家。第二次会议的参加国达到44个，除了第一次会议的参加国外，还有17个中南美洲国家参加会议。会议所涉及的问题也是广泛的，包括维持和平、预防战争、解决冲突、武器控制和中立国地位等。

与"欧洲协调"和"海牙会议"的主要目的集中在解决战争与和平问题不同，"欧洲行政联盟"的创立主要是为了解决国家间日益频繁的经济、文化、社会交往需要而建立的。其主要职能是协调管理国家间河流、邮政、运输、贸易等一些涉及共同利益的问题，包括通过各国协商，制定出一些相关的管理规则和标准。"欧洲行政联盟"是一种专门处理国家间技术性、业务性问题的机构，有别于过去那种为解决战争与和平问题而进行的多边国际合作。以前的会议大都是由外交官和政治家参加，带有严格的主权国家色彩。"欧洲行政联盟"会议不再是国家外交官和政治家的专利活动，大量专家、技术人员、商人和私人利益集团等都加入到了这一行列。在一定程度上，"欧洲行政联盟"已经在解决超越国家边界、超越单一主权国家政府所管理的行政范围的事务。"欧洲行政联盟"的一个重要贡献在于，它在解决诸多的国家间事务中，创立了一些常设机构，在欧洲国家间联合的道路上迈出了新步伐。

进入20世纪后，尽管在一战前后有过多个版本的欧洲联合止战方案和集体安全方案提出，但真正付诸实践的，是以欧洲国家为主体建立的国际联盟。

1919年4月，32个国家在巴黎和会上通过了国际联盟盟约，它被列入《凡尔赛和约》的第一部分。1920年1月，巴黎和会宣布《凡尔赛和约》正式生效，国际联盟宣告成立。在当时，国际联盟是一个从未有过的崭新的国际组织形式。一方面，它吸收了"欧洲协调"的大国合作原则，吸收了"海牙会议"国家平等与合法性原则，并建立了"欧洲行政联盟"那样的常设机构，几乎将以前所有的制度创新成果集于一身。另一方面，国际联盟又并不是对以前成果的简单模仿和拼凑，它还包含着许多新的内容。与以往相比，国际联盟建立了一套完整的、常设的组织机构，包括由常任理事国和非常任理事国组成的行政院，有全体成员国参加的大会，有管理日常工作的秘书处。行政院每年定期召开四次会议，大会每年召开一次。所有成员国都有一票投票权，所有决议都必须由成员国全体会议通过。国际联盟还设立了"国际常设法院"，作为国际事务最高裁决法院，填补了海牙会议留下的空白。国际联盟采取了集体安全原则，作为维持国际和平的方式。盟约第十一条规定："凡任何战争或战争之威胁，不论其直接影响联盟任何一会员国与否，皆为有关联盟全体之事。"如果有会员国违反盟约发动战争，将被"视为对于所有联盟其他会员国有战争行为"。会员国将采取断绝商业和财政往来等经济制裁措施，或由各国出动军队来维护联盟盟约的执行。这些都是国际联盟在机构和制度上的新发展。

国际联盟有制度上的创新，有历史性的贡献，但也有失败的教训。最主要的是，在后来发生的一系列重大事件中——如1931年日本侵占中国东北，1935年意大利入侵埃塞俄比亚，以及德、意、日法西斯轴心国发动第二次世界大战时，国际联盟都没有发挥作用。所以，从防止战争和维持世界和平这一目标宗旨来看，国际联盟是失败的。

也许，正是因为有了如此众多、如此厚重的历史铺陈，才使欧洲自20世纪50年代初起，开始了一次长达60多年的凤凰涅槃般的欧洲一体化运动；并且，以2009年11月《里斯本条约》的生效为标志，欧洲终于实现了几百年来梦寐以求的大联合、大统一。

欧洲国家的这次大联合、大统一，虽然最初只是由法国、西德、意大利、比利时、荷兰、卢森堡这6个西欧国家于1951年签署煤钢协议而起步，但到2010年时，其成员国已增至27个。现在，27国的人口已经达到5亿，国土面积已经达到400多万平方公里，覆盖了欧洲从芬兰到地中海、从爱尔兰到黑海的广袤疆域。

欧洲的这次大联合、大统一，虽然6国起步时只是以煤、钢经营为主体的联合体，但到2009年《里斯本条约》生效实施后，欧洲"合众国"已是一个高度组织化、制度化、程序化的现代超级机构。它不仅有了由各成员国政府首脑组成的欧洲理事会、由各成员国部长组成的欧盟理事会、由各成员国直接选举的欧洲议会，以及由各成员国派任的欧盟委员会、欧洲法院和欧洲审计院，而且又首次有了"欧盟总统"的新职位——欧洲理事会常任主席、"欧盟外长"的新职位——欧盟外交和安全政策高级代表。这部庞大超级机构的建成，充分吸收了以往历次联合的经验教训，特别是注意规避了一战后建立的国际联盟所存在的"宪章缺陷"、"结构缺陷"和"政治缺陷"，使其组织程序、职能作用、决策与运行机制，都更加科学有序、富有成效。

欧洲的这次大联合、大统一，虽然最初是以经济为目的开始的，但并没有止步于经济。今天的欧洲"合众国"俨然已是一个集经济、政治、外交、防务、文化和社会发展等诸多领域为一体的"高政治"统一体。

在经济方面，欧盟委员会可以调控贸易、商业以及许许多多过去仅由国家政府来处理的事务。欧盟如今已是全世界最大的单一内部市场、最大的商品贸易体和最大的服务提供商。欧盟2003年的GDP为10.5万亿美元，已经超过美国的当年的10.4万亿美元。更为主要的是，由于作为一个多国联合而成的经济体，货物、人员、服务和资本的自由流动以及欧盟确保企业之间公平竞争和保护消费者利益的政策，欧洲的经济发展获得了前所未有的动力；由于在内部形成了一个统一的大市场，各国经济实行共同规则，各成员国之间可以更加合理地配置资源，有利于提高劳动生产率和发挥互补性，有利于共同抗击外部不利因素的冲击；由于有了统一的货币，欧元就像一道盾牌一样维护着汇率的稳定，保护着欧元区的经济，使欧盟乃至世界的宏观经济环境都得到了改善；还由于欧盟各国在联合进程中获得力量叠加效应，无论对于共同体还是各单个成员国，都构成了特有的战略力量与资源。

在政治方面，通过具有宪法性共同条约——《里斯本条约》的签订，不仅巩固了经济一体化的成果，而且重构了欧洲政治体制，克服了经济一体化前行和政治一体化明显滞后的不平衡关系，解决了欧盟的合法性和认同问题。今天，欧盟拥有共同的欧洲议会和欧洲法院，已经具有许多传统上只属于民族国家的权力。同时，由于欧洲一体化的过程，实际上也是欧洲民主化的过程，自由、民主、人权这些价值观念不断扩大的过程，因此，各成员国的公民意识也已经越来越现代化、越来越趋同化。所以欧盟创始人让·莫内说，欧洲一体化的最大意义，"是使人的思想悄悄地发生了革命"①。

在外交方面，欧洲的联合使欧盟各成员国能够在重大国际问题上采取一致立场，用一个声音说话。通过一系列盟约，不仅使欧盟能够有效维护各成员国的外交、安全等利益，而且在维护世界的和平与稳定及影响生态、环保、能源、人权等国际事务方面，其分量也越来越重。再加上，欧盟的一个最重要特征是，它不像民族国家那样束缚在一定的地域里，它对内外都无领土主权要求，并且事实上是一个超地域、超国家的治理机构，这就构成了其独特的在世界事务中发挥作用的优势。

在防务方面，欧盟奉行集体安全政策，拥有自己的联合武装力量。"在经过多少世纪的自相残杀之后，27国已经放下了武器，携起手来，发誓再也不彼此发动战争。"由此，欧盟军事行动的目标也不一样了。在过去的半个多世纪里，欧盟成员国主要是向全世界发生冲突的地区提供维和力量。曾经担任过欧盟委员会主席顾问的美国学者杰里米·里夫金说："近年来，'安全区'、'禁飞区'和'人道主义走廊'等新军事词汇已经进入了词典。""欧盟军事行动的目的不再是没收土地、奴役人民或聚敛财富，而是保护人民的普遍人权。"②卡内基国际和平基金会高官罗伯特·卡根说："欧洲正进入一个和平与

---

① 赵伯英、张筱强、周熙明主编：《文化历史二十讲》，北京：中共中央党校出版社2005年版，第142页。
② 〔美〕杰里米·里夫金：《欧洲梦》，杨治宜译，重庆：重庆出版社2006年版，第271页。

第三章 觉醒的战略发源地

相对繁荣的后历史天堂，即伊曼努尔·康德所说的'永久和平'的实现。"①

在文化方面，共同的文化渊源、共享的基本价值，既是欧洲一体化的基本条件，也是欧洲一体化的重要内容。欧洲观念的普及和欧洲统一运动的发展，为欧洲一体化提供了十分有利的人文环境。一些欧洲政治家也早就意识到文化建设对于欧洲一体化的重要意义。欧洲共同体创始人让·莫内曾说："假如需要重新开始的话，我将从文化欧洲开始，而不是从经济欧洲开始。"②法国总统密特朗也曾指出："天地是广阔的。而作为欧洲纽带的，现在是、将来还是它的文化。"③因此，欧洲的政治精英们在努力推进经济、政治一体化的同时，也同样关注欧洲的文化建设。今天，一种超越民族国家的新的社会文化模式已经基本形成，各成员国文化的多样性得到尊重，欧洲共同的文化遗产得到保护，普遍的文化交流和融合得到鼓励和加强。

在社会保障方面，欧盟各成员国已是迄今为止世界上发展最为富足、最为完满的社会。虽然也面临就业、失业等问题，但其居民从"摇篮到坟墓"的社会保障、从幼小到成年的教育训练，以及从整体而言的福利待遇到生命个体的人生际遇等等，在各成员国都是普遍得到尊重、重视并落到实处的。据世界经合组织的数据，欧洲国家每年都将超过26%的GDP用于社会福利领域，而美国的这项指标仅为11%。曾成功预测网络兴起和全球经济一体化出现的美国未来学家奈斯比特说："人道主义——文艺复兴这个文化和历史新纪元中的精神核心，已经成了欧洲的一面旗帜。"④捷克斯洛伐克总理什皮德拉也曾这样阐释欧盟的社会保障模式："尽管各个国家的制度并不完全一样，但是欧洲社会模式的根本规则是把所有居民都纳入基本的社会保障体系，不遗弃任何一个人。"⑤

面对欧洲如此巨大规模、如此全面深刻的政治、经济和社会变迁，人们常常不得不掩卷深思，究竟是一些什么原因促使欧洲发生了如此史无前例的

---

① [美]杰里米·里夫金：《欧洲梦》，杨治宜译，重庆：重庆出版社2006年版，第268页。
② 赵伯英、张筱强、周熙明主编：《文化历史二十讲》，北京：中共中央党校出版社2005年版，第136页。
③ 赵伯英、张筱强、周熙明主编：《文化历史二十讲》，北京：中共中央党校出版社2005年版，第136页。
④ [美]约翰·奈斯比特：《定见》，魏平译，北京：中信出版社2007年版，第151页。
⑤ [美]约翰·奈斯比特：《定见》，魏平译，北京：中信出版社2007年版，第146页。

变化、取得了如此巨大的社会成功的呢？其实，这个答案不在别的什么地方，而就在构成欧洲一体化进程全部基础和未来发展蓝图的《里斯本条约》的序言中。这就是："尊重人的尊严、自由、民主、平等、法治和尊重人权的价值观念。这些价值对于作为多元性、宽容、公正、团结、不歧视的社会的成员国是共有的。"① 也正如美国学者利夫斯通在《华尔街日报》所发表的文章中所说："欧洲模式并不只是一种经济模式。它还是一种心态，一种生活方式，一种世界观。"②

欧洲的一体化进程尽管还没有完全结束，欧洲的政治理想尽管还没有完全实现，今后前进的道路上也肯定还会遇到不少挑战，但可以预见的是，"羽翼初成的欧洲梦代表了人们对美好明天的最美好的渴望"，在实现了"欧洲是欧洲人的欧洲"这一理想后，欧洲再一次复兴也就为期不远了。人类已经进入理性的时代，人类的历史归根结底是按照人的需要在发展。无论各种文明的差异有多大，基本的人类需求是无根本区别的。欧盟各国在相互关联与自我救赎中发现了这些奥妙，于欧洲，于世界，意义非凡，启示良多。它让人们更加确信：在今天这个存在着巨大差异的世界上，人们真正寻求的是尊严、和平、正义、平等、与人为善这些不朽的价值。这些可以称作人类的万能语言，是人类的共同感情，用这种语言能够向任何心灵说话和被一切人所理解所接受。

---

① 赵伯英、张筱强、周熙明主编：《文化历史二十讲》，北京：中共中央党校出版社2005年版，第140页。
② 〔美〕约翰·奈斯比特：《定见》，魏平译，北京：中信出版社2007年版，第147页。

第四章
Chapter Four

不死的复仇鸟——色香俱散，在国际政治中愤怒绝无地位

今天的日本以三种截然不同的形态并存于世：还没有完全死亡的旧日本，只具有精神雏形却没诞生的新日本，正经历着最严峻困境的过渡期的日本。

——〔美〕兰塞姆

一个迷失方向的日本，犹如一条在沙滩上搁浅的鲸鱼，无助地四处拍打，十分危险。

——〔美〕兹比格涅夫·布热津斯基

第四章　不死的复仇鸟

1909年,被称为"旷世奇才"而英年早逝的美国战略家荷马·李即在他的《无知的勇气》一书中预言:日本方兴未艾,注定要走向扩张的道路,注定要在世界舞台上扮演主角。美日必有一战,而中国则成为其宰割的对象。日本的扩张路线为韩国、中国、美国及其属地菲律宾、夏威夷,此外还有澳洲。日本的最终目的,是要建立一个真正世界级的帝国,不管未来世界在政治、军事、工业上将会受哪一个国家或同盟的支配,但日本始终是太平洋的主人。①

果然,荷马·李的书出版22年时,日本侵占了中国东北,出版32年时太平洋战争爆发。日本军队后来在菲律宾、印度支那的一切行动,也几乎全如荷马·李所料。甚至有分析认为,日本参谋本部的战争计划很可能就是以荷马·李《无知的勇气》这本书中的构想为基础的。

纵观20世纪的日本,如果从战争与和平的角度进行划分,其实可以归结为:上半个世纪主要是经营战争,下半个世纪则是和平与发展的历史。而如果再深入一步,从国家的战略和统治者的心理进行划分,其实也可以说,上半个世纪日本是在处心积虑地筹划、准备和进行征服作战,下半个世纪则是在拼命地重建、重塑日本,以实现对上半个世纪的战争失败进行报复。二战后的日本史已经表明,它从未认为日本失败了,失败的只是那场战争;它从未认为日本错了,错的只是世界的不公。因而,日本可以说"不",可以进行报复,并且是在更大更广阔的领域和舞台上。

一　激情燃烧的20年——从占领土地到占领市场

在1945年战败投降至20世纪结束的55年间,日本的发展有过彷徨,有

---

① 钮先钟:《西方战略思想史》,桂林:广西师范大学出版社2003年版,第529页。

过战后恢复，也有过经济滞胀，但20世纪50年代中期至70年代中期的20年，无疑是日本历史上经济腾飞、发展最快的20年。

二战结束后，日本曾经历了长达十年的调整恢复期，但这十年的调整恢复对日本既是必需的，又是如此的重要。这期间，所进行的非军事化和民主化改革，是日本历史上一次反封建主义、反军国主义和反法西斯主义的重大变革，具有划时代的意义。这期间，在政治上实现了国家体制的民主化，保证了战后日本政局基本稳定与经济的高速发展。这期间，在经济上废除了财阀，为日本的企业管理和经营体制的现代化创造了条件。可以说，正是这些战后日本的变革，开启了日本的复兴腾飞之路，迎来了20年的飞速发展时代。

在1950年时，日本的国民生产总值在资本主义世界不仅低于美、英、法、西德，甚至低于加拿大和印度，仅居第七位。但这种序势很快就改变了。1954年，日本超过了印度，1960年超过了加拿大，1967年超过了英、法两国，1968年又超过西德，跃升到资本主义世界第二位。到1970年前后，日本基本上实现了工业现代化，成了仅次于美、苏的经济大国。

在1956年至1973年间，日本的国民生产总值年平均增长9.7%，大大超过1868年明治维新以来日本经济增长的年均速度。在20世纪整个60年代，日本的国民生产总值平均每年增长高达11.1%，为美国的2.8倍，西德的2.3倍，英国的4倍。虽然在后来的石油危机中增长速度有所放慢，但除个别年份外，日本的年增长率仍居西方各发达国家之首。

有了20年腾飞的坚实基础，所以，到了20世纪80年代，日本就已经在一系列发展指标上确立了其无可置疑的世界经济大国地位，并且，日本整个国家也由此进入一个新的发展阶段。

作为这个新的发展阶段，其标志之一是，日本成了海外净资产余额最多的国家。1985年，日本的海外净资产余额达到1298亿美元，比1980年增加了10倍，有史以来首次成为全世界最大的债权国。而在同一年，美国沦为全世界最大的债务国。1986年，日本的海外净资产余额比上一年增加39%，达到了1804亿美元。1987年又比1986年增加33%，达到了2400亿美元。

其标志之二是，日本成了国际经常收支顺差最大的国家。从1981年到1987年，日本的国际经常收支顺差持续大幅度增加，从47.7亿美元，增加到

第四章 不死的复仇鸟

870.2亿美元，累计额高达2894.6亿美元。与此同时，日本的外汇储备达到686亿美元，超过西德居世界第一；在全球25大银行中，日本就有22家，占绝对统治地位。

其标志之三是，日元持续大幅度升值。1985年初时，日元的汇率还为263.65日元兑1美元。但从1985年2月开始，日元就不断升值，尤其是同年9月西方五国财长会议后，升值幅度进一步扩大。到1987年，最高汇率一度达到121.85日元兑1美元，两年间，日元升值一倍以上。这次升值的持续时间之长、幅度之大，都是二战后从未有过的。日元的这一重大变化，虽然给日本的对外贸易带来了挑战，但也从此奠定了日元的国际货币地位。

其标志之四是，日本连续不断地向世界推出若干高新技术产品，日货在全球所向披靡。其摩托车将英国的摩托工业挤出了世界市场，其照相机产业迫使最有名的德国同行退居次席，其音响横扫北美市场，其汽车更令美国汽车界的巨子食不甘味、寝不安席，其钟表业比起世界著名的瑞士钟表业也毫不逊色。从1986年至1991年，日本连续六年被洛桑管理协会和世界经济论坛评为国际竞争力最强的国家。

其标志之五是，1987年，日本的人均国民生产总值超过美国，国民生产总值超过苏联，成为居世界第二位的超级经济大国。1987年，日本的人均国民生产总值达到19564美元，超过美国，跃居世界第二位。同一年，日本的国民生产总值达到21556.9亿美元，超过苏联。这一年，日本的国民总资产还达到了43.7万亿美元，居世界第一。

二战结束后的40多年间，日本经济如此迅速地发展，日本国家如此迅速地崛起，在以往的世界史上是绝无仅有的。

美国第37任总统尼克松说："撰写或谈论日本的经济奇迹已成为时髦。但更令人赞叹的日本奇迹是，在一个几百年来一直为军阀和天皇所统治的社会里，民主竟诞生了。美军占领时期，在道格拉斯·麦克阿瑟的富有远见的领导和吉田茂及其精心培养的接班人的照料下，民主站住了脚跟，并已根深叶茂。日本在20世纪的伟大成就是建立了一个经济上强大的日本。美国的伟大成就则是建立了一个民主的日本。历史上没有任何国家像美国那样如此一片好心地进行军事占领，并取得如此持久和良好的效果。也没有任何国家像日本那样充分利用了这个机会。我们这个时代最令人啼笑皆非的事情之一是，一个战败国公民的年均收入现在是16000美元,仅比战胜国公民低2000美元。仅仅20多年前,日本的人均收入只有美国的25%。"①

分析日本取得经济成功的原因,主要是以下几个方面:

第一,二战后经济立国战略的成功。

自1946年吉田茂第一次组阁起,日本的国家方略就一直遵循着这样四项基本原则:(1)日本的主要任务和目标是发展经济;(2)日本的武装应该是低水平的,应该避免卷入国际冲突;(3)日本接受美国的政治领导和军事保护;(4)日本的外交政策应该摒除意识形态而致力于国际合作。这四条原则中,后三条其实都是为日本聚精会神发展经济而保驾护航的,实际上也起到了这样的作用。

由于吉田茂提出并推行这些国策的成功,所以他被称为"战后首相",并且五度出任日本首相。

第二,抓住了冷战、朝战等大的国家机遇。

1947年以美苏为首的东西方冷战的爆发和1950年朝鲜战争的爆发,都给日本经济的恢复带来了意外的好处,日本也趁势抓住了机遇。

二战结束后,美国占领军最初曾采取了一系列诸如"解散财阀"、"农地改革"等打击和削弱日本垄断资本、消灭半封建土地所有制的政策,但后来随着冷战爆发,便迅速转而采取扶植日本垄断资本的政策。美国一方面在"占领地区救济基金"和"占领地区经济复兴基金"的名义下,给日本23亿美元的"援助"和贷款;另一方面又通过民间贸易,向日本供应原棉、石油、煤炭、铁矿石、橡胶、原毛、纸浆等,使日本得到了恢复经济所急需的资金和原料。

1950年6月,朝鲜战争爆发了。由于日本离战场最近,大量美国军用特需订货开始源源不断地涌向日本。这些特需订货包括:(1)军用物资。如军用毛毯、棉布、军用卡车、飞机用油箱、炮弹、铁丝网等。(2)军需服务。修理卡车、坦克、舰艇,维修军事基地设施和通讯、运输等。仅这两项,朝鲜战争期间累计价值额即达10亿美元。(3)驻扎日本本土美军、美国操纵的联合国军在日本购货及有关机构支付的款项。三项累计在1953年达到24亿美元,1955年达到36亿美元。与此同时,美国由于全力应付侵朝战争,出口能力锐

---

① 〔美〕理查德·尼克松:《1999年:不战而胜》,王观声等译,北京:世界知识出版社1989年版,第231页。

减，西欧各国卷入美国冷战体制，开始扩军备战，急需进口军用物资，又为日本商品进入世界市场大开了方便之门。1950年下半年比1950年上半年日本出口额猛增55%。1949年日本出口额仅为5亿美元，1950年骤然增至13.5亿美元。朝鲜战争成了日本发财致富的天赐良机。在特需订货和出口扩大的刺激下，日本经济开始迅速恢复。

这样，在美国的扶植、支持以及冷战和朝鲜战争的刺激下，日本就终于结束了为时十年的战后调整恢复期。

第三，又一次得益于观念更新之先。

还是在二战结束之初，东京大学教授、日本经济计划家、20世纪70年代曾出任日本外相的大来佐武郎就指出过："战败的日本决不会被允许进行重新武装，但这可能是件安知非福的好事。……穿军装的军队不是唯一的军队。具有科学技术和战斗精神的穿着企业制服的人将是我们的地下军。咔叽军服将输给企业制服。"①战后日本的实践完全证明了他的这一预言。

自步入20世纪60年代起，日本政界、商界就敏锐地意识到，随着全球自由贸易的发展和世界新的科学技术革命，占领市场、占有信息和技术已经超越过去那种以占领领土、占有资源为目的的传统大国崛起方式，并且在国际政治格局中更为现实和重要。

在以往的国际关系史上，领土控制总是大多数政治冲突的焦点。许多血腥战争不是起源于同扩大领土有关的民族自我满足感，就是起源于因丧失"神圣"领土而产生的民族的被剥夺感。因此，领土的占领或被占领一直是驱使民族国家采取侵略行动的主要冲动。在明治维新成功至二战战败之前的七八十年间，日本所走的就是一条民族主义膨胀与精心策划夺取和占据别国地理资产的道路。那时的日本坚信，只有直接占领朝鲜和中国，尔后再占领重要的石油产地荷属东印度群岛，才能实现日本的民族抱负和全球地位。而现在，用战争手段进行扩张已经失败了，这条路已经走不通了。同时，随着世界自由贸易规则的通行和现代科学技术的发展，不仅利用战争的手段获取国家利益的做法行不通了，而且也不必要了。在新的形势下，市场已经重于战场，占有信息和技术已经重于占领领土和资源。于是，日本又在以下两大领域展

---

① 〔美〕兹比格涅夫·布热津斯基：《大失控与大混乱》，潘嘉玢、刘瑞祥译，北京：中国社会科学出版社1994年版，第129—130页。

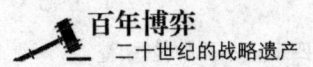

开布局并付诸实施。

首先是大量引进先进技术，迅速提高了劳动生产率。在1956年至1973年间，日本共引进各种新型技术近2万件，居西方国家之首。由于及时有效地利用了国外的现成科技成果，因而大大加快了本国科学技术的发展；而科学技术的迅速发展，又极大地提高了劳动生产率。在1956年至1973年间，日本的劳动生产率年平均增长达到8.3%，而美国、英国、法国和联邦德国同期增长只分别为3.7%、4.4%、5.6%和5.5%。在现代化大生产条件下，生产力的发展主要是通过劳动生产率的提高来实现的，因此，劳动生产率迅速提高这一优势，就保证了日本经济的高速增长。

其次是大力发展国际贸易，并且不断开辟新的原料和能源市场。在1955年至1973年期间，日本的出口和进口分别从20.11亿美元和24.71亿美元猛增到369.30亿美元和383.14亿美元。由于日本主要是出口工业品，进口原料和燃料，因而国际贸易的迅速发展，不但扩大了工业品的国外市场，而且还能够获得大量的原料和燃料，从而保证了经济高速增长对大量资源的需要。这对于日本这个资源极端贫乏的国家来说，具有十分重要的意义。甚至可以认为，如果没有对外贸易的特别迅速的发展，也就不可能有战后日本经济的高速增长。

第四，其经济体制所具有的自我调节和转换能力。

比如，在20世纪80年代日元升值一倍以上的严峻形势下，日本经济不仅没有出现大的混乱，反而在比较短的时间内就转入新的增长轨道。可以说，这是日本创造的又一个经济奇迹。当时，日元升值的直接影响，是改变了日本的进出口价格水平。而进出口价格水平的变化，又直接影响了日本的进出口。在进出口数量和品种结构的变化影响下，日本充分发挥市场机制的作用，迅速调整产业结构，再加上政府改变紧缩型的财政金融政策，推出了一系列扩大内需的综合经济对策，便很快消除了日元升值所带来的消极负面影响。

二　一流的经济二流的生活三流的政治

二战结束后创造的经济奇迹无疑是日本应该引以为傲的，尤其是对他们

第四章 不死的复仇鸟

这个优越感十足而又刚刚被战败过的民族来说，更是感到一种前所未有的快慰。并且，藉此还在规划着向更高的目标、更宽广的领域和更恢弘的理想前进。然而殊不知，发展到巅峰之时也往往就是跌落的开始。二战后的日本经济虽然有了飞速的发展，但日本的内政、外交和国际政治地位却又并没有像日本的经济一样升腾，反而还困顿频出。

在国内政治方面，发生的比较突出的几个问题是以下四个方面。

第一，"财源政变"，在日本历史上第一次发生了首相被拘捕入狱事件。

这一事件出现在被认为是"多灾多难"的田中角荣时代。

1972年7月5日，自民党召开第27届大会，选举田中角荣为总裁。7月7日，田中角荣接替佐藤荣作担任日本首相。田中执政不久，即步入一条悲剧性的坎坷之路。

这时，日本的经济因为持续的高速增长已经接近历史拐点。再加上田中的以城市改造、新型高速交通设施建设为主要内容的"日本列岛改造计划"事与愿违——虽然这一计划在理论上是无懈可击的，在实际上也是切实可行并不可缺少的，但它诱发并加剧了企业购买土地时的投机，因而造成地价飞涨，同时也带来了物价飞涨。这都使田中内阁声名狼藉。

1973年11月，自民党在参议院的选举中失败，又不可避免地削弱了田中体制，使党内党外反田中的调子越来越高。

1974年4月，日本爆发了600万人的交通大罢工，矛头直指田中内阁。

到1974年10月，财源问题终于爆发。这个月的日本《文艺春秋》杂志刊出《田中财源及其他》一文，对田中的政治资金问题进行详细揭露，迅即引起了全社会的关注。在野党在国会紧追不舍，掀起了倒阁运动。党内反主流派也推波助澜，掀起了迫使田中下台的运动。11月17日运动达到了高潮，社会党、共产党等19个团体举行"要求田中下台"的全国统一行动，有近12万人参加。

于是，1974年11月26日，田中角荣被迫辞去首相职务。

田中的辞职声明如下："因为我个人的问题，在社会上引起误解，作为政府官员，不清不白，缺德少行，这使我痛苦万分和难以忍耐。我要澄清事实真相，取得国民理解。考虑到我国的前途，我有如夜间倾耳细听滂沱大雨击打着地面。自民党应尽快选出自己新的代表，团结一致，冲破难关以回答国民之重托。"①

然而，田中角荣虽然离开了自民党总裁和日本首相的位置，但他在担任首相期间的问题却并没有因此而了结。

1976年2月4日，美国参议院跨国公司小组委员会揭发出美国洛克希德飞机公司为了向日本全日空公司推销"三星"式客机而大量行贿的事实。2月6日，洛克希德公司副董事长库钦在美国参议院外交委员会会议上作证说，洛克希德飞机制造公司为了向日本全日空公司推销客机，通过日本丸红公司伊藤宏和国际兴业公司小佐野贤治，向日本政府高层官僚赠送了金钱。

这一消息传来，立即在日本议会引起了轩然大波，议员们瞩目的焦点马上转向了洛克希德案。情绪激昂的议员们纷纷发表意见，认为政府高官接受赠款是受贿行为，应该受到法律的追究，并要求查清所指的高级官员到底是哪些人。在野党更是强烈要求三木武夫内阁对此事要彻底追查。日本社会各界对这件事也深表愤慨。

这时的局势对三木首相是一个严峻的考验。三木的内阁团队是由自民党组建的。自民党自1955年成立以来一直组阁执政，政府的高级官员都出自自民党，如果将洛克希德案追查到底，势必涉及自民党高层人物，这对处境困难的自民党来说无疑是雪上加霜。如果仅从执政党的利益出发则显然是不对的，也无法得到议会和社会各界的认可。三木首相经受住了考验，他在国会上表示：此事关系到日本的政治声誉，有必要将问题查清。

1982年6月8日，东京地方法院对洛克希德案件的其他被告进行了审理，判定当时任运输大臣的桥本登美三郎、当时任运输政务次官的佐藤孝行犯了"受托受贿罪"。法院当庭宣判：判处被告人桥本登美三郎有期徒刑两年零六个月，缓期三年执行；判处被告人佐藤孝行有期徒刑两年，缓期三年执行。

1983年1月26日，检察厅又在法庭上宣读了对案件主角田中角荣的论罪书。最后，检察官向法院提出：判处田中角荣五年有期徒刑，交罚金5亿日元。

1983年10月12日上午，东京地方法院701号法庭开庭，审判长宣读了判决书：田中角荣因受托受贿、违反外汇法，触犯刑律，判处有期徒刑四年，

---

① 〔日〕户川猪佐武：《政权角逐》，李汝松译，长春：东北师范大学出版社1987年版，第259页。

第四章 不死的复仇鸟

罚金 5 亿日元。

至此，洛克希德案件经过七年多的审理，一审判决才告完成。一审判决后，田中角荣立即上诉到东京高级法院。1987 年 7 月 29 日，东京高级法院驳回田中角荣的上诉，认定一审判决无误，维持原判。二审判决后，田中角荣仍然表示不服，继续上诉到日本最高法院，但日本最高法院始终没有回应。

田中角荣这时已中风病倒两年多，半身没有知觉，失去了说话能力，基本上是在病床和轮椅上生活。1989 年 10 月 14 日，田中角荣的女婿、国会议员田中直纪在田中角荣的家乡郑重宣布：正在养病的前首相田中角荣不再参加众议院的选举，在本届众议员任期结束后从政界引退。从此，田中角荣离开了政治舞台，直到 1994 年初去世。

洛克希德案件的发生，从被告人的地位之高、所诉受贿额之巨以及审理案件所耗废的时间之长来看，在日本的历史上都是创纪录的。自这起案件后，日本政坛的金权政治内幕，特别是自民党内涉及领导人与金钱关系的政治丑闻便不断被曝光，自民党的公信力便日趋下降。到 20 世纪 90 年代初期，随着"共和公司案"、"证券丑闻案"、"佐川案"这三起重案的发生，日本自民党"一党优位制"的执政基础终于倾覆了。这是二战后日本历史上的重大政治事件。

自民党自 1955 年 11 月 15 日成立以来就一直占据着日本的执政舞台。虽然日本政坛时常有新的政党涌现出来并在大选中与自民党竞争执政权，但它们的力量根本无法与自民党相抗衡。长期以来，自民党被称为"万年执政党"，在野党被称为"万年在野党"，后者的存在不过是对前者的衬托，被用来衡量对前者的满意度。所以，这种由自民党一直持续把持执政权的体制也被日本政坛称为"一党优位制"。

1993 年 8 月 6 日，新党代表细川护熙当选为第 79 任日本首相。8 月 9 日，以新党为主的 8 个党派即联合组成细川内阁，开始了新格局下的日本政治。这标志着从 1955 年以来持续了 38 年之久的自民党一党单独执政的历史彻底结束。由于导致这一结果的起因是因为政治献金问题，所以也称"财源政变"。

第二，"十年九相"，引起政局动荡。

根据有关统计资料，在 1955 年至 2012 年的 57 年里，日本共出现过 29 位首相。仅 1993 年以来，日本即更换了 13 位首相。据日本内阁网站的材料披露，自1947年日本新宪法实施以来，平均每任首相的任期为一年多，二战后任职未超过100天的首相有4位。媒体调侃，"在日本变化最快的事物中，除了丰田汽车的新车型，恐怕就是不断更替的新首相了。""好不容易才把总理大臣对上号，又得从头来。"①

为什么除了凭借个人领袖魅力而执政五年零五个月的前首相小泉纯一郎以外，日本这些年几乎年年都在更换首相呢？日本多家媒体认为，是："丑闻，丑闻，还是丑闻！"②

日本媒体的这一结论是建立在事实基础上的。安倍晋三在第一次组阁期间的情况即提供了佐证。

2006年9月20日，出身政治世家的安倍晋三在自民党选举中高票当选为总裁，一周后出任日本首相。然而，从第三个月起，安倍内阁就接二连三地曝出如下11起丑闻：

2006年12月21日，因涉嫌在公务员宿舍与情人同居，首席税务顾问、内阁税制调查会会长本间正明辞职；

12月27日，行政改革担当大臣佐田玄一郎因政治资金丑闻辞职；

2007年1月10日，农林水产大臣松冈利胜曝出政治资金丑闻。5月28日，松冈利胜在寓所内自杀身亡；

1月30日，防卫大臣久间章生发表有关美国向日本投置原子弹的不当言论，激起民众强烈不满。7月3日，久间章生递交辞呈；

8月1日，农林水产大臣赤城德彦因政治资金丑闻辞职；

8月21日，内阁官房长官盐崎恭久曝出政治资金丑闻；

8月25日，总务相菅义伟曝出政治资金丑闻；

9月3日，内阁改组后的农林水产大臣远藤式彦因接受不当政治献金递交辞呈；

9月5日，新任环境大臣鸭下一郎曝出政治献金丑闻；

9月6日，新任农林水产大臣若林正俊曝出献金丑闻；

9月8日，新任总务大臣增田宽承认政治献金申报违规。

面对如此频出的丑闻困局，安倍晋三终于在2007年9月12日宣布辞职。

---

① 《环球时报》，2008年9月3日，第1版。
② 《中国新闻周刊》，2007年第35期，第30页。

而此时，距离安倍执政满一周年还差 14 天。

而到了 2008 年 9 月 1 日，在日本政坛一直以稳健著称的首相福田康夫在上任不到一年后突然宣布辞职，令日本这个世界第二大经济体顿感挫失，国际社会也为之震惊。东京大学一名政治学教授称："在政治上，日本还是一个发展中国家。"①

第三，右翼民族主义势力持续蔓延滋长。

早在二战前，日本右翼民族主义势力就曾是日本军国主义政策的思想先锋。发生在 1928 年 3 月 15 日的镇压日本共产党人的大逮捕中，就留下了它们的累累罪行和斑斑劣迹。二战结束后，虽然经过改造，右翼民族主义思潮及其运动实体受到了打击，但并没有被完全肃清，并且在新的历史条件下又不断以新的形式获得了发展。

1951 年旧金山和约签订后，日本政府宣布解除褫夺公权的整肃决定，把受这种处分的 20 多万人释放出来，其中包括为数不少的右翼分子。这些人获释后便重新建立右翼团体，其中包括"东亚联盟同志会"、"大日本爱国党"、"大日本生产党"、"大东塾"等组织。这些右翼团体和当时保守党内反吉田的民族派相呼应，提出了"制定自主宪法"、"重新武装"、"争取完全独立"等主张。

20 世纪 80 年代日本成为经济大国后，右翼民族主义思潮更加泛滥。持有这种思想的主体力量不仅有社会上的右翼团体，而且还包括了政界、财界、学术界的实力人物。他们不仅表现为追求政治大国地位的思想与行动，而且还表现为对战后国际政治格局的不满以及对战前历史的翻案等行动。具体来看，有如下几种主要表现：

一是追求做"军事大国"，宣扬 21 世纪是"日本的世纪"。一些右翼团体甚至还扬言，要"打破雅尔塔－波茨坦体制"，重建日本的霸业。

二是鼓吹国家意识和"尊皇"思想。文部省指令全日中小学校升太阳旗、唱《君之代》歌等。不少著作还把天皇描写为"和平主义者"，力图重新树立天皇的精神权威。

三是为战前侵略扩张的历史翻案。20 世纪 60 年代日本右翼分子曾炮制

---

① 《环球时报》，2008 年 9 月 3 日，第 1 版。

《大东亚战争肯定论》，把日本近代的侵略史美化为"解放亚洲"的历史。20世纪80年代起又接连发生篡改中学历史教科书事件及内阁首脑和大臣以公职身份参拜靖国神社事件。而进入21世纪后，为战前侵略扩张历史翻案的事件更是有增无减。不仅日本内阁要人频出妄语，否定"慰安妇"、"南京大屠杀"等事实真相，而且，以内阁首脑、大臣和国会议员公职身份参拜靖国神社进入常态并达到了规模化的程度。

应该指出的是，日本右翼民族主义势力的蔓延滋长，既是日本发展成为正常国家的一大毒瘤，也是日本内政、外交的一大祸害。进入21世纪以来，日本与亚洲邻国的摩擦不断，都有这股势力的恶意推动。

第四，居民生活沦为中等收入国家水平。

自20世纪90年代中期日本上班族的年平均收入达到467万日元的峰值以后，随着国家整体经济形势下滑、货币贬值、企业职工工资难于上涨，日本民众的相对生活水平便不断下降。日本《选择》月刊发表的文章称："日本已沦为亚洲中等收入国家。"①

为什么会得出这一结论呢？原来，《日本经济新闻》前不久对亚洲范围内20岁至29岁年龄段的年轻人做过一次调查。结果表明，从日本、韩国、中国、新加坡、印度、泰国等亚洲十国二十几岁年轻人的月收入看，排名第一的新加坡达到36万日元，第二名韩国为25万日元，第三名日本为22万日元，第四名中国为16万日元。日本年轻人的收入水平仅为新加坡的六成，甚至比韩国还要少，而且正在被中国迅速追赶。这是一向与欧美比肩的日本所没有想到的，也是难于接受的。民众普遍抱怨，日本劳动者的工资收入相对偏低，明显地与国家的经济泡沫和日本企业持续20多年遏制工资的上涨有关。

在国际政治中，二战后发生的几件事又决定性地打击了日本的民族自尊。

第一件事是，中美联合进行了一次越顶外交。

1971年7月，中美两国同时宣布美国总统尼克松即将访华，实现关系正常化。对于这件事，美国守口如瓶，并未按照以往惯例将自己在亚洲的重大行动在事前通知日本这个亚太铁杆盟国。而当时，日本还在尽力帮助美国阻挠中国恢复在联合国的合法席位。这次日本被蒙在鼓里，美国同中国搞越顶

---

① 《参考消息》，2015年4月18日，第4版。

外交,对日本是一次沉重打击。结果,中国恢复了联合国席位,日本被动追随美国遏制中国的外交政策破产,佐藤内阁被迫下台。1972年7月田中内阁成立以后,感到日本敌视中国的政策已经行不通了,只好抢在美国之前同中国正式建交,实现了两国关系正常化。二战结束后,主动同中国恢复邦交,这可以说是战后日本外交政策由从属外交向自主外交过渡的重要标志。同时,也是日本抓住了中国机遇,使自己可以借助中国在第三世界的威望改变日本的形象,也增加了日本在面对美苏时的分量。

第二件事是,美国突然发布新经济政策。

在1971年7月突然宣布尼克松总统即将访华后刚刚一个月,美国又于8月15日突然发表新的经济政策,其中一项核心内容就是宣布停止用黄金兑换美元。而对这件事关日本重大国家利益的政策调整,美国在事前同样也未通知日本。这下,日本吃不消了,仿佛岛国又遭到了一次原子弹袭击。

对以上两件事的接踵而至,时任日本内阁官房长官、后来曾任日本首相的竹下登说:"在1971年7月佐藤内阁的末期,即我就任官房长官以后,实在是一段令人不堪回首的日子。内阁进行改组的同月15日,突然发表美国总统尼克松将访华的消息,这就是被称的'越顶访华'。这对日本来说,是最大的冲击。并且,在8月15日又出现了第二次尼克松冲击,即发表了停止用黄金兑换美元的决定等,使日本再次受到重大打击。"①

第三件事是,海湾战争后遇到国际尴尬。

1990年8月,在离日本万里之遥的波斯湾地区发生了一场震惊世界的战争。虽然第二次世界大战后凡遇到重大的国际冲突,日本都蛰伏一隅,躲之不及,但这次却一反常态——先是应美国的要求慷慨地掏出了130亿美元为赢家支付军费,随后又不顾国内外的强烈谴责把扫雷艇开到了多事的海湾。然而,令日本人始料未及的是,当胜利的焰火升腾在美利坚的天空时,日本这个为美国掏腰包的阔佬却并没有被请到摆满香槟的桌旁。它不仅被排斥在美、英、法、苏的外交轴心之外,而且在海湾的战后安排上也受到排挤。由此,大和民族再一次感受到了"政治侏儒"的冷遇。

面对不被国际社会认可,日本青山学院伊藤宪一教授在《读卖》杂志上载文

---

① 〔日〕户川猪佐武:《政权角逐》,李汝松译,长春:东北师范大学出版社1987年版,第285页。

称:"日本和德国虽然在经济上像得了肥胖症一样不断壮大,但在军事上、政治上却一点也不成熟。海湾战争说明,日、德两国除对付与本国利益直接有关的问题外,既不能在世界性的问题上采取主动行动,也不能显示自己的哲学和理想。……在建立世界新秩序的过程中,如果日本光拿着装有日元的钱袋,是不会被任何国家瞧得起的,日本必须重新考虑它在全球的政治作用。"①

第四件事是,20世纪行将谢幕时,中国异军崛起。

进入20世纪90年代以来,特别是到了21世纪,中国越来越像一个世界强国。不仅经济迅速发展,地区影响力、全球影响力迅速提升,而且"中国模式"、"北京共识"被越来越多的国家认可和接受。在2008年11月召开20国集团峰会期间,西方媒体纷纷发表评论,认为中国的参与,标志着这个由少数富国组成的俱乐部开始向未来的强国开放。而在2009年4月召开的20国集团峰会上,外媒又称:它标志着中国开始掌握世界未来的发展方向。在此次峰会上,时任中国国家主席胡锦涛的身影无处不在,相形之下,日本则显得默默无闻,而众多新兴国家的到会则更预示着未来世界强国的等级排列次序将发生改变。

其实,久负盛名的全球投资银行高盛公司在2007年就曾发表过一份研究报告,认为中国将在2030年左右成为世界第一大经济体,并且这一时间还有可能提前至2027年。届时,中国位居第一后,排在其后的依次将是美国、印度和日本。到2030年,日本的经济总量只有中国的四分之一。而到了2050年,中国可能会进一步把世界其他国家抛在后面。高盛公司分析说,因为从理论上讲,届时中国的国内生产总值将是美国的2倍,日本的10倍,而届时中国的人均国内生产总值也将达到美国目前的水平。

尽管高盛公司的这一长期预测存在着不确定性,但有一个趋势似乎已经十分明显,并且还不可能逆转。这就是:中国必将成为全球最大的经济体,尽管确切年份难以确定。而到那时,虽然日本的人均生活水平依然会很高,但如果用中国的国内生产总值这一尺度来衡量,日本届时也只能算是一个中等强国。更不消说,中国的国内生产总值在2010年就已超过日本,四年后的2014年就已经是日本的两倍。

---

① 魏克智等:《世纪风云论衡》,呼和浩特:内蒙古人民出版社1997年版,第245页。

第四章 不死的复仇鸟

中日两国经济地位的这一重大变化,对日本的冲击是最大的,是日本最不愿意看到也最难以接受的。因为,中国历来被认为是日本的最大对手;中国的迅速崛起就意味着日本在亚洲龙头老大地位的丧失。

所以,进入新世纪以来,面对经济不景气、与邻国的纠纷和麻烦不断,以及由"十年九相"到"一年一相"的政治困局,日本国内外一片嘘唏,以至于人们怀疑,日本是否还具备自我掌控机制。

2008年7月,日本前经济企划厅长官、作家堺屋太一在日本读卖新闻集团旗下的《中央公论》月刊上以"日本没落的原因"为题发表文章指出,日本经济急剧滑落,外交在过度依赖美国和向中国靠拢之间徘徊,原因在于国家政治目前处于混沌状态,发展理念出现了根本动摇,尤其是不具备新理念的日本外交。堺屋太一说,日本与中国、韩国、俄罗斯的领土问题没有得到解决,与韩国、中国、荷兰、澳大利亚的历史问题没有得到解决,与朝鲜的绑架问题也没有得到解决,在签订自由贸易协定方面也落在了其他发达国家后面。堺屋太一认为,日本今天已处于"半锁国状态",必然导致衰落。①

2009年2月,在日本备受尊敬的作家五木宽之又在《中央公论》月刊上以"衰退时代:日本应有的觉悟"为题发表文章,呼吁日本人做好心理准备,迎接衰退时代,坦然地做一个能够受世界尊重的小国。现年77岁的五木宽之被认为是日本20世纪60、70年代最能"睁眼看世界"的作家,文风一向尖锐而不失稳健。这一次,他依然不乏惊人之语。文章的第一个小标题即为"地狱时代",称:"如果把目前的状况比做登山,那么日本已进入下山阶段"。文章呼吁日本人要"断念",勇敢地面对现实,追求"优雅的缩小",做一个"像希腊、葡萄牙、西班牙这样的国家",因为曾拥有辉煌历史的这些国家在"悄悄退潮时宁静而安逸"。在文章中,五木宽之还以"盛者必衰"的名言告诫日本人:"不要勉为其难地让太阳升起。"②

五木宽之的文章发表后在日本产生了很大的影响。报刊专栏作家莫邦富称,五木的文章"带有一种孤傲的悲凉和先知者的痛楚"。这位专栏作家还说,他本以为再过几年日本才会出现认同日本不再是"亚洲领袖"的文章和出版物,但没料到会在这么早的时候,就由以思索见长的五木宽之提出来,并且是如

---

① 《参考消息》,2008年7月2日,第3版。
② 《环球时报》,2009年2月12日,第7版。

此彻底的"小国"主张。不过,更多的日本学者则不同意五木的论点,认为"大国"仍将是日本对今后国家发展方向的主流定位。只要日本清除与地区各国及国际社会之间的"政治障碍",明确和平发展的方向,日本成为真正的"大国"就只是个时间问题。①

虽然从历史上看,日本在其自身定位上一直就存在着起伏,国民性格中又不乏危机、忧患意识,出现"大国论"、"小国论"都不足为怪,但五木宽之的这篇文章应该还是反映了日本挣扎于梦想与现实之间的复杂心态。其中,政治上的困顿、社会心理的动摇和国民自尊的挫失,都兼而有之。

西方也有评论认为:"今天的日本以三种截然不同的形态并存于世:还没有完全死亡的旧日本,只具有精神雏形却没诞生的新日本,正经历着最严峻困境的过渡期的日本。"②

美国前国家安全事务助理布热津斯基同样指出:20世纪70年代末,日本虽然创造了经济奇迹,但大和民族的内心仍然躁动不安,被"第一流的经济,第二流的生活标准和第三流的政治制度"所折磨。"一个人口约1.2亿、国民生产总值居世界第二位的国家,在强大的邻国面前几乎没有防御能力,而是完全依赖一个从前是敌人、现在又是经济对手的遥远盟国的军事保护,这事确实有点古怪。""一个迷失方向的日本,犹如一条在沙滩上搁浅的鲸鱼,无助地四处拍打,十分危险。"③

三 菊与刀之困:从脱亚入欧、脱亚入美、脱美返亚、摇摆不定,到重新绑定美国

一个民族和国家的成败得失、局面好坏、前景明暗,与其发展道路和战略选择是息息相关的。而作为近现代的日本来讲,战略上的反复和摇摆更是

---

① 《环球时报》,2009年2月12日,第7版。
② 〔美〕本尼迪克特等:《菊与刀》,晏榕、姜波译,北京:中国华侨出版社2011年版,第164页。
③ 〔美〕兹比格涅夫·布热津斯基:《大失控与大混乱》,潘嘉玢、刘瑞祥译,北京:中国社会科学出版社1994年版,第134、138页;〔美〕兹比格涅夫·布热津斯基:《大棋局》,中国国际问题研究所译,上海:上海人民出版社1998年版,第249页。

其兴衰成败的主因之一。

早在100多年前,日本近代启蒙思想家、教育家福泽谕吉就曾告诫:"虽然目前我国的处境十分困难,但人民似乎没有感觉到困难,仿佛已经摆脱了旧时代的束缚,身心十分舒适。有志之士对此深以为忧,皇学家主张国体论,洋学家主张推行基督教,汉学家主张实行尧舜之道,都是在致力于维系人心、统一思想,以此来保卫我国的独立。然而,直到今天,这些主张还没有一个收到成效,以后也应该不会收到成效,这怎不令人感叹?……在我国的困难究竟指的是什么呢?既不是政令不能推行,也不是人民不缴纳赋税;既不是人民突然陷入无智,也不是官吏蒙昧营私。从这些情况来看,日本没有任何变化,依然是原来的日本,并没有值得忧虑的地方,甚至与过去相比,某些地方还有所改善和进步。可是,与往年相比,我国更加困难、更加值得忧虑的事情和问题是什么呢?这一点必须弄清楚。在我看来,这些问题并不是古代遗留的,而是最近突然出现的病态,并且已经危及日本的命脉。从目前来看,好像仅靠我国原有的力量已经不能克服这些困难,已经到了欲除而不能除、想治而缺乏医药的境地。为什么这样说呢?因为假如日本还是原来的日本,那么国人就应该感到高枕无忧了,但是,既然人们非常忧虑,就说明一定是出现了新的令人忧虑的病症,社会上有识之士所忧虑的肯定也是这个病症,不知有识之士如何称呼它,我暂且称之为对外关系。"①

这位日本先知的话是正确而充满哲理的,不仅击中了军国主义时期日本的要害,而且对解决今天日本发展的困顿也具有重要指导意义。

从明治维新开始,作为国家发展战略,"脱亚入欧"、"脱亚入美"与"脱美返亚",以及这中间的反复与摇摆,可以说左右了日本150年的历史。

还是在明治维新之初,处于半开化状态的日本认识到了自身的文明程度落后于西洋文明,进而下结论必须以西洋文明为目标,改变国家的落后状态。"脱亚入欧"的意识也正是这时才在新政府要人大久保利通、木户孝允、伊藤博文、井上馨、山县有朋等维新派中形成的。

明治维新以前的日本,由于长期闭关锁国,对外界了解甚少,而欧洲列强当时已经在加速向工业文明发展。而日本同中国一样仍然停滞在落后的农

---

① 〔美〕本尼迪克特等:《菊与刀》,晏榕、姜波译,北京:中国华侨出版社2011年版,第418—419页。

业自然经济状态，整个社会随处可见中国儒家文化在日本的影子。尽管古代日本吸收中国文明使社会取得长足进步，但是，中国的封建文明已经衰落了。1840年鸦片战争的大炮既打开了中国的大门，同时也惊醒了日本。许多有识之士疾呼：鸦片战争"虽为外国之事，但足为我国之戒"。而1853年美国4艘军舰在日本叩关成功，1854年又胁迫德川幕府与美国签署《神奈川条约》，则使日本锁国的大门进一步被西方列强洞开。此后几年，英国、荷兰、俄国又相继同日本缔结了类似的条约，此时的日本已经面临着沦为半殖民地的危机。在国家独立受到威胁、社会危机四伏的情况下，日本的民族意识被激发了，以中下级武士为代表的革新势力，抛弃保守的攘夷锁国路线，推翻封建幕府，开始了走维新变法、开国通商、吸收西方先进文明的路子。

"脱亚入欧"战略是明治新政府派遣太政大臣岩仓俱视率领大型使节团历时22个月、遍访欧美12国之后才正式提出并被确立的。当时，组成使节团的48名政府要员，在考察期间亲身感受到了欧美先进文明对落后亚洲的压倒优势，亲身感受到了实行文明开化、学习欧美文明、兴邦治国的必要性和紧迫性。从此，"脱亚入欧"与"文明开化"、"殖产兴业"、"富国强兵"成为明治政府的最高指导方针。正是在这条路线的指导下，大力引进西方先进技术，高薪聘请欧美技师，立洋学堂，派出留学生，大兴教育，兴修铁路，建立电讯局，购置、建造先进枪械和军舰，建立近代化军队，才有了后来的强大。

从"脱亚入欧"转到"脱亚入美"，是在第二次世界大战结束后。

一方面，二战战败后的欧洲如同日本一样，遍地残垣瓦砾，尸骨累累，前景堪忧，日本认为再无学习的价值了，欧洲的路已经走不通了。

另一方面，1945年8月日本战败投降后，美军就占领了日本。面对这难以想象的现实，以往皇国的一切神话都破灭了，日本人在战前和战时所建立起来的信仰大厦亦随之崩溃了。日本又亲眼看到随美国占领军带来的物质文明，在惊异和羡慕之余，开始正视和思索日本与先进的美国的差距，于是又把目光转向美国，崇外心态再度复活，在全日本开始全面效仿美国，以美国为标杆追赶西方现代文明的步伐。

不过，这次"脱亚入美"的历史背景和社会环境已经完全不同于明治维新时代。战后初期，在美国占领军的主导下进行了一系列民主化改革，旧的政治、社会结构被彻底改变，传统权威威信扫地。美国的现代文明成果潮水般

第四章 不死的复仇鸟

地涌入日本的政治、经济、文化、教育、法律等各个生活领域，人们从开始的被动接受迅速转变为积极摄取，一时间，崇美之风笼罩整个日本列岛。

特别是在国家政治方面，日本完全接受了美国人起草的和平宪法，从绝对天皇制改造为现代议会民主制，实行三权分立制衡原则和普选制。这是这次"脱亚入美"发生的最实质变化。而且，美国的宪政思想和民主意识很快就在日本国民中得到普及，并在日本的土地上扎下了根。

随着20世纪60年代"国民收入倍增计划"的成功和伴之而行的经济腾飞，日本这一时期的"脱亚论"很多。其中颇具代表性的是认为，根据地理历史、发展类型和文明程度，感到日本已不属于亚洲国家，而应属于西方国家。20世纪80年代中期日本确立世界经济大国地位后，一本《再见了亚洲》的书又在日本大行其道。书中称：战后40年来日本发生了巨大变化，已经成为世界大国，"是高耸于垃圾堆上的大厦"。可以说，《再见了亚洲》这本书的面世和日本人对这本书的热情，标志着战后日本"脱亚入美"的完成。

而到了20世纪80年代末，日本政坛又出现了"回归亚洲"的主张，并且，"归亚"逐渐成为一种社会思潮。一时，"亚洲重新评价论"、"亚洲故乡论"、"亚洲回归论"、"亚洲共同体"等说法相继出现。进入20世纪90年代后，日本人的亚洲意识进一步增强。日本富士复印机公司总经理小林阳太郎写了《日本重新亚洲化》一书，书中称："日本在对外关系上的最大课题是什么，我认为，作为今后的国家方向，最大的课题应该是力争实现重新亚洲化。"小林的这本书引起很大反响，被认为是日本新亚洲主义的代表性观点。日本政治评论家伊藤昌哉1991年在《呼声》月刊7月号上发表文章说，日本应该减轻对美国的依赖程度，要由"有美国的日本"变成"有亚洲的日本"，建立以日本为主导的亚洲经济圈，认为朝这个方向发展是历史的必然。日本经济研究中心会长金森久雄在1993年也多次提出，"日本商界应回归亚洲"。他说，考虑到整个亚洲地区的发展势头和相互依存关系，日本的未来不在美国，而在亚洲。

历史进入20世纪90年代中期后，随着日本经济的持续下滑、中国经济和整个国家的迅速崛起，日本又在到底是"返亚"还是继续"入美"之间摇摆起来。现任首相安倍晋三2006年第一次出任日本首相后即一改惯例，首访中国，声称要同中国发展战略互惠关系。而进入新世纪以后，随着美国经济衰退、世界上不断出现所谓"G2"美中共治的声音、特别是2012年中国经济总量超越日本并取代日本占据世界第二的位置以后,日本的心理明显失衡了,对中国的担忧几乎变成了恐惧,所以又迅速地把自己同美国绑在了一起。2012年底再度出任日本首相的安倍晋三也把首访国转到了美国。

对于日本政治和战略上的这种"摇摆",曾获得1994年度诺贝尔文学奖的日本作家大江健三郎把它用"暧昧"一词来形容。并且,他在瑞典斯德哥尔摩诺贝尔皇家文学院的讲坛上,还专门以《暧昧的日本的我》为题发表了获奖演说。他在演说中说:

> 我觉得,日本现在仍然持续着开国120年以来的现代化进程,正从根本上被置于暧昧的两极之间。而我,身为被刻上伤口般印痕的小说家,就生活在这种暧昧之中。
>
> 把国家和国人撕裂开来的这种强大而又锐利的暧昧,正在日本和日本人之间以多种形式多样化和表面化。日本的现代化,被定性为一味向西欧模仿。然而,日本却位于亚洲,日本人也在坚定持续地守护着传统文化。暧昧的进程,使得日本在亚洲扮演了侵略者的角色。而面向西欧全方位开放的现代日本文化,却没有得到西欧的理解,或者至少可以说,理解被滞后了,遗留下阴暗的一面。在亚洲,不仅在政治方面,就是在社会和文化方面,日本也越发地处于孤立的境地。
>
> 支撑着日本人走向新生的,是民主主义和放弃战争的誓言,这也是新的日本人最根本的道德观念。然而,蕴含着这种道德观念的个人和社会,却不是纯洁和清白的。作为曾经践踏了亚洲的侵略者,他们染上了历史的污垢。
>
> 日本经济极其繁荣,使得日本人在近现代进程中培育出来的慢性病一般的暧昧急剧膨胀,并呈现更加新异的形态。国际间的批评眼光所看到的,远比我们在国内感受到的更为清晰。[①]

分析上述日本战略的变化发展轨迹不难发现,从脱亚入欧、脱亚入美、脱美返亚到摇摆不定、到重新绑定美国,这并不是偶然的。每次发生变化,

---

[①] 中央电视台《大国崛起》节目组编:《大国崛起·日本》,北京:中国民主法制出版社2006年版,第201—203页。

虽然都有不同的历史条件,但其推动力却有许多相似之处。除了无一例外地都蕴含着欲做世界大国的强烈愿望——或者说两大战略目标:在地区,争当亚洲领袖;在全球要"入常",争当联合国安理会常任理事国以外,也还有许多复杂的因素。具体来看,以下一些方面应该是影响日本战略的常量。

日本自身实力和国民情绪的发展变化

这始终是日本决定国家战略的基础和首因。尤其是在第二次世界大战结束后,这一点表现得就更为明显。

二战后,日本奉行"经济立国"政策,埋头恢复和发展经济,取得了意想不到的成功。与此同时,日本的国家意识和民族意识也迅速膨胀。"日本民族优秀论"、"日本文化优秀论"、"日本第一"等思潮迅速漫延,国旗、天皇、靖国神社重新作为日本的国家形象被强调。1982年12月,刚刚就任的中曾根首相即提出了"战后政治总决算",实现"政治大国"的口号。于是,历史的钟摆就由西方化、美国化开始转为"日本化",一场以雄厚的经济实力作为后盾,服从并服务于日本国家战略的"对外战略性援助"便开始了。

为了修改联合国宪章,删除"旧敌国条款",为争当联合国安理会常任理事国创造条件,日本打着为维护世界和平作贡献的旗号,在联合国的总预算中先是承担了11%的份额,后又增加到19%的份额,成为缴纳会费仅次于美国的联合国会员国。同时,在世界性金融机构中也大量注资。日本为世界银行和国际开发金融机构提供的资金达到40%,居世界第一位。

为了提高国际威望,改变"经济动物"的不佳形象,日本不断扩大了对世界各地的开发援助。

1973年10月中东战争爆发后,日本和许多西方发达国家受到了强烈的石油冲击,日本政府迅速作出决定,制定了支持阿拉伯国家的"新中东政策"。相继派出副总理、外相、通产相访问中东各国,向中东国家提供资金和技术合作。三年间,日本同中东产油国的经济合作显著扩大,其贸易量占到日本对外贸易量的20%,仅次于北美和亚洲占第三位。到1977年底,日本对伊朗、沙特阿拉伯、科威特、阿拉伯联合酋长国、卡塔尔王国的直接投资,累计达14.7亿美元。

在东盟和东亚地区，日本1990年提供给东盟国家的援助达到89亿美元。其公司也大量进入东南亚。据日本大藏省的统计，至1990年底，大约有2000家日本公司在新加坡设立代表处，1500家公司在印尼设立代表处，1200家公司在马来西亚设立代表处，1900家公司在中国台湾设立代表处，1500家公司在韩国设立代表处，2000家公司在泰国设立代表处，700家公司在菲律宾设立代表处。

在中国大陆，自中日1978年缔结和约到1989年，日本向中国提供的政府和民间贷款达到110亿美元，直接投资累计为14亿美元，占外国在华投资总额的16.4%，对中国的经济发展起到了大的积极作用。

在东欧地区，日本也积极行动，提供经济援助。1990年，对波兰和匈牙利提供了19亿美元的经济援助，其中向匈牙利提供的资金相当于该国外债的30%。1990年6月，日本政府还同东欧国家制定了"支援东欧五年计划"。

在苏联，日本一改过去一贯坚持的"不解决领土问题就不提供经济援助"的方针，于1990年9月向苏联提供了50亿日元的技术合作；11月，东京5家银行向苏联提供520亿日元贷款；11月下旬，日本政府向苏联提供20亿日元用于紧急医疗援助；12月，日本政府又向苏联提供了140亿日元的食品和药品援助。

据1990年日本政府开发援助白皮书称，日本政府和民间1989年用于世界开发援助的资金总量达到241亿美元，已连续三年居世界第一位。

至此，日本通过经济援助战略这张王牌，大大地改善了自己的国际形象；同时也认为，"脱亚入美"40余年来，追赶美国的目标终于实现了。在一份日本政府公布的《通商产业政策构想》中即正式宣称：明治维新以来，追赶欧美先进国家的奋斗目标已经达到，追赶型的现代化时代也已结束。

毋庸置疑，日本自身经济力量和政治雄心的膨胀，是促使日本这一时期战略发生转变的首要原因。

而进入20世纪90年代中期以来的20年间，日本的战略又摇摆不定，同样也有自身实力发生变化的因素。尽管采取了强有力的财政和货币政策，但日本经济从1992年夏季开始逐步处于停滞状态。在整个20世纪90年代，日本的经济年平均增长率都没有超过1%。这是自第二次世界大战结束以来日本所经历的一次最严重经济危机，它直接影响到了日本的整个国家政策。

国际战略格局的发展变化

如20世纪90年代初日本提出"脱美返亚",就在很大程度上是由国际政治发生重大变故而引起的。

1991年,随着苏联轰然倒塌,长达40多年的东西冷战结束,一方面,西方盟国失去了强大的对立面,另一方面,西方主要大国之间的裂痕、矛盾也凸显出来了。具体到日本头上,就是美欧在同日本经济摩擦中的态度变得越来越强硬了;而日本也自恃其经济具有很强的竞争力,不肯轻易作出让步,这就使日美欧在经济领域的争夺愈发激烈。同时,面对欧洲大市场和北美自由贸易区的形成,日本又还担心欧美贸易保护主义抬头,使自己处于更加不利的地位,因而便以更加积极的态度对待东亚区域合作,欲同美欧"三分天下"。"脱美返亚"正是有与美欧抗衡这样一些背景,再加上长期以来就有的做政治大国的抱负所催生出来的。

事实上,从20世纪80年代末起,日本就已经在实际行动上逐步"脱美返亚"。当时,日本对亚洲的贸易和投资额均已超过美国而居第一位,日本政府的对外开发援助也有三分之二用于亚洲。国际上当时普遍认为,日本在亚洲各国经济发展过程中所起的作用已居于"无法取代的主导地位"。

但是,在国际政治力量格局方面,日本又还始终不踏实。之所以不踏实,主要是由于日本认为,与中国存在的战略差异和结构性矛盾与对抗,是日本难以逾越的一道坎。这种差异和对抗性在区域建设上尤为明显。中国奉行的是与邻为善,以邻为伴,共同繁荣发展的政策。而日本长期所主张的是建立一个大范围的东亚共同体,其唯一的目的是为了借此来遏制中国在该地区日益增加的影响力,其如意算盘是想借助由日本、印度、澳大利亚、新西兰和美国组成的所谓"民主之弧"的力量,把中国排除在局外。只是在1997年10月,当中美两国元首同时宣布中美两国将建立战略伙伴关系的时候,日本才突然意识到了自己国际地位和区域地位的脆弱性。

所以,从根本上来说,日本的战略只能是国际战略格局发展变化的衍生物,只能作为建设者而不是挑战者的政策而存在。全球战略格局和地缘政治格局都决定了日本的战略是不可能独立于世的,是不允许日本存在任何不切

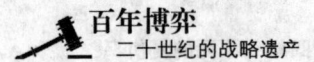

实际的幻想的。对此，日本只有保持清醒的足够的认识，才能使自己的战略不致发生大的偏差。

盟主美国的态度变化

日本与其盟主美国的关系是复杂、矛盾而又微妙的。

首先是，一方面崇美、惧美、不得不从美，一方面又对二战中被由美国、中国、苏联、英国等组成的同盟国战败不服。

表面上看来，日本和美国好像是现代历史上曾互为对手而现在又相处得最好的国家。两国似乎已经克服了彼此间的民族恩怨、历史分歧并学会为了共同的利益而携手合作。但不幸的事实是，许多没有遭受过外国军事入侵的日本人，对被美军占领感到愤恨，而许多没有经受过外国军事占领的美国人，则仍然记恨日本偷袭珍珠港发动了战争。此外，每一个日本人都意识到日本是第一个、也是世界上唯一一个经历过核战争恐怖的国家，这一点已烙刻在每个日本人心中。虽然这种愤怒情绪只有受到其他因素的激化时才可能具有危险性，但民族与民族之间心理创伤的平复、心理距离的改变，显然需要一个比较长的时间。

其次是，日本一方面需要美国的保护，一方面又不满美国的保护。

对于二战后的日本来说，美国一直如同是一把保护伞。在这把保护伞之下，日本得以平安地从毁灭性的战败中恢复过来，重获其经济发展的势头，并在此基础上逐步取得了世界主要国家之一的地位。但是也恰恰是这把保护伞强行限制了日本的行动自由，造成了日本既是世界级大国同时也是被保护国的矛盾状况。在日本要充当世界领袖的努力中，美国将继续是其重要的伙伴，但同时美国的作用也是日本在安全领域继续缺乏民族自主能力的主要原因。在日本力图消除二战战败国地位、力图成为全球政治大国之时，其对作为美国保护国地位的默认程度就必然减小，其内心也必然隐隐作痛。

其三是，美国对日本的态度也摇摆不定，时好时坏。好的时候彼此友善，坏的时候几乎公开敌对，有时候甚至剑拔弩张。

在20世纪80年代，美国人的自尊心同日本的民族主义就曾直接相撞。当时，由于日本经济大国地位的确立，其民族主义、大国意识又强烈地表现出来。一些日本人不满意同美国结盟，反美情绪高涨。民族主义右翼势力甚至要求修改宪法，大力发展军备，挣脱日美安全体制。由此，双方的不信任程度急剧上升，两国的矛盾也由经济摩擦上升到安保摩擦。而在美方，哪能容忍日本说"不"。于是，每逢双方发生贸易问题时便把日本当作一个方便的政治出气筒。尤其是当日本的商品、资本大举进犯美国市场，日本公司买下了作为美国象征的洛克菲勒中心时，美国人的自尊心被深深地刺伤了，对日本的态度也随之发生了很大的变化。一位美国国会议员怒气冲冲地说：上帝保佑杜鲁门只扔了两颗原子弹，应该扔四颗。"日本经济威胁论"、"日本异己论"，在美国顿时高涨起来。时任美国负责经济事务的助理国务卿特雷齐斯甚至公开宣称："在美国看来，日本作为贸易伙伴，不仅是坏的国家，而且是很坏的国家。"①

战后日美交往的历史已经证明，盟主美国对日本的"敲打"是日本不能加以重视的。由于在日美双边关系乃至在整个西方战略联盟中，主动权几乎全由美国所掌控，所以，日本的外交和战略做到不看美国的眼色行事是很困难的。

地缘政治生态的发展变化

自二战结束以来，日本与周边国家就存在着不少麻烦和纠纷。

首先是日苏关系步履维艰。

二战结束后，同苏联恢复睦邻友好是日本外交的一大难题，而两国之间的领土争端则是其中的主要焦点之一。根据《雅尔塔协定》，战后千岛群岛归属苏联。苏联把国后、择捉、齿舞、色丹四岛视为南千岛群岛的一部分而加以占领。日本则认为这四岛是日本固有的"北方领土"，苏联的占领是非法的，坚持要求归还。1956年10月，日、苏两国为恢复邦交进行谈判时，苏联曾表示愿将"北方四岛"中的齿舞、色丹两岛归还日本，其前提条件是首先缔结日苏和约。日本则坚持苏联一揽子归还"北方四岛"后才能缔结和约。由于双方争执不下，互不相让，两国关系停滞不前。1960年1月，日美缔结新的安全

---

① 〔俄〕阿·米·沙尔科夫：《日本和美国》，复旦大学资本主义国家经济研究所译，上海：上海人民出版社1974年版，第432页。

条约后，苏联认为日美加强了矛头指向苏联的军事勾结，于是又提出"所有外国军队撤离日本"后方能考虑归还两岛。从此领土之争更成死结。1978年，苏联在日本称"北方领土"的地区加强军事部署，1979年出兵阿富汗、支持越南侵略柬埔寨，引起日本猛烈批评。随后，苏联在"北方领土"问题上的态度益加僵硬，声称日苏之间的"领土问题已经解决完毕"，没有再协商的余地。由于领土问题得不到解决，日苏和平条约一直未能缔结。

1991年苏联解体后，日本政府仍把解决"北方领土"问题作为改善日俄关系的先决条件，要求举行两国首脑会谈，但至今仍然未有结果。

再是，日本与韩国的关系由阴转晴后又由晴转暗。

到1945年日本战败为止，日本对朝鲜的殖民统治长达36年，朝鲜对日本统治者的愤恨根深蒂固。二战结束后，日本为了配合美国的远东战略，以及确保自身安全与发展的需要，不顾朝鲜的存在，极力同韩国改善关系。在美国的斡旋下，1952年2月日本与韩国开始谈判。由于双方在财产处理、渔业关系等问题上的争执很大，虽经多次谈判但毫无结果。1961年朴正熙政府上台后，韩国的态度发生了变化，1962年11月双方签署了经济援助协议。该协议规定，在十年内日本向韩国提供3亿美元无偿援助、2亿美元有偿援助和3亿美元以上的民间贷款。由此，两国结束了长期争吵的局面。1965年2月，日本外相访问韩国，承认日本吞并朝鲜的错误，并表示"深刻反省"。于是，在经过长达13年的谈判后，双方终于在1965年2月20日签署了《日韩基本关系条约》，并于同年6月22日建立了外交关系。1983年日本首相中曾根访问韩国，向韩国提供40亿美元贷款，使双方的关系进一步升温。

但是，进入21世纪以后，围绕领土独岛（日本称为竹岛）之争和"慰安妇"历史问题之争，两国又恶语相加，首脑外交陷于停滞。

第三是，中日关系道路曲折。

中国是日本最重要的邻邦之一，也是日本发动侵略战争的最大受害国。日本回归国际社会后，理应同中国实现邦交正常化。但在一个相当长的时期里，日本一直奉行追随美国、敌视中国的政策。1952年，日本还同中国台湾缔结和约并建立了"外交关系"，致使中日关系在长达23年的时间里处于不正常状态。

1972年7月，以田中角荣为首相的新内阁成立。迫于内外压力，田中政

第四章 不死的复仇鸟

府把恢复日中邦交作为首要的外交课题。同年9月25日，田中首相访华。9月29日两国政府签署联合声明，宣告恢复邦交。随后，日本宣布同台湾地区断绝"外交关系"并废除日台和约。中日联合声明中写道，"日本国政府承认中华人民共和国政府是中国的唯一合法政府"，中国政府重申"台湾是中华人民共和国领土不可分割的一部分"，日本表示"充分理解和尊重中国政府的这一立场"。关于战争问题，联合声明载明"日本方面痛感日本国过去由于战争给中国人民造成的重大损害的责任，表示深刻的反省"。1978年8月12日，中日两国签署和平友好条约，把两国睦邻友好合作关系推向了新的阶段。

自恢复邦交以来，中日两国关系的主流是好的。中日双方通过领导人的互访、定期会晤和民间人员往来，加深了相互了解。两国政府都把保持和发展双边友好合作关系作为本国的基本政策。但是，在中日友好关系不断发展的同时，两国间也不时出现一些阴影，产生一些不利于友好关系发展的影响。这方面的主要问题是：日本如何正确对待过去军国主义侵略中国的历史，如何按照中日联合声明和中日和平友好条约的原则精神处理同台湾的关系，以及如何认识和处理两国间尚存的领土纠纷。

日本进入小泉政府时代后，中日关系即开始倒退。而在2012年，随着日本将整个被占领土钓鱼岛非法"国有化"及日本安倍政府重新将自己的命运绑在美国战车上以后，中日关系又降到了恢复邦交以来的最低点。

处在这样一种地缘政治环境中，对日本是一个很大的掣肘。对此，美国前国家安全事务助理布热津斯基在他的被誉为论述全球地缘政治杰作《大棋局：美国的首要地位及其地缘战略》这部书中，也对日本面临的不利地缘政治局面进行了精辟而独到的分析。他在书中写道：

> 中国在亚洲大陆上力量的增长以及中国的影响不久之后可能辐射到对日本在经济上具有重要意义的海域的前景，加深了日本对自己地缘政治前途的迷茫感。一方面，日本存在着与中国在文化和感情上的强烈认同感，以及作为亚洲人的共同潜意识。在另一方面，对许多日本人来说，中国又是传统的对手、昔日的敌人和对地区稳定的潜在威胁。……毋庸讳言，日本在文化上受中国的强烈吸引，或许还夹杂着某种负疚感。但是，这种吸引力在政治上是含糊不清的，因为双方互不信任，也都不准

备接受对方的地区领导地位。

同时，韩国人对昔日遭受的统治和日本在文化上的自恃优越记忆犹新，这也阻碍了任何社会性的真正和解。因此，日韩关系只在形式上是良好的。

最后，日本同俄罗斯的关系一直比德俄关系冷淡得多。俄国仍然以武力占领着第二次世界大战结束时夺取的千岛群岛的南部，从而冻结了俄日关系。

简而言之，日本在本地区在政治上是孤立的。……从实际情况看，虽然地处亚洲，日本却不能安然自在地成为一个亚洲国家。这种情况大大地限制了日本在地缘战略上的选择。①

日本的历史包袱沉重

第二次世界大战结束后，日本对自己的战争罪行从来就没有真诚、彻底地反省过；即使对历史上有良知有责任感的日本领导人所曾做过的一些检讨，一些后来者往往还要加以否定，极大地影响了日本同周边国家的关系，也使自己的历史包袱越背越重。

2015年是二战结束70周年，世界各地纷纷举办纪念活动，以让人们勿忘历史，珍爱和平。对日本来说，这本来也是一个洗心革面的机会。但是，日本不但不思悔改，甚至还反其道而行之，努力把自己战争加害者的身份打扮成战争受害者。

2015年3月10日前后，当德国总理默克尔访日期间督促日本应正视历史，指出"总结过去是和解的前提"，并且引用德国前总统魏茨泽克的话，强调德国把战败视为"解放"，正视过去是德国被国际社会所接纳的关键时，日本外相在记者会上竟称日本的情况与德国有所不同。

而就在默克尔访日期间，安倍晋三又打破日本政治惯例，以首相身份参加了3月10日纪念美国轰炸东京70周年的活动。这是二战结束以来日本首相第一次参加对东京大轰炸死难者的类似悼念。安倍的这一举动马上激起了国

---

① 〔美〕兹比格纽·布热津斯基：《大棋局：美国的首要地位及其地缘战略》，中国国际问题研究所译，上海：上海人民出版社1998年版，第228、230、231页。

际社会的强烈反映。

美国《国家利益》杂志网站发表的一篇评论称："日本首相安倍晋三直接加入了东京加速重写第二次世界大战历史的尝试。""东京的修正主义逻辑围绕的前提是同盟国令日本成了受害者，尤其是在东京遭受的燃烧弹轰炸以及广岛和长崎遭受的导致大量平民死伤的灾难性原子弹轰炸中。""如果面对日本对慰安妇或者南京大屠杀的否认保持沉默，这可能最终破坏战后国际体系的全部理论基础。奥巴马政府和国会都必须要担心，如果失去对二战历史叙述的掌控，那可能会为哈里·杜鲁门总统最终被认定为真正的二战战犯铺平道路。"①

德国《世界报》网站发表的文章称："在长达数十年的讨论后，东京至今没有为当时的 10 万多名牺牲者竖立纪念碑。这段战争历史让日本感到很为难。经历过战争的人往往不想再谈论这段可怕的经历。现任首相安倍晋三等没有经历过二战的人却颂扬这段军事强大的日本占统治地位的时期。安倍炫耀武力频频引发与中国和韩国的冲突，这两个邻国数十年来要求日本为战争罪行诚恳道歉。……无法理解，为什么二战后出生的政治家想背离战后宪法给日本留下的和平主义烙印。"②

英国《每日电讯报》网站发表的文章更是借一位作者之口呼吁："我希望全世界了解东京这里曾经发生过什么。我还想让人们知道，当一个国家拥有差劲的领导人时，许多人将会死去。今天，这一点与 70 年前一样确切无疑。"③

看来，日本领导人关于和平与战争的价值观与普世性的认识确实存在着比较大的差距。再加上，日本的政治是缺乏连续性的，日本的经济是脆弱的，日本的历史包袱是沉重的，日本的安全又寄托在别人身上，这些因素的叠加，就决定了日本战略的不确定性和容易走极端的特性，也就难免不陷入战略焦虑和迷茫，难免不造成战略失衡甚至产生荒诞不经的战略。150 年来，日本一会儿"脱亚"，一会儿"归亚"，一会儿"入欧"，一会儿"入美"，都是与日本的国家实力在世界和亚洲的相对位置有关，都是与日本的国家战略目标和战略选择有关。虽然"脱亚"与"归亚"、"入欧"与"入美"，有时候也取得一些战略

---

① 《参考消息》，2015 年 3 月 12 日，第 10 版。
② 《参考消息》，2015 年 3 月 12 日，第 12 版。
③ 《参考消息》，2015 年 3 月 12 日，第 12 版。

性成果，但距日本跻身世界强国、政治大国的国家战略目标，相差还是很远的，有时候甚至是背离的。

比如，在联合国"入常"问题上，日本历来孜孜以求地把其作为大国战略中最为重要的一环，并且在1991年就确立了"争取在五年内成为联合国安理会常任理事国"的目标。但是，20多年过去了，日本离联合国安理会常任理事国的椅子却越来越远了。2005年，日本甚至争取到了当时联合国秘书长对其"入常"的支持，据称通过经援公关也争取到了190多个联合国成员国中近三分之二国家的支持，但在联合国大会上却遭遇许多国家"反水"，再加上中、美、俄三个联合国安理会常任理事国的明确反对，日本不得不放弃了近期"入常"的打算。

再比如，自20世纪80年代以来，"日美同盟"一词便成为日本官方频繁使用的语言，其间甚至把日美关系上升到了"同心圆"、"命运共同体"、"只要日美关系牢固，亚洲问题都会迎刃而解"的高度。而事实却是，日本与美国的结盟从来就是不平等的单边结盟。在冷战时代，美国是盟主，日本是仆从。在冷战结束后——甚至到了21世纪的今天，美日之间的主仆关系不但没有任何改变，而且日本对于美国的依赖关系还越来越深了，以致人们不得不怀疑，日本到底还是不是一个主权国家。在2010年日本举行的纪念日美安保条约签订50周年会上，连当时任日本参议院议长的江田也说："日美关系是一个日本不能说一个'不'字，美国叫你向右你就向右，叫你向左你就向左的关系。"[1]

如此种种都无不说明，日本这些年来的战略在总体上是乏善可陈的，失败的。

---

[1] 《国际问题研究》，2010年第4期，第43页。

四 武士道、大和魂抛弃之必要：政治上的理想主义与激情，与战略上的盲目和虚荣是水火不相容的

毫无疑问，日本的立国精神是以武士道为基础的。武士道可以说是日本国家战略的根和魂，日本没有哪一项政治事业、哪一种思想的方法，不受到武士道的促进与推动。正如曾为促进世界和平而积极奔走，被誉为"国际闪耀之星"的日本启蒙思想家、教育家新渡户稻造所指出："无论是在王政复古的飓风中，还是在国家维新的漩涡中，为我们的国家之船掌舵的伟大的政治家们，除了武士道之外，不知道其他任何可以教诲人们的道德。……无论是好是坏，推动日本民族前进的是纯而又纯的武士道。翻开新日本的缔造者佐久间象山、西乡隆盛、大久保利通、木户孝允等人的传记，还有伊藤博文、大隈重信、板垣退助等尚健在的杰出人物的回忆录看看，大概就会知道他们的思想和行为都是在武士道的指导下进行的。"[1]

实际上，在过去，武士道既成就了日本，也毁了日本；在今天，武士道既可以让日本继续沉沦，也可以让日本获得新生。

从成就日本看，日本这个岛国的发展变化完全是自发的。并不是欧洲人或者美国人教导了日本，而是日本自己主动选择学习欧美并最终获得了今天的成就。虽然日本从欧美先是引进了机械、科学和教育，后来又引进了民主政治和现代生产生活方式，但导致日本发生变化的原动力，完全存在于日本自身。这个原动力不是别的，正是武士道。名誉感、优越感、独一无二感，使日本人无法容忍那种被蔑视为劣等民族的嘲讽。这就是日本不竭的也是最强大的原动力。

从毁了日本看，除去在武士道作祟下所导致的战争灾难外，导致二战结束以来这种发展困境、这种战略摇摆、这种"经济巨人—政治侏儒"的原因，

---

[1] 〔美〕本尼迪克特等：《菊与刀》，晏榕、姜波译，北京：中国华侨出版社2011年版，第164页。

也同样少不了武士道。须知,在国际政治生活中,是容不得焦躁和不平的。愤怒有时候会成为美德和英勇的武器。这是很可能的。但是,靠发怒永远也战胜不了别人。人们在盛怒之下打出去的每一拳,最终都必定会落到自己身上。在政治中愤怒绝无地位。

在这一点上,思想家、教育家新渡户稻造同样有着深刻的分析和见解。他说:"我们应该客观地承认,对我们国民性格的短处和缺点,武士道也担负很大的责任。我们缺乏深邃的哲学,尽管我国某些青年在科学研究领域已经赢得了国际声誉,但在哲学领域却一直都毫无建树,造成这一结果的原因应追溯到在武士道的教育制度下,无视形而上学的训练。另外,我们过于敏感、易于激动的性格,也应该由武士道过度的荣誉感负责。那些外国人批评我们有些人妄自尊大的话,也是名誉心过度的病态产物。"①

既然问题的根子出在武士道上,就有必要下决心从根子上来解决。

日本有一则赞美武士道的民谣:"樱花是花中的皇后,武士是人中的英杰。"②

日本也有一首赞美日本民族精神的诗:"神圣的日本之岛,何为大和之魂?那就是旭日中香飘遍野的山樱花。"③

"那么,美丽易逝、随风飘去、散出一阵芳香便要永久消逝的花,就是大和魂的典型吗?日本魂就这样脆弱而易碎吗?"④这同样是日本思想家、教育家新渡户稻造的忧虑。

也许,历史并不会这般无情。毕竟,武士道不是普通社会、也不是少数人生存竞争的结果,而是千百年来由社会精英领导、指挥、动员大众以最好的方法进行竞争的结果,是渗透到所有社会阶层和社会领域的结果。而象征"大和魂"的香飘遍野的山樱花,也并不是人工培养的驯服的、柔弱的生物,而是富有野性的、自然成长的野生生物。正是它们,作为一种无意识的而且难以抗拒的力量,在推动着日本国家和民众向前进。虽然它们不具备外在的形式,但过去是现在也仍然是日本的精神和动力之源。否则,一个民族之魂

---

① 〔美〕本尼迪克特等:《菊与刀》,晏榕、姜波译,北京:中国华侨出版社2011年版,第165页。
② 〔美〕本尼迪克特等:《菊与刀》,晏榕、姜波译,北京:中国华侨出版社2011年版,第161页。
③ 〔美〕本尼迪克特等:《菊与刀》,晏榕、姜波译,北京:中国华侨出版社2011年版,第162页。
④ 〔美〕本尼迪克特等:《菊与刀》,晏榕、姜波译,北京:中国华侨出版社2011年版,第163页。

第四章 不死的复仇鸟

如此迅速的死亡，那是可悲的；如此轻易地屈服于外部的影响，更是可悲的贫弱之魂。

不过，历史的潮流又是不可抗拒的。无论你是多么优等的民族，无论你在过去或是现在有多么的强大，都不可能在人类发展的规律面前有所特殊。同样如日本思想家、教育家新渡户稻造所言："由于武士道并没有任何固定教义或准则可以作为依靠，所以作为整体，只能任其消亡，像樱花一样心甘情愿地在清晨的一阵和风中凋谢。"①

破就伴生着立，弃也必然有所扬。对当下的日本来说，以下一些方面可能是重要而且有必要的。

一是抛弃民族等级观，树立民族平等观。

长期以来，在日本人眼里，世界上的国家是分等级的，每个国家都应该各就各位。任何理解日本人在国际社会的努力，都必须首先从他们对"各就其位"含义的认识开始。

日本按照等级制的观念来看待和处理国际事务由来已久。1940 年，在日本与德国、意大利签署的同盟条约中即载明："日本、德国和意大利政府认为世界所有各国都给予其适当地位是持久和平的先在条件。"签署这份条约后，日本天皇在所发布的诏书中又再次明确重申："万邦各就其位，兆民悉安其所，此乃旷古大业。"②

就在 1941 年 12 月 7 日偷袭珍珠港的当天，日本特使在向美国国务卿科德尔·赫尔递交的国书中还格外突出地陈述了这一点：使各国各就其位"是日本政府永恒不变之国策"。"日本政府不能容忍维持现状，因为它直接违背了日本使各国在世界上各就其位的基本国策。"③

这份日本备忘录既是对几天前美国国务卿赫尔致日本备忘录的答复，也是对美国立场的挑战。因为，赫尔国务卿在致日本的备忘录中阐述了与日本完全不同的美国人的原则。赫尔国务卿列举了这样四点：(1) 主权和领土完整不可侵犯；(2) 不干涉他国内政；(3) 依赖国际合作与和解；(4) 国家平等。赫尔国务卿还特别说明，这些原则在美国既是日常生活所基于的原则，也是

---

① 〔美〕本尼迪克特等：《菊与刀》，晏榕、姜波译，北京：中国华侨出版社 2011 年版，第 168 页。
② 〔美〕本尼迪克特等：《菊与刀》，晏榕、姜波译，北京：中国华侨出版社 2011 年版，第 17 页。
③ 〔美〕本尼迪克特等：《菊与刀》，晏榕、姜波译，北京：中国华侨出版社 2011 年版，第 18 页。

美国在处理国际关系中的原则,是不可侵犯的,是美国人所向往的一个美好世界的最高和最道德的基础。

但是,千百年来日本人所习惯的是不平等的社会生活规则,美国人所强调的这些是他们所不能理解的。尽管"脱亚入欧"、"脱亚入美"以后,日本已经西方化了,但在一个相当长的时期,其国家仍然是一个等级制的国家,其社会仍然是一个贵族社会。人际交往、国际交流,无不表现出相互之间的距离和距离的性质与程度。现在,日本就是要把这种在国内的等级制观念运用到国际政治生活领域。在他们的心目中,美国是最高的,欧洲次之,既然自己已经加入了欧美,就理应在国际社会享有与欧美一样的国际地位,就理应比其他国家——尤其是比亚洲国家高出一头。

显然,这种日本意志是难以强加于国际社会尤其是亚洲邻国的。正确的态度和原则应该是,必须坚持国与国之间不分大小,一律平等。

二是抛弃病态名誉感、复仇感,高扬战争有罪感、赎罪感。

众所周知,日本武士道的精华有两个突出要素:一个是复仇,一个是名誉,两者几乎都达到了病态的程度。

在日本,武士的生活,第一是击剑;武士的责任,第一是用武力或护家、或护主、或护国;武士的精神,第一是复仇。并且认为,这种为保存家系、保护藩主、保卫国家而做出的努力和奋斗的精神,是道德的极致,人生的真意,宇宙的大法,同时也是他们的社会所最为赞美的。唯有如此,才可谓最高人格,才可以和神同体,与佛同化,同宇宙长存。由此,在武士眼里,国家就意味着武力和战争。也由此,以军事组织的力量作为政权的重心,一切政治的势力都附从在军国势力之下,一切政治的组织都附从在军国组织之下,在日本就是必然的,也是很自然的。

所以,在1905年日俄战争结束后不久,日本就彻底地建立起了一个军国。虽然也开设了议会,制定了宪法,但操纵政权的主要人物全是军人,议会不过是调剂民众势力与军队势力的机关。这时的国家财政分配基础全是军国的利害,分配的实际是把军费作为主要目的,其他一切经费都不过是处于剩余分配的地位。唯恐天皇的称号不能够确实地掌握军国,于是再加上了陆海军大元帅的称号。对天皇的军令机关则赋予大元帅幕僚的意义,使其完全独立于内阁之外,直属大元帅旗下。而掌握政治中枢权能的枢密院,一方面

第四章 不死的复仇鸟

是天皇的政治幕僚,另一方面又是天皇的政治代表处。这样一来,日本的外交方针、财政方针、教育方针,都以国防计划为基本,外交是军事外交,财政是军事需要,教育则是军事训育。

二战战败后,日本虽有过短暂的错愕和惊恐,但特有的名誉意识、复仇意识很快又复燃。"在慵散中唤醒自己"、"在慵散中唤醒别人",这是为了恢复名誉,日本动员民众奔向未来的口号。1946年春天,为了维护国家的尊严,日本的报纸上连篇累牍地报道:"全世界的目光正在注视着我们。"而此时,他们对遭受大轰炸之后的废墟和瓦砾都还没有来得及清理。日本人还指责那些无家可归的难民居然选择夜宿车站,睡在地上,让美国人看到了日本流浪家庭的可怜相。世人能够理解日本这些为了唤醒自己名誉感的呼声。日本要再一次为了名誉而努力,日本人持久不变的目标就是名誉。

为了名誉,日本人几乎失去了正常的判断,一步步陷自己于不义。即便是战后经济的成功,在日本人眼里,那也是对战败后日本名誉受损的一种补偿,是对招致日本战败的人的一种报复。深入研究战后的日本为什么会在国际社会中出力不讨好、在邻国中朋友少、在国家政治生活中也常常面临困扰,其实不难发现,其中一个很重要的方面,就是70多年前日本所发动的那场战争以及战后日本对于那场战争的态度。

二战结束后,日本虽有过战争反省,不少精明的日本领导人也发表过一些接近历史事实的谈话,但从日本国家整体层面来看,显然又是不够的,更不用说经常还在反复,还在继续误导国际社会和继续伤害被日本侵略过的亚洲国家。

当然,不彻底认输、不彻底认罪也事出有因,很重要的就在于日本两代天皇都没有从政治上——战争的根子上找原因。

1945年9月9日,即日本在停靠在东京湾的美国"密苏里号"战列舰上签署投降书后刚刚一周,裕仁天皇在谈到战争失败的原因时就竟然说,他对战争留有深刻印象的只是美军展现在"超级空中堡垒"上的科技威力。他在涉及这一内容的这封信件中写道:"我国人过于相信皇国,轻视了英美。我军人过于看重精神,忘记了科学。"①

---

① 〔美〕赫伯特·比克斯:《真相——裕仁天皇与侵华战争》,王丽萍等译,北京:新华出版社2004年版,第399页。

后来的明仁天皇同样认为,日本战败"是由于英美无可比拟的物质上的优势,美国的战争能力非常高强的原因"。明仁说:"他们使用原子弹,致几十万日本人死伤,摧毁了城市和工厂,使战争无法再继续下去。其原因在于日本国力的劣势和科学力量之不及。"明仁还将战败的责任归咎于日本民众而不是国家统治者和政治制度及其战争性质。他说:"一个日本人与一个美国人相比,任何方面都是日本人优秀。只是一到团体上就成劣势。""从大正开始到昭和初期,日本人考虑私事重于国事,只顾自己,因此不可能打赢这次的国家全面战争。"①

这些被广泛传开的观点,极大地影响了日本统治阶层追究战败原因与建设战后日本之间的关联性,同时也影响了日本对被侵略国家和对地区事务以及对国际社会的政策。这也是二战结束以后日本对于战争的悔过态度一直不被受害国认可的真正原因。

1979 年 6 月,时任联邦德国总理施密特前往东京参加七国首脑会议并访问日本期间,在与日本政界进行广泛接触后,他也得出了类似的结论。施密特认为,日本和德国的技术和经济成就无本质区别,区别在于,"不光是年龄较大的,就是 40 岁左右的年轻人也为年青一代而忧心忡忡。许多日本人开始意识到,单是经济增长不可能是生活目标,国家需要对其精神和政治意识进行革新"。② 施密特说:"日本缺少民族忏悔、痛心和羞耻感。尽管某些政治领导人也意识到日本人在世界上特别是在邻国中缺少朋友这一事实。"③"这是造成战争结束已过四分之一世纪而日本实际上还没有自己的外交政策的原因之一。东京幻想不用对其侵略和罪行表示一丝悔恨即可过关,这就为其在邻邦中取得信任造成了不必要的困难。……他们把自己 30~40 年代历史中的黑暗部分尽量隐瞒起来,这为日本思想的发展隐伏了危机。"④

第二次世界大战已经过去 70 年了,虽然德国早在 20 世纪 70 年代初就为

---

① 〔美〕本尼迪克特等:《菊与刀》,晏榕、姜波译,北京:中国华侨出版社 2011 年版,第 400 页。
② 〔德〕赫尔穆特·施密特:《伟人与大国》,隋亚琴等译,上海:同济大学出版社 1989 年版,第 412 页。
③ 〔德〕赫尔穆特·施密特:《伟人与大国》,隋亚琴等译,上海:同济大学出版社 1989 年版,第 413 页。
④ 〔德〕赫尔穆特·施密特:《伟人与大国》,隋亚琴等译,上海:同济大学出版社 1989 年版,第 414 页。

战争发起国做出了榜样，但日本却至今都未能解决这一问题。战争从来就是政治的衍生物，而政治历来又是国家的灵魂，能够期望一个自己都认为自己在政治上尚未成熟的国家，会在早已发生重大进步的国际社会获得尊重并进而获得世界政治大国的地位和政治成功吗？

可以预见的是，虽然日本现在仍然是世界前三大经济体，能够凭借强大的经济实力广泛地参与国际事务甚至是国际政治方面的事务，但是，如若不下决心清除军国主义残余势力，不彻底地对那场战争进行悔罪，不能清醒地认识到国际上的姑息纵容不是在帮自己而是在害自己，则其所渴望的"日本时代"就不会到来。

作为日本的近邻——也是 70 多年前日本所发动的那场战争的最大受害国，中国真诚的希望，日本要尽快卸下历史包袱，轻装前进。而卸下历史包袱的必要途径、唯一途径，就是真诚赎罪，从行动上做起，从精神上反思，从心灵上清洗。像中国外交部长 2015 年 3 月 8 日在中国全国人大会议期间的记者会上答日本记者提问时所指出的那样："70 年前，日本输掉了战争，70 年后，日本不应再输掉良知。"①

三是抛弃封建残余意识，树立现代文明意识。

从根源上来看，日本的武士道是其长期的封建制度和日本神道的产物。而如果把日本的武士道精神与欧洲的骑士精神相比较，人们又不难发现，在日本现况和欧洲经验之间的一个显著区别是，在欧洲，骑士精神脱离封建制度被基督教会所收养，从而获得了生机；而在日本，并没有强大的宗教足以养育武士道，虽然神道过去也曾经哺育过武士道，而如今神道自己也已经衰老了。因此，当母体封建制度消逝、神道也衰老后，武士道便成了无人领养的孤儿。也许人们一时还难以忘却武士道曾在军中的地位，但事实是，任何现代军事组织也不可能将其置于羽翼之下来加以保护，因为现代战争已不可能为武士道的持续成长提供什么空间。以上这些就从根本上决定了武士道的生存基础已不复存在。

再从所面临的现实状况看，除了武士道所寄生的母体不复存在以外，武士道又还面临着各种世俗化的对抗。今天的日本，已经是一个高度世俗化的

---

① 《环球时报》，2015 年 3 月 9 日，第 1 版。

社会。在世俗化面前,原有的社会阶层之间的礼仪规范越来越衰微,在所有感受敏锐者的眼里,武士道的一套礼仪规范已经成为当代文明的"主要暴行之一"。现代社会是不能容忍任何社会阶层、社会组织和社会个体利用自己的历史文化储备、社会价值判断来决定社会的道德品质和垄断社会的生活领域的。

第三,从时代发展的需要来看,日本现在所需要的,是远比武士的理想更崇高更深远的使命。再加上,现代教育的普及、现代科学技术的发展、现代城市生活的进步,已经越来越远离武士道的追求了,已经把武士道的生存空间挤压得越来越渺小了。在这种情况下,无论是武士的最锋利的刀,还是从武士的最强劲的弓中所射出的最锐利的箭,都将不再有用武之地了;孕育武士道轰轰烈烈事迹的社会政治和人文环境,也已经永远不会再现了。

日本思想家、教育家新渡户稻造在他的《武士道》这部书中不无悲悯而又感慨地写道:

> 如果说历史可以教给我们什么的话,那就是以武德为基石而建立起来的国家,无论是斯巴达那样的城邦国家,还是像罗马那样的帝国,永远都不是世界上"恒久存在的城市"了。
>
> 在社会状态已经发展到今天,对武士道已经不仅仅是反对,甚至已经上升为敌对态度,我们似乎应该为它准备好荣耀的葬礼,是时候了。
>
> 天国的种子已经在日本人心灵中生根发芽,并在武士道上绽放出花朵,可悲的是,还没等它完全成熟,武士道的日子却要结束了。①

新渡户稻造不愧为日本的启蒙思想家、教育家,他的话总是令人深思、耐人寻味的。如若他的意愿得以实现,包括武士道、大和魂在内的日本封建残余价值体系能像它的军国主义城堡和兵器库一样崩溃,化为尘土,那新的道德和精神就必将如同涅槃的凤凰,引导日本继续前进并重新崛起。

对此,作为日本一衣带水的近邻,我们有着更为热切的期待。

---

① 〔美〕本尼迪克特等:《菊与刀》,晏榕、姜波译,北京:中国华侨出版社2011年版,第168页。

第五章
Chapter Five

劫后重生的双头鹰——选择最艰难的路,你就会没有竞争对手

俄罗斯民族是最两极化的民族,它是对立面的融合。它最能激起对它的热烈的爱,也最能激起对它的强烈的恨。它可能使人神魂颠倒,也可能使人大失所望。从它那里永远可以期待意外事件的发生。

——〔俄〕尼·别尔嘉耶夫

有一些民族注定要教给这个世界一些伟大的道理,我们就是一个这样的国家。

——〔俄〕恰达耶夫

第五章 劫后重生的双头鹰

正如俄罗斯哲学家别尔嘉耶夫所说,"中断是俄罗斯历史的一个特点"。①自14世纪以来,俄罗斯就曾以6种形态出现于世:莫斯科大公国、成吉思汗统治下的金帐汗国、彼得大帝开启的俄罗斯帝国、斯托雷平的俄罗斯改革、列宁开启的苏维埃社会、叶利钦开启的新俄罗斯。

不过,在每次大起大落之后——即便是经过最沉重的跌落之后,俄罗斯也总是能够重新崛起。对于一个伟大的民族而言,挫折就意味着新的出发。经历1991年12月的那次跌落之后,俄罗斯如今又走在复兴的大道上,人们完全有理由相信,俄罗斯必将成为一支越来越强大的世界力量。

一 一个民族有两大悲剧,一是失去梦想,一是梦想实现

1991年12月,人类历史上的第一个社会主义国家、世界上唯一能与美国抗衡争霸的全球超级大国苏联轰然倒塌,自我瓦解,使人不得不想到英国文豪萧伯纳笔下的两难:"人生有两大悲剧。一是失去梦想,一是梦想实现。"②就如同人生一样,俄罗斯70多年来对于强大苏联的追求,成了一把双刃剑:一方面造就了一个强大的社会,但另一方面又形成了超级大国的内在隐忧。当一代代人的梦想终于实现,当曾经苦苦追寻的伟大强国突然成为现实时,俄罗斯一下子变得不知所措了。急速膨胀的联盟忘记了历史的无情,国家在激进转型中积下了重重矛盾和极大张力,这种矛盾急剧上升,这种张力瞬间

---

① 〔美〕理查德·莱亚德等:《俄罗斯重振雄风》,白洁等译,北京:中央编译出版社2006年版,第13页。
② 〔美〕亨利·基辛格:《大外交》,顾淑馨、林添贵译,海口:海南出版社1998年版,第15页。

释放，就变成了可怕的、难以抗拒的破坏性力量。于是，悲剧就发生了，并且是无法逆转的。俄罗斯哲学家、社会学家季诺维也夫说：二战以来，"更大的悲剧的承受者就要算是俄罗斯和俄罗斯民族了。"①"一个民族在它的历史生命中只能有一次死亡，就如同它只能有一次诞生一样。尽管原苏联的所有民族都因发生在1985年之后的改革而身处痛苦的境地，然而只有俄罗斯民族的这个处境才是社会悲剧。"②"在俄罗斯民族的历史上还从来没有遇到过如此这般无法挽回的残酷的境地。"③

这一悲剧导致的直接结果，是庞大联盟的迅速解体和民族的分裂。

当初，在俄罗斯这片广袤无垠、宝藏无尽、横贯欧亚的土地上，曾居住着100多个民族，2.6亿多人口，分属15个加盟共和国、17个自治共和国、6个自治州和10个民族专区，他们都是联盟大家庭不可或缺的成员。

而如今，仅仅在半个月的时间之内，几个世纪以来一直由俄罗斯所占据、70多年以来一直由俄罗斯所主导的苏联地盘上，就出现了12个国家，俄罗斯人民不再是一个横跨欧亚大陆大国的主人了。国家在高加索地区的边界退回到了19世纪后期，在中亚地区退回到了19世纪中叶，而在西部，则更是退回到了17世纪。对于一个具有强烈大国情结的民族来说，大家庭的解体，大国地位的丧失，世代相携的兄弟民族的失和，是俄罗斯永远的痛！

这一悲剧的发生，还直接导致了一场巨大的社会经济和民生灾难。

正像许多革命家一样，时任俄罗斯总统叶利钦作为旧秩序的破坏者，他是成功的；而作为新秩序的建设者，他却是失败的。他最大的失败，就在于在推进经济社会改革上，急功近利，走激进改革的道路，使俄罗斯的经济社会陷入了严重危机，带来了一系列严重的后果。

体制转轨收效甚微，生产遭到严重破坏。虽然旧的行政命令管理和分配制度已被打破，经济中的市场因素——自由价格、自由竞争、企业破产、多

---

① 〔俄〕亚历山大·季诺维也夫：《俄罗斯共产主义的悲剧》，葛新生等译，北京：新华出版社2004年版，第190、191、192页。
② 〔俄〕亚历山大·季诺维也夫：《俄罗斯共产主义的悲剧》，葛新生等译，北京：新华出版社2004年版，第191页。
③ 〔俄〕亚历山大·季诺维也夫：《俄罗斯共产主义的悲剧》，葛新生等译，北京：新华出版社2004年版，第192页。

第五章 劫后重生的双头鹰

种所有制等已开始萌生,但经济秩序一片混乱。国有资产在私有化过程中严重流失。中央银行和商业银行与生产严重脱节,大量倒闭。在外贸中,用原材料和初级产品换取消费品,严重损害了民族工业的发展和国家的长远利益。1991年至1994年间,俄罗斯的国内生产总值下降了38%,其中工业总产值下降50%,农业总产值下降33%,经济总水平倒退15年,其危机程度超过了第二次世界大战期间战争给苏联经济造成的破坏程度。

民生困苦,两极分化严重。自苏联解体之日起,俄罗斯社会即走向全面衰落,居民生活贫困化、两极分化、人口危机等都接踵而至。

由于改革之初实行"休克疗法",通货膨胀肆虐,1992年的通货膨胀率达到了2600%,民众的实际收入骤减。1992年至1993年,人口贫困率为31%~35%,个别季度达到或超过40%。而根据问卷调查结果,感觉物质状况"差"和"极差"的俄罗斯人约5000万,占俄罗斯居民总量的三分之一以上。俄罗斯男子的预期寿命在1987年时最高,为65岁,到1993年时降为59岁。人口死亡率也上升了,1993年达到19%,1994年又上升了7%。

1994年6月底,俄罗斯宣布已有70%的工业企业实行了私有化,俄罗斯社会已有4000万人成为股票持有者。然而,社会学机构调查的结果表明,大多数人并不认为私有化使自己成了"真正意义上的所有者",在私有化中得到好处的人实际上只有70万~90万人,能够分抢到最大蛋糕的更是极少数,社会两极分化更加加剧。俄罗斯科学院人口社会经济问题研究所的数据披露,在改革中获益的人只占俄罗斯居民的20%,5%最富的人与5%最穷的人,收入差别达到100倍以上。

伴随着经济的下降,生活的贫困,俄罗斯的人口减少进程也大大提前,一方面死亡率上升,一方面出生率下降,以致迅速发展为一场社会危机甚至是整个民族整个国家的危机。俄罗斯人口学家预测,2025年俄人口将下降3300万,总人口将降至1.15亿。根据俄国家统计委员会公布的关于2050年人口的3种(乐观、比较乐观、悲观)预测数字,21世纪中期俄人口将降至1.26亿、1.00亿或0.77亿。俄人口学家预言,如果政府不采取非常规措施制止人口下降,如果人口下降速度继续保持现在的水平,那么2075年人口将降至5000万~6000万;100年之后,俄罗斯人将在他们生活的土地上灭绝。据此,俄报刊惊呼,"第三个千年对于俄罗斯可能是最后一个千年","俄罗斯国家可能在21世纪寿终正寝"。①

社会剧烈动荡,社会犯罪问题严重。1991年至1993年,俄罗斯社会出现了大量有组织的犯罪活动。谋杀犯罪呈逐年上升之势,1991年被谋杀人数为1.6万人,1992年为2.3万人,1993年为2.9万人,1994年则上升到3.2万人。大量盗窃、抢劫犯罪与游行、罢工等群体性政治事件交织,导致人心惶惶,民怨沸腾。

俄罗斯这一悲剧的发生,除了造成其内部的动荡不安以外,还在地缘政治上造成了巨大的混乱。苏联的突然解体,除俄罗斯以外,大多数新独立出来的国家对真正的主权毫无准备。这些国家从有5200万人口的乌克兰到仅有350万人口的亚美尼亚,大小不等。它们对自己是否能生存下去不能确定,对俄罗斯是否愿意永远接受这一新的现实也同样不可预测。由于这些国家在过去或多或少的带有强制性"俄罗斯化"的历史痕迹,往往一独立出来又表现出比较强烈的民族主义情绪,以致造成街头政治频频发生,国家政权反复更迭。而2500万左右说俄语的人现在又突然成了外国居民,就更加加重了俄罗斯人受到的历史震撼。

种种情况都表明,庞大苏联的突然解体,不仅使俄罗斯自身动荡不安,而且让新独立出来的国家也感到惶恐、混乱和虚弱不堪,整个前苏联地区都处在了巨大的危机之中。美国地缘战略学家、前国家安全事务助理布热津斯基评论说:"最令人痛苦的是俄国的国际地位大幅下降。虽然仍拥有庞大但越来越陈旧的核武库,曾是世界上两个超级大国之一,但俄国现在却被许多人视为只不过是第三世界的一个地区性大国而已。"②

从1939年起毕生都致力于俄罗斯社会和发展研究的俄罗斯哲学家、社会学家季诺维也夫说:"俄罗斯发生了完全的世代断裂——政治、民事、思想、心理、道德的断裂。"③"现在俄罗斯的伟大历史结束了,并且是以最耻辱的方

---

① 肖德甫:《世纪悲歌:苏联共产党执政失败的前前后后》,北京:中共党史出版社2008年版,第280页。
② [美]兹比格纽·布热津斯基:《大棋局:美国的首要地位及其地缘战略》,中国国际问题研究所译,上海:上海人民出版社1998年版,第118页。
③ [俄]亚历山大·季诺维也夫:《俄罗斯共产主义的悲剧》,葛新生等译,北京:新华出版社2004年版,第112页。

式结束的。……它已经丧失了——我想，是永远地丧失了。"①

二 世界需要一个强大的俄罗斯

1993年2月，俄罗斯总统叶利钦在其国情咨文中宣称："俄罗斯在世界上尚未找到一个合适的位置。……只有一个强大的俄罗斯才能使前苏联地区保持安定。世界也需要一个强大的俄罗斯。"②

不久，叶利钦又批准了《俄罗斯联邦对外政策构想》，提出对外战略目标是"复兴俄罗斯"，维护"俄罗斯的国家利益"和"在国际关系新体系中的应有地位"。

1994年2月，叶利钦在向议会提交的总统咨文中又再一次明确地提出了，要"恢复强大的俄罗斯"，"巩固俄罗斯在后苏联空间建立的新体系中的领导力量地位"，确立以"维护俄罗斯利益和恢复世界大国地位"为总目标的外交战略基本框架。

在这么短的时间里如此密集地发出恢复强大俄罗斯的强烈信号，既是俄罗斯外交政策的重大调整，俄罗斯民族大国情怀的渴望，也是以美国为首的西方国家所逼出来的。

1991年底苏联解体后，俄罗斯联邦单独继承了苏联的外交遗产。其中，既继承了苏联的联合国安理会常任理事国席位，又继承和全面掌握了苏联的驻外使领馆，还部分地继承了苏联后期的亲西方的外交新思维。俄罗斯独立初期，以叶利钦为首的西方民主派在对外战略上的目标就是力争西方国家在政治上、经济上支持俄罗斯实现制度的变更，全面加入由西方主导的国际体系，并成为西方国家中的一个成员。为此，俄罗斯采取了"一边倒"的对外政策，即以西方价值观为取向确定对外关系的轻重和亲疏，力图与西方国家结

---

① 〔俄〕亚历山大·季诺维也夫：《俄罗斯共产主义的悲剧》，葛新生等译，北京：新华出版社2004年版，第114页。
② 〔美〕理查德·莱亚德等：《俄罗斯重振雄风》，白洁等译，北京：中央编译出版社2006年版，第267页。

成盟友关系。与此同时，鉴于俄罗斯的国力，在世界范围实行收缩政策，减少或者撤销对原来盟友和第三世界国家的援助，把苏联的传统盟友和独联体国家当作包袱加以疏远，对东欧国家和部分独联体成员要求加入北约持无所谓的态度。

在这一期间，为了尽量减少同西方国家的摩擦，时任俄罗斯外长科济列夫还不断向外界发出信息，说俄罗斯"尊重苏联其余新独立的加盟共和国的权利和边界"，并且指出"维护境外的俄罗斯人权利的最佳途径便是以身作则，在俄罗斯国内尊重人权"。叶利钦总统也指出，俄罗斯已经"重新加入到西方国家中来，俄罗斯与西方的历史冲突已经结束"。在伊拉克问题上，尽管伊拉克曾是苏联在中东地区的长期盟友，但俄罗斯在海湾战争期间及战后也都一直支持美国及其盟国的行动。

为了迎合美国，摆脱俄美两国长期的意识形态化重负，同时也"使国家的外交活动服务于优先的经济利益"，叶利钦在俄罗斯刚从苏联体系中一独立出来，便首先访问了美国。1991年6月的美国之行，叶利钦与时任美国总统布什举行会谈，签署了30多份协议，达成了行前人们普遍认为有不少障碍的进一步削减战略核武器的条约，在谋求经济援助方面也取得了一些进展。为了进一步博得美国好感，叶利钦回国后又特意任命"休克疗法"的倡议者、被西方视为"激进改革者"的第一副总理盖达尔任代总理，还让几位西方认定的"强硬派"人士入阁当了副总理。同时，叶利钦还绕过俄罗斯议会，颁布了西方所希望看到的有关拍卖亏损国营企业和允许私有企业购买土地的法令。于是，美国总统布什称赞叶利钦"有勇气"，"是一位朋友"。而舆论则普遍认为，叶利钦是在"以让步换协议，用许诺赢松动"。

接下来，叶利钦又访问了德、法、英三国。

在德国，叶利钦表示，对方都应该放心，东西方的矛盾已经消除，德国统一的实现和俄罗斯政治、经济制度发生的深刻变化，已经为恢复两国数百年的传统友谊"开辟了新的前景"，并愿意在将来进行密切合作。

在法国，叶利钦同法国时任总统密特朗签订了《俄罗斯—法兰西条约》。在签字后双方联合举行的记者招待会上，叶利钦宣布俄罗斯的核武器不再对准前苏联的敌人，也不再对准法国。法国则答应给俄罗斯提供35亿法郎作为购买工业设备与粮食的贷款。

第五章 劫后重生的双头鹰

在英国，叶利钦受到了英国女王伊丽莎白二世的接待，同梅杰首相进行了会谈，签署了一项俄、英两国友好条约。这是两国230多年来签署的第一份条约。这份条约涉及和平与友好、国际安全、军备控制和裁军、两国经济合作与两国人民和议会间接触和交往等广泛领域。此外，叶利钦还和梅杰首相单独签订了一份两国经济合作协议，梅杰宣布英国将向俄罗斯提供价值超过2.5亿英镑的信贷担保。

叶利钦通过这一轮与以美国为首的西方大国的密集交往，有其积极的方面：一是迅速地退出了具有冷战色彩的对抗，建立了较为平静与和平的国家间关系；二是建立起了经济、科技、贸易、文化等方面的联系，排除了过去所造成的一些人为障碍；三是在参加联合国维和行动等方面达成了一些共识；四是在争取经济援助方面获得了一些实惠。

但是，令人遗憾的是，俄罗斯这时与西方的"伙伴关系"仍然还只是一种政治宣言。正如保加利亚历史学家季米特里·明切夫在引述美国参议员布拉德利分析美国对俄罗斯的外交政策时所说：俄罗斯与美国的"平等伙伴关系远未到来"，"俄美伙伴关系还没有成为现实，它们的关系还具有明显的不公正和不平衡的特点"。"美国确定了冷战后美俄关系的三个阶段——浪漫的、务实的、帝国的。许多分析家注意到西方政策中的一个基本矛盾——通过新协定剥夺了俄国在其传统势力范围的影响。美国和西方实际上是不让俄国继续参与划分世界。"这种政策，"从根本上反映了美国同俄国的双边关系"，"莫斯科和华盛顿之间的所有地区性矛盾、世界性分歧，都是建立在这种双边关系的特点之上的"。美俄关系是世界上"最强的社会、最得意的社会"和一个"最弱的和制造遗憾的社会"的关系。①

其实，美国的外交战略从来就既是理想主义的，又是现实主义的，还是霸权主义的。

作为理想主义的一面，如果能够将俄罗斯也纳入到自己的轨道，那将是莫大的胜利，甚至不亚于苏联的崩溃。那也就实际上意味着，世界上最大版图的前社会主义国家已经改旗易帜，完全进入西方的体系了，离建立"普天一统"的美国式世界就为期不远了。在1991年的莫斯科"8·19"事件中、在后来

---

① 周荣耀主编：《"9·11"后的大国战略关系》，北京：中国社会科学出版社2003年版，第258、259、261页。

导引庞大苏维埃联盟解体的过程中，叶利钦配合得不是很好吗?！现在，俄罗斯的力量下降了，叶利钦扮演以前角色的地位也削弱了，在强大的美国和弱小的俄罗斯之间，只对自己的物质生产感兴趣的叶利钦，继续配合美国、继续按照美国的意愿来行事，是完全有可能的。

作为现实主义的一面，美国主要是考虑到了昔日苏联的历史地位和作用。首先，昔日的苏联实现了对世界进化进程的突破，曾经开创过优于西方进化方式的新道路。并且在这条道路上，苏联取得了巨大的、无与伦比的成就，找到了在西方根本无法找到的解决重大社会问题的办法。其次，昔日苏联的经验对于地球上众多的民族是具有感染力的。第二次世界大战后很多国家都接受了苏联的社会制度模式，共产主义曾在地球上迅速传播，西方事实上感受到了巨大的威胁。第三点，苏联在第二次世界大战中战胜了德国，并且转而成为世界上第二个超级大国。它强大的和日益增长的军事实力，对西方国家进行军事上的毁灭已经完全具有了现实可能。西方不是在一段时间里、几年里生活在对苏联的恐惧之中，而是在将近半个世纪里都感到恐惧。第四，从历史的观点来看，昔日苏联的强大是在极短的时间内实现的，其间所展示出来的民族智力和创造潜力，与其所表现出来的军力相比，更令西方感到害怕和担心。

而作为霸权主义的一面，则是美国害怕出现一个强大的俄罗斯，又构成自己的强劲对手，威胁到自己的独大地位。美国宁愿看到，苏联解体时的那个相对疲弱、愿意合作的俄罗斯，是国际社会的一个永恒特征。但它们又知道，这种希望总是会落空的。即使丧失了先前的"帝国"特征，现在的俄罗斯也仍然拥有世界上第二大核武器库，依然是一支可怕的力量。苏联的垮台虽然削弱了俄罗斯的历史性力量，但并没有把它全部摧毁。苏联解体时的俄罗斯从苏联和沙皇帝国身上继承了一个大国的许多特点，它的领土仍比世界上任何别的国家大得多，并拥有15000万人口和丰富的自然资源。它还拥有欧洲最庞大的一支军队，25%的财政预算和5%的国民收入在用于国防。同时，即使苏联解体了，但俄罗斯与前苏联独立出来的国家在几十年间形成的政治、经济、文化等各方面的联系并没有完全消失，互相都认为是有特殊关系、特殊利益和特殊责任的地区，其地缘战略优势不可小觑。

美国对俄罗斯的提防和谋划并没有停留在纸上或者脑子里，而是采取了

第五章 劫后重生的双头鹰

迅速而果断的行动。

原来签订的许多合作协议和援助计划,当最终在1992年和1993年兑现时,实际数额与当初的允诺相去甚远。美国曾宣布俄罗斯将在1992年得到240亿美元的援助,而实际到位的资金只有25亿美元。国际货币基金组织和世界银行答应提供的45亿美元资金,实际到位的也只有10亿美元。这样,俄罗斯在推进改革计划的最困难的前几年,就实际上没有得到多少西方的援助。由此,叶利钦感到屈辱,被愚弄了。在他和他的政府看来,西方已经不可信赖。时任俄罗斯驻美国大使卢金说:"近来我们国家在美国政界人士的心目中似乎只有两种根深蒂固的形象,一种是全球冷战时期的对手,另一种是一个民主的西化国家,充当着美国的小伙伴。""起初,人们害怕俄罗斯,但不尊重它。后来,人们尊重它,但不害怕它。现在,人们则既不尊重它也不害怕俄罗斯。"①

而更让叶利钦政府不能容忍的是,美国加紧主导北约东扩,千方百计地挤压俄罗斯的战略空间。

本来,由于戈尔巴乔夫推行取悦西方的外交新思维,苏联和东欧集团于1991年3月就单方面解散了华沙条约组织,作为其对立物——北大西洋公约组织也本应随着冷战的结束而结束自己的存在;但是,在美国的主导下,它不但没有被解散,反而还担负起了新使命——既以东欧国家有愿望有要求为理由,步步紧逼向东扩员,极力向前苏联地区渗透,挤压俄罗斯的战略空间,防止俄罗斯再度崛起。在不长的时间里,北约即充分利用华沙条约组织解体及俄罗斯力量收缩的千载良机,大举挺进原来的敌对集团地区,把北约成员国数从16个发展到了28个。另还有一些国家在等待加入。在这些等待加入者名单中,乌克兰与格鲁吉亚两国又受到格外重视,北约与其分别建立了双边委员会,加大了对其投入。尽管俄罗斯对此激烈对抗和反对,誓言不惜一切手段抵御北约前进的"最后一道防火墙",但美国推促北约接纳乌、格两国的立场至今未变。

与此同时,北约又还支持美国在波兰和捷克斯洛伐克部署反导弹系统,进一步削弱俄罗斯的战略力量和战略地位,让俄罗斯不得不高度警觉。

---

① [美]理查德·莱亚德等:《俄罗斯重振雄风》,白洁等译,北京:中央编译出版社2006年版,第267页。

看来，合作并不能一厢情愿，国家的强大也乞求不到。在严峻的现实面前，俄罗斯失望了，感到以美国为首的西方国家并没有把自己当作朋友。要生存，要发展，必须自强，必须复兴俄罗斯。1993年9月，俄罗斯外长科济列夫在联合国大会上说："俄罗斯不会惟西方的马首是瞻。""没有一个国家能够取代我们在苏联解体后的这块特定空间里的维和努力。""我们的外交政策将继续保护俄罗斯的重大利益，即使它与西方的利益发生冲突也在所不惜。"①1995年10月，叶利钦总统也在联合国大会发表讲话说："今天，世界比从前更需要平等和宽容，同时也更需要尊重每个国家的属性，并理解这个国家的历史的独特性。我们不应该允许对各国和各国人民的敌意与偏见的气氛重新出现。"②"正是出于这个原因，我们反对北大西洋公约组织向东扩张。这样做将在建立一个统一的欧洲的道路上设置障碍。这是一个十分尖锐的问题。"③

在此情况下，俄罗斯迅速调整了国家战略，重新确立了强国目标，也采取了比较平衡的大国外交。美国学界惊呼："俄罗斯的外交政策先前是亲西方的，并主要磋商关于西方外援问题。在大约一年的时间里，外交政策就更加自信和强硬。这一切无疑标志着一种转变。"④

作为这种战略转变的一部分，叶利钦总统于1992年12月访华，实现了苏联解体之后俄中两国最高领导人的首次会晤。两国发表联合声明，确定了"相互视为友好国家"、"发展睦邻友好和互利合作"关系的目标宗旨。时任俄罗斯外长科济列夫说："叶利钦总统访华是十分重大的外交活动，对双方关系、世界的稳定都具有重要意义。"⑤叶利钦总统就发展俄中两国睦邻友好合作关系发表了长篇演讲，他着重指出："这是俄罗斯联邦总统对伟大邻邦中华人民共和国的首次访问。恢复并加强俄中两国的友好关系，将为两国迈向21世纪创造良好的条件。访问使双边关系迈出了最重要的一步，并开辟了两国友好关系的新纪元。"⑥

---

① 〔美〕理查德·莱亚德等：《俄罗斯重振雄风》，白洁等译，北京：中央编译出版社2006年版，第260页。
② 泽明、哲武编：《外国首脑文集》上册，北京：中华工商联合出版社1997年版，第12页。
③ 泽明、哲武编：《外国首脑文集》上册，北京：中华工商联合出版社1997年版，第13页。
④ 〔美〕理查德·莱亚德等：《俄罗斯重振雄风》，白洁等译，北京：中央编译出版社2006年版，第260页。
⑤ 刘毅政编：《叶利钦其人其事》，北京：中国社会科学出版社1993年版，第218页。
⑥ 刘毅政编：《叶利钦其人其事》，北京：中国社会科学出版社1993年版，第234页。

第五章 劫后重生的双头鹰

此后，叶利钦总统又于1996年4月、1997年11月、1999年12月三次访问中国，同中国发展"平等信任的、面向21世纪的战略协作伙伴关系"，建立两国领导人定期会晤机制，并在莫斯科和北京之间架设保密电话通讯线路。在叶利钦任俄罗斯总统期间，俄中两国关系从"相互视为友好国家"，发展为"建设性伙伴关系"，直至确立"战略协作伙伴关系"，被称作是连续上了三个台阶。

这时，俄罗斯重视发展对华关系，主要是基于这样一些考虑：一是需要借助中国的力量，抵制和反对以美国为首的西方国家遏俄弱俄；二是需要与中国进行战略合作，反对和抑制美国的强权政治和霸权主义；三是需要和平稳定的周边环境，为俄罗斯振兴经济、恢复世界大国地位创造良好的外部条件。

在这一期间，叶利钦还访问了韩国，寻求韩国对俄经济改革给予全面合作并建立两国新型的伙伴关系。叶利钦在韩国国会说，加强同亚太地区国家的联系和合作，是俄罗斯外交的基本方针。在这次访问中，叶利钦总统还亲手将1983年被苏联空军击落的韩国航空公司07号班机上的黑匣子交给了韩国总统卢泰愚，并对这一不幸事件表示道歉。当叶利钦将装有黑匣子和3盘录音带的橘黄色盒子交给卢泰愚时，韩方感到十分意外。韩国官员说，他们事先并未得到俄方将送还黑匣子的通报。叶利钦说，他送还黑匣子是为了彻底解决这一不幸事件。卢泰愚说，这是韩俄两国以诚相待的象征。韩国客机1983年因偏离航线被苏军击落时曾造成269人丧生。

叶利钦总统是具有典型俄罗斯血性而又粗中有细、遇强则强的俄罗斯政治家。在1999年北约集团轰炸、肢解南斯拉夫期间，他就瞅准机会，果断采取行动，给了以美国为首的北约集团国家当头一棒，既彰显了国际正义，也显示了俄罗斯的强大存在。

1999年3月24日，美国利用北约这个地区军事组织，在没有得到联合国授权和同意的情况下，即以占绝对优势的高科技武器悍然发动了对南斯拉夫联盟的科索沃战争。这是一场非正义反人道的战争。

南斯拉夫联盟所处的巴尔干地区历来有欧洲火药桶之称，长期积淀下来的错综复杂的民族、宗教、文化纠葛使这一地区在冷战结束后也暴力冲突不断。为乘机将整个巴尔干地区纳入北约的战略体系之中，以美国为首的北约国家从1995年起就打着"人道主义"和"保护人权"的旗帜卷入科索沃危机，并着手进行武力干涉。早已洞悉美国图谋的俄罗斯总统叶利钦对此极为警惕和愤慨，他认为这将是对联合国宪章和国际法准则的粗暴践踏。在联合国大会上，叶利钦说："俄罗斯对安全理事会的作用被贬低到次要地位的情况感到关切。这是明显地完全违反这个世界组织的创始人所奠定的基本原则。一个区域组织绕过安全理事会作出关于大规模使用武力的决定，这是不能容许的。"①

但是，以美国为首的北约国家一意孤行，终于1999年发动了这场战争。在从3月24日到6月上旬的78天时间里，北约集团共出动飞机1000多架，舰艇40多艘，对南斯拉夫进行狂轰滥炸，造成南联盟1800多名平民丧生，6000多人受伤，近百万人沦为难民。然而，南联盟军民不畏强暴，英勇战斗，共击落了北约各型飞机近百架，巡航导弹138枚。北约集团虽然付出了约130亿美元的高额战费，却并不能使一个只有10万平方公里的小国俯首称臣。同时，北约集团绕过联合国对一个主权国家大打出手，也遭到了国际社会的强烈谴责和反对。

在此情况下，俄罗斯一方面强烈督促以美国为首的北约国家立即停火，一方面迅速向联合国提交了解决科索沃问题的决议案。最后，迫于各种压力，美国克林顿政府和北约集团国家不得不回到联合国的渠道和政治解决科索沃问题的轨道上来。就在俄罗斯提交的科索沃问题决议案和西方7国提交的决议案在联合国未付诸表决之际，一支200人的俄罗斯先遣维和部队已经神不知鬼不觉地先于北约地面部队6个小时空降在了贝尔格莱德机场。随后，联合国通过了停火决议案，南联盟开始从科索沃撤军，北约集团也正式宣布停止对南斯拉夫的轰炸。

事态平息后，美国有评论称，西方国家对俄罗斯历史上的盟友塞尔维亚人进行威胁，而俄罗斯制止了这次威胁；西方试图采取单独行动，而俄罗斯向西方表明它不能无视俄罗斯的力量，"这是俄罗斯外交中有趣的决定性的时刻"。而叶利钦总统则说："克林顿竟然想对俄罗斯指手画脚，他不知道俄罗斯是什么样的国家，俄罗斯到底意味着什么。"②

---

① 泽明、哲武编：《外国首脑文集》上册，北京：中华工商联合出版社1997年版，第13页。
② 张昊琦编：《俄罗斯精神》，北京：当代世界出版社2008年版，第59页。

第五章 劫后重生的双头鹰

总的看,叶利钦总统执政近十年的历史证明,与西方国家领导人保持良好的个人关系,以及向西方"一边倒"的政策,不仅没有给俄罗斯带来政治收益和经济红利,反而在不平等、不对等的国际关系中感受到了一个昔日大国的屈辱。西方国家用现实击碎了俄罗斯的梦想,不但不兑现许多美好的承诺,反而还乘机实施北约东扩,把俄罗斯逼到了墙角,让俄罗斯不得不奋起自强,不得不重建俄罗斯的大国地位。

2007年4月23日,叶利钦因心脏病在莫斯科中央医院突然去世,享年76岁。俄罗斯人民是怀着惊讶而复杂的心情而告别他的。因为,他身为苏共要员,却策划推翻了苏共;他抱怨苏共不民主,却又下令炮轰议会所在地白宫;他声称拯救俄罗斯,却又让俄罗斯几陷绝境;他身患重疾,却又蒙骗公众,获得总统连任。但是,对于他在1999年最后一天所做出的那个出乎所有人意料的举动——把俄罗斯的最高权力让给他亲自选定的接班人普京,让俄罗斯在新世纪有新总统,俄罗斯人民——全俄罗斯联邦,都深深地感谢他。

2000年年初,甫一上任的新总统普京就在因特网上发表了自己的纲领性宣言——《千年之交的俄罗斯》,详细阐明了俄罗斯的现状、历史教训和未来机遇。在描绘俄罗斯的未来蓝图时,普京总统提出了"新俄罗斯思想"。这一思想的支撑点为四个方面,即爱国主义、强国意识、国家权威和社会互助精神。普京总统提出这一思想具有很强的针对性,是对苏联解体后在俄罗斯一度占主导地位的政治思潮的挑战和反正。其爱国主义就是要强化俄罗斯民族精神,主要是针对自戈尔巴乔夫以来社会上盛行的世界主义和民族虚无主义的;其强国意识,主要是针对一些党派力图使俄罗斯尽快融入"欧洲—大西洋主义"大家庭、成为西方国家伙伴国这一政治主张的;之所以强调国家权威,针对的是20世纪90年代以来占统治地位的认为市场万能的"自由主义";提倡社会互助精神,则是针对一度泛滥的以个人主义为核心的西方文化,同时也为俄罗斯传统文化的核心——集体主义正名。不过,普京总统提出这一思想的宗旨、核心和根本目标,还在于重塑俄罗斯,重建俄罗斯的大国尊严。强大的国家、强大的俄罗斯,才是普京总统的目标,也是他的道路选择,其他都只不过是手段。

作为"新俄罗斯思想"的延伸和展开,普京总统又发布了"新对外政策构想"和向议会提交了题为"俄罗斯国家:强国之路"的国情咨文,进一步阐明了俄罗斯的国际战略。其主要内容是：(1)加强对美国和欧洲的话语权重，在北约东扩、美国导弹防御体系东移、颜色革命、中亚驻军等切实关系到俄罗斯国家利益的问题上坚守原则、针锋相对，强烈表明，"俄罗斯不准备作美国的二流合作伙伴"；(2)调整独联体政策，分层次、分时段推进一体化，重新恢复俄罗斯在前苏联地区的地缘政治影响，确保俄罗斯在独联体的主导地位；(3)拓展亚太外交，加强与中国、印度等国的战略协作，参与朝核问题的谈判和协商，争取在亚太经合组织和上海合作组织中扮演更加重要的角色；(4)扩大参与国际和重要的地区事务，在伊拉克问题、伊核问题和中东地区，显示俄罗斯的存在和战略价值；(5)强化能源外交，用能源杠杆加深同欧盟的经济关系，密切与中国等亚太国家的经济联系；(6)颁布新的军事学说和新的军事战略，重启军队现代化进程，重点发展新型导弹、修建新的战略潜艇基地，恢复和壮大其军事实力。普京总统强调："应抓住一切机遇，参与建立符合俄罗斯安全和社会经济发展利益的公正的国际秩序。""俄罗斯不能仅满足于随波逐流，或是跳上即将离开的列车，而应对世界新格局的形成产生深刻影响。"①

从此，普京总统就开始按照他的纲领和战略重建俄罗斯。

从此，俄罗斯又大步前进在了复兴的大道上。

三 战略不能代替实力，却可以放大实力

2014年3月18日，俄罗斯总统普京与克里米亚议会议长康斯坦丁诺夫、克里米亚总理阿克肖诺夫及塞瓦斯托波尔市议会主席恰雷，在克里姆林宫共同签署了克里米亚共和国及塞瓦斯托波尔市加入俄罗斯的条约。签字仪式结束后，俄罗斯国歌响起。随后，普京总统发表演说宣布："克里米亚回家了！"②顿时，现场欢声雷动，许多人热泪盈眶。路透社称，普京措词激烈的爱国主义演讲多次受到听众起立鼓掌欢呼，演说过程被掌声至少打断了30

---

① 丁金光、李广民主编：《当代国际关系》，北京：时事出版社2009年版，第99页。
② 《环球时报》，2014年3月19日，第1版。

第五章 劫后重生的双头鹰

次。法新社称,这个条约的签署,意味着俄罗斯的边界线被历史性地重划,这是俄罗斯在二战后首次扩大边界,也是科索沃独立以来欧洲版图的最大改变。俄罗斯《观点报》兴奋地写道:"3月18日无疑是一个伟大的日子,俄罗斯开始了新时代。"俄罗斯副总理罗戈津说:"今天是我一生中最重要的日子。是民族自我意识复兴的日子。我为自己的祖国、人民和总统感到自豪。"①

的确,以这一事件为标志,正如俄罗斯民众所欢呼的:"俄罗斯又回来了!"并且,回到的是阔别已久的世界第一阵营。

不过,这一天的到来并不容易。回顾俄罗斯进入21世纪以来的15年历程,人们不难看到的是,俄罗斯所走的可是一条不同寻常的道路。

这条道路,是一条不同于以往世界大国复兴或崛起的道路。以往世界大国的复兴或崛起,不是靠领先于世界其他国家的经济就是军力,有时甚至是动用武力也不一定能够达到。而俄罗斯现在回归世界第一阵营,虽然也有经济力和军力作后盾,但并不构成这次克里米亚并入俄罗斯的直接原因。实际上,2014年这年,俄罗斯在世界上的国民生产总值排序仅为第9位,还落在加拿大和韩国之后。而在军事上,虽然俄罗斯在世界上一直就居于世界第一阵营,但在这次克里米亚并入的过程中,俄罗斯并没有开枪开炮。至少,从台面上来看,对俄罗斯是一次和平的并入。

这条道路,是一条不同于以往苏联扩张或靠军备竞赛与美国争霸的道路。普京总统上任之初就在一次记者会上清楚地说,对于过去的苏联,如果谁忘记了它,谁就没有良心;如果谁想恢复过去的苏联,谁就没有头脑。而进入21世纪以来的俄罗斯之对于美国,更多的则是对话而不是对抗,是合作而不是拆台,是防御而不是进攻。如果俄罗斯采取相反的对美态度,那世界就很可能很不太平。普京总统说:"没有人喜欢动荡。全球化使我们坐到了同一条船上,应该谨慎从事,不要推波助澜。"②

这条道路,也是一条不同于以往叶利钦总统时期所推行的"强俄"道路。在叶利钦总统第一任期内,俄罗斯主要是通过与西方尤其是与美国的合作来实现国家的复兴,将保持大国地位的奢望依附在俄美"伙伴关系"上,但最后以失望而告终。在第二任期内,叶利钦总统往往又更多地强调俄罗斯的独特

---

① 《环球时报》,2014年3月19日,第1版。
② 《环球》,2011年第21期,第31页。

性和大国地位，导致了几乎在所有重大问题上都与西方对立。叶利钦总统提供的教训就在于，前期对美国及西方有不切实际的过高的期望，后期则又缺乏对俄罗斯自身实力的客观估计和对可选择战略的最佳运用。虽然普京总统和叶利钦总统都强调走强国之路，但普京总统所选择的强国战略途径却明显有别于叶利钦总统。首先，俄罗斯自身的稳定和经济发展是普京总统的首选，对外战略则是为国家的稳定发展和重建大国地位创造条件。其次，普京总统确立了清晰的外交原则，即切实从自身所拥有的外交资源——包括经济、政治、地缘、军事和文化资源出发，使其外交行动与外交资源相匹配，确保任何一个重大外交表态和外交行动都有相应的外交资源做支撑，从而使美、欧等西方国家和国际社会不得不改变叶利钦总统时期那种轻视、甚至完全无视俄罗斯的态度，以此来增大俄罗斯外交的影响和分量，恢复俄罗斯的大国尊严。

而从普京总统2000年年初接掌俄罗斯时的俄罗斯国情来看，这条道路就更是一条坎坷、艰难而充满挑战的道路。当时，按俄罗斯官方的统计：1991年至1999年，俄罗斯的GDP下降40%，居民的实际收入下降51.6%，消费价格上涨6168倍，卢布贬值99.5%，1999年的失业率达到13%，贫困人口占70%，经济总量下降到了世界第20位。普京总统从叶利钦总统手中接过的是危机四伏、混乱失序的俄罗斯，除其经济状况恶化外，这种危机还主要表现在：(1)苏联解体的致命影响在俄罗斯联邦出现端倪，车臣问题使国家时刻都存在着再次分裂的危险；(2)由于民众生活水平急剧下降，社会持续动荡不安；(3)俄罗斯总统、政府和国家议会之间的政治冲突不断，地方势力坐大，中央权威受到严峻挑战；(4)在国家经济私有化进程中急剧膨胀起来的经济和金融寡头不仅垄断和控制了俄罗斯的经济命脉，而且开始干预国家政治；(5)俄罗斯的国际地位急剧下降。俄罗斯科学院美国加拿大研究所所长罗戈夫叹道：曾有一段时间，俄罗斯对于美国的每一个举动所做出的愤怒反应都会在西方响起警铃；而现在，俄罗斯的愤怒被看作是一种姿态，美国已把俄罗斯"放在了次要地位"，觉得这个"国内总产值跟比利时不相上下的破产国"，不过是一个"维修得很差的核武器的库房"而已。①

---

① 《国际问题研究》，2007年第1期，第32页。

第五章 劫后重生的双头鹰

对于俄罗斯当时的这种境遇,普京总统也曾讲道:"俄罗斯已不属于代表着当代世界最高经济和社会发展水平的国家,俄罗斯正处于数百年来最困难的一个时期。大概这是俄罗斯二三百年来首次真正面临沦为世界第二流国家,抑或三流国家的危险。""俄罗斯在政治和社会经济动荡、剧变和激进的改革中已经精疲力竭。民族的忍耐力、生存能力和建设能力都已处于枯竭边缘。社会简直要崩溃,从经济上、政治上、心理上和精神上崩溃。"①

而在俄罗斯所面临的所有这些危机中,首当其冲并曾长期困扰俄罗斯的,又是车臣民族极端势力闹分裂闹独立的问题。这不只是一个一般的俄罗斯内政问题,而是一个内部小气候与国际大气候、现实冲突与历史恩怨紧密关联,并且直接影响到俄罗斯主权和俄罗斯联邦稳固的重大问题。还是在1999年8月刚刚出任俄罗斯政府总理时,普京就直接面临了这一重大而无法回避的问题。他清楚地认识到,车臣问题将决定俄罗斯的历史走向。他说:"如果你不立刻制止,俄罗斯将不复存在。这是有关阻止国家崩溃的问题。""这是苏联崩溃的继续。"②

同时,普京也认识到,要下决心解决车臣问题,就必须使用武力;而使用武力,对于一个才刚刚担任政府总理的普京来说,这无疑面临极大的风险,是一个极大的赌注。但是,普京认定:"我只能这么做,我准备付出,宁肯以牺牲自己的政治生涯为代价。"③在这时的普京看来,他的目标只有一个:一场战争,一场必须打赢的战争,一场彻底歼灭车臣反俄武装力量的战争。就这样,普京开始了他就任政府总理后的第一场大考。

车臣是隶属俄罗斯联邦的一个自治共和国,位于俄罗斯西南部高加索山脉的北侧,南部与格鲁吉亚为邻,北部与俄罗斯联邦的斯塔夫罗波尔边疆区接壤,面积仅2万平方公里,人口123万。车臣居民信奉伊斯兰教,这与信奉东正教的俄罗斯民众在种族和文化上有很大不同。自古以来,车臣人就剽悍桀骜,骁勇善战。在历史上,车臣一直是一个多灾多难的民族,自19世纪初被沙皇俄国吞并后,车臣人与俄罗斯人就结下了宿怨。苏联时期,车臣曾遭到数次大规模镇压。直到1957年,最高苏维埃才作出决定,恢复车臣-印

---

① 《三联生活周刊》,2012年第11期,第73页。
② 《三联生活周刊》,2012年第9期,第77页。
③ 《三联生活周刊》,2012年第9期,第77页。

古什共和国建制,划归俄罗斯联邦管辖。1991年苏联解体后,车臣民族分裂情绪复燃,又强烈要求从俄罗斯联邦分离独立。这就是俄罗斯车臣问题的由来。

1991年年底,车臣当选总统杜达耶夫不顾俄罗斯联邦宪法规定,宣布成立了主权国家车臣共和国。由于叶利钦政府当时立足未稳,自顾不暇,直到1994年底才出动军队3万余人开进车臣,由此开始了第一次车臣战争。但此时车臣分离势力羽翼已经丰满,早对战争做好了准备,而俄军却仍沉迷于过去超级大国的幻影之中,对速战速决盲目自信。结果,车臣武装进行了顽强抵抗,而且战术狠辣,造成俄军极大伤亡,致使一场原本计划一个星期就结束的战争演变成了长达三个多月的苦战。后来,俄军虽然拿下了车臣首府格罗兹尼,也扶持成立了反杜达耶夫的联盟,但由另一车臣分裂势力头目巴萨耶夫率领的100名武装分子,却又闯入俄罗斯联邦的斯塔尔边疆区,扣押了1000多名人质,要挟俄军立即停止一切军事行动,并撤出车臣。经过长时间谈判,叶利钦政府最终被迫做出重大让步,满足了巴萨耶夫的要求。当俄军从车臣撤军后,车臣的局势再度恶化。出于以和平手段解决车臣问题的考虑,叶利钦政府于1995年8月与车臣分裂势力达成协议,同意无条件停止使用武力和以武力相威胁,并计划将车臣地位问题推延到2001年前解决。至此,第一次车臣战争结束。

糟糕的是,这一协议被车臣分裂势力所利用了,车臣不仅成立了事实上的独立政权,而且还进一步向俄罗斯联邦属下的另一伊斯兰人占相当地位的达吉斯坦共和国扩张。1999年8月,素有"高加索狼"之称的车臣分裂势力头目巴萨耶夫,在西方势力的支持下指挥5000多名武装分子攻入达吉斯坦共和国,向俄军发起猛烈进攻,企图继在车臣赶走俄军之后再在达吉斯坦打败俄军,以实现车臣、达吉斯坦脱离俄罗斯联邦而建立一个独立的宗教激进主义国家的目的。这样一来,车臣局势就有向整个北高加索地区蔓延的危险。如果车臣从俄罗斯分裂出去,很可能就会产生连锁反应,不仅高加索地区,而且整个俄罗斯联邦都将面临解体的危险。就是在这样一种情况下,普京挑起了解决车臣问题的重担。

普京说:"如果今天不动手,明天损失就会更大。"他迅速召集各强力部门领导人会议,明确了行动计划。俄罗斯空军精锐尽出,充分利用空中优势和

第五章 劫后重生的双头鹰

高科技武器对攻击目标进行远距离、高精度、无地面人员接触、尽量避免人员伤亡的军事打击，使"车独"活动基地和通讯、交通设施瘫痪，然后再调集大量地面部队展开围剿。这一仗打得十分漂亮，俄军很快就稳定了达吉斯坦局势。

但是，遭受沉重打击的"车独"头目巴萨耶夫仍不甘心失败，又开始实施所谓的"掏肚战"，派出大批恐怖分子潜入俄罗斯内部，制造了数起恶性爆炸、凶杀事件，使整个俄罗斯陷入一片恐慌，也彻底激怒了俄罗斯民众。普京趁热打铁，马上向议会提出了进攻车臣、彻底解决车臣独立问题的计划。获得议会批准后，进攻车臣的战斗于9月19日正式打响。尽管车臣也宣布全民动员，但由于这次进攻俄军准备充分，战术得当，始终都控制了战争的主动权。不出四个月，整个作战行动就以俄军的胜利、普京的胜利而圆满结束了。

普京的这第一次大考是出色的，人们完全没有想到，在这个身材比叶利钦总统矮一头的小个子总理身上，竟然蕴藏着如此巨大的决心、毅力和勇气。在任总理四个半月、代总统三个月后，人们在第一轮总统大选中，就把52.9%的选票投给了他，使他正式当选为俄罗斯总统。一个半年前人们还不熟知的普京，现在已经完全被俄罗斯所接受了。

然而，车臣闹独立的问题虽然解决了，但车臣极端民族主义势力却并没有这么容易被根绝。并且，它很快又以另外一种形式——极端恐怖活动再现了。对普京总统和俄罗斯而言，另一场新的战斗也就又开始了。

2002年10月23日晚，50名车臣恐怖分子突然闯入正在进行演出活动的莫斯科轴承厂文化宫，将700多名观众、100多名演员和工作人员扣为人质。这伙孤注一掷的身着迷彩服的匪徒，朝空中放了几枪后大喊："我们是车臣人！"这时在场的人才明白，他们已全部成为人质。接着，一枚威力巨大的炸弹被安装在大厅中央，舞台与走道处也安装了许多包炸药。进入剧院的恐怖分子个个手执武器，其中18名女匪腰间捆着炸药包和手榴弹，分道把守于人质中间。她们是一支"寡妇军"，一色头缠墨纱，人称"黑寡妇"。她们的丈夫，甚至还有其他亲人都在车臣战争中丧生，心中充满着刻骨的仇恨。恐怖分子头目巴拉耶夫要求，俄军必须在一周之内撤出车臣，否则，他们将引爆文化宫大楼。他还警告说：警方每打死他们一人，他们就杀死十名人质。

这场恐怖袭击是在六个月之前就开始策划的。当时，他们的袭击目标不仅限于轴承厂文化宫，莫斯科另一家剧院也在袭击之列。更让人震惊的是，他们还曾计划袭击莫斯科附近的一座核电站。只是在他们踩点之后发现核电站戒备森严，最终才下令取消这项计划。发动这次袭击的匪首巴拉耶夫两个月前就已秘密进入莫斯科，而他手下的"寡妇军"和其他匪徒也于10月初向莫斯科汇集。他们共使用了120公斤炸药、114枚手榴弹、15支狙击步枪、11支手枪和其他武器装备。他们把这些武器装备偷偷运送到和轴承厂文化宫同在一幢大楼的一家夜总会。这家夜总会是由在莫斯科的车臣人开的，当时正在装修，因此他们就伪装成建筑工人把武器装备运到了夜总会的储藏室。

  无疑，这场恐怖袭击对俄罗斯构成了最严峻的挑战。10月24日，普京总统取消了出访计划，着手处理人质事件。他命令特种部队"准备解救人质，同时最大限度地保障人质安全"。随即，解救人质小组同绑匪取得联系并开始谈判。下午，俄罗斯电视台公布了人质向普京总统的吁求："我们要求您做出明智的决定，结束战争。我们厌倦了战争，希望和平。"苏联前总统戈尔巴乔夫和俄罗斯前议长哈斯布拉托夫等也发表谈话，希望和平解决人质危机。但普京总统当晚发表电视讲话，声明绝不向恐怖分子妥协。做出这一表态，普京总统的考虑是：车臣恐怖分子的仇恨的欲望是没有止境的，如果这次向恐怖分子屈服，就会助长恐怖分子的气焰，今后就会还有更多的恐怖事件发生；而且，从过去的经验教训来看，正是1995年6月的那次对于巴萨耶夫武装分子的妥协退让，才导致了车臣极端势力东山再起，因而再也不能重犯这样的错误了。

  解救人质小组与恐怖分子的谈判异常艰难。恐怖分子坚持无条件答复他们的要求，在一周之内从车臣撤出俄军。他们一心想通过这次劫持人质行动，重演1995年第一次车臣战争时联邦中央政府向车臣做出重大妥协的那一幕。但解救人质小组坚决不妥协，明确向恐怖分子开出条件：如果他们释放全部人质，可免于一死，押出国外。在双方相持不下的情况下，解救人质小组转向首先争取儿童、妇女和外国人获释。恐怖分子在23日劫持人质当晚曾释放了30名儿童和外国人，25日上午又释放了8名儿童，但关于继续释放75名所有外国人的谈判失败了。

  25日晚8时，普京总统再次发表电视讲话，声明谈判的大门仍然敞开，但对车臣战争的立场不变。至午夜，俄罗斯著名的车臣战地女记者波利特科

第五章 劫后重生的双头鹰

夫卡娅被派充当调停人，与恐怖分子会谈。这成为和平解决人质危机的最后一次机会。但她得到的回答是：普京必须表态结束车臣战争，撤出一切军队；如果政府不给出计划从车臣撤军的可信证据，他们将采取"最极端的措施"。

26日3时30分，剧院内传出了枪声和爆炸声。面对政府毫不妥协的态度，恐怖分子威胁说，如果再不答应从车臣撤军，他们将立即开枪射杀手里的700名人质。随后，恐怖分子果然枪杀了2人。此举立刻引起骚动，许多人质试图逃跑，恐怖分子便开枪镇压，又出现了不少人质死伤。这使解救人质人员不得不采取突袭行动，以避免更多的人受到伤害。

为了防止恐怖分子引爆炸药和最大限度地减少伤亡，俄罗斯特种部队在进攻前半小时使用了一种化学气体。凌晨5时30分，特种部队在夜幕掩护下从各个方向闪电般进入剧院，经过不到一个小时的激烈交火，巴拉耶夫等34名恐怖分子被当场击毙，其余被捕。早晨7时20分，人质营救行动结束。

尽管在这次解救人质的行动中因为使用化学气体，一方面大大削弱了恐怖分子的抵抗力，一方面也造成了不少老年人、儿童及身体有疾病的人死亡，但舆论仍普遍认为，政府在处理这次人质事件中立场坚定，措施果断，处置得当。

到了2004年，车臣恐怖分子更加猖狂。

5月9日是俄罗斯卫国战争胜利纪念日，正当车臣共和国的高级官员在首府格罗兹尼一体育场参加庆祝活动时，一枚藏在贵宾席上的地雷轰然爆炸，主席台完全被摧毁，总统卡德罗夫等6名高级官员当场被炸死，53人受伤。

8月24日晚，从莫斯科起飞的图-134和图-154两架客机在三分钟之内接连爆炸坠毁，所有73名乘客和16名机组人员全部遇难。这是两名"黑寡妇"所为。

9月1日，别斯兰市第一中学正在操场上举行开学典礼，突然一些蒙面人跨过了学校后面的铁路向他们奔来。这次震惊世界的劫持人质事件是车臣非法武装头目马斯哈多夫和巴萨耶夫亲自下达的命令。虽然俄罗斯特种部队很快冲进校院，最终打死和活捉了全部恐怖分子，但造成了特别惨重的人员损失，共死亡345人，其中155人是儿童，受伤466人，其中248人是儿童。

面对如此频发、如此猖獗残暴的恐怖袭击，俄罗斯一方面如其对待车臣分裂势力一样坚决、强硬、毫不妥协。普京总统说："作为总统，作为国家元首,作为一个誓言带给国家安全的人,作为一名俄罗斯的普通公民,我别无选择。因为国家遭受了灾难,陷入了惶恐,我不这么做,更多的冲突会吞噬更多的无辜者。"①同时,另一方面又从国际国内两条战线强化了反恐布局。在国内,出台了一系列巩固国家统一和安全稳定的政策措施,成立了统一的反恐组织指挥机构,并在高加索地区建立了由各种力量构成的反恐协作体系。在国际上,则既坚决抵制西方对车臣分裂势力的怂恿、在反恐问题上的双重标准,以及国际恐怖组织对俄罗斯境内的渗透,同时又持续不断地致力于把俄罗斯的反恐纳入国际反恐联盟。

后来的事实证明,俄罗斯所采取的这些政策措施是完全正确的,它为俄罗斯的反恐争取了更为有利和更加广阔的国际空间。虽然俄罗斯面对的不仅仅是孤立的车臣恐怖袭击,而是境外反俄势力与国际恐怖主义势力对俄罗斯的直接攻击,但经过几场关键性的大规模的反恐行动后,俄罗斯逐渐稳定了态势,也获得了俄罗斯民众的拥护和肯定。

也许,大国的复兴之路从来是不会平坦的。车臣的分裂问题和恐怖袭击问题基本告一段落之后,俄罗斯接下来又面临了南奥塞梯问题和一场金融危机与克里米亚危机。

南奥塞梯位于高加索国家格鲁吉亚北部,曾为苏联时期格鲁吉亚苏维埃社会主义共和国管辖下的一个自治州。从1989年起,南奥塞梯就要求与俄罗斯境内的北奥塞梯合并。1991年底苏联解体后,南奥塞梯遂于1992年1月通过全民公投,宣布成立独立的共和国;但格鲁吉亚一直不予承认,因此南奥塞梯与格鲁吉亚中央政府长期处于冲突状态。后来,俄罗斯、格鲁吉亚和南奥塞梯、北奥塞梯四方领导人曾就和平解决南奥塞梯地区的冲突问题举行会谈,达成了有关实现停火、成立维持和平部队和监督委员会的协议。根据协议,四方成立了混合监督委员会,并由俄、格和南奥塞梯三方组成混合维和部队负责在冲突地区执行维和任务。但是,各方在这一地区的摩擦仍时有发生。

2008年8月,通过颜色革命推翻谢瓦尔德纳泽政府上台不久的格鲁吉亚总统萨卡什维利,自恃有美、欧西方国家撑腰,又认为北京奥运会开幕在即,

---

① 沙舟:《克里姆林宫70年内幕》,济南:山东人民出版社2005年版,第552页。

第五章 劫后重生的双头鹰

全球的目光都将聚焦中国，这是臣服并收回南奥塞梯的良机。于是，在经过几次小规模的交火后，格鲁吉亚军队于8月8日北京奥运会开幕这天的凌晨，对只有25000人口的南奥塞梯发动了大规模袭击，并且迅速占领了南奥塞梯首府茨欣瓦利。

格鲁吉亚的这一突然行动显然越过了俄罗斯的底线。自苏联解体、格鲁吉亚于1992年独立以来，虽然南奥塞梯与俄罗斯保持着密切的关系，南奥塞梯也曾多次要求独立并加入俄罗斯，但是，考虑到地缘战略格局，俄罗斯不希望格鲁吉亚在政治上离自己太远；尤其是在前苏联外长谢瓦尔德纳泽担任格鲁吉亚总统期间，俄罗斯和格鲁吉亚还保持着比较良好的关系，所以，俄罗斯在对待南奥塞梯问题上，一直都比较克制。但是现在，格鲁吉亚既全面倒向西方，又谋求加入北约，还想通过武力收回南奥塞梯，这就让俄罗斯面临到一种要么进行军事干预、要么撒手不管任其自由发展的两难处境。而如果撒手不管任其自由发展，那受损的就不只是自己昔日的兄弟南奥塞梯，而且还有众多的与自己关系密切的前苏联地区国家，以及俄罗斯自身的重大地缘战略利益和俄罗斯在整个国际社会的形象。对于一个正大踏步前进在复兴道路上的世界大国来说，还有什么比这更为重要的呢？俄罗斯没有丝毫犹豫。

8月8日，俄罗斯军队迅速越过边界，突入南奥塞梯地区与格鲁吉亚军队激战。

8月9日，俄军控制了南奥塞梯首府茨欣瓦利，并在随后几天占领了南奥塞梯以外的格鲁吉亚领土和军事基地。

8月12日，见自知理亏的格鲁吉亚已经收手，时任俄罗斯总统梅德韦杰夫宣布，停止俄军在格鲁吉亚的军事行动。

8月15日、16日，格鲁吉亚和俄罗斯先后在停火协议上签字，俄军于18日开始撤离格鲁吉亚，战争结束。

8月26日，俄罗斯宣布承认南奥塞梯共和国。

这次军事行动虽然时间不长、双方伤亡也不大，但影响很大，尤其对俄罗斯很重要。

首先，这次出兵平息格鲁吉亚中央政府与南奥塞梯共和国的武装冲突，是苏联解体后俄罗斯首次通过军事手段改变前苏联加盟共和国领土和边界的重大事件，它强烈地向世界表明，俄罗斯已经走出苏联解体后长期任由美、欧西方国家主导俄罗斯卫星国事务和挤压俄罗斯战略空间的阴影,把挑战扔给了西方。令世界尤为惊诧的是,俄罗斯军队进攻格鲁吉亚的战斗打响后,美国和欧盟竟一时找不出有效制服俄罗斯的办法。除了表示对俄罗斯的举动"不能接受"、"反对",取消一些联合军演,声称限制俄罗斯加入一些国际组织以外,无法采取任何有力度的实质性行动。后来,还转而批评格鲁吉亚总统萨卡什维利鲁莽和冒失。

其次,这次行动既达到了教训格鲁吉亚的目的,又促使许多前苏联地区国家重新审视自己的对俄政策。俄罗斯以武力教训格鲁吉亚,使独联体国家和中东欧国家看到,俄罗斯欧洲政策的首要任务是抵制北约东扩,坚决遏制挤俄排俄倾向蔓延。同时,俄罗斯也宣布,这次动武是不得已的。梅德韦杰夫总统说:"我们完全不是制裁拥护者,只会在极端情况下才会采取这种措施。"①

第三,这次行动极大地鼓舞了亲俄力量。俄罗斯外交走强,敢于在南奥塞梯冲突中动武,直接挑战了西方大国的权威,使世界上一些不被美国所欢迎的国家备受鼓舞。国际舆论普遍认为,俄罗斯这次重拳敲打亲西方的格鲁吉亚,是国际政治发生演变的拐点,动摇了冷战结束以来美国一统天下的单极世界格局。

因世界经济危机而引起的俄罗斯经济危机,是紧接着南奥塞梯问题发生的。

2008年9月,肇始于美国的全球金融危机,给严重依赖资源出口的俄罗斯经济带来了灾难性打击。一是外资严重流失。2008年第四季度,外国资本净流出额达到1299亿美元。2009年又有1100亿美元撤出。二是石油价格下跌,石油、天然气产量和出口量锐减,导致对外贸易整体受挫。2009年,对外贸易额、出口额、进口额及顺差全部下降。其中,对外贸易总额较上年同期相比下降46.6%,出口额同比下降50.3%,进口额同比下降37.4%,外贸顺差降为零。三是卢布贬值,货币金融困难。短短半年间,外汇储备减少2000亿美元。因缺乏流动资金,无力执行清算,很多银行濒临破产。四是实体经济严重受损,工业生产急剧下降10%以上。五是居民消费品价格上涨,

---

① 《国际问题研究》,2009年第2期,第31页。

严重拖累民生。

此时,能否尽快摆脱金融危机,消除其对人民生活和俄罗斯复兴进程的严重冲击与影响,已经是一个重大的政治问题。为此,俄罗斯采取了一系列"除危解困、复兴经济"的政策措施,主要包括:(1)制定以应对金融危机为重点的年度预算。2009年,预算中用于支持经济的反危机支出高达2.46万亿卢布。(2)大力稳定银行金融体系。自2008年11月起,政府努力向银行提供资金支撑,以加强银行的信贷能力。(3)大力支持实体经济发展。2009年,政府给295家重点企业的拨款额度达到了3260亿卢布。(4)抑制通货膨胀,改善民生,保障居民就业和住宅建设增长。

由于政策措施得当,再加上经济危机爆发前俄罗斯经济连续保持了8年的较快增长,已经积累了比较丰厚的国民财富和外汇储备,具备了较强的抵御危机能力,所以到2011年时,俄罗斯经济就已重新恢复生机。而到了2014年,俄罗斯进入21世纪以来的15年间,其国家名义GDP就增长了14倍,其职工名义工资和退休金就分别提高了23倍和19倍,全俄居民实际收入翻了两番。普京总统说:"俄罗斯的经济基础夯实了。"[①]

2014年3月克里米亚危机发生并最终导致克里米亚并入俄罗斯版图后,中国外交部发言人对外表态称,此事"事出有因"。应该说,此语道出了克里米亚问题的历史经纬。

早在1736年,沙皇俄国就开始染指克里米亚。在1771年和1778年,俄国军队曾两度占领克里米亚。自1783年开始,克里米亚就正式并入了俄罗斯。后来,因民族和宗教信仰冲突,这一地区虽从未平静,但其国家归属一直没有改变。1921年,依据苏俄最高苏维埃颁布的法令,克里米亚成为苏维埃联盟的一个自治共和国。由此可见,克里米亚几百年来都是俄罗斯的一个组成部分。1954年,赫鲁晓夫政府将克里米亚划归乌克兰建制,这其实可以视为苏联内部的行政区划调整,并不具有国际法理效力。所以,当2014年3月克里米亚危机发生,有高达97%以上的克里米亚民众要求回归俄罗斯时,俄罗斯顺势将其收回,俄罗斯认为这是理所当然的。俄罗斯总理梅德韦杰夫说:"当我们谈到克里米亚时……我们意识到,这是我们的历史,我们的宿

[①] 《参考消息》,2015年5月8日,第3版。

命。"①普京总统说:"克里米亚问题对我们有重要的历史意义。在俄罗斯人的心里,克里米亚一直是并且仍是俄罗斯不可分割的一部分。这一信念是基于真理和正义,是坚定的,是俄罗斯人世代相传的。"②

克里米亚的回归,不仅使俄罗斯彻底了却了1991年年底苏联解体时痛失这一战略要地的心头之痛,而且也极大地提振了俄罗斯的民族自信和大国雄心。虽然此举遭到了美、欧等西方国家的强烈反应和各种制裁,致使俄罗斯的经济社会发展又面临严峻考验,但俄罗斯民众认为,"国家有必要为这样的胜利付出一定代价"。2015年3月18日,俄罗斯举国庆祝克里米亚回归一周年。俄罗斯全俄社会舆论研究中心发布的调查显示,普京总统的民意支持率再度上升,达到了创纪录的88%的峰值。俄罗斯民众在这里所表达的,是对俄罗斯未来的热望和期盼。

进入21世纪后的15年来,俄罗斯就是在这样一挑战和风浪中前行,并且靠着自己的顽强和执着,战胜了一个个困难,赢得了一场场胜利。其间,虽然步履维艰,一步一步却又脚踏实地;虽然道路曲折,强国目标却又清晰可见;虽然力量不占压倒优势,但最终结果却又事半功倍。

如果说,法兰西第五共和国总统戴高乐所作的这一结论——选择最艰难的路,你就会没有竞争对手③——正确的话,显然,俄罗斯所走的就是这样一条路。

如果说,古今战略家们所推崇的这一信条——战略不能代替实力,却可以放大实力——同样成立的话,那普京总统和他的团队所拟定的俄罗斯强国战略,无疑就收获了这样的硕果。

1989年,尼克松曾指出:"苏联的各族人民是伟大的人民。可以证明他们伟大之处的是,尽管革命、两次世界大战和可怕的镇压使他们蒙受了苦难,但苏联仍成为一个超级大国。其他国家的人民在这种压力下也许会一蹶不振,但苏联的各族人民经受住了,并把苏联推向前进。"④

---

① 《环球时报》,2015年3月19日,第16版。
② 《参考消息》,2014年3月19日,第1版。
③ 《参考消息》,2011年10月19日,第3版。
④ [美]理查德·尼克松:《1999年:不战而胜》,王观声等译,北京:世界知识出版社1989年版,第41页。

今天，人们可以补充的是，尽管20世纪90年代初经过了那沉重的一跌、一劫，后来又陷入了长达十年的动荡不安，但俄罗斯并没有沉沦和停滞。人们完全可以期待，俄罗斯永远是一支世界性力量。

四 普京——重冰覆盖下的一座火山

1999年12月31日，叶利钦在将克里姆林宫的办公室交给代总统普京时对他说："珍爱俄罗斯。"作为回答，普京说："这正是我的主要职责所在。"[①]

2000年3月，在普京参加的第一次总统大选中，俄罗斯人民就选择了他，尽管在许多普通民众眼里，他这时还是一个"谜"。

2001年年底，普京荣获俄罗斯人民心目中的"年度风云先生"称号。普京说："我请求俄罗斯公民不要把我看成是象征、救世主或者功臣，我只是俄罗斯人民临时任命的经理和管理人。"[②]

2002年8月，一首来自民间的歌曲在全俄唱红。这首歌是3个女孩的合唱，歌名是《嫁人就嫁普京这样的人》。

2004年3月，普京又以绝对优势连任总统，有71.2%的选民把票投给了他。记者问选民为什么把票投给普京，回答只是："我们相信他！"有人采访前总统叶利钦："您没有对选中的人失望吧？""没有，我的期待完全实现了。"[③]叶利钦如是说。

2008年5月，个人威望和权力都如日中天的普京，出于对宪法的敬畏、对人民的承诺，不顾广泛的民意和众多的劝告，决意离开总统职位，改任政府总理。人民对他深怀敬意。

2012年3月，人民又用选票第三次把普京送上了俄罗斯总统岗位。在凛冽寒风中举行的广场庆祝会上，普京噙着泪水，振臂高呼："俄罗斯赢了！"

2014年3月，俄罗斯强势收回克里米亚，西方称普京是"新彼得大帝"，

[①]《参考消息》，2015年5月8日，第3版。
[②]《三联生活周刊》，2012年第11期，第73页。
[③]《三联生活周刊》，2012年第9期，第82页。

而美国《时代》周刊杂志却又不得不把这一年的全球最有权势和影响力人物的榜首位置给了普京。

2015年6月，美国总统奥巴马在德国召开的G7领导人峰会上，谴责普京还在做"帝国梦"，扬言要对俄罗斯进行新一轮制裁，而俄罗斯却有高达87%的民众希望普京2018年连任俄罗斯总统。

总之，在俄罗斯，在国际政坛，甚至在世界许多地方，普京都已成为一种现象——普京现象。

他具有高度的政治智慧和战略才能，但不精于个人计算，而是把俄罗斯的政治抱负和大国情怀视为自己的生命。

他位高权重，专营政治，但大义凛然，有情有义，不惜牺牲自己的政治前途来保护自己的被迫害的恩师，以致感动得叶利钦总统情不自禁地在《午夜笔记》中写道："在得知普京的举动后，我对他充满了深深的尊敬和感激之情。"①这是叶利钦总统在其任上从未对比他年轻的领导人所作出过的评价。

他面孔严肃，不苟言笑，但兴趣良多，爱好广泛。柔道、滑冰、登山、野营、开战斗机上天、乘潜水艇下海……不一而足。

他性情刚烈，说话率直，但也不乏幽默和柔情。当媒体刊出有关他的种种私生活传闻时，他诙谐地调侃道："如果没有绯闻，就太无聊了。"当有人关心他何时有第二次婚姻时，他说："当然是在前第一夫人之后。"

毫无疑问，俄罗斯是一个英雄辈出的民族，也是一个无比崇拜英雄的民族。在300年来俄罗斯坠入历史低谷的时刻，人民需要一个具有雷霆般权力的人物，需要他来拯救俄罗斯，需要他来复兴俄罗斯。这个人物终于应天下之大势而产生了，他就是普京。

那是在1999年8月5日那天，叶利钦总统一大早就召见了普京。他对普京说，他要解除总理斯捷帕申的职务而任命他为政府总理。他要求普京不仅要认真对待当前的工作，而且要考虑2000年3月的大选。这就是说，他希望普京是下届俄罗斯总统。

几天后，8月9日，叶利钦就发表电视讲话，解除了斯捷帕申的职务，任命普京为政府总理。这是三年多来俄罗斯四易总理，叶利钦总统把接班人锁

---

① 《三联生活周刊》，2012年第9期，第75页。

第五章 劫后重生的双头鹰

定在了普京身上。

普京 1952 年 10 月 7 日生于列宁格勒市，1975 年从列宁格勒大学毕业后，在苏联国家安全委员会从事对外情报工作。1985 年至 1990 年在民主德国工作。1990 年回国后，普京先后担任列宁格勒大学校长外事助理、列宁格勒市苏维埃主席顾问、圣彼得堡市对外联络委员会主席。1994 年任圣彼得堡市第一副市长。1996 年 8 月，他奉命来到莫斯科任总统事务管理局副局长，一年后转任总统办公厅副主任，从此进入叶利钦总统的视线。1998 年 7 月，普京被任命为俄罗斯联邦安全局局长，10 个月后又被任命为俄罗斯联邦安全委员会秘书。这一职务直属总统。尽管普京这时干得很出色，但他却从未露过面，人们都不知道他是何人。就是在这种完全没有建立自己的公众形象、国家又处于非常危难之际，普京开始他的执政之路的。

如前所述，普京出任政府总理的第二天，第二次车臣战争就爆发了；而第二次车臣战争的胜利，又成就了普京的总统大位。显然，克格勃出身的普京是一个头脑里可以同时盘旋多种事务的人，他不但是国际战略博弈的高手，而且也是治国安邦的行家里手。面对政局动荡、民心不安的困难处境，普京接连采取了以下三个大的步骤。

第一，削弱业已坐大的地方势力，维护和巩固中央权威。

叶利钦总统主政的 9 年间，由于政府与议会之间没完没了的政治斗争，不仅削弱了中央的权威，而且还使地方势力恶性壮大。当时，叶利钦总统在与国家议会的斗争中为了寻求地方政权支持，还曾与各自治共和国和各州的地方领导人单独达成协议，允许地方自主其事；而作为交换条件，在总统需要的时候，地方则应鼎力相助。这样一来，立宪的联邦就演变成了契约的联邦。到了叶利钦总统第二任期，地方领导人又改为由选民直接选举产生，中央政府又丧失了对地方领导人的任免权，便使控制力越来越弱。后来，俄罗斯联邦在成立上、下两院制议会时，其上院——联邦委员会又由地方行政领导人和地方议会领导人组成，使他们同时成了俄罗斯联邦立法机构的一部分。这不仅违犯了宪法规定的立法权与执行权分开的原则，而且使地方领导人拥有了更大的权力。他们不仅能够自主决定本地区的事务，而且还能够利用联邦议会来削弱和制约中央政府，这就为一些民族分裂势力破坏国家的稳定和统一埋下了大的隐患。

为了排除这一重大隐患，普京总统采取了两项改革措施。首先是从改革政府机构入手。2000年5月，他以俄罗斯横跨欧亚大陆、涉及11个时区、由多达89个地方政权单位组成为由，决定将俄罗斯联邦各共和国、边疆区和州按地域划分为7个联邦区，即：以莫斯科为中心的中央区，以圣彼得堡为中心的西北区，以顿河罗斯托夫为中心的北高加索区，以下诺夫哥罗德为中心的伏尔加沿岸区，以叶卡捷琳堡为中心的乌拉尔区，以新西伯利亚城为中心的西伯利亚区和以哈巴罗夫斯克为中心的远东区。每个联邦区由总统任命一位总统全权代表。总统全权代表被赋予4项任务和13项职能。总统全权代表直接隶属于总统并向总统汇报工作。普京总统作出如此重大的决定，是经过深思熟虑的，并且事先他与全俄26名最有影响的地方领导人会晤，取得了他们的支持，方使这一重大举措得以顺利实施。通过这一新的调整，把原来由总统1人直接管理的89个地区，变成了由总统和总统的7个全权代表分级、分片管理的模式，就加强了中央对地方的领导。

其次，是把过去以法律形式错误地给予地方的权力再用法律的形式予以剥夺。这一改革遇到了很大的阻力。

2000年5月17日，普京总统发布了《告俄罗斯公民书》，提出了三项法律草案：(1)建议修改联邦委员会的组成原则，联邦委员会议员改由地方选派，为长期专职。鉴于联邦主体行政领导人应当集中精力处理本地区事务，因此不再兼任联邦议员。(2)赋予总统解除地方领导人职务和解散违反联邦法律地方议会机构的权力。(3)地方领导人同时享有解除其下属权力机关和领导人职务的权力。

这些法律草案虽然得到了联邦议会下院——国家杜马的支持，但却遭到了联邦议会上院——联邦委员会的激烈反对，因为这一法案的实施就意味着让身为地方领导人的联邦议员们就此停职。一位州议会的议长一手用拳头敲打着桌子，一手晃动着俄罗斯宪法，大声喊道："这是我的权力，这是我的位置，我是根据宪法赋予的权力占据这个位置的。"结果，联邦委员会以压倒性表决结果否定了这些法案。面对这一挫折，理想的出路是由国家杜马剥夺联邦委员会的否决权。但按照俄罗斯的宪法，杜马下院要否决联邦上院的决议，必须要有三分之二的杜马议员投赞成票。显然，这是很难做到的，因为杜马中有一半议员是由地方选举产生的，地方行政领导人有对其施加影响的杠杆。

第五章 劫后重生的双头鹰

上策行不通，普京总统只好退而求其次。6月30日，杜马通过一份呼吁书，表示愿意与上院合作。他们呼吁成立一个协调委员会，对法案作出三点修改：（1）逐步更换联邦委员会成员；（2）由联邦主体领导人亲自任命地方执行权力机关驻上院的代表；（3）派出机构可以召回自己在联邦委员会的代表。呼吁书在作出这些让步之后强硬地表示，如果联邦委员会不接受关于成立协调委员会的建议，杜马就将推翻上院的否决。面对这一情况，联邦委员会妥协了。7月19日，上下两院通过了修改后的联邦委员会组成方案。

这一仗，普京总统的目的虽然没有全部达到，但取得了决定性胜利。因为地方行政领导人从此再不能同时兼任议会上院的议员了，而且他们为政不佳，就有可能遭到罢免。所以普京总统称："可以说，国体四分五裂的时期已经过去了。"①

第二，向经济"寡头"开战，巩固国家的政权基础。

在第一次参加总统竞选时，普京就曾强调："要让人民过上好日子"，"我们的优先方向是保护市场，使其免受达官显贵和犯罪分子的非法侵入。"②当时，闻听此言的经济"寡头"们以为，普京只是这么对选民说说，但真要摆脱他们是不可能的。因为叶利钦总统执政以来，经济"寡头"们已成大的气候，他们已经控制了俄罗斯经济的50%，并且还以经济为后盾把触角伸进了克里姆林宫，可以在很大程度上影响俄罗斯的政治局势。更何况，普京是叶利钦选中的人，当初，经济"寡头"们也曾大撒金钱支持过普京的竞选。难道，普京能翻脸不认人吗？

很明显，经济"寡头"们的如意算盘打错了。在金融资本变成了政治资本、经济"寡头"有可能演变成政治"寡头"的现实危险下，普京总统是不可能容忍的。否则，他就会像叶利钦总统一样成为经济"寡头"们的人质，甚至成为他们的傀儡，那就将从根本上违背俄罗斯人民的利益，影响到俄罗斯的国家前途和命运。

2000年6月13日，普京总统就向经济"寡头"们擂响了战鼓，俄罗斯总检察院以诈骗和盗窃罪将俄经济"七巨头"之一的古辛斯基拘捕。证据是1996年底，古辛斯基的大桥集团在购买国家电视公司"圣彼得堡第11频道"70%的股

---

① 沙舟：《克里姆林宫70年内幕》，济南：山东人民出版社2005年版，第538页。
② 沙舟：《克里姆林宫70年内幕》，济南：山东人民出版社2005年版，第540页。

份时只花了 25 万卢布，而该频道的实际价值高达 1000 万美元。合同签署 12 天后，该频道的负责人在芬兰的个人账户上即出现了 100 万美元的好处费。这笔钱的曝光使俄罗斯检察机关认定古辛斯基在其他地方也有类似的侵吞国家财产的犯罪行为。

古辛斯基是俄罗斯媒体大亨、大桥媒体集团公司的老板。该集团控制着俄罗斯颇具影响的独立电视台、莫斯科回声电台、《今日报》和《总结》周刊杂志。在 1999 年国家杜马选举和 2000 年的总统大选时，一向精明过人的古辛斯基看错了方向，把宝押在了普里马科夫—卢日科夫竞选联盟上。普京当选后，卢日科夫很快改变了立场，开始与普京改善关系，而古辛斯基却仍然继续与克里姆林宫为敌，对普京总统的一系列方针政策大肆攻击。由于古辛斯基手中控制着数家媒体，造成的社会影响特别巨大，必须首先拿他开刀。6 月 16 日，蹲了 3 天大牢的古辛斯基取保候审，被解除拘押。11 月 13 日，俄总检察院正式指控古辛斯基非法获取 3 亿美元贷款和 50 亿卢布借款，但古辛斯基却未在指定的时间出庭。原来，他跑了。俄罗斯总检察院遂向全国、全球发出通缉令。12 月 12 日，古辛斯基终在被他称为"第二故乡"的西班牙落网。

自从古辛斯基 2000 年 6 月被拘捕后，数名经济"寡头"又连遭传讯，一场政府与经济"寡头"的搏斗就迅速升级了。在不到一年之内，政府就对 7 家"寡头"公司展开了行动，有的头目被收监，有的头目被逐出境外。最后，作为收官之作，在 2003 年 10 月展开了最重大的一次行动——拘捕俄罗斯第二大石油集团尤科斯公司老板霍多尔科夫斯基。

霍多尔科夫斯基是俄罗斯首富，拥有 83 亿美元资产，他是在乘坐私人飞机在新西伯利亚机场降落加油时被拘捕的。霍多尔科夫斯基恶行累累，俄检察机关早已掌握他的犯罪证据。之所以此时才拿他兴师问罪，主要是基于以下两个方面的原因。

一个是，维护俄罗斯的国家石油权益。因为从 2003 年 4 月开始，尤科斯石油公司便与西伯利亚石油公司酝酿合并，试图创建一个俄罗斯最大、世界第四的超级石油集团。到 10 月份，这项合并计划即将完成。本来，这一计划也是获得政府同意的，但后来，两家公司合并后将决定把 40% 的股份转让给美国的一个巨型石油集团。这就将直接危害国家经济安全，损害俄罗斯战略利益。一位经济专家列举了两个触目惊心的数字：这两个公司合并后，每年上缴国家的税收将达到俄罗斯政府财政预算的 10%；而如果一旦向美国公司出让 40%的股权，再加上俄罗斯 THK 石油公司与英国一家公司合并后所控制的每年 4000 万吨石油的开采权，外国石油巨头将直接影响俄罗斯政府财政收入的 20%。这是一个庞大的数字，将直接扼住俄罗斯经济主权的命脉。

再一个原因是，有必要通过此举坚决遏制和打击经济"寡头"干预和参与国家政治的乱象。普京总统在 2000 年上任之初，为了巩固国内政治、经济和社会稳定，就曾专门把俄罗斯各路经济"寡头"召集在一起，同他们明确约定：以 2000 年划一条线，国家不再追究在此之前他们是如何在私有化过程中发家暴富的；但从此以后他们必须严格自律，不能介入国家的政治生活，不能再利用其资本操纵国家的政治进程。当时，大部分"寡头"都接受了警告，但古辛斯基等人却有恃无恐，终被起诉，最后亡命国外。而现在拿霍多尔科夫斯基问罪，也正是因为他正在违犯普京总统几年前就给他们定的"戒律"。

原来，2003 年 12 月俄罗斯即将进行议会选举，次年 6 月又将进行总统选举，这是俄罗斯的政治亢奋期。在这一背景下，霍多尔科夫斯基频频发表政治见解，暗中资助政府反对派。而他这样做的目的，还不只是为别人抬抬轿子，而是这位年仅 40 岁的俄国首富自己已有政治抱负。他不仅有意在条件成熟时让国家议会胁迫总统任命他为政府总理，而且还想在 2008 年竞选俄罗斯总统。这才是 2003 年上半年他出资收买国家杜马中三分之一的议员、操纵反动派在议会对政府提出不信任案，以及又购买莫斯科著名的反政府立场报纸《莫斯科新闻》为其造势的主因。

当霍多尔科夫斯基被以 11 项罪名投入监狱后，尤科斯公司 53%的股份被冻结，其公司高层人物如惊弓之鸟，纷纷逃往国外。俄罗斯总检察院又发出了全球通缉令，追捕该公司的十大股东。随后，尤科斯和西伯利亚两大石油公司的合并，也由西伯利亚石油公司总裁提出中止协议而告终。霍多尔科夫斯基长期以来在俄罗斯政府内部所依仗的支持者，也被普京总统一一解职。这场打击经济"寡头"的目标就完全实现了。

第三，整党建党，完善政党良性竞争机制。

在叶利钦总统时期，虽然叶利钦总统也属铁腕领导人，但由于他忽视政党建设，常使国家议会中党争不断，严重影响到政府提出法案的落实和国家行政效率的提高。叶利钦总统本人也为此吃尽了苦头。前车之鉴使普京总统认识到，必须发展完善俄罗斯的政党政治，确保国家的政治生活良性化。为达到这一目的，普京总统认为，必须首先解决国家政治生活中政党过多过滥的问题，把当时的180多个政党和政党性政治组织变成几个有固定群众基础的政党，然后再通过国家加强对政党的管理，最终建立以两党或三党为基础的多党制政治体系。出于这样的考虑，普京总统会见了国家议会中各议会党团和议员团的领导人，同他们讨论了制定政党法的问题，并得到了大多数人支持。2000年6月，联邦议会上下两院先后通过了《俄罗斯联邦政党法》，并正式颁布施行。自此，俄罗斯有了第一部《政党法》。

依据新颁布的《政党法》，俄罗斯社会政治热情高涨，各政党都大力发展新党员和建立新的地区组织。一时，全俄出现了对政党进行改组、联合或建立新党的高潮。

在组党建党的秩序理顺后，普京总统又吸取叶利钦总统执政时期在国家议会中无占主导地位政党支撑的教训，开始组建自己心中的政党。在他的授意和支持下，国家杜马中的四个中间派议员党团——"团结党"、"祖国-俄罗斯"、"人民代表"、"全俄罗斯"迅速成立了跨党团的协调委员会。经过数度更名和组合，最终于2002年4月正式组成"统一俄罗斯党"，并在国家杜马中成为第一大党。从此，普京总统的执政就有了可靠的组织依托和坚实的政治基础。

在人类的历史上，乱世往往是孕育杰出思想与杰出人物的温床。俄罗斯自20世纪90年代初以来，先是出现了长达十年的乱局，后来又一步步由天下大乱达到天下大治，重新归位于世界第一阵营。历史已经证明——并且还将继续证明，普京总统就是这一时期俄罗斯这个伟大的民族和伟大的国家所孕育出来的一个必将彪炳史册的杰出人物。

第六章
Chapter Six

世俗的宗教王国——除了真理,没有别的上帝

　　印度以它现在所处的地位,不能在世界上扮演二等角色,要么做一个有声有色的大国,要么就销声匿迹。

　　我们不属于任何集团,而且主张不论世界上发生了什么都不加入任何集团。如果我们会因此而孤立,我们将光荣孤立。

——[印]贾瓦哈拉尔·尼赫鲁

第六章 世俗的宗教王国

印度有着最为悠久的历史，最为古老而又灿烂的文明。它是东方宗教的发源地，其佛教和印度教对于中国、日本和东南亚国家都有着重要而广泛的影响。古印度的科学技术非常发达，其在数学领域10个阿拉伯数字和"十进制"计算方法的发明，极大地推动了人类科学技术的进步。在数千年的历史上，印度的音乐、歌舞、文学、瑜伽，甚至河流、建筑，都被归结为哲学，成为人们净化心灵、和谐万物，以至于寻求精神慰藉和依托的一种方式。

但是，步入17世纪以来，印度这个独特的高傲的社会蒙羞了，受欺侮了。1600年，英国侵入印度，建立了东印度公司。1757年，印度开始沦为英国的殖民地。1849年，印度全境被英国占领。自此以后，怎样重获民族的独立和自由，怎样在偌大的世界占有自己的一席之地，就成了这个古老而辉煌的民族所面临的历史性课题。

一　在漆黑的隧道里也仰望星空

沦为英国的殖民地，是从向来以自我为中心的莫卧儿印度帝国的衰弱开始的。自1525年帖木儿的后裔、中亚的封建主巴布尔率军南下侵入印度建立封建专制政权后，莫卧儿帝国曾保持了上百年的极盛时期。但由于莫皇奥朗则布在1655年颁布了一系列旨在维护伊斯兰教大封建主贵族利益的法令，激怒了众多印度教信众、锡克教信众和马拉提人等族群，以致陷入长达数十年的内战后，莫卧儿帝国便四分五裂、摇摇欲坠了。面对从英王那里既获得了贸易垄断权、组织殖民政府权，又拥有先进武装和宣战—媾和权的东印度公司的强大入侵，衰落的莫卧儿帝国就再也没有招架之功了。所以马克思说："大莫卧儿的无限权力被它的总督们打倒，总督们的权力被马拉提人打倒，马拉提人的权力被阿富汗人打倒,而就在大家这样混战的时候,不列颠人闯了进来,把所有的人都征服了。"①

在随后长达两三个世纪里,无数的金银财宝被掳掠到了欧洲,筑起了一道道"黄金海岸"、"香料海岸"和"象牙海岸"。马克思说:"印度人被迫每年无偿地送往英国商品的价值,超过6000万印度农业和工业劳动者的收入的总额。"②东印度公司在1757年至1815年的58年间,通过种种手段攫取的财富达到10亿英镑以上。英国殖民军1757年攻占孟加拉首府时,把其国库洗劫一空,掠走了价值6000万英镑的各种财宝。1799年攻占迈索尔首府时,又掳掠各种财物1500万英镑。而在这些财物的物产地印度,人民却生活在黑暗的最底层。仅在1769年、1820年、1896年爆发的三次大饥荒中,一直挣扎在死亡线上的印度农民就死亡2500万人以上。其中,孟加拉省1769年因饥饿而死亡的人就占到全省总人口的三分之一。

压榨愈烈,导致的反抗也最烈。尽管处在茫茫的黑夜中,但印度人民对于独立和自由的渴望,始终没有泯灭;对于被殖民被压迫的反抗,一刻也没有停止。几百年来,印度对于英国的殖民统治进行了顽强抗争。农民起义、士兵哗变、工人罢工、商人罢市,从来就没有间断过。尽管其间英国殖民者对于印度人民的反抗采取了各种卑劣的伎俩"分而治之",但印度人民从来就没有屈服。

1857年至1859年——就在英国殖民政府完成对印度的全境占领十年时,印度人民对于英国殖民统治的反抗也达到了最高潮——爆发了一场持续两年的民族大起义。

在这场持续两年的民族大起义中,全印的工人、农民都行动起来了。在德里、孟买、加尔各答等全印各地的工人,持续举行罢工和游行示威。工人们筑起街垒,同英国殖民军浴血奋战。长期以来,成倍增长的高额税赋压得印度农民喘不过气来,他们对英国殖民者恨之入骨。这次,他们成了印度民族大起义的主力军。

在这场持续两年的民族大起义中,在英国殖民军中服役的印度籍士兵行

---

① 四川大学历史系世界近代史编写组编:《世界近代史》上册,成都:四川省社会科学院出版社1985年版,第462页。
② 四川大学历史系世界近代史编写组编:《世界近代史》下册,成都:四川省社会科学院出版社1985年版,第271页。

动起来了,并成了"印度人民过去从未有过的第一支核心的反抗力量"。起义的士兵们杀死英国官员,烧毁营房和殖民衙署,释放狱中政治犯,很快融入民族大起义的滚滚洪流之中。在起义后期由城市保卫战转为游击战后,在一位平民出身的印度籍将军的指挥下,士兵们采用声东击西的战术,到处袭击英军,烧毁军火库,把英军打得晕头转向。

在这场持续两年的民族大起义中,印度的许多王公贵族们行动起来了。一位名叫拉克什米·巴伊的年轻女王,在其丈夫去世后出色地领导了詹西地区的起义行动。当英军突入詹西首府后,这位女王带领500名壮士坚守阵地,直至流尽最后一滴血。马克思称赞拉克什米·巴伊为"印度起义的杰出领导者"。① 另一位年逾八十的土邦首领,领导起义队伍出没无常地到处打击敌人。在一次渡河作战时,其右臂中弹影响行动,他便拔刀砍掉右臂扔进河中,继续指挥战斗。

在这场持续两年的民族大起义中,全印各个阶层和全印度都行动起来了。在农村,人们传递烧饼作为联络起义的信号;在城市,人们秘密散发传单,协调组织行动;在军队,士兵们以传递荷花作为秘密起义的标志。1857年5月,在德里的士兵首先发动起义后,市民和郊区的农民纷纷参加行动,在一个月之内就把起义的火种传递到了40个地区。在共同的敌人面前,伊斯兰教信众和印度教信众忘却了相互间的仇隙,印度教人手捧恒河水、伊斯兰教人面对《古兰经》,联合宣誓:消灭英国殖民者,为印度独立而战。

这场持续两年的民族大起义虽然最终未能使印度获得独立,也未能结束英国在印度的殖民统治,但它具有重大的历史意义。其中最为重要的,是它极大地鼓舞了人民,教育了人民,增强了人民反对英国殖民统治的信心,推动了印度民族独立解放运动的发展。

二 非暴力,不合作

1885年12月,印度国大党在孟买召开大会,宣告成立。从此,印度有了

---

① 四川大学历史系世界近代史编写组编:《世界近代史》上册,成都:四川省社会科学院出版社1985年版,第472页。

一支全国性的政治力量,来争取民族的独立和解放。对于采取什么方式来完成这一历史性任务,国大党曾在武装起义和非暴力之间徘徊。到了1920年12月,甘地当选国大党主席之后,终于结束徘徊局面,国大党走上了一条被称为"非暴力不合作运动"的民族独立和解放之路。

这一被正式载入国大党党纲的"非暴力不合作运动",其主要方面有"非暴力抵抗"和与英国殖民政府"不合作"两部分,其具体内容包括:不接受或辞去英国授予的公职和爵位;不参加殖民政府举行的任何集会;不接受英国的教育,以自设的私立学校代替英国统治者的公立学校;不买英国商品,不穿英式服装;不买英国债券,不在英国银行存款;等等。

甘地作出这一选择,其思想主要来源于印度教和基督新教。印度教教义认为,善恶有因果,人生有轮回。甘地在少年时期,就很喜欢一首宗教色彩很浓的《以德报怨》的格言诗,并将这首格言诗一直奉为座右铭。在英国伦敦留学时,甘地又接触到各种宗教,最受他尊崇的是《新约》中的博爱思想。其中,"不要与恶人作对","要爱你们的仇敌"等句子,对他影响至深。

作出这一选择,也是甘地深入思考和吸取历史教训的结果。1857年至1859年爆发的印度民族大起义,虽曾让英国殖民者失魂落魄,极大地动摇了英帝国的殖民统治,但也让印度付出了数十万人民生命的沉重代价。起义爆发后,英国调集了30万大军进行血腥镇压。在德里,英军大肆抢劫、烧杀、掳掠,犯下了滔天罪行。医院的起义伤员被杀死,不少老百姓被割下一块块肌肉,有的被搁在火上活活烤死,许多水井里填满了害怕遭英军污辱而投井自杀的妇女尸体。在勒克瑙,英军的暴行惨绝人寰。实行残酷的"杀光"、"抢光"政策,浩劫长达两个星期之久。恩格斯说:"在勒克瑙的不是英国军队,而是一群无法无天、酗酒肇事的强盗。"① 在甘地看来,民族的独立和自由固然重要,但以暴力的方式,以牺牲无数生命为代价来获取,他认为,这是不应该的。他说:"就我个人而言,如果必要的话,我情愿等若干年,而不想以流血的方式为国家争取自由。"②

作出这一选择,还是甘地在南非21年期间,组织印度侨民为争取平等地

---

① 四川大学历史系世界近代史编写组编:《世界近代史》上册,成都:四川省社会科学院出版社1985年版,第471页。
② 泽明、哲武编:《外国首脑文集》中册,北京:中华工商联合出版社1997年版,第280页。

第六章 世俗的宗教王国

位和正当权益而同当地英国殖民当局作斗争的经验总结。

1893年4月，甘地应印度一家商行聘请，去英国殖民地南非处理一起涉及4万英镑的债务纠纷。甘地展开工作后遇到许多棘手问题，其中最大的问题就是种族歧视。尽管在南非有不少印度侨民，但他们没有合法地位，统治南非的欧洲白人对有色人种一向看不起，甚至把在南非的印度侨民统称"苦力"，甘地也被冠以"苦力律师"的称号。4万英镑的债务纠纷经甘地努力后已获解决，就在他准备启程回国时，当地殖民政府颁布了一项法律，企图剥夺印度侨民选举议会议员的权利。印度侨民为了反对种族歧视，争取平等权利，与殖民政府展开了激烈抗争，他们迫切希望甘地留下来，同他们一起战斗。甘地就毫不犹豫地同意了。

为了适应斗争需要，甘地于1894年5月发起和组织了一个印侨团体——"纳塔尔印度人大会"，为印度侨民做了许多好事，为南非的印度人赢得了许多朋友和无数同情者，也得到了印度国内各党派的支持。

1906年8月，殖民政府又发布公告，宣布在南非居留8年以上的印度侨民才可定居本地，同时必须领取登记证并随身携带，以备检查，违者将被罚款或被判刑，或被驱逐出境。面对这一新的不公，甘地又领导印侨掀起了非暴力抵抗运动，迫使南非殖民政府最终作出了让步。这场斗争虽未取得彻底胜利，但甘地却认为，"非暴力抵抗"是最高尚的自卫武器。

1913年，甘地在南非领导的非暴力运动达到了高潮。斗争的目的是冲破现行法令中不合理的规定，要求取消针对印度侨民的"黑色法案"，废除人头税，承认在南非印度人婚姻制度的合法性。斗争中甘地率队"和平进军"，但遭到南非殖民政府凶残镇压。整个运动过程中，甘地三次被捕，但他和他所领导的印度侨民并没有停止斗争。最终，在一浪高过一浪的反抗声中，英国殖民政府被迫释放甘地，宣布废除人头税，承认印度的合法婚姻在南非也有效。

至此，甘地在南非所领导的非暴力斗争取得了最后胜利。这一胜利，也使他更加坚定了他的主张，即"爱和真理的统一"：一方面要坚持真理，另一方面宁愿自己作出牺牲也不要加暴于敌人。他认为，"爱和真理的统一"这个词再清楚不过地表明了"非暴力抵抗运动"的意义。

1915年1月，甘地怀着对祖国的赤诚之心，带着在南非建立的崇高威望和追求民族独立与解放的理想，回到了印度。人民对他寄予厚望，他也用自己的不懈努力，用"非暴力不合作"思想武装了国大党，把"非暴力不合作运动"推向了全印度。

1915年5月，甘地在古吉拉特邦建立了一个非暴力抵抗学院——也称真理学院，为开展"非暴力不合作运动"作舆论和组织上的准备。

1916年至1917年间，甘地深入比哈尔、古吉拉特的乡村和工厂，开展坚持真理运动的宣传，赢得了人民群众的拥护和支持。

在整个一战期间，甘地也曾为英军招募志愿兵、组织担架队，希望以此博得英国的好感，使英国同意在战后给予印度自治地位。但战争结束后英国非但未能满足印度自治的要求，反而还于1919年颁布新的法令，规定殖民政府对革命者或嫌疑分子可以不经公开审讯即逮捕监禁。甘地遂成立非暴力抵抗协会，号召全印举行总罢工，要求全印人民绝食一天，以示抗议。

1920年12月，甘地主持起草并获国大党年会通过的新党章，明确列入了非暴力、不合作和印度自治等内容。

1929年12月，甘地又主导国大党年会通过了推动印度完全独立的提案，将党章中过去提出的"自治"改为"完全独立"。随后，组织全印举行示威游行，支持声援国大党提出的"完全独立"决定。

1930年3月，英国殖民当局颁布了食盐专营法，垄断食盐生产，任意抬高盐税和盐价，引起人民强烈不满。国大党遂号召人民用海水煮盐，自制食盐，以此抵制食盐专营法。甘地亲自率领民众向海滨地进发，自制食盐，挑战殖民政府的食盐专卖权。在这场抵抗运动中，先后有包括甘地在内的60万人被捕入狱。"食盐运动"的最终结果是，殖民政府于1931年1月与甘地达成《甘地—欧文协定》：甘地停止不合作运动，而殖民政府则释放政治犯，允许沿海民众自己煮盐。

第二次世界大战爆发后，甘地要求英国立即退出印度，国大党于1942年8月召开大会通过了甘地提出的这一提案。但英国政府坚持固有立场，随之是残酷的暴力镇压，半年中被捕者达到6万人，死亡近千人。甘地也再一次被捕入狱，直到1944年5月才获释。

第二次世界大战末期，美国为了减轻战争的压力与负担，迫使英国以给予印度独立为条件来换取印度参战。在美国的这一提议和支持下，印度国大党和穆斯林联盟领导的民族独立运动迅速发展起来,英国殖民当局也不得不正式与印度商谈独立事宜。但这时的印度两大政党——国大党和穆斯林联盟在独立问题上出现了两种完全对立的主张:国大党要求建立一个统一的大印度;而穆斯林联盟则要求建立一个独立的巴基斯坦国。在印度教信众与伊斯兰教信众出现相互残杀、印度有可能爆发大规模内战的情况下,甘地曾与穆斯林联盟负责人真纳在孟买会谈14次,希望化解两党的分歧。甘地虽反对印、巴分治,但却终究无法消除与真纳根深蒂固的分歧,最终只好接受印、巴分治的主张。

1947年3月,新任英国总督蒙巴顿抵达印度,提出了印、巴分治方案,印度国大党和穆斯林联盟接受了方案。1947年7月,英国议会通过了印度独立法令,明确建立印度和巴基斯坦两个相互独立的自治领。同时明确,英国政府将于8月15日把一切权力移交给两个自治领的制宪议会,对于过去英属印度领土上的政府不再负责;英王对于印度土邦的宗主权也将不复存在;双方以往签订的一切条约和协定也随之失效。自此,印度就彻底摆脱了英国几百年的殖民统治。独立后的印度首任总理尼赫鲁说:"今天,我们结束了不幸的时代。印度又重新上路了。"①

三 等距离,不结盟

新独立的印度,为了巩固刚刚获得的成果,创造良好的外部安全环境和条件,以尼赫鲁为首的国大党选择了不结盟、与美苏两个世界超级大国及其所主导的东西方两大国家集团保持等距离关系的国际战略方针。这一方针的主要涵义是:(1)不介入美、苏两国及其所主导的两大国家集团之间的对抗;(2)反对殖民主义、种族主义,维护世界和平;(3)保持印度外交政策的独立性;(4)在有利于维护和巩固印度的独立、主权、安全和其他国家利益的基础上,与世界上所有国家发展关系,开展合作。

---

① 泽明、哲武编:《外国首脑文集》中册,北京:中华工商联合出版社1997年版,第258页。

开国总理尼赫鲁在阐述印度的对外政策时说："大国政治集团的相互对立过去曾把世界引向战争，而且可能再次导致更大规模的灾难。为此，我们打算尽可能躲开大国政治集团。""通过独立的方法解决各种争端和矛盾，而不是通过与任何权力或者权力集团结盟的方式来追求和平。"①

在1955年4月于印度尼西亚召开的万隆会议上，尼赫鲁进一步指出："我们不属于任何集团，而且主张不论世界上发生了什么都不加入任何集团。如果我们会因此而孤立，我们将光荣孤立。"②

印度这时奉行等距离、不结盟的外交政策，首先是由当时的国际战略格局和印度的国情所决定的。1947年冷战开启后，全球形成了以美国和苏联为首的两大国家集团相互对抗的局面。刚从英国殖民统治下获得独立的印度对西方殖民主义深恶痛绝，对美国也充满了疑虑，自然不愿意加入到西方阵营。而如果加入苏联阵营，则又意味着自己与西方阵营为敌，这同样不符合印度自己的国家利益；更何况，印度所选择的国家政治和社会制度与苏联阵营又大相径庭。为了避免卷入以美、苏为首的两大国家集团之间斗争的漩涡，等距离、不结盟就自然成了印度外交政策的首选。

印度这时作出这一选择，也是为了保持印度大国独立外交的需要。印度自独立之日起，其政治抱负就不限于只当一个南亚地区大国，而是立志争当一个世界大国。尼赫鲁早就誓言："在我和许多人的心中都存有一个复兴印度的愿望。""印度以它现在所处的地位，不能在世界上扮演二等角色，要么做一个有声有色的大国，要么就销声匿迹。"③而要"做一个有声有色的大国"，就必须拥有自己独立的外交政策和外交地位。对此，尼赫鲁心知肚明，他说："独立由什么构成？最根本和最重要的是由对外关系构成。这是检验独立的试金石。一旦对外关系失控落入他人的掌控之中，一个国家就不可能是独立的。"④

另外，作出这一选择，印度也还有保持更大外交空间和回旋余地、争取同时获得来自不同阵营和国家经济援助的考虑。印度独立之初，由于长期受

---

① 孙士海、葛维钧编：《印度》，北京：社会科学文献出版社2003年版，第446页。
② 佳谷编译：《政治家的声音：当代政坛名流演讲文萃》，北京：东方出版社2005年版，第125页。
③ 佳谷编译：《政治家的声音：当代政坛名流演讲文萃》，北京：东方出版社2005年版，第125页。
④ 孙士海、葛维钧编：《印度》，北京：社会科学文献出版社2003年版，第446页。

第六章 世俗的宗教王国

英国的殖民掠夺,国民经济基础十分薄弱,需要尽量争取外援,尽快壮大经济和国力。这就要求其外交政策必须与其经济政策相适应。尼赫鲁曾多次表示,印度奉行独立和不结盟的外交政策,"并不排斥在某些事情上与某些国家密切联系,接受其经济和军事援助"。①

后来的事实证明,由于印度奉行等距离、不结盟的外交政策,使其从国际组织和国际社会得到了大量经济援助。在其独立后的50年间,印度从国外得到的经援总额达到1493亿美元。其中,世界银行提供了22.2%,国际开发机构提供了20.8%,日本提供了16.1%,苏联提供了8.7%,亚洲发展银行提供了7.9%,德国提供了5.1%,英国提供了3.9%,美国提供了2.6%,法国、瑞典各提供了1.9%,加拿大提供了1.3%,其他国家提供了6.2%。另外,印度也是获得世界银行贷款最多的国家,从1949年至2000年共获得贷款534亿美元。

在印度,尼赫鲁自开国之初就确立的等距离、不结盟外交政策,并不仅仅是他自己3次出任总理、执政16年期间所奉行的政策,也并不仅仅是印度国大党执政时期才奉行的政策,而是印度历届政府所一直奉行的对外政策。

1964年5月尼赫鲁逝世后,政权经过短暂的过渡转移到了尼赫鲁的女儿英迪拉·甘地手里,英迪拉·甘地在1966年、1971年、1980年三度出任总理期间,一如她父亲尼赫鲁一样,坚定奉行等距离、不结盟的外交政策。她在1966年1月宣誓就任印度总理后首次出国访问,在去美国途中特意在巴黎停留,拜会了戴高乐总统;在从美国回国途中,又先后在伦敦和莫斯科停留,同英国首相威尔逊和苏联部长会议主席柯西金举行了会谈。她说:"我从来没有完全偏向这一边或那一边。"②1981年4月,时任英国首相撒切尔访问印度时,曾试图说服英迪拉·甘地改变些什么,但也未能如愿。撒切尔说:我总共和印度总理甘地夫人见过三次面,但却没能说服甘地夫人对苏联入侵阿富汗提出谴责,也没让他们靠近美国一些。③

1984年11月,英迪拉·甘地在职遇刺身亡后,其长子拉吉夫·甘地在国

---

① 孙士海、葛维钧编:《印度》,北京:社会科学文献出版社2003年版,第446页。
② 〔印〕伊曼纽尔·波奇帕达斯笔录:《甘地夫人自述》,亚南译,北京:时事出版社1981年版,第123页。
③ 〔英〕玛格丽特·撒切尔:《撒切尔夫人回忆录·唐宁街岁月》,本书翻译组译,北京:远方出版社1997年版,第94页。

大党的拥戴下继任总理。拉吉夫·甘地执政后，既同苏联和美国保持灵活平衡的外交关系，又积极改善与中国和巴基斯坦的关系。1988年11月，拉吉夫·甘地访华，受到了中国政府的隆重接待。这是1962年两国发生边界战争后印度领导人首次访问中国，揭开了两国关系史上新的一页。1989年7月，拉吉夫·甘地又访问巴基斯坦。这是时隔30多年后印度总理首次访巴，使印巴关系趋向缓和。拉吉夫·甘地说："贾瓦哈拉尔·尼赫鲁给我们留下的外交政策，英迪拉·甘地把它加以丰富，我将向前发展。""我们同苏联的友谊是经受了考验的。这是建立在相互协作的基础上。苏联及时地给我们支持，我们对此非常重视。""我们同美国有着多种关系，我们重视同它的经济、技术和文化合作。""我们和中国的关系在改善，我们将积极争取我们的问题有一个满意的解决。""我们一贯是东、西两方的朋友，我想同两方都搞好关系。"①

20世纪90年代，随着冷战的结束，印度更是开展积极多元的外交，致力于与所有的国家特别是大国都发展友好关系。1992年，时任总理拉奥访问了德国和法国。1993年上半年，俄罗斯总统叶利钦访问了印度。1993年下半年，拉奥总理访问了中国。1995年，拉奥总理访问了美国。时任印度外交部长辛哈说："我们的外交政策从未像现在这样完美。"②

进入21世纪后，印度仍然奉行等距离、不结盟的外交政策，并且博得了所有大国的好感，让多方都竞相与自己发展或保持伙伴关系，从而获得了丰厚的战略利益。印度虽在1998年5月进行了震惊世界的核试验，曾引起国际社会的强烈谴责，但在核试验后不到两年的时间就摆脱了困境，迎来了2000年这一年堪称印度大国外交最活跃、最富有成果和最引人注目的一年。

2000年3月，美国总统克林顿访问印度，成为23年来首次访问印度的美国总统。随后，美国不但取消了对印度因核试验而实施的所有制裁，而且还罕见地修改国内法，与印度签订了《民用核协议》，使印度未在国际《不扩散核武器条约》上签字的情况下，就得以免受国际社会的核制裁。

2000年5月，印度总统纳拉亚南访问中国，标志着因印度1998年核试验后而恶化的中印两国关系恢复了正常。从此，在保持边境地区和平与安宁的同时，两国领导人互访不断，军事交流增多，经贸关系日益密切，中国成为

---

① 泽明、哲武编：《外国首脑文集》中册，北京：中华工商联合出版社1997年版，第214页。
② 《国际问题研究》，2009年第3期，第32页。

第六章 世俗的宗教王国

印度第二大贸易伙伴，印度则成为中国第九大贸易伙伴。

2000年6月，印度与欧盟举行首次首脑会晤，建立了"新型伙伴关系"，相互之间形成了多种对话机制，印度—欧盟首脑会、印度—欧盟外长会、印度—欧盟联合委员会会议等，都定期举行。

2000年8月，日本首相森喜朗访问印度，两国建立了面向21世纪的"全球伙伴关系"。

2000年10月，俄罗斯总统普京访印，两国进一步确立了"战略伙伴关系"。在保持传统经贸关系的基础上，又把两国的合作推向了包括以军事合作为重点的远远超出一般国家关系的更广泛领域。印度驻俄罗斯大使说："随着印度实力的提高，双方的军事合作已突破'买卖'的模式，跃升到了联合投资项目、共同开发研制新型武器和军队培训等方面。"①

由于奉行这种等距离、不结盟的外交政策，也使印度在参与国际组织和国际活动方面，取得了引人瞩目的成绩。印度虽不是联合国安理会常任理事国，但在联合国成立后的60多年时间里，却曾六次担任安理会非常任理事国，成为世界上担任安理会非常任理事国次数最多的四个国家之一。在国际维和方面，印度一直是联合国维和行动的中坚力量。至2007年，印度已参加40多起联合国在全球各地的维和行动，提供了10万名以上的维和人员，是参加维和行动最多的国家之一。此外，印度还是发展中国家参与国际组织最活跃的成员。其参与全球性政府间国际组织的比率高达67%，在所有参与国中名列第8位；参与国际非政府组织的比率高达77%，在所有参与国中名列第14位。

值得称道的是，2014年5月印度人民党领导人莫迪就任印度总理以来，印度又在"国际舞台建立了强大气场"。一年多来，莫迪出访了20个国家。新加坡《海峡时报》说，"莫迪疾风骤雨般的访问使全世界成了他的舞台"。俄罗斯《独立报》认为，莫迪成功地与世界所有大国领导人建立了个人联系。俄罗斯科学院远东研究所专家说，莫迪最主要的成果是加强了与美国、中国、日本和俄罗斯的关系。美国《今日美国报》和印度《印度时报》盘点了莫迪就职一年多来的国内成绩，称印度一年前的通货膨胀率为9%，经济增速为5%，如

---

① 《国际问题研究》，2009年第3期，第32页。

今通货膨胀率已下降至 5%，年经济增长率可望达到 7.5%。过去一年来，外国在印度的直接投资增长 40%，外汇储备增长 14%，为十年来的最高。而更大的欣喜是，"自莫迪执政以来，印度人民党已成为世界第一大党，党员人数达到了 1 亿"。印度《印度斯坦时报》发表的文章认为，"莫迪效应"既在印度国内掀起了改革声浪，又给国际社会注入了活力，使印度成了"国际社会的宠儿"。①

四 致力于对全世界都有用的原则

在印度，甘地和尼赫鲁这两代政治家、国大党领导人，坚持走非暴力、不合作的民族独立之路和奉行等距离、不结盟的大国外交政策，他们不仅仅是把这些当作一条道路、一项政策或一种途径来看待的，而且是当作救国、强国的真理来看待的；不仅仅是当作印度自己救国、强国的真理来看待的，而且还是当作对别的国家、对全世界所有的国家都有用的真理来看待的。甘地、尼赫鲁强烈地认为，以印度的历史文化、印度的地理位置、印度的民族优越性，他们应该像他们的历史先贤、思想先驱一样，对于人类有大的贡献，致力于创造出一些对于全世界都有用的原则。

对于印度在争取民族独立和解放的斗争中，始终坚持贯彻非暴力、不合作的思想原则，被誉为"印度国父"的甘地说："我的全部经验使人确信，除了真理以外，没有别的上帝。""实现真理的唯一办法就是非暴力。即使在这方面的努力没有收到什么效果，过错也在于工具而不在于原则。"②

甘地强调，当今世界应该抛弃暴力，减少流血，采取一种新的方式来解决国家间、民族间的分歧和冲突。他说："我知道，我们这场争取自由的斗争引起世界关注的原因，不是在于我们印度人民正在为争取自由而战斗，而是在于我们的斗争方式是独特的。""迄今有很多国家都在进行着残酷的流血斗争，他们惩罚着自己所认为的敌人。在许多大国国歌的歌词里，都有祈求降

---

① 《环球时报》，2015 年 5 月 26 日，第 7 版。
② 泽明、哲武编：《外国首脑文集》中册，北京：中华工商联合出版社 1997 年版，第 278 页。

祸于所谓的敌人的词句。他们发誓要以上帝的名义毫不犹豫地惩罚敌人,请求神明的支持把敌人消灭尽。在印度,我们努力扭转这种思想。我们认为支配残酷的动物界的规律不应用来指导人类。这种规律不符合人类的尊严。""世界人民为之正在寻求一种和平的方式来挽救这个世界,我深信这种方式将会在古老的印度大地上诞生,为这个饥饿的世界寻到生路。"①

1931年9月,应英国BBC广播电台的邀请,甘地在英国伦敦发表的演说中又重点对非暴力、不合作的法理性和普遍性作了阐述。他说:"有人告诉我,不合作违反宪法。我敢肯定,这是不违反宪法的。相反,我确信,不合作是正义的,是一条宗教原则,是每一个人的天赋权利,它完全符合宪法。"②

为什么?甘地接着说:"因为我相信,几百年的历史教训已经告诉人们,人类的公正不是建立在暴力的基础上,真正的公正是建立在自我牺牲、道义和无私奉献的基础上。""我相信,一个最坚强的战士才敢于手无寸铁、赤裸着胸膛面对敌人而死。这就是不合作的非暴力的关键所在。因而,我敢向睿智的同胞们说,只要坚持非暴力的不合作主义,这种不合作主义就没有什么违反宪法之处。"③

甘地一生笃定精神感化,矢志不渝地坚持非暴力、不合作的思想原则。为此,他曾16次绝食,8次被捕,蹲监狱6年以上。他认为,人要成其大志,必须节欲苦行,自我净化。他说:"如果不进行自我纯洁的工作,要和每一件生物合为一体是不可能的。没有自我纯洁,要遵行非暴力的法则也必然是一种梦想。"④1919年3月,印度首都德里举行总罢工和游行示威活动,遭到野蛮镇压,死伤近30人,甘地惊呆了。于是,他立即赶到现场,帮助警局维持秩序。事后,因这次运动中出现了暴力,他还以绝食三天来自责。他认为,组织人民进行非暴力抵抗运动,领导人应当把运动保持在他所希望的非暴力界限以内。他感到自己没有能做到这一点,是犯了"一个喜马拉雅山般的错误",必须要以绝食来自责。

---

① 泽明、哲武编:《外国首脑文集》中册,北京:中华工商联合出版社1997年版,第280页。
② 王杭等选编:《历史上最伟大的演说辞》,天津:天津社会科学院出版社2006年版,第215页。
③ 王杭等选编:《历史上最伟大的演说辞》,天津:天津社会科学院出版社2006年版,第216页。
④ 泽明、哲武编:《外国首脑文集》中册,北京:中华工商联合出版社1997年版,第279页。

1948年1月，毕生信奉非暴力的甘地却遭到了暴力袭击。当他参加一场晚祷会时，受到一名印度教极端分子的枪击而身亡，终年79岁。后来，曾三度出任印度总理的英迪拉·甘地在第一次宣誓就任总理后，就立即前往甘地纪念碑瞻仰，发表祷文。她说："圣雄甘地是永生的。他体现着人类最高的道德水平。他生活在现代，但是他吸收了人类过去最美好的一切，而且着眼于未来。他的崇高思想是永不泯灭的。"①

作为甘地的忠实追随者、自1921年起就与甘地结成紧密关系的印度首任总理尼赫鲁，在印度独立前同甘地一道坚持非暴力、不合作这一独特思想原则，在印度独立后又坚定奉行等距离、不结盟这一独特外交政策，他同样是将此作为一种信仰、一种战略而不是作为一时的权宜之计来看待的。

在印度独立之初，尼赫鲁就强调："我认为，加入任何盟约都使一国更加不安全，而不是更安全。盟约使原子弹这类危险离这些国家更近而不是更远。它并不能增加一个国家自有的实力。它可能会给人以某种安全感，但这是一种虚幻的安全感。一个国家产生虚幻的安全感并非益事。"②

在1955年4月召开的万隆会议上，尼赫鲁发表讲话时又说："两个集团之间的地区可以被称为'不结盟地区'。任何缩小这一地区的步骤都是危险的，都会将世界引向战争。它会使那些不具军事实力的国家难以维持自己的目标、保持自己的平衡、维护自己的观念。尊敬的成员们一再强调道义的力量，而我们现在面对的是军事力量。但我认为道义的力量是有用的，亚非国家的道义力量必须发挥作用，尽管苏联、美国或者其他国家拥有原子弹和氢弹。""如果我们加入了任何一个集团，也就失去了自我。"③

甘地、尼赫鲁的这些思想精髓，与印度的另一位思想家、文学家、社会活动家泰戈尔的思想是完全相通的，他们都属立志追求真理的人，立志致力于寻找对全世界都有用原则的人。1925年，泰戈尔在美国发表的一次演讲中直抒胸臆：

---

① 〔印〕伊曼纽尔·波奇帕达斯笔录：《甘地夫人自述》，亚南译，北京：时事出版社1981年版，第65页。
② 佳谷编译：《政治家的声音：当代政坛名流演讲文萃》，北京：东方出版社2005年版，第127页。
③ 佳谷编译：《政治家的声音：当代政坛名流演讲文萃》，北京：东方出版社2005年版，第126页。

第六章 世俗的宗教王国

我毫不怀疑地说，拥有爱的道义力量和精神团结眼光的人，对异族人的敌对感情最少并且能够设身处地对别人有同情心的人，将是在我们面临的这个时代最适合占有永久地位的人。而那些不断发展他们的斗争本能和不容异己的人，将被消灭。

人类必须运用他的爱的全部力量和明澈的眼力作出另一次伟大的道义上的调整，这种调整将包括整个人类世界，而不只是分散的民族。

如果印度能够向世界提供它的解决办法，那将是对人类的贡献。只有一种历史，那就是人类的历史。一切民族的历史不过是这种巨大历史的一些篇章。我们印度情愿为实现这个伟大的事业含辛茹苦。①

完成独立伟业后，印度不仅自己奉行等距离、不结盟的外交政策，而且自20世纪50年代起，还一直坚持不懈地在国际社会积极发起不结盟运动。

在1955年4月亚非万隆会议期间，尼赫鲁就积极倡导，新兴国家应当摆脱大国的控制，避免卷入美苏争斗，采取独立自主、和平中立和不结盟的对外政策，以维护国家的独立主权和世界的和平发展。这一倡议在当时就得到了许多亚非国家的响应。

由于有了万隆会议时打下的基础，尼赫鲁于1956年7月访问南斯拉夫时，便同南斯拉夫总统铁托和相约访问南斯拉夫的埃及总统纳赛尔，共同提出了创立"不结盟国家"组织的主张。随后，印度尼西亚总统苏加诺、柬埔寨国家元首诺罗敦·西哈努克、加纳总统恩克鲁玛等也积极倡导不结盟运动。于是，在1961年6月，由埃及、印度、南斯拉夫、印度尼西亚、阿富汗五国发起，在埃及首都开罗举行了第一次不结盟国家首脑会议筹备会议。会议明确规定了"不结盟国家"的五项标准：(1)奉行以和平共处和不结盟为基础的独立外交政策；(2)不参加大国军事同盟；(3)不与大国缔结双边军事协定；(4)不向外国提供军事基地；(5)支持民族解放运动。

1961年9月，第一次不结盟国家首脑会议正式在南斯拉夫首都贝尔格莱德召开，有25个国家出席。这次会议通过了《不结盟国家首脑会议宣言》和《关于战争的危险和呼吁和平的声明》。与会各国表示，不结盟国家的存在和

---

① 王杭等选编：《历史上最伟大的演说辞》，天津：天津社会科学院出版社2006年版，第236、237页。

活动，是维护世界和平的重要因素之一；强调反对任何形式的殖民主义、帝国主义和新殖民主义，全力支持各国人民争取和维护民族独立的正义斗争；呼吁消除发达国家和发展中国家之间不断扩大的差距，加强在经济和商业方面的有效合作。这次会议正式宣告了国际不结盟运动的诞生。

　　国际不结盟运动的形成，是第三世界国家作为一支独立的政治力量登上国际政治舞台的重要标志，它从根本上改变了以美、苏两个超级大国为中心的国际关系格局。国际不结盟运动自诞生之日起就不断发展壮大。1961年召开第1次首脑会议时只有25个成员国，到1998年召开第12次首脑会议时，其成员国已经达到118个，遍及世界各大洲。半个世纪以来，国际不结盟运动一直奉行独立自主、和平中立的政策，始终坚持反殖、反帝、反霸，在为抵抗集团政治、缓和国际紧张局势、促进人类和平与发展，以及提高发展中国家的地位和作用方面，都做出了巨大贡献。

第七章
Chapter Seven

苏醒的东方睡狮——她令世界感动，而不是颤抖

> 我们时代的奇迹之一是，经历了20世纪最惨重灾难的中国，却注定要在21世纪成为世界领导力量之一。拿破仑在160年前说过："那边躺着一个沉睡的巨人。让他睡吧！因为当他醒来时，他将震撼世界。"这个巨人现在醒了。他的时代到来了，他在准备震撼世界。
>
> ——〔美〕理查德·尼克松

第七章 苏醒的东方睡狮

2015年3月31日,由中国倡导建立的亚洲基础设施投资银行创始成员国达到了57个,涵盖亚洲、欧洲、大洋洲、拉丁美洲和非洲。6月29日,50个创始成员国的代表齐聚北京正式签署了《亚洲基础设施投资银行协定》这一亚投行的"基本法";另外7个尚未完成国内审批程序的创始成员国的代表参加了协定签署仪式。在这57个国家中,包括除了美国、日本之外的全部西方七国集团成员和世界前十大经济体成员。并且,其中大多数国家都是冲破美国的阻挠,集中在3月31日亚投行创始成员国报名截止日之前纷纷加入的。对于这一结果,国际社会没有想到,也大大超出了中国的预期。

澳大利亚国立大学国际政治与战略研究院发表文章说:"这是中国第一次创造一个全球机构,而非加入一个全球机构。"[1]

德国《全球新闻网》报道称,亚投行是具有里程碑意义的项目,它将全面促进亚欧经济合作,同时也象征中国日益获得全球重要地位。[2]

英国伦敦经济与商业政策署署长发表文章说:"亚投行之所以获得了全球支持,就在于它为所有参与者带去了益处,而不仅仅有利于其中某个国家。这样一来,各国之间的关系就不再是'零和'。"[3]

美国《美国之音》的报道称:亚投行的成立,是中国令人刮目相看的战略。[4]

泰国《民族报》以"亚投行:新秩序的黎明"为题发表文章说:"最终,包括16个经济体量排名全球前20的国家在内,超过世界四分之一的主权国家成为亚投行意向创始成员国。""在亚洲,一个时代结束,另一个时代开始了。"[5]

新加坡东南亚研究所发文称,亚投行的成立"对中国来说,是一个巨大的

---

[1] 《环球时报》,2015年3月21日,第7版。
[2] 《环球时报》,2015年6月29日,第3版。
[3] 《环球时报》,2015年5月29日,第15版。
[4] 《环球时报》,2015年6月29日,第16版。
[5] 《环球时报》,2015年5月6日,第6版。

外交和战略胜利"。①

香港《南华早报》发表评论员文章说:"事态的发展无疑彰显中国的重大胜利,使美国和日本成为世界大国当中反对亚投行的孤家寡人。"②

导致一大批西方国家不顾其盟主美国的劝阻而纷纷加入亚投行的第一块多米诺骨牌,是由英国在3月12日推倒的。只是由于英国的率先加入,才带动了法国、德国、意大利、澳大利亚等传统西方国家一个接一个地先后加入;只是由于英国的率先加入,才改变了包括美国在内的传统西方国家对于中国牵头组建亚投行的态度;也只是由于英国的率先加入,也才更进一步地坚定了中国要对世界有所贡献的政治自信、战略自信、中国自信。

据美国《世界邮报》网站3月17日发表的文章披露,在其忠实盟友英国动议加入亚投行之前,美国曾极力阻止英国加入,认为这会使美国在一定程度上失去影响力,失去塑造国际规范和惯例的能力。而当英国于3月12日正式决定加入后,美国政府一名高官在接受英国《金融时报》采访时,又曾措辞激烈地批评英国:"这不是与一个崛起中的大国打交道的最佳方式。""我们对于这种不断迁就中国的倾向十分警觉。"③

那么,英国又为什么不顾美国的劝阻而执意加入亚投行呢?英国剑桥大学政治经济学家马丁·雅克对其缘由和抉择作了如下分析和评述:

3月31日是亚投行创始成员国最终申请截止日,美国财长雅各布·卢作为奥巴马的特别代表此刻正在中国访问。雅各布·卢30日在北京表示,美国希望与亚投行合作。比起美国起初坚决反对的态度,这已有很大调整。应该说,美国盟友的"反水"起始于英国决定成为亚投行的创始成员,这是一个重大历史事件。

自1945年以来,英国一直是美国最亲密的盟友。美国一直可以依赖站在自己身边的英国,而英国则永远处于时刻待命的状态。但近些年,两国之间的裂缝初现端倪。美国一直主张欧洲盟国在国防上的花费不低于GDP的2%,而英国却拒绝遵守。更令人注目的是,在俄乌冲突上,

---

① 《参考消息》,2015年6月29日,第16版。
② 《参考消息》,2015年3月23日,第16版。
③ 《参考消息》,2015年3月19日,第16版。

第七章 苏醒的东方睡狮

英国几乎完全置身事外,任由德、法两国牵头。然而,所有这些事件,不论是单独分析还是一并观察,都无法和英国无视美国压力加入亚投行的决定相提并论,这一地震般的决定让所有人惊呆了。

中国是"游戏改变者"。可以说任何一个欧洲国家无不因为中国的崛起而受到影响,对中国的态度也发生改变。这是一个不断前行的过程:最初是怀疑和质疑,随后是越来越大的兴趣和好奇心,最后到达认同、参与和热情。英国终于领悟到:英国如若试图与中国建立积极的关系,就必须向中国展示应有的尊重和真诚的态度。

英国开始认识到,中国是一个巨大的机会——它不仅是投资的潜在来源,人民币对伦敦金融城的未来更是至关重要。为了弥补之前在时间上的巨大损失,英国抛开了所有旧的保留、狡辩、投诉和疑虑。但即便这样,也不能完全解释其加入亚投行的意愿。如果英国想向中国和世界展示他们重视与中国关系的程度,那么这一做法是值得称赞的。以第一个主要西方国家的身份加入,收获了中国的所有好感;而且在美国极力反对的情况下,英国的义无反顾更表现出其决心。[1]

对于英国的这一异乎寻常的抉择,英国《金融时报》报道称:"法国、德国和意大利均已同意效仿英国,加入中国主导的亚投行。这重创了美国试图阻止主要西方国家加入该银行的努力。"[2]

美国《世界邮报》网站发表文章称:"有些事件具有划时代的意义。英国决定加入亚投行就是这样的一个事件。或许它预示着美国世纪的结束和亚洲世纪的到来。"[3]

然而,正是因为由英国率先加入,又既给中国带来了意外的惊喜,也给中国带来了太多的记忆——而且是极其沉重的历史记忆。就是英国,在170多年前凭着坚船利炮率先叩开古老中国的大门,让有绵延数千年灿烂辉煌历史的中国从此步入百年屈辱,变成了一个半殖民地半封建国家。就是英国,在20世纪的元年6月率领八国联军在天津塘沽登陆,悍然发动了一场举世惊

---

[1] 《环球时报》,2015年3月31日,第14版。
[2] 《环球时报》,2015年3月18日,第1版。
[3] 《参考消息》,2015年3月19日,第16版。

骇的侵华战争。就是英国，于1914年7月非法炮制"麦克马洪线"，在喜马拉雅山脉两侧制造了世界上两个人口最大国家的不和，以致两国今天仍存芥蒂。还是英国，迟至1997年7月才将强占百年之久的东方明珠香港归还中国，在落下米字旗前还设置重重障碍，制造了不少麻烦。

约200年前，欧洲巨人拿破仑在论及中国时说："那边躺着一个沉睡的巨人。让他睡吧！因为当他醒来时，他将震撼世界。"①

约30年前，美国第37任总统尼克松说："我们时代的奇迹之一是，经历了20世纪最惨重灾难的中国，却注定要在21世纪成为世界领导力量之一。……它的时代到来了，它在准备震撼世界。"②

2014年3月，中国国家主席习近平在巴黎出席中法建交50周年纪念大会上说："中国这头狮子已经醒了，但这是一只和平的、可亲的、文明的狮子。"③

可以说，向来与美国有着特殊关系的远在万里之遥的英国，率先宣布加入亚投行，是被中国的成功、中国成功所带来的机遇，以及中国的诚意、中国的和平与友善所感动而率先加入的。其他国家的纷纷加入，也同样是被中国的成功、中国的诚意所感动，是为分享中国机遇、与中国合作共赢而来。

自1949年10月中华人民共和国成立以来，尽管中国遭到了重重封锁，也经过了一个又一个的艰难曲折，但中国所走的道路是和平的、正义的、符合世界的潮流和大势的，因而它是正确的、成功的，也是无敌的、感人的。中国过去没有辜负世界，中国现在不会辜负世界，中国将来也永远都不会辜负世界。

一　独立自主，对大国不惧，对小国不侮

新中国成立伊始，按照开国领袖毛泽东的说法，就"另起炉灶"，同旧中国的屈辱外交彻底决裂，以其不畏强权的浩然正气，鲜明独特的国际战略，平等待人的大国风范，一次又一次地改变着人们对中国的认识，一次又一次

---

① 泽民、哲武编：《外国首脑文集》下册，北京：中华工商联合出版社1997年版，第172页。
② 泽民、哲武编：《外国首脑文集》下册，北京：中华工商联合出版社1997年版，第172页。
③ 新华网，2014年3月28日首页。

地使世界调整对中国的政策，也一步又一步地使中国逐渐步入世界舞台的中央。

独立自主是中国的立国之本和中国国际战略的坚定立场

还是在新中国筹建过程中，毛泽东、周恩来等老一辈革命家就为襁褓中的人民共和国拟定了独立自主的建国方略。新中国成立以后，尽管外部的压力——政治的、经济的、军事的、文化的纷至沓来，中国自己的国家战略也几经调整，但独立自主的立场始终没有动摇过。

1949年6月，毛泽东在中国人民新政治协商会议筹备会上即庄严宣布："中国必须独立，中国必须解放，中国的事情必须由中国人民自己作主张，自己来处理，不容许任何帝国主义国家再有一丝一毫的干涉。"①周恩来在向来北平参加新政治协商会议的爱国民主人士的报告会上，也明确指出："我们对外交问题有一个基本的立场，即中华民族独立的立场，独立自主、自力更生的立场。"②

1963年11月，毛泽东在会见肩负中法建交谈判使命的法国前总理富尔时说：在我们之间有一个根本的共同点，就是"不许有哪一个大国在我们头上拉屎拉尿，不管资本主义大国也好，社会主义大国也好。"③

1982年9月，邓小平在向中国共产党第十二次全国代表大会致开幕词时再次宣告："中国的事情要按照中国的情况来办，要依靠中国人民自己的力量来办。独立自主、自力更生，无论过去、现在和将来，都是我们的立足点。中国人民珍惜同其他国家和人民的友谊和合作，更加珍惜自己经过长期奋斗而得来的独立自主权利。任何外国不要指望中国做它们的附庸，不要指望中国会吞下损害我国利益的苦果。"④

中国奉行独立自主的国际战略是符合中国的实际和中国人民的长远利益乃至世界的和平与稳定的。这一战略的实质就是中国独立自主地选择本国的

---

① 《毛泽东选集》第4卷，北京：人民出版社1991年版，第1465页。
② 《周恩来选集》上卷，北京：人民出版社1980年版，第321页。
③ 刘万镇、李庆贵主编：《毛泽东国际交往录》，北京：中共党史出版社2003年版，第325页。
④ 《邓小平文选》第3卷，北京：人民出版社1993年版，第3页。

发展道路，决定本国的方针政策，不依附于任何大国和大国集团，不屈从于任何外来压力，完全根据国际形势的发展变化和事情的是非曲直来决定自己的立场和态度。之所以奉行这样的战略，也是由中国自身多方面的原因所决定的。

首先，它是一百多年来中国历史发展经验的总结。自1840年第一次鸦片战争以来，由于社会经济落后和封建制度的腐败，中国备受世界列强的奴役和欺凌，处于任人侵略和宰割的地位。国家的独立、民族的解放，曾是无数仁人志士的渴望，也是中国共产党孜孜以求并为之浴血奋斗的目标。在终于驱逐了列强、获得了民族的自主自尊之后，中国再不会回到往日的屈辱地位。这样，新中国的缔造者们就自然把捍卫国家的独立自主作为内外政策的一个根本指导思想，而绝不会容忍和屈服于来自任何方面的有损国家独立自主的做法与压力。

其次，它是中国人民革命经验的总结。中国人民革命的胜利，从根本上说，就是中国以农村包围城市的独立自主的革命道路的胜利。这条道路之所以最终取得了胜利，不仅仅在于它是符合中国国情的，更重要的还在于它是建立在相信人民群众、依靠人民群众力量的这一基础之上的。正是通过这条独立自主的革命道路，中国共产党人唤起了中华民族的巨大爱国热忱，调动了由这种爱国热忱所凝成的强大革命力量，领导人民用小米加步枪战胜了帝国主义和国民党的飞机加大炮，并进而建立起了人民自己的共和国。这一革命胜利的经验启发新中国的领导者们，一个国家在国际交往中也只有真正独立自主，代表本国人民的利益，维护本民族的尊严，才可能继续赢得人民的拥护和信任，永远立于不败之地。

再次，它也是由新中国成立前后的国际环境所决定的。新中国成立前两年，世界即已形成社会主义和资本主义两大阵营对抗的冷战格局，以美国为首的西方资本主义国家对新中国的诞生和诞生后的新中国，一概采取敌视态度，不仅不承认新中国在国际上的合法地位，并且实行政治孤立、经济封锁和军事围攻的方针。而社会主义的苏联，在第二次世界大战结束后的两三年里，是以支持国民党蒋介石政权为主的。它既不相信中国共产党能够取得中国革命的胜利，同时又在许多方面压制中国共产党，甚至曾两次要求中国共产党放弃武装斗争，争取缴械入阁。特别是，苏联对于中国也还有着重大的

第七章 苏醒的东方睡狮

利益需求。1944年10月、11月,苏联曾先后在中国新疆制造边疆问题,吞并中国近22万平方公里土地。1945年10月,又在苏联的策划和支持下,造成了外蒙古独立。在这种情况下,中国就必须奉行独立自主的对外战略,从中国的国家利益出发来自行决定自己的方针政策,建设自己的国家。

而从后来的实际情况来看,也正是因为中国坚定不移地奉行独立自主的国际战略,才迅速清除了帝国主义的在华特权,划清了同旧中国半殖民地屈辱外交的界限,建立起了新中国新型的对外关系;才在平等的基础上联合了苏联和其他社会主义国家,打破了帝国主义的包围和封锁,巩固了新生的人民共和国;才在苏联大国大党主义膨胀、企图干涉甚至危及中国主权时,放弃了业已建立的"一边倒"对苏结盟,有效维护了中国的独立主权和国家尊严,并且进而同时摆脱了世界上两个最大国家的影响,成为世界上一个真正独立的大国。

反对霸权主义和强权政治是中国国际战略的鲜明特色

20世纪60年代,是以美、苏为首的东西方两大阵营激烈对抗的时代,也是中、苏两大社会主义国家走向分裂的时代。在美、苏两个世界超级大国都敌视中国的情况下,中国毅然旗帜鲜明地反对霸权主义和强权政治,坚决顶住了中苏关系破裂给中国带来的巨大压力和直接军事威胁,也与美国继续保持了一定距离。

中、苏两国之间的裂痕始于1956年。这年2月,苏共中央第一书记赫鲁晓夫在苏共二十大结束时召开的一次秘密会议上作了《关于个人崇拜及其后果》的报告。在这个报告中,赫鲁晓夫突然把他以前口口声声称为"慈父"的斯大林指责为"暴君"、"刽子手"和破坏社会主义法制的罪人。这年10月、11月,又相继发生波兰事件和匈牙利事件,苏联的军队从三面包围了华沙和把坦克开进了布达佩斯。波、匈事件的爆发,在很大程度上是由苏联的大国、大党主义和赫鲁晓夫本人的鲁莽作风酿成的。对这些接连发生的事件,中国共产党和东欧一部分社会主义国家的政党提出了许多不同意见,特别是对赫鲁晓夫全盘否定斯大林和片面强调"和平过渡"持有不同观点。但苏联却坚持把苏共二十大的纲领和有关国际共运的路线、政策当作金科玉律,强迫各社会主义国家的兄弟党接受，这就自然遭到了中国共产党和其他许多社会主义国家政党的坚决抵制。如此一来，中、苏两国之间的分歧和裂痕也就由此开始了。

中华民族是一个深明大义、对滴水之恩以涌泉相报的民族。在苏联与中国交恶后，毛泽东等中国领导人都始终惦记着苏联对自己在新中国成立前后的帮助而采取了极为克制的态度。中国人民永远不会忘记，1945年8月，苏联150多万军队进军中国东北，粉碎了日本关东军主力，大大加速了中国人民抗日战争的胜利。1947年5月，苏联与中国共产党签署《哈尔滨协定》，从此开始了在外交和军事上同中国共产党进行合作。1949年10月，中华人民共和国成立后的第二天，苏联即在世界上第一个与新中国建立了外交关系。1950年2月，中、苏两国签订《友好同盟互助条约》，确立了双方在政治、经济、军事、文化等方面展开全面合作。自1953年5月中、苏两国签订关于苏联援助中国发展国民经济的协定和议定书起，在中国实施第一个五年计划期间，苏联共援建中国156个项目，为中国奠定新型工业基础起到了弥足珍贵的作用。

既是出于维护和巩固世界社会主义阵营的大团结，也是出于对苏联党和国家的尊重，中国领导人在发生了波兰事件和匈牙利事件之后也仍然做工作并提议社会主义国家要"以苏联为首"，也曾出面调停苏、波关系与苏、匈关系。

1957年11月，毛泽东率中国党政代表团抵苏参加完庆祝十月革命胜利40周年的庆祝活动之后，在莫斯科召开的12个社会主义国家的会议上，毛泽东即正式提出了世界社会主义国家应"以苏联为首"的问题。

毛泽东说：就我们社会主义阵营的内部事务来看，互相调节，合作互助，召集会议，需要一个"首"。就我们阵营的外部情况说，更需要一个"首"。我们面前有相当强大的帝国主义阵营，它们是有一个"首"的。如果我们是散的，我们就没有力量。即使党的一个小组，如果不举出一个小组长，那么这个小组也就开不成会。我们面前摆着强大的敌人。世界范围的谁胜谁负的问题还没有解决。还有严重的斗争，还有战争的危险。要防备疯子。当然，世界上常人多，疯子少，但是有疯子。偶然出那么一个疯子，他用原子弹打来了你怎么办？所以，我们必须要有这么一个国家，要有这么一个党，可以随时召集会议。既然需要一个"首",那么谁为"首"呢?苏联不为"首"哪一个为"首"?按照字母?阿尔巴尼亚?越南?其他国家?我们中国是为不了"首"的,没有这个资格。我们经验少。我们有革命的经验,没有建设的经验。我们在人口上是个大国,在经济上是个小国。我们半个卫星都没有抛上去。这样为"首"就很困难。召集会议人家不听。苏联共产党是一个有40年经验的党,它的经验最完全。它的经验分两部分:最大的基本的部分是正确的,一部分是错误的。这两部分都算经验,都有益于全人类。有人说,只有好的经验就好,坏的经验就无用。我觉得这样看不妥。缺点作为教训对各国也很有帮助。有些同志因为苏联在斯大林时期犯了一些错误,对苏联同志的印象就不大好。我看这恐怕不妥。这些错误现在没有害处了。从前是有害处的,但现在它的性质转变了,转变得有益于我们了。它使我们引以为戒。各国共产党过去相互间有些不愉快的事,不仅别的国家有,中国也有,但是我建议我们要看大局。苏联是个什么国家?它是社会主义国家,是个消灭了阶级的国家。它由一个比较落后的国家变成了一个世界上先进的国家。没有苏联,我们都有可能被人家吞掉。当然,要说没有苏联,社会主义各国就统统被帝国主义吞下去,而且统统消化掉,各个民族都灭亡了,那也不见得。但是无论如何,不能不看到,现在我们面前的敌人是全副武装的。而我们只有一个苏联有全副武装。并且我们很庆幸苏联跑到前头了。社会主义国家要想从根本上保障安全,必须要有实力,而这首先得依靠苏联,这就是大局。其他的我们的一些小别扭是小局,而小道理要服从大道理。①

在当时,由于发生了南斯拉夫问题和波兰、匈牙利事件,在社会主义阵营内部"以苏联为首"这个问题上,一些国家的党是有不同看法的,因此,毛泽东不仅在会上透彻地说明了"以苏联为首"的重要性,而且在会下也做了很多工作,才使各社会主义国家在这个问题上最终达成了共识。特别是,毛泽东讲的这些话入情入理,感染力很强,对于促进国际共产主义运动内部的团结产生了很好的影响。

与此同时,毛泽东对苏共领导人赫鲁晓夫在处理社会主义国家间关系中的一些错误做法也坦率地提出了批评。毛泽东对赫鲁晓夫说:你这个人脾气

---

① 邓力群主编:《外交战略家毛泽东》,北京:中央民族大学出版社2003年版,第324—325页。

大，说话伤人，这很不好，不能这样。各个国家的党都有他们自己的实际情况，有什么不同意见，能讲出来不是坏事，要慢慢讨论，着急不行。对于毛泽东的这些忠告，尽管赫鲁晓夫并不一定完全接受，但他也承认说：我是有这个毛病，不过你要知道，有些事我很生气。①

在毛泽东访苏之前10个月——1957年1月，应赫鲁晓夫的要求，周恩来也曾专赴苏联并同时访问波兰、匈牙利，调停苏、波关系和苏、匈关系。

1956年10月、11月间，由于鲁莽决定苏军从三面包围波兰首都华沙和把苏军坦克开进匈牙利首都布达佩斯，赫鲁晓夫的声誉和地位无论是在东欧社会主义国家还是在苏联共产党内部，都已面临危机。在此关头，赫鲁晓夫想到了在社会主义国家中颇有影响力的中国共产党，想到了在日内瓦会议上为各国使团所钦佩乃至令世界所注目的中国领导人周恩来。为了摆脱危机，赫鲁晓夫期望中国共产党能为他做些工作，于是便向中国发出邀请：请周恩来访问苏联。

这时，波兰、匈牙利、南斯拉夫、阿尔巴尼亚等国家也把目光投向周恩来，纷纷要求周恩来访问波兰和匈牙利。中共中央从维护苏共党内团结以及整个社会主义阵营的团结这个大局出发，遂决定周恩来访问苏联、波兰、匈牙利三国。临行前，毛泽东同周恩来商定：对苏联战略上是联合，但战术上不能没有批评。

1957年1月7日，一架图-104飞机平稳地降落在莫斯科机场。在此等候的赫鲁晓夫等苏联党政领导迎上前去，同从飞机上下来的周恩来、贺龙、王稼祥等热烈拥抱。对周恩来的这次来访，赫鲁晓夫显得异常亲热。然而，周恩来并没有因为赫鲁晓夫的刻意讨好而放弃原则。赫鲁晓夫就任苏联最高领导人三年多来，周恩来已清楚了解他是怎样的一个人。

在会谈中，周恩来首先批评了赫鲁晓夫在处理斯大林问题上的错误，阐明了中国共产党对斯大林的态度。赫鲁晓夫耐着性子听着。在座的苏共中央其他领导人莫洛托夫、布尔加宁、卡冈诺维奇等对周恩来的讲话很是感动。他们也对赫鲁晓夫过分强调斯大林的错误、把斯大林的功绩全盘抹杀的做法颇为反感。

---

① 邓力群主编：《外交战略家毛泽东》，北京：中央民族大学出版社2003年版，第325页。

在谈到处理社会主义国家兄弟党兄弟国家的关系时，周恩来指出：加强社会主义国家兄弟党之间的团结，维护苏联在社会主义阵营中的地位，是我们中国共产党义不容辞的义务。但在这个问题上，苏联也不能有大国主义。各国、各党内部的事，应由各国、各党自己处理。有意见可以商量，但不能动用武力，搞外部压力，干涉别人的内政。赫鲁晓夫同志在波兰问题上处理得不够好。我们认为波兰问题是人民内部矛盾，波兰完全有能力自己解决。我们不赞成派苏联军队进驻波兰。匈牙利事件的发生，苏联也有责任。①

周恩来的这些批评意见是真诚而又善意的。中国共产党真诚地希望赫鲁晓夫能克服他身上的某些缺点，以提高和巩固他在苏共党内及整个社会主义阵营内的地位。这也是当时国际战略格局中对敌斗争的需要。

但是，赫鲁晓夫听不进去了，他"炸"了似地跳起来，粗鲁地指责一些东欧社会主义国家的领导人，说他们要了苏联的金子，还要骂苏联，同西方勾勾搭搭，他们是"狗屎"、"坏蛋"，"像驴一样"。

周恩来当即严肃地说：赫鲁晓夫同志，对兄弟国家党的领导人不能这样。有什么话应该当面讲，不能在背后随便怀疑别人、指责别人，这不利于兄弟国家之间的团结。

听到此，赫鲁晓夫怒不可遏，他对周恩来说："你不能这样跟我说话。无论如何，我出身于工人阶级，而你却是资产阶级出身。"②

赫鲁晓夫说出这样的话，是周恩来所没有想到的。马上，周恩来的脸色也严肃起来，回敬赫鲁晓夫道："是的，赫鲁晓夫同志，你出身工人阶级，我出身资产阶级。但是，你我也有共同的地方，我们都背叛了自己的阶级。"③

周恩来的这番话也同样是赫鲁晓夫所没有想到的。他自知理亏，只好嘟噜着转移了话题。

见赫鲁晓夫已经十分尴尬，周恩来便又缓和气氛，再次说明此行来的目的不是争吵，而是希望赫鲁晓夫同志拿起批评与自我批评的武器，改正自己的一些缺点错误，以维护社会主义国家兄弟党之间的团结，维护苏联在社会主义阵营的地位。

---

① 杨明伟、陈扬勇：《周恩来外交风云》，北京：解放军出版社1998年版，第31页。
② 杨明伟、陈扬勇：《周恩来外交风云》，北京：解放军出版社1998年版，第32页。
③ 杨明伟、陈扬勇：《周恩来外交风云》，北京：解放军出版社1998年版，第32页。

1960年12月，81个国家的共产党、工人党聚首苏联通过《莫斯科宣言》之后，中国原本也希望中苏关系能够在《莫斯科宣言》的基础上求同存异，继续得到发展。但是，以赫鲁晓夫为首的苏共领导集团却自认为苏联与西方的力量对比已经达到均势状态，不仅在社会主义阵营内部又开始起劲地推行大党主义、大国主义政策，而且在全球开始与美国争夺势力范围。对于中国，苏联则一步步发难，甚至企图在军事上控制中国，在政治上干涉中国共产党最高领导层，这就不能不使中苏关系受到严重的影响。正如邓小平1989年5月在会见来访的苏联领导人戈尔巴乔夫时所说的："从1957年第一次莫斯科会谈到60年代前半期，中苏两党展开了激烈的争论。"[1]"应该说，从60年代中期起，我们的关系恶化了，基本上隔断了。这不是指意识形态争论的那些问题，这方面现在我们也不认为自己当时说的都是对的。真正的实质问题是不平等，中国人感到受屈辱。"[2]

在这里，邓小平所指的"不平等"、"受屈辱"主要有以下一些事实。

1958年4月，苏联国防部长马利诺夫斯基致函中国国防部长彭德怀，提议中、苏两国在中国南方共建一座长波电台，所需费用大部分由苏联负担，小部分由中国负担。对于这个涉及主权的问题，中国采取了慎重的态度。同年6月，彭德怀复信马利诺夫斯基，表示同意建设长波电台，但坚持一切费用应由中国全部承担。中国的这一立场既照顾了苏方的要求，又坚持了中方对电台拥有全部所有权的原则，应该说是一个好的解决方案。但苏联却无视中国的主张，仍然坚持在中国领土上由两国共建、共管长波电台。在这种情况下，毛泽东才通过苏联驻华大使尤金提醒苏联领导人：在军事上搞"合作社"是不适当的。

1958年8月，中国人民解放军奉命炮轰金门、马祖。尽管中国事先已通过苏联顾问将这一举动通知了苏联国防部，但苏联对此仍然顾虑重重，认为中国的行动影响了苏联的全球战略，便派外长葛罗米柯秘密来华交涉。毛泽东和周恩来向葛罗米柯指出：中国炮轰金门、马祖只是要惩罚国民党部队，阻止美国搞"两个中国"；如果打出了乱子，中国自己承担后果，不拖苏联下水。尽管中国作了这样的解释和承诺，但赫鲁晓夫仍不满意。

---

[1]《邓小平文选》第3卷，北京：人民出版社1993年版，第291页。
[2]《邓小平文选》第3卷，北京：人民出版社1993年版，第294页。

第七章 苏醒的东方睡狮

1959年9月底,赫鲁晓夫访美结束后来到北京,在庆祝中华人民共和国成立10周年的招待会上,他指责中国不应当"用武力去试探资本主义制度的稳固性"。在10月2日与毛泽东等中国领导人的会谈中,赫鲁晓夫又再次埋怨中国炮轰金门、马祖给苏联"造成了困难",并且希望中国放弃对台湾使用武力,甚至暗示中国可以考虑暂时让台湾"独立"。当他的这些言论和主张遭到毛泽东等中国领导人的反驳和拒绝之后,赫鲁晓夫在离开中国到达海参崴时竟称中国领导人"像好斗的公鸡"。

1960年6月,苏联在布加勒斯特召开的社会主义国家共产党和工人党代表会议上,策划对中国进行围攻,诬蔑中国领导人是"疯子","要发动战争"。当中国领导人表示"宁可被辗得粉碎也不屈服"之后,苏联就采取一系列步骤对中国施加政治、经济和军事压力。

1960年7月,苏联政府突然决定,在一个月之内全部撤走了在中国工作的苏联专家,终止了两国间签订的几百个合同和协议。不久,又大量减少成套设备和重要零部件的供应,并在贸易方面对中国实行限制和歧视政策,给中国经济建设造成了重大损失。

1962年5月,苏联在中国新疆伊犁地区策动大规模颠覆活动,引诱和胁迫6万多中国公民跑到了苏联境内。与此同时,苏联还迅速增加了对印度的经济和军事援助,支持印度在中印边境地区对中国进行武装挑衅。

1964年10月赫鲁晓夫下台后,中国于11月派出以周恩来为首的党政代表团前往莫斯科参加十月革命节的庆祝活动,希望苏共新领导在处理同中国的关系上能够改弦更张,放弃大党主义、大国主义的错误立场。但苏共新领导在对待中国问题上仍然坚持赫鲁晓夫的那一套,并且随后在中苏、中蒙边境不断增兵,对中国构成了直接的战争威胁。至此,中苏关系终于彻底破裂,世界社会主义阵营从此也不复存在。

1968年1月,苏联军队侵入乌苏里江中国一侧的七里沁岛,用装甲车压死中国渔民4人,撞伤打伤9人,制造了一起严重的流血事件。

1969年3月,中苏边境纷争又在七里沁岛附近的珍宝岛酿成了一场大规模的武装冲突。珍宝岛从来就是中国的领土,并且历来处于中国的管辖之下。在1964年举行中苏边界谈判时,苏联也承认珍宝岛属于中国。然而,从1967年以来,苏联一再出动直升机、装甲车侵入珍宝岛地区,袭击中国边防人员,绑架中国居民，蓄意制造事端。1969年3月2日，苏联从下米海洛夫卡和库列比亚克依内两个方向出动大批武装军队侵入珍宝岛，开枪开炮打死中国边防战士多人。中国边防部队遂被迫进行自卫还击，保卫自己的领土。

1969年8月，苏联又在中国西部边境挑起了更为严重的流血事件。8月13日这天，苏军出动直升机、坦克、装甲车共300多人侵入中国新疆裕民县铁列克提地区，包围了正在执行巡逻任务的中国边防分队，打死打伤中国边防官兵30多人。一时，漫长的中苏边境线上火药味已越来越浓，中苏两国已经走到了战争的边缘。

对于中苏两国发生边境武装冲突，美国起初也相信苏联的宣传，认为中国是一个好战的国家。但当美国国家安全事务助理基辛格亲自查看了一份详细地图，发现发生在新疆的战斗地点离苏联的铁路终点只有几英里，而离中国的任何一个铁路终点却有几百英里时，他们终于认识到了：苏联是进攻者，中国军方是决不会选择在这样不利的地点发起主动进攻的。而这一结论对于美国来说竟又是如此的重要。基辛格同总统尼克松马上判定，如果苏联是进攻者，那么对美国来说则既是问题，又是机会。问题是，苏联对中国的威胁如果得逞，就会打破国际战略格局的平衡，甚至会出现苏联势力无法阻挡的严重局面。而机会又在于，中国可能由此愿意缓和同美国的紧张关系；同时，中苏冲突加剧也会减轻欧洲受到的压力。所以，中苏边境武装冲突发生不久，美国就着手采取措施来缓和和改善中美两国的关系。尼克松后来说，苏联的最大错误是在冷战期间失去了中国。

正是因为受到强加在中国头上的这一系列"不平等"、"受屈辱"，所以才在20世纪60年代上演了三场周恩来、邓小平同苏联两任最高领导人——赫鲁晓夫和勃列日涅夫的激烈正面交锋。特别是在1964年11月周恩来率领中国党政代表团赴莫斯科参加十月革命胜利47周年庆典期间，面对以勃列日涅夫为首的苏联新领导层当众侮辱毛泽东的恶劣行径，周恩来断然拒绝勃列日涅夫的解释，迫使苏联以苏共中央的名义向中国共产党进行正式道歉，维护了中国凛然不可侮的尊严。周恩来率领代表团从苏联回来时，毛泽东、刘少奇、朱德等中国领导人都亲自到机场迎接，以表明中国不屑于苏联大国主义和苏共老子党作风的坚定态度。这其实已是一向疏于迎来送往的毛泽东在20世纪60年代的前几年间第三次前往机场迎接从苏联归来的周恩来。

第七章 苏醒的东方睡狮

在1969年3月发生珍宝岛事件之后,毛泽东即指出:"一个反对美帝、苏修的历史新时期已经开始。"①毛泽东的这一论断,不仅正确地预见了中苏关系中相互斗争的长期性和复杂性,而且也正确地预见了中美关系中相互斗争的长期性和复杂性。

1972年2月美国总统尼克松访华期间,虽然周恩来总理曾表明,在对外关系方面,国家的最高利益是超越意识形态的分歧之上的,中美双方毫无疑问都将继续坚持各自的社会制度和价值观念,但双方都有责任不使这种意识形态方面的争论影响和妨碍国家最高利益的实现。毛泽东也曾表示,在这个大的目标确定以后,中美之间有时也可以互相骂上几句,这不仅无碍大局,反而会使双方减少一些麻烦,免受一些国内外无端的攻击。②但是在美国,尤其是在尼克松总统因水门事件而辞职以后,其对中国的意识形态歧见和霸权主义政策却有增无减,致使中美建交谈判困难重重,两国关系迟迟不能实现正常化,迫使中国领导人又不得不同美国正面交锋。

1977年1月,民主党人卡特出任美国第39任总统。由于苏联的扩张趋势构成了对美国的严峻挑战,卡特急于同中国改善关系,借以抗衡苏联。他上任后不久就表示:"我对中华人民共和国的政策将以上海公报为指导,我们政策的目标是美中关系正常化。"③但他知道,要想改善中美关系,就必须在台湾问题上迈出关键步伐。多少年来,中美两国关系的一个重大障碍也就在这里。所以在1977年4月,卡特就派出一个美国国会高级代表团访华,以试探中国对台湾问题的态度。这年8月,卡特又再次派出自己的得力助手国务卿万斯访华。

万斯是美国在对台问题上持强硬立场的鹰派人物。早在来华之前,他曾就台湾问题拟订了一份详细的与中国谈判的提纲,主要内容包括:(1)美国保留与台湾的非官方关系,包括向台湾提供"审慎选择的防御武器";(2)反对废除美台《共同防御条约》;(3)要求中国用和平方式解决台湾问题,放弃用武力"解放台湾"的言论和努力。从这份提纲不难看出,万斯的这些政策主张同中国一贯坚持的台湾问题纯属中国内政的立场相去甚远。

---

① 沈志华主编:《中苏关系史纲》,北京:新华出版社2007年版,第391页。
② 邓力群主编:《外交战略家毛泽东》,北京:中央民族大学出版社2003年版,第422页。
③ 引自《特区青年报》,2006年1月18日。

万斯到达北京后首先同中国外交部长黄华谈判。一开始，万斯就向黄华表示，美国将坚持两国上海联合公报的立场，但是，美国要在适当时候发表一项公开声明，以表示美国对和平解决台湾问题的强烈关注。同时，万斯还明确要求，中国既不能发表否定美国声明的声明，也不能发表任何有关以武力解决台湾问题的新的声明。

对于万斯的这一无理要求和傲慢态度，黄华没有示弱，当即表明：要想实现中美关系正常化，美国必须与台湾实现"废约、撤军、断交"三个条件；美国对中国的立场是"口惠而实不至"；如果台湾问题不解决，中美关系正常化将被无限期推迟。①

万斯没想到自己一开始就碰了一个钉子，心里很是懊恼。但他不甘心就此回国，提出要与中国更高级别的领导人会谈。当时，中国政府也考虑到确实需要由一名高级领导人出面会见万斯，以表明中国的坚定立场，彻底打消美国在台湾问题上的不切实际的幻想。于是，就决定由邓小平出面。

8月24日，邓小平会见并宴请万斯。万斯知道，邓小平"不好惹"，前任总统福特和国务卿基辛格都曾吃过他的闭门羹，所以他十分小心。万斯先是说了一些美国十分重视美中关系、希望美中关系正常化后美国能够与中国台湾的民间往来和私人交往不受影响等等不太紧要的话题，然后才正式切入台湾问题的实质性问题。万斯向邓小平表示：第一，中国必须以公开或默许的形式，作出在台湾问题上不使用武力的承诺；第二，美中两国关系正常化以后，美国还要继续向台湾出售武器；第三，美中两国建交后，美国驻中国的联络处升格为大使馆，美国驻中国台湾的大使馆降格为联络处。② 尽管万斯说这番话时语气较缓，明显带有尽量不刺激邓小平的意味，但其政策主张却十分霸道和强硬。

在万斯阐述美方的观点时，邓小平一言未发。待万斯说完后，邓小平点燃一支香烟深深地吸了一口，不紧不慢地说："我们历来都说，我们中美两国之间存在着一个重要问题，就是台湾问题。国务卿先生现在提出的关于中美关系正常化的方案，比我们签订上海公报后的探讨不是前进了，而是后

---

① 引自《特区青年报》，2006年1月18日。
② 引自《特区青年报》，2006年1月18日。

第七章 苏醒的东方睡狮

退了。"①

对于邓小平的这一表态,万斯早有心理准备,因为黄华外长也是这么对他说的,所以他也就没有说什么。邓小平接着说:"美国的政府人员继续留在台湾的建议,只不过是设立一个门前没有标志或国旗的大使馆。"说完这句话,邓小平用眼紧紧盯视了一会万斯的脸,顿了一顿,然后提高声音却又缓慢坚定地说:"对此,我们完全不能同意!"②听到这里,万斯感到情况不妙,似乎现在他才真正明白,中国在台湾这个问题上是绝对不会让步的,邓小平的表态就是中国在台湾问题上的底线。

未等万斯答话,邓小平又放缓了语气说:"现在的问题是,美国要控制台湾,使中国人民不能实现自己祖国的统一。我们多次说过,要实现中美关系正常化,在台湾问题上有三个条件,就是废约、撤军、断交,按日本方式。老实说,按日本方式本身就是一个让步。现在是美国要下决心。"③万斯这时马上插话说:"我们是准备与台湾废约、撤军、断交的。"但是,邓小平并未理会万斯的表态,他掐灭了手中的香烟,继续按照自己的思路说:"你们这个方案,集中起来就是两个问题,第一,你们要我们承担不用武力解决台湾的义务,实际上还是干涉中国的内政。第二,你们提出不挂牌子的大使馆,实际上是'倒联络处'的翻版。我们对这个方案是不能同意的。台湾问题是中国的内政,别人不能干涉。我们准备按三个条件实现中美建交以后,在没有美国参与的条件下,力求通过和平方式解决台湾问题,但不排除用武力解决。你们说很关心台湾的安全。中国人总比你们美国更关心自己国家的事情吧!中国人民、中国政府当然会考虑台湾的实际情况,采取恰当的政策解决台湾问题,实现国家的统一。但是,这是中国人自己的事情。我们中国人是有能力来解决这个问题的,奉劝美国朋友不必为此替我们担忧。"④

在邓小平系统、明确、坚定地阐述完中方的立场后,万斯知道自己的设想落空了,沮丧地返回了美国。万斯的这次访华没有达到他本人和美国政府的预定目的,但却有利于卡特政府了解中国对台湾问题的坚定立场,迫使美

---

① 引自《特区青年报》,2006 年 1 月 18 日。
② 引自《特区青年报》,2006 年 1 月 18 日。
③ 引自《特区青年报》,2006 年 1 月 18 日。
④ 引自《特区青年报》,2006 年 1 月 18 日。

国重新考虑对台政策,并不断派出使团使节访华,直至最终按照中国提出的"废约、撤军、断交"三个条件解决台湾问题,于1979年1月1日两国正式建交。

1989年中国发生政治风波后,美国对中国横加干涉,实行了两国建交以来最严厉的制裁政策,两国关系也达到了建交以来的最低点。曾亲手促成中美两国关系正常化的美国前总统尼克松颇感焦急,自告奋勇地以中国"老朋友"的身份来华访问,希望能够为两国关系转圜做些工作。出于对尼克松本人的尊重和对他在改善中美两国关系上所做贡献的敬意,邓小平会见了他;但对美国政府的倒行逆施和霸道政策,邓小平则给予了迎头回击。

尼克松在回忆录中写道:在1989年政治风波后,"一些观察家要求美国惩罚中国领导人,断绝一切关系,实行广泛的制裁,并孤立中国人。然而,如果破坏美中关系,那将会是一个可悲的错误,既不符合我们的利益,也不符合中国人民的利益。我在1989年对中国进行的第6次访问可能是在我17年以前作第一次旅行以来最敏感、最有争论的访问。""我知道我在实现我们两国的和解方面所起的作用使我有了作为中国'老朋友'的受到特殊待遇的地位。我知道即使我说了中国领导人不想听的话,他们也会听。"[①]"10月31日,我会见了邓小平,这也许是我同他的最后一次会见。这也是他在宣布退休以前最后一次会见一位西方人物。我首先对邓小平说:我对美中关系仔细观察了17年。在这种关系中,从来没有出现过像现在这样严重的危机,因为这一次感到关切的不是中国的敌人,而是中国的朋友。在我们的会谈中,我们必须研究这些分歧,并弥补美国国内对中国友好的人对一些中国领导人的尊敬遭受到的损害。"[②]

对于尼克松出于改善中美两国关系的愿望来访,邓小平肯定有加,说:"你是在中美关系非常严峻的时刻到中国访问的。从1949年中华人民共和国成立到1972年,23年间,中美关系处于敌对状态。在你担任总统的时候,改变了这个状况。我非常赞赏你的看法,考虑国与国之间的关系主要应该从国家自身的战略利益出发。着眼于自身长远的战略利益,同时也尊重对方的利益,而不去计较历史的恩怨,不去计较社会制度和意识形态的差别,并且国

---

① 泽明、哲武编:《外国首脑文集》下册,北京:中华工商联合出版社1997年版,第182页。
② 泽明、哲武编:《外国首脑文集》下册,北京:中华工商联合出版社1997年版,第183页。

第七章 苏醒的东方睡狮

家不分大小强弱都相互尊重,平等相待。这样,什么问题都可以妥善解决。""我知道你是反对共产主义的,而我是共产主义者。我们都是以自己的国家利益为最高准则来谈问题和处理问题的。在这样的大问题上,我们都是现实的,尊重对方的,胸襟开阔的。"①

对于美国粗暴干涉中国的内政,邓小平说:"国家关系应该遵守一个原则,就是不要干涉别国的内政。中华人民共和国决不会容许任何国家来干涉自己的内政。外国的干涉在某个时候可以给我们造成困难,甚至造成动乱,但动摇不了中华人民共和国。"②"坦率地说,北京不久前发生的动乱和反革命暴乱,首先是由国际上反共反社会主义的思潮煽动起来的。很遗憾,美国在这个问题上卷入得太深了,并且不断地责骂中国。中国是真正的受害者。中国没有做任何一件对不起美国的事。可以各有各的看法,但不能要我们接受别人的错误指责。美国公众得到的情报来自'美国之音'和美国报刊,什么'天安门血流成河',死了多少万人,连具体数字都有。'美国之音'太不像话,一批撒谎的人在干事,连起码的诚实都没有。如果美国领导人根据'美国之音'定调,制定国策,要吃亏的。""我不说西方国家的政府,但至少西方有一些人要推翻中国的社会主义制度,这只能激起中国人民的反感,使中国人奋发图强。"③

对于美国指责中国的人权问题,邓小平说:"人们支持人权,但不要忘记还有一个国权。谈到人格,但不要忘记还有一个国格。特别是像我们这样第三世界的发展中国家,没有民族自尊心,不珍惜自己民族的独立,国家是立不起来的。"④

对于改善中美两国的关系及该由谁采取主动的问题,邓小平说:"现在是否可以这样说,我们同美国也应该结束这几个月的过去,开辟未来。"⑤"请你告诉布什总统,结束过去,美国应该采取主动,也只能由美国采取主动。美国是可以采取一些主动行动的,中国不可能主动。因为强的是美国,弱的是中国,受害的是中国。要中国来乞求,办不到。哪怕拖一百年,中国人也不

---

① 《邓小平文选》第3卷,北京:人民出版社1993年版,第330页。
② 《邓小平文选》第3卷,北京:人民出版社1993年版,第331页。
③ 《邓小平文选》第3卷,北京:人民出版社1993年版,第332页。
④ 《邓小平文选》第3卷,北京:人民出版社1993年版,第33页。
⑤ 《邓小平文选》第3卷,北京:人民出版社1993年版,第331页。

会乞求取消制裁。如果中国不尊重自己，中国就站不住，国格没有了，关系太大了。中国任何一个领导人在这个问题上犯了错误都会垮台的，中国人民不会原谅的。"①

对于尼克松担心中国会在这次政治风波后重新走向闭关锁国，邓小平则明确地回答他："我可以肯定地告诉你，谁也不能阻挡中国的改革开放继续下去。为什么？道理很简单，不搞改革开放就不能继续发展，经济要滑坡。走回头路，人民生活要下降。改革趋势是改变不了的。不管我在不在，不管我是否还担任职务，十年来由我主持制定的一系列方针政策绝对不会改变。我相信我的同事们会这样做。"②

后来，尼克松在记述这次中国之行时写道："自从我离职以来，我在北京的四天是我在外国度过的最紧张的日子。我同包括邓小平、李鹏、江泽民总书记在内的中国最高的领导人进行了20多小时的单独会晤。我还会见了几位给人印象深刻的较年轻的领导人以及周恩来的遗孀邓颖超，她凭自己的本领成了共产党的一位高级领导人。在这些会晤中，我有三个目的：第一，向中国领导人说明，连中国在美国的朋友也对6月2日至4日的事件感到愤慨，中国必须采取步骤来处理我们感到关切的事情；第二，在这些领导人几个月以来一心考虑国内问题以后使他们重新参加关于地缘政治的讨论；第三，举行关于美中关系的前途的对话。"③"在我同邓小平进行历时三小时的毫无限制的会谈结束时，我比以往任何时候都更加确信，邓小平是当代最重要的领导人之一。"④"16世纪的一位法国学者在他生命垂危时曾绝望地写道：若少已知之，则老可行之。84岁的邓小平不仅已知之，而且可行之。知和行的结合产生巨大威力，他推动着世界五分之一的人为新的繁荣和成为世界领袖而奋斗。"⑤

在这里应该指出的是，从一个时间段的得失或策略来看，中国自20世纪60年代起与苏联彻底决裂，并且在长达15年左右的时间里与美、苏两个世界超级大国同时为敌，也许是不妥当的，甚至是十分危险的。为此，国家和人

---

① 《邓小平文选》第3卷，北京：人民出版社1993年版，第332页。
② 《邓小平文选》第3卷，北京：人民出版社1993年版，第332页。
③ 泽明、哲武编：《外国首脑文集》下册，北京：中华工商联合出版社1997年版，第179页。
④ 泽明、哲武编：《外国首脑文集》下册，北京：中华工商联合出版社1997年版，第183页。
⑤ 泽明、哲武编：《外国首脑文集》下册，北京：中华工商联合出版社1997年版，第184页。

民也确实因此而蒙受了不少损失,度过了一段相当艰难和不幸的时间。20世纪60年代前期的三年灾害、接踵而至的十年"文化大革命",都同当时所处的不利国际环境有关。但是,从长远的、战略的、总结经验教训的角度来看,如果不是当时及早地从苏联阵营中脱离出来,如果不是当时坚持高举反对霸权主义和强权政治的旗帜,如果不是当时团结和争取除美国、苏联之外的广大第三世界及第二世界国家,中国又怎么可能在物质基础极端贫乏的时代也仍然成为一个傲然于世的独立大国呢?中国又怎么可能迅速地在世界上树立起正义的国家形象并成为国际舞台一支重要的政治力量呢?中国又怎么可能在20世纪70年代末便迎来自己宝贵的黄金改革期呢?中国又怎么可能在20世纪80年代末90年代初苏联解体和东欧剧变时岿然不动屹立不倒呢?历史不可能重写。对前人永远也不该责难。从一时一事的利益上看,也许结果比手段、比过程更为重要——毕竟大战略家黎塞留也曾讲过,"为了利益可以不择手段";但是,有时候手段和过程又是重于结果的。就中国在20世纪60年代起的一段相当长时间里同美、苏两霸打交道的战略实践来看,中国的"得"是大于"失"的,中国"得"中的精神财富是无价的、不朽的。

加强同第三世界国家的团结和合作是中国国际战略的法宝

1971年10月25日,对于中国人民来说是一个令人高兴的扬眉吐气的日子。这一天,第26届联合国大会以76票赞成、17票弃权、35票反对,通过了由阿尔巴尼亚、阿尔及利亚等23国提出的恢复中国在联合国席位的提案。表决结果一宣布,联大会场上掀起了经久不息的掌声和欢呼声,有的代表抑制不住兴奋之情竟从座位上跳起来,坦桑尼亚的代表甚至跑到联大主席台前跳起舞来了。这样的场面在联合国是空前的。

11月15日,当中国出席第26届联合国大会的代表团团长乔冠华和副团长黄华步入会场时,座无虚席的大厅又爆发出雷鸣般的掌声,许多国家的代表纷纷前来向中国代表团表示由衷的祝贺和欢迎。在大会主席马立克首先致欢迎词后,接着有57个国家的代表争先恐后地一个接一个上台发言,对恢复中国的联合国席位表示热烈欢迎。会议整整历时6小时,仍有不少国家的代表要求发言。在联合国的大会上,如此众多国家的代表为一国代表团致欢迎词，这又是从来没有出现过的。

之所以会在联合国出现这样的结果，这是同中国一贯主张大小国家一律平等、长期致力于发展同第三世界国家的友好关系，并坚定地站在被压迫民族和国家一边，坚决支持亚非拉各国人民为争取和维护民族独立所进行的斗争，以及对于新独立的前殖民地国家在经济上给予力所能及的援助，帮助其发展民族经济、巩固政治独立所分不开的。

新中国甫一成立，毛泽东、周恩来等老一辈领导人就曾多次指出，国家不应该分大小，认为大国高一级、小国低一级，这是帝国主义的理论，必须坚决、彻底、干净、全部地消灭大国主义。毛泽东既十分珍惜中国得来不易的独立自主权利，也非常尊重别国的独立自主权利。他多次强调，亚非拉国家有共同的历史遭遇和现实任务，中国同亚非拉国家需要互相支持。亚非拉人民的反帝斗争对我们是很大的支持，胜利了的中国要支持世界人民。1956年9月，毛泽东在中共八大开幕词中庄严宣布："亚洲、非洲和拉丁美洲各国的民族独立解放运动，以及世界上一切国家的和平运动和正义斗争，我们都必须给以积极的支持。"①"我们决不可有傲慢的大国主义的态度，决不应当由于革命的胜利和在建设上有了一些成绩而自高自大。国无论大小，都各有长处和短处。即使我们的工作得到了极其伟大的成绩，也没有任何值得骄傲自大的理由。虚心使人进步，骄傲使人落后，我们应当永远记住这个真理。"②

1971年10月联合国恢复中国的合法席位后，在研究在联合国的发言内容和约见赴纽约参加联合国大会的中国代表团成员时，毛泽东又说：这次回到联合国，是非洲黑人兄弟把我们抬进去的！我们要反对帝国主义的战争政策和侵略政策，反对超级大国的霸权主义，支持一切被压迫民族的正义斗争。各国人民的斗争都是相互支持的，大小国一律平等。中国属于第三世界，永远不做超级大国，反对大国欺侮小国、强国欺侮弱国，不许任何国家操纵联合国。总而言之，要旗帜鲜明，高屋建瓴，势如破竹。③

中国对于第三世界国家除了在政治上、道义上给予支持以外，也在经济建设上积极支持，即便在自己经济最困难的时刻也是如此。据1960年7月时

---

① 邓力群主编：《外交战略家毛泽东》，北京：中央民族大学出版社2003年版，第8页。
② 邓力群主编：《外交战略家毛泽东》，北京：中央民族大学出版社2003年版，第191页。
③ 邓力群主编：《外交战略家毛泽东》，北京：中央民族大学出版社2003年版，第556—557页。

第七章 苏醒的东方睡狮

任外贸部副部长李强向全国外事工作会议报告的统计数据，从1950年起至1960年上半年的十年间，中国即向22个亚非国家提供了总额为40.28亿元人民币的援助，其中无偿援助28.17亿元，贷款12.11亿元。

特别是，中国在20世纪60年代后半期至70年代前半期援助建设坦赞铁路，不仅在非洲大陆传为佳话，成为中非之间一座友谊的桥梁，而且在全世界也引起广泛而持久的影响，成为发展中国家之间相互支持和援助的典范。

对于这一具有重大政治和战略意义的援建项目，周恩来总理亲自作了了解和布置。

1964年12月，坦桑尼亚第二副总统卡瓦瓦正式约见中国驻坦桑尼亚大使何英，告诉他，尼雷尔总统希望尽快对中国进行国事访问。何英大使迅速将这一信息报告国内并回国进行有关准备。正当他试图从以往的接触中揣摩尼雷尔总统访华的意图时，坦桑尼亚的商业合作部部长巴布已率贸易代表团抵达北京。何英同巴布很熟悉。两人见面后，何英向巴布询问道："据你所知，尼雷尔总统访华究竟要谈什么问题呢？"巴布沉思了一会，目光直射何英："总统非常希望修建坦桑尼亚至赞比亚的铁路，可能会提出要求中国帮助修建。"说完这句话后，巴布的目光并没有离开何英，他似乎在目测中国政府对此的态度。

尼雷尔总统为什么会想到要中国帮助修建这条铁路呢？何英认为这件事关系重大，应尽可能弄清原委。

巴布向何英简要说明了尼雷尔总统做此决定的情况：几个月前，坦桑尼亚和赞比亚两国政府曾一起向世界银行提出援建坦赞铁路的要求，但被婉拒。坦桑尼亚副总统卡瓦瓦访问苏联时，又希望苏联政府能够帮助修建这条铁路，不料苏联政府未加考虑就当面拒绝了。尼雷尔总统对此很失望。在遭到各方拒绝后，尼雷尔发誓：我就是牺牲自己也要修成这条铁路！

巴布在结束自己的说明时，对何英放低声音说："这条铁路的修建在经济上和政治上都有巨大意义。在遭到世界银行和苏联政府的拒绝后，尼雷尔总统绝不会再去品尝当面遭人拒绝的滋味，我想，他向中国政府提出援建的方式肯定是婉转的。"

听了这些情况后，何英向巴布表示："请相信，中国政府至少会体谅总统的难处。"

"这正是我要向您建议的!"巴布像是激动又有些紧张,说:"如果尼雷尔总统提出援建铁路,希望中国领导人不要立即做出否定的答复,可一般表示有兴趣,先研究一下。总统的心再也经不起羞辱了!谢谢,谢谢!"①

何英大使的报告送到了周恩来总理的案头。报告中对坦赞铁路的修建情况提供了完备的说明。周恩来心中大体有数后,再次询问有"非洲活档案"之称的何英:"你认为我们应不应该帮助修建?"何英认为,修建这条铁路已成为坦、赞两国的迫切愿望,从战略高度考虑,有必要援建。

很快,对外经委主任方毅被召到总理办公室,他主管援外工作。周恩来直截了当地问:"方毅同志,你对铁路建设有经验。坦赞铁路大约 1860 公里,你认为我们有没有可能帮助他们修建这条铁路?"方毅默算了一下,估摸着说:"这条铁路按国内的建设费用来计算,恐怕得十几个亿的人民币。一下子拿出这么大的数字援外,我担心国力吃不住。"

见方毅紧蹙眉头,周恩来深入地谈着自己的看法:"坦赞铁路对坦桑尼亚和赞比亚两个国家来说,不仅具有经济上的意义,更重要的是还具有军事上和政治上的意义。这两个国家现在被帝国主义、殖民主义、种族主义包围着,他们共同认识到如果没有周围国家的独立解放,就不会有他们自己真正的独立解放。坦赞铁路一定要修,至于由谁来修,可以是中国,也可以是其他国家。"②

"如果我们出面修的话,对世界的影响可能会很大。"方毅回味着周恩来总理的话,心中很有触动。

"我同意你的这种说法。如果我们中国同意帮助修建,肯定会引起西方一些国家的不安,他们有可能被迫接受承建任务,也许是一个国家,也许是几个国家共同承担。这样尼雷尔总统和卡翁达总统手中就掌握了一张王牌,他们就可以在西方国家提出附加条件或漫天要价时,打出中国这张牌。"周恩来特别强调:"这不是开玩笑,也不是玩政治游戏,关键问题是中国必须真心实意地同意帮助修建,不能只是说说而已。"③

方毅向周恩来表示:"总理,不管有什么困难,我们也要帮助修建坦赞

---

① 尹家民、张铁珊:《中国为何援建坦赞铁路》,载《文史博览》,2007 年第 2 期。
② 尹家民、张铁珊:《中国为何援建坦赞铁路》,载《文史博览》,2007 年第 2 期。
③ 尹家民、张铁珊:《中国为何援建坦赞铁路》,载《文史博览》,2007 年第 2 期。

第七章 苏醒的东方睡狮

铁路。"

1965年2月17日,尼雷尔总统抵达北京。在欢迎的人群中,他发现了三张为世界所瞩目的面孔:中华人民共和国主席刘少奇、国务院总理周恩来和副总理兼外长陈毅。不用翻译,他已从三位领导人脸上的笑容,知道自己受到了厚待。

第二天下午,尼雷尔总统在他下榻的钓鱼台18号楼会议厅与中国领导人举行了会谈。除刘少奇、周恩来、陈毅外,李先念、方毅、张爱萍、乔冠华、何英等有关方面负责人也出席了会谈。

在尼雷尔总统谈完非洲形势和坦桑尼亚国内形势后,刘少奇便主动说道:"请总统阁下提出需要解决的问题,我们将予以考虑。如果我们有困难,我们也会实事求是地说明。"①

见中国领导人如此坦诚,尼雷尔总统便把自己想说的话和盘托出:"我国南部是最富有的,也是最不发达的地区。1960年我去美国时,就要求世界银行贷款在南方修建铁路。世界银行说,南部没有什么可开发的,修了铁路没有用处,不给贷款。1961年我访问西德,要求西德克虏伯财团提供援助开发铁矿,他们说南部无交通,开了矿也没有用。这是一种恶性循环。赞比亚没有出海口,卡翁达希望从达累斯萨拉姆出口。最近赞比亚从英国买了一批武器,到达莫桑比克的贝拉港后,被扣留6个月,枪支都生锈了。所以我对卡翁达说,以后运武器应该通过达累斯萨拉姆。应赞比亚的要求,世界银行派出了一个考察团。考察团在考察后写了个报告,名义上是经过勘察后写的,其实是在华盛顿就写好的。报告里说,他们不喜欢这条铁路,原因是修这条铁路不经济。但对我国和赞比亚来说,这是打破恶性循环的唯一办法!……修建这条铁路所需投资很大,而投资的主要部分在坦桑尼亚境内。我今天坦率地向你们提出,使你们了解这一点,请你们帮助考虑怎么办。"②

刘少奇很平静地回答说:"可以考虑。但需要的时间长一点,第一步是进行勘察。"③

尼雷尔听呆了。他简直不敢相信自己的耳朵。

---

① 尹家民、张铁珊:《中国为何援建坦赞铁路》,载《文史博览》,2007年第2期。
② 尹家民、张铁珊:《中国为何援建坦赞铁路》,载《文史博览》,2007年第2期。
③ 尹家民、张铁珊:《中国为何援建坦赞铁路》,载《文史博览》,2007年第2期。

周恩来察觉到尼雷尔的疑惑，也觉得刘少奇的答复过于简单，便补充道："刘主席已经说过，总统阁下提出的问题可以考虑。……我们了解它的重要意义。问题是修成这条铁路需要较长的时间。"①

这时，尼雷尔双手举到半空，然后又落到胸口紧紧按住，激动地说："这是多么好的消息！当我谈这个问题的时候，我的心跳得多么厉害！在得到你们的回答之前，我连呼吸都不敢了！"②

接着，刘少奇又说了中国领导人商议好的原则："只要我们团结一致，并肩战斗，就没有克服不了的困难。投资大，时间长，分成几年，每年所需要的投资也就不多了。"周恩来又特别说道："铁路建成后，主权是属于你们坦桑尼亚和赞比亚的，我们还要帮助你们学会技术，学会如何管理铁路。"③

就这样，修建坦赞铁路就正式提上了议事日程。

2月19日下午，毛泽东会见尼雷尔总统一行。虽说自1959年4月起毛泽东不再兼任国家主席后外事活动减少了，但非洲客人他是一定要见的，他对非洲情有独钟。尼雷尔总统来访前，他接到周恩来转来的外交部的报告。报告的前面加了一页纸，周恩来亲笔写道："呈主席、少奇同志审阅。为援助非洲新独立的国家和支持非洲民族解放斗争，如果尼雷尔总统访华时提出援建坦赞铁路问题，我意应同意，当否，请批示。"毛泽东同意，并对周恩来说："恩来，援助是相互的，要教育我们的干部不能以大国自居。当年在莫斯科与斯大林会晤时，你我的感受不会忘记吧？我们要为受援国设身处地想一想。"④

毛泽东起身迎接尼雷尔总统。他说："中国人民欢迎你。我们见到你们很高兴，我们都是自己人。"⑤

1967年6月赞比亚总统卡翁达访华后，坦、赞两国便组成代表团来华，中、坦、赞三国政府在北京正式签署了《关于修建坦桑尼亚、赞比亚铁路的协定》。至1975年6月，这条东起坦桑尼亚首都达累斯萨拉姆、西至赞比亚中央省新卡皮里姆波希，全长1860.5公里，贯通东非和中南非的交通大干线便

---

① 尹家民、张铁珊：《中国为何援建坦赞铁路》，载《文史博览》，2007年第2期。
② 尹家民、张铁珊：《中国为何援建坦赞铁路》，载《文史博览》，2007年第2期。
③ 尹家民、张铁珊：《中国为何援建坦赞铁路》，载《文史博览》，2007年第2期。
④ 尹家民、张铁珊：《中国为何援建坦赞铁路》，载《文史博览》，2007年第2期。
⑤ 尹家民、张铁珊：《中国为何援建坦赞铁路》，载《文史博览》，2007年第2期。

第七章 苏醒的东方睡狮

全面建成通车。为建设这条铁路，中国共提供无息贷款9.88亿元人民币，先后派出工程技术人员56000人，并为此有65人付出了宝贵的生命。在铁路营运10周年的庆祝仪式上，赞比亚总统卡翁达说："患难知真友，在我们困难的时候，中国帮助了我们。"①

后来，中国驻坦桑尼亚大使何英对援建坦赞铁路的原因、政治和战略意义作了这样的记述："中央为何作此决策？这要从当时的国际形势和我们所处的国际环境以及斗争的需要去理解。（一）当时我们所处的国际环境十分严峻，腹背受敌。美国一直对我经济上封锁、政治上孤立、军事上威胁，支持蒋介石集团反攻大陆，制造北部湾事件、发动侵越战争，极力支持日本佐藤政府执行敌视中国的政策，从韩国、日本、中国台湾、南越形成对我的新月形包围圈。同时，苏联在中苏边境地区大量增兵，不断制造事端，并策动了新疆伊宁暴乱事件。印度也乘机在中印边界对我进行挑衅，甚至发动武装进攻。我们外交上面临的主要任务是打破美苏对中国的南北夹攻，广交朋友，特别是加强同第三世界国家的团结合作。（二）二战后，非洲民族解放运动风起云涌，特别是60年代席卷整个非洲大陆，仅1960年就有17个国家先后宣告独立。殖民主义体系土崩瓦解，帝国主义、殖民主义的势力受到极大的打击，形势于我有利。但这些国家由于过去长期受帝国主义、殖民主义的压榨，在政治上取得独立后，经济极为困难，急需发展民族经济，从经济上摆脱殖民主义的控制，以实现完全独立。那些尚未获得独立的国家民族解放斗争如火如荼。他们都需要支援和帮助。帝国主义国家不会真心帮助他们，非洲正是我们开展工作的广阔天地。（三）坦桑尼亚独立较早，对我态度一直友好。尼雷尔总统为人正直，支持民族解放斗争坚决。他计划开发南部地区，发展民族经济，扩大政治影响，同时提高个人威望，所以对修建这条铁路决心很大。赞比亚是个内陆国家，没有出海口，原有的三条供出海用的铁路独立后相继被封锁或半封锁，只剩下一条通往坦桑尼亚达累斯萨拉姆的土路，且雨季不能通行，致使年产铜55万吨的赞比亚运输发生了严重困难，也急需修建一条新铁路。因此，修建坦赞铁路就成为坦赞两国的迫切愿望。卡翁达是一位民族主义者，对支持南部非洲解放斗争比较积极，对中国也比较友好。总之，

---

① 中共中央文献研究室、中央档案馆《党的文献》编辑部：《共和国重大决策和事件述实》，北京：人民出版社2005年版，第288页。

中央所以批准援建坦赞铁路是从战略高度考虑的。"①

1974年2月,毛泽东又再一次会见来华访问的赞比亚总统卡翁达。就是在这次会见中,毛泽东高瞻远瞩,提出了"三个世界"划分的战略思想,并表明中国属于第三世界。毛泽东说:"我看,美国、苏联是第一世界。中间派,日本、欧洲、澳大利亚、加拿大,是第二世界。咱们是第三世界。……亚洲除了日本,都是第三世界。整个非洲都是第三世界,拉丁美洲也是第三世界。"②

时隔两个月——1974年4月,在纽约举行的联合国大会第六届特别会议上,邓小平又进一步全面阐述了毛泽东"三个世界"划分的战略思想。

关于当时世界战略格局的基本架构,邓小平说:"从国际关系的变化看,现在的世界实际上存在着互相联系又互相矛盾着的三个方面、三个世界。美国、苏联是第一世界。亚非拉发展中国家和其他地区发展中国家是第三世界。处于这两者之间的发达国家是第二世界。美国和苏联两个超级大国妄图称霸世界,它们用不同的方式都想把亚非拉的发展中国家置于它们各自的控制之下,同时还要欺负那些实力不如它们的发达国家。"③

关于中国的国际政治主张,邓小平强调:"我们主张,国家之间的政治和经济关系都应当建立在互相尊重主权和领土完整、互不侵犯、互不干涉内政、平等互利、和平共处五项原则的基础上。我们反对任何国家违背这些原则,在任何地区建立霸权和势力范围。""我们主张,各国的事务应当由各国人民自己来管。发展中国家人民有权自行选择和决定自己的社会、经济制度。""我们主张,国家不论大小,不论贫富,应该一律平等,国际经济事务应该由世界各国共同来管,而不应当由一两个超级大国来垄断。"④"我们主张,对发展中国家的经济援助,应当严格尊重受援国的主权,不附带任何政治、军事条件,不要求任何特权或借机牟取暴利。"⑤

---

① 中共中央文献研究室、中央档案馆《党的文献》编辑部编:《共和国重大决策和事件述实》,北京:人民出版社2005年版,第284页。
② 中华人民共和国外交部、中共中央文献研究室编:《毛泽东外交文选》,北京:中央文献出版社、世界知识出版社1995年版,第600—601页。
③ 佳谷编译:《政治家的声音:当代政坛名流演讲文萃》,北京:东方出版社2005年版,第311页。
④ 佳谷编译:《政治家的声音:当代政坛名流演讲文萃》,北京:东方出版社2005年版,第316页。
⑤ 佳谷编译:《政治家的声音:当代政坛名流演讲文萃》,北京:东方出版社2005年版,第317页。

第七章 苏醒的东方睡狮

关于反对美苏两个超级大国特别是苏联的霸权主义和强权政治,邓小平指出:"两个超级大国是当代最大的国际剥削者和压迫者,是新的世界战争的策源地。""在欺负人方面,打着社会主义旗号的超级大国尤为恶劣。它出兵占领自己的'盟国'捷克斯洛伐克;它策动战争,肢解巴基斯坦;它说了话不算,毫无信义,唯利是图,不择手段。"①

关于中国的国家性质和定位,邓小平说:"中国是一个社会主义国家,也是一个发展中的国家。中国属于第三世界。中国政府和中国人民,一贯遵循毛主席的教导,坚决支持一切被压迫人民和被压迫民族争取和维护民族独立,发展民族经济,反对殖民主义、帝国主义、霸权主义的斗争。这是我们应尽的国际主义义务。中国现在不是、将来也不做超级大国。""如果中国有朝一日变了颜色,变成一个超级大国,也在世界上称王称霸,到处欺负人家,侵略人家,剥削人家,那么,世界人民就应当给中国戴上一顶社会帝国主义的帽子,就应当揭露它,反对它,并且同中国人民一道,打倒它。"②

毫无疑问,中国提出"三个世界"划分的战略思想,有最大限度地团结第三世界国家、争取第二世界国家,建立国际统一战线以反对自己当时最主要的敌人、消除自己当时最重大的威胁这样一些国家战略利益方面的考虑;但是,中国坚持大小国家一律平等、维护国际政治公平正义、始终把自己看成是第三世界不可分割的一部分,并且尽其所能帮助第三世界国家,真诚地做第三世界国家可靠的朋友,这既是中国基于国际道义的考虑,由中国国家的性质所决定,也是中华民族的政治品格和思想文化传统。正如柬埔寨前国王诺罗敦·西哈努克在谈到他同毛泽东认识和交往的经历时所说:"毛主席在第一次会见我时就阐述了中国政策的概貌,重点讲了真正独立的国家可不要让别的国家所控制的问题。他说:中国赞成所有国家不分大小一律平等的原则。很小的柬埔寨完全可以同很大的中国在平等的基础上做朋友,并且在互利的基础上发展关系。中国一直履行了它的诺言。"③"最主要的是我完全为他的礼貌与真诚所折服,他使我感到我的小小柬埔寨和广大无垠的中国完全平

---

① 佳谷编译:《政治家的声音:当代政坛名流演讲文萃》,北京:东方出版社2005年版,第311页。
② 佳谷编译:《政治家的声音:当代政坛名流演讲文萃》,北京:东方出版社2005年版,第317页。
③ 泽明、哲武编:《外国首脑文集》中册,北京:中华工商联合出版社1997年版,第160页。

等——同时他和我作为个人也平等。"①

也正如美国第 37 任总统尼克松在 1972 年访华期间同周恩来总理通过 8 天打交道后在回忆录中所写道:"我 1972 年访问中国期间,周恩来无与伦比的品格是我得到的最深刻印象之一。通过多次长时间的正式会谈和非正式交谈,我终于了解了他,并对他产生了极大的敬意。'恩来'译成英文是'恩惠降临'之意。这个名字很能概括他的风度和气质。他待人很谦虚,但沉着坚定。他优雅的举止,直率而从容的姿态,都显示出巨大的魅力和泰然自若的风度。在个人交往和政治关系中,他都忠实地遵循着中国人古老的信条:决不伤人情面。"②"在我们访华的过程中,我情不由己地想起赫鲁晓夫的高谈阔论是多么装腔作势,而中国人的待人接物又是多么平易近人。"③"这是中国人独有的、特殊的品德,是多少世纪以来的历史发展和中国文明的精华的结晶。"④

二 和平为上,慎战而不惧战,尚武而不黩武

中华民族历来酷爱和平。2000 年前,秦始皇修筑的长城是防御性的。1000 年前,唐朝开辟通向西域的丝绸之路,是为了把丝绸、茶叶、瓷器等销往世界。600 年前,郑和七下西洋的一个重要使命是将新皇朱棣"永远保持友好欢乐"的永乐年号传到世界,同万邦结好。所以,俄罗斯文豪托尔斯泰说,中华民族是"世界上最酷爱和平的民族"。⑤

新中国成立以后,一贯奉行和平外交政策,并认为维护世界的和平与稳定是中国人民和世界各国人民的最大利益。尽管新中国成立伊始就受到西方国家的敌视、威胁和挑衅,但中国始终高举和平旗帜,坚持以维护和平为己任。针对有人说中国要侵略、要扩张,毛泽东指出:中国一没有抢夺别国市

---

① 泽明、哲武编:《外国首脑文集》中册,北京:中华工商联合出版社 1997 年版,第 187 页。
② 泽明、哲武编:《外国首脑文集》中册,北京:中华工商联合出版社 1997 年版,第 142 页。
③ 泽明、哲武编:《外国首脑文集》中册,北京:中华工商联合出版社 1997 年版,第 145 页。
④ 泽明、哲武编:《外国首脑文集》中册,北京:中华工商联合出版社 1997 年版,第 147 页。
⑤ 佳谷编译:《政治家的声音:当代政坛名流演讲文萃》,北京:东方出版社 2005 年版,第 178 页。

第七章 苏醒的东方睡狮

场,二没有在别国建立军事基地,三没有派军事顾问到别的国家去,四没有同别国订立附加政治条件的不平等条约。事实上不是中国要侵略,而是中国怕别人侵略。说中国人口多就应该向外扩张,到别国去取东西,这是希特勒的理论。中国对别国的土地一寸也不要。中国的土地相当多,大部分没有开发。中国人口多,可以依靠本国的土地和资源用发展生产的办法来解决。中国不要打仗,既不想打世界大战,也不想打局部战争。中国需要的是长期的和平环境,是国际合作与帮助。中国愿意同所有国家友好,一百年、一万年,我们也不会侵略别人。①

1954年9月,在向中华人民共和国全国人民代表大会第一次会议致开幕词时,毛泽东又庄严宣告:"我们的总任务是:团结全国人民,争取一切国际朋友的支援,为建设一个伟大的社会主义国家而奋斗,为了保卫国际和平和发展人类进步事业而奋斗。"②

1955年5月,印度尼西亚总理沙斯特罗阿米佐约来华访问,毛泽东在与他交谈中还提出了国家间交往和解决国与国之间的分歧应该以"和平为上"的主张。毛泽东说:我们愿意用和平的方法来解决存在的问题。就是西方国家,只要它们愿意,我们也愿同它们合作。打仗总是不好的,特别是对西方国家是没有好结果的,历史已经证明了这一点。在战争中固然双方都损失物资和生命,但是,历史证明战争有一个政治后果对西方国家是不利的。第一次世界大战后,苏俄解脱了旧有的关系。第二次世界大战后,产生了像中国、波兰、捷克斯洛伐克等由共产党管事的国家。在印尼、印度、缅甸这样的许多国家和近东、中东的许多国家中,民族主义领导人所领导的运动使这些国家成为独立自主或者接近独立自主的国家。美国虽然强了起来,但是西方国家的阵营总的说是削弱了。因此,结论还是一个:和平为上。③

20世纪60年代初,国际上再次出现中国"好战"、"好斗"的议论和对中国的攻击,毛泽东也再次发表声明:"我们要维护世界和平,反对世界大战。""不管美国承认不承认我们,不管我们进不进联合国,世界和平的责任我们是

---

① 邓力群主编:《外交战略家毛泽东》,北京:中央民族大学出版社2003年版,第236页。
② 邓力群主编:《外交战略家毛泽东》,北京:中央民族大学出版社2003年版,第9页。
③ 邓力群主编:《外交战略家毛泽东》,北京:中央民族大学出版社2003年版,第297页。

要担负的。我们不会不进联合国就无法无天,像孙行者那样大闹天宫。"①

1971年10月,第26届联合国大会终于恢复了中国在联合国的合法席位,中国政府立即发表声明郑重宣告:"中华人民共和国政府即将派出自己的代表参加联合国的工作。中华人民共和国将同一切爱好和平和正义的国家和人民站在一起,为维护各国的民族独立和国家主权,为维护国际和平、促进人类进步的事业而共同奋斗。"②

和平本是中华民族的固有传统,维护和平本是中国坚定的立场和目标;但是,中国希望和平,别国却不让你和平,中国反对侵略扩张,有的国家却热衷于侵略扩张,正如邓小平所说:"中国不侵略别人,对任何国家都不构成威胁,却受到外国的威胁。……从建国一开始,我们就面临着这个问题。"③这就迫使新中国在成立以来不得不在边境地区加入和进行了三场自卫性战争,即抗美援朝战争和中印边境自卫反击作战与中越边境自卫反击作战。

抗美援朝战争是在新中国成立后的第二年——1950年10月开始的。

第二次世界大战后期,美、苏、中三国发表的《开罗宣言》明确:在消灭日本法西斯后,要使日本侵占的殖民地朝鲜独立。1945年8月苏联对日宣战后很快占领了朝鲜大部,而美军还来不及进入朝鲜半岛。为此,美国急忙向苏联提出以北纬38度线为界将朝鲜划分为南北两个部分,由美军控制朝鲜南部,苏军控制朝鲜北部;苏联同意美国的建议并从朝鲜南部撤出,由此,分裂朝鲜的"三八线"也就从此形成了。

1945年12月,美、苏、英三国外长会议决定由美、苏、中、英托管朝鲜五年,然后再将朝鲜建为独立统一的国家。然而,随着1947年冷战的开启,美、苏两国在朝鲜问题上尖锐对立。首先是美国支持长期流亡美国的李承晚于1948年8月在朝鲜南部建立了大韩民国。紧接着,曾在中国东北参加中国抗日战争的金日成又于1948年9月在朝鲜北部宣布建立了朝鲜民主主义共和国,就此形成两个朝鲜,并且双方都建立了各自的军队。朝鲜南北分别成立政府后,双方的冲突日益尖锐,仅1949年在"三八线"附近的武装冲突就上千次。1950年6月25日,朝鲜南北之间终于爆发了大规模内战,双方均指责是

---

① 邓力群主编:《外交战略家毛泽东》,北京:中央民族大学出版社2003年版,第121页。
② 邓力群主编:《外交战略家毛泽东》,北京:中央民族大学出版社2003年版,第438页。
③ 《邓小平文选》第3卷,北京:人民出版社1993年版,第294页。

第七章 苏醒的东方睡狮

对方首先发动了进攻。

朝鲜战争爆发当天,美国便迅速在联合国采取行动,操纵联合国安理会通过决议,指责朝鲜为"侵略者"。6月27日,美国又公开宣布美军将参战,支持韩国。与此同时,美国派遣第七舰队开进中国台湾海峡,占领了台湾基隆、高雄两个港口。7月7日,美国又再次操纵联合国通过决议,授权以美军为主,包括英国、法国、加拿大、澳大利亚、新西兰、土耳其、泰国、菲律宾、希腊、荷兰、比利时、卢森堡、哥伦比亚、埃塞俄比亚等15国军队的"联合国军"入朝作战,把本是一场内战的朝鲜战争演变成了第二次世界大战以后规模最大的一次侵略与反侵略的地区性国际战争。

1950年9月15日,在"联合国军"总司令麦克阿瑟的指挥下,美军第10军在朝鲜西海岸仁川港成功登陆,拦腰切断了朝鲜人民军主力,把战线迅速推进至北纬38度线地区。"联合国军"决定进一步扩大战争,麦克阿瑟下令于11月感恩节前占领朝鲜全境,全歼朝鲜人民军。完全掌握制空权和制海权的美军,还以其侵朝空军不断侵入中国领空,对中国东北边境地区进行轰炸扫射。至10月中旬,"联合国军"占领了朝鲜民主主义人民共和国首都平壤,并继续向中朝边境地区北进,把战火烧到了鸭绿江南岸,兵临中国。朝鲜民主主义人民共和国危在旦夕,中国内地的安全受到了严重威胁。此时,朝鲜劳动党和政府请求中国出兵援助。

爱好和平的新中国不愿意看到战争,更不想卷入战争,因此朝鲜战争爆发后就想通过外交和政治途径解决问题。7月7日,在美国操纵联合国通过决议出兵朝鲜的当天,周恩来总理兼外长就代表中国政府发表声明,指出联合国安理会在美国政府的指使和操纵下通过关于要求联合国会员国协助韩国当局的决议违反了联合国宪章,是非法的。8月20日,周恩来又给联合国秘书长赖伊和安理会主席马立克致电,表明:美国是挑起朝鲜战争的侵略祸首,中国支持苏联和平调解朝鲜问题的提案,并要求"联合国军"停止对朝鲜的军事行动,从朝鲜撤退所有的外国军队。8月24日,周恩来代表中国政府向联合国安理会提出控告:美国对中国领土采取了直接武装侵略,要求联合国使美国自中国台湾及其他属于中国的领土上撤出它的武装侵略部队,制裁美国侵朝空军侵犯中国领空、杀伤中国人民的残暴行为,并令美国第七舰队撤出台湾海峡。8月28日,中国政府再次通告联合国安理会:美军侵犯中国东北,恶意扩大武装侵略，要求安理会谴责美国的侵略行径，迫使美国侵略军立即撤走。9月30日，在中国政协全国委员会庆祝国庆节大会上，针对朝鲜战争，周恩来郑重声明并警告美国政府："中国人民反对战争，热爱和平，但是为了保卫和平，从不也永不害怕反抗侵略战争。中国人民决不能容忍外国的侵略，也不能听任帝国主义者对自己的邻人肆意侵略而置之不理。"①

但是，美国政府完全无视中国的态度，仍然恣意妄为，侵略气焰十分嚣张。在朝鲜民主主义人民共和国政府请求中国出兵援助，中国国家安全受到直接战争威胁，而新中国成立刚刚一周年，战争创伤尚未恢复，经济和技术极端落后，军队既无空军又无海军，且陆军装备也相当差的情况下，围绕到底出不出兵朝鲜这一关系重大、不得不慎之又慎的问题，中共中央政治局扩大会议连续开了六天，毛泽东为此整整三天三夜没有合眼，才最终作出了决策。毛泽东说："经过六天的讨论，我们终于取得了一致的意见。中国出兵参战，既是朝鲜人民的利益和世界人民利益的需要，也是中国人民眼前利益和长远利益的需要。因此，党中央认为：中国人民应当参战，参战利益极大，不参战损害极大！"②

迅即，中国组成中国人民志愿军，在司令员兼政治委员彭德怀的率领下，从10月19日开始隐蔽跨过鸭绿江，开赴朝鲜，与朝鲜人民军一起抗击高度现代化的以美国为主的"联合国军"的侵略。在这场"抗美援朝、保家卫国"的战争中，中国人民志愿军共有135万人参战，这是新中国成立后在境外进行的最大一次军事集结；中国人民志愿军共参战两年九个月，直到1953年7月27日交战双方签订停战协定，朝鲜战争结束。在这场"抗美援朝、保家卫国"的战争中，中国人民志愿军虽然历经千辛万苦，以极其落后的武器装备与武装到牙齿的"联合国军"进行了殊死搏斗；中国人民虽然付出了巨大牺牲，有36万最可爱的人永远长眠在了异国他乡，其中也包括中国人民开国领袖毛泽东的长子毛岸英，但热血浇开的胜利之花是最可贵的。这场战争，使南北两个朝鲜最后划定的军事分界线重归"三八线"。这场战争，是美国历史上第一次在没有取得胜利的停战协议上签字。这场战争，让美国一些军人发誓，"今

---

① 中共中央文献研究室编：《周恩来年谱：1949~1976》上卷，北京：中央文献出版社1998年版，第82页。
② 邓力群主编：《外交战略家毛泽东》，北京：中央民族大学出版社2003年版，第511页。

第七章 苏醒的东方睡狮

后永不同中国军队作战"。这场战争,为中国东北亚边境带来了长达半个多世纪的和平与安宁。这场战争,还让新生的人民共和国在诞生之初就在世界树立起了崭新的形象。

中印边境自卫反击作战是在1962年10月、11月间进行的。

中印边界全长约1700公里,习惯上分为东、中、西三段。从中国、印度、缅甸三国交界处至中国、印度、不丹三国交界处的底宛格里为东段,长约650公里。从西藏普兰县的中国、印度、尼泊尔三国交界处至西藏扎达县的6795高地为中段,长约450公里。从西藏扎达县的6795高地至新疆的喀喇昆仑山口为西段,长约600公里。整个中印边界从未正式划定。但是,根据双方历史行政管辖所及,在长期的历史发展过程中逐渐形成了一条传统习惯线。

1951年至1953年,印度趁中国中央政府与西藏地方政府谈判解决西藏新政之机,派军队越过中印边境东段,侵占了传统习惯线以北、英国殖民者1914年非法所划、中国历届政府从未承认过的"麦克马洪线"以南约9万平方公里的中国领土。在中段和西段,印度也侵占了部分中国领土。由此,中印边境全线的领土争议进一步扩大。

1959年西藏实行民主改革、达赖集团叛逃到印度、印度在西藏建立"缓冲国"的企图彻底破产后,印度政府便公开向中国提出领土要求。由于遭到中国政府的坚决拒绝,印度军队遂在东段朗久地区和西段空喀山口袭击中国边防人员,蓄意挑起边境武装冲突。中国政府曾多次提出通过和平谈判解决中印边界问题,周恩来总理也曾于1960年4月亲赴印度为促进中印边界问题和平解决而努力,但都未能得到印度政府的响应。

从1962年6月起,由于有美、苏两个世界超级大国撑腰,印度又向中国境内推行"前进政策",不断蚕食中国领土,向中国边防部队进行武装挑衅,先后在中国境内设立据点43个。9月下旬,印军对驻防西藏山南择挠、扯冬等地的中国边防部队开枪射击,打死打伤中国官兵47人。10月20日,印度政府调集步兵22000人,在空军配合下从中印边界东段和西段同时向中国发起大规模进攻,中国边防部队遂被迫进行自卫反击。

这场自卫反击作战分为两个阶段。10月20日至28日为第一阶段。西藏边防部队在东段克节郎地区全歼印军第7旅和其他印军一部,进驻达旺,逼近瓦弄。西段，新疆边防部队全歼侵入加勒万河谷、红山头地区、班公湖两岸和巴里加斯地区的印军，拔除入侵印军据点37个。11月16日至21日为第二阶段。在印军增兵并于11月14日和16日再次在东段、西段向中国边防部队发起进攻后，西藏边防部队即以主力向山南达旺河以南、西山口、德让宗、邦迪拉方向实施反击，另以一部兵力向瓦弄方向实施反击；新疆边防部队则负责拔除在西段班公洛地区的印军入侵据点。至11月21日，印军全线溃败，中国边防部队进至中印边界传统习惯线。在这场自卫反击作战取得压倒性胜利的形势下，为促进中印边界问题的和平解决，中国政府于11月21日发表声明，宣布中国边防部队在中印边界全线主动停火和后撤。

这场中印边境自卫反击作战历时一个月，中国人民解放军打退了印度军队的全面进攻，歼灭印军8700多人，清除印军在中国境内设置的据点90多个，捍卫了中国的领土完整和尊严，并且在国际上开创了胜利军队主动停火、主动后撤、主动交还缴获物资和遣返俘虏的先例。在这次作战中，中国边防部队阵亡722人，负伤1697人。

中越边境自卫反击作战主要是在1979年2月、3月间进行的。

中越陆地边界线共1300公里。中华人民共和国和越南民主共和国成立后的20多年间，中越边界和平、安宁，没有争端。在越南抗法、抗美救国战争期间，中国曾对越南进行全面、无私的援助。1975年越南南北统一后，越南当局自恃有苏联支持，即开始公开反华，并不断制造边界纠纷，将20多万华侨和华裔强行赶入中国境内，还对中国西沙群岛、南沙群岛无理提出领土要求。在1978年8月至1979年2月中国进行边境自卫反击作战之前的半年内，越南军警即在中越边境一线制造武装挑衅事件700多起，侵犯中国边境地段162处，打死打伤中国边防人员和居民300多人。在越南当局公开反华后的一段较长时间内，中国政府都以中越两国人民的友谊为重，采取克制和忍让态度，希望通过和平协商的途径来解决两国之间的争端。但越南当局抗美救国战争胜利后头脑发热，也错判当时的国际形势和中美苏大三角关系，无视中国的克制与和平愿望，继续对中国采取有增无减的挑衅行动。中国政府忍无可忍，遂决定进行自卫反击作战。

1979年2月17日凌晨，中国人民解放军广西、云南边防部队在中越边境全线发起反击，并进入越南北部边境浅近纵深对挑衅、侵犯中国主权和领土

第七章 苏醒的东方睡狮

的越军进行还击作战。2月17日至25日,以反击高平、老街地区的越军为主要目标。2月25日至3月5日,以反击谅山、沙巴地区的越军为主要目标。在作战期间,广西、云南边防部队突破越军防御纵深直线距离20至40公里,攻克越南谅山、高平、老街三个省城和柑塘、禄平、同登等20多个边防重镇与战略要地,摧毁了越南在北部边境地区针对中国构筑的大量军事设施。

3月5日,中国结束了对越边境自卫还击作战,中国边防部队开始回撤。3月16日,全部边防部队撤回了中国境内。这场作战后来虽有反复,但经过时间和实践的检验,双方最终在中越边境全线恢复了和平与安宁,并且彻底解决了两国陆疆边界的划界问题。

以上被迫加入和进行的三场自卫性战争,虽然其作战对象、作战场景、作战时域、作战规模都不一样,但是,在战前的和平努力上、在战争的审慎决策上、在作战的根本目的是为了和平上,都是高度一致的,充分践行了中国希望和平、保卫和平,并且始终致力于和平的思想主张和政策目标。比如,在1962年所进行的中印边境自卫反击作战中,就在战前、战中、战后全程体现了中国的这一努力。尽管这场战争结束50多年后,对其战争的起因和利弊得失仍存杂音,但解密的档案资料和事实证明,对这场战争的自卫性、正义性,以及中国政府在战前、战中、战后的种种和平努力,是无可非议、不容置疑的。

本来,中国和印度是亚洲的两大文明古国,两国人民的友谊源远流长。1947年印度独立和1949年新中国成立后,两国也曾有过一段相当密切和友好的关系。

1950年4月,中、印两个年轻的共和国即建立了外交关系;并且,印度是与新中国建立外交关系的第一个非社会主义国家。为了解决中国西藏地方与印度在英国殖民时代所造成的种种遗留问题与现实关系问题,中、印两国政府1953年12月就在北京举行了谈判。谈判第一天,周恩来总理在会见印度代表团时就说:"我们相信,中印两国的关系会一天一天地好起来。新中国成立后就确立了处理中印两国关系的原则,那就是互相尊重领土主权、互不侵犯、互不干涉内政、平等互利和和平共处的原则。"[1]经过四个月的谈判和

---

[1] 中印边境自卫反击作战史编写组:《中印边境自卫反击作战史》,北京:军事科学出版社1994年版,第65页。

协商，两国于 1954 年 4 月签署了《关于中国西藏地方和印度之间的通商与交通协定》，妥善解决了许多历史遗留问题，为两国关系奠定了新的基础，也迎来了中印友好合作的第一个高潮。

1954 年 6 月，周恩来总理访问了印度。同年 10 月，印度总理尼赫鲁回访中国。这也是新中国在成立之后所接待的第一个非社会主义国家的政府首脑。在尼赫鲁总理到达北京的当天，毛泽东、刘少奇、周恩来、朱德、宋庆龄、陈云等中国党和国家领导人就集体会见了他。几天后，毛泽东又再次会见并宴请了尼赫鲁。1955 年 4 月，在中国代表团赴印度尼西亚出席万隆会议时，当国民党特务在香港殖民政权的伙同下对原定周恩来总理准备乘坐的"克什米尔公主"号飞机做手脚，造成它在航行中爆炸、部分中国代表团成员遇难后，尼赫鲁总理还紧急特派一架专机到中国昆明，秘密把周恩来总理和中国代表团平安地接送到了印度尼西亚万隆。1956 年 11 月、1957 年 1 月，周恩来总理接连两次访问印度，也受到印度政府和人民隆重而热烈的欢迎。在 1956 年 11 月参加印度首都新德里的市民大会时，有上百万人欢迎周恩来总理一行。通过这一系列领导人的密集互访，不仅加深了两国之间的相互了解和友谊，而且互相配合和支持，共同为加强亚非团结，支持亚非地区新兴国家反帝、反殖、争取和维护民族独立斗争，以及维护亚洲与世界的和平作出了宝贵努力和贡献。

不幸的是，中、印两国的友好合作关系未能持久和延续，在 20 世纪 50 年代末便发生了逆转。事实证明，中印两国关系逆转的主要原因在印度而不在中国，这集中体现在以下几个方面。

一是，尼赫鲁政府"印度中心论"的思想膨胀，受急于"将国家安全边疆拓展到理想位置"的战略驱使，把扩张势力范围的手伸向了中国。

"印度中心论"本是英国前英印总督寇松统治印度时的思想观点，他认为，印度好像一座堡垒，两面以大海为堑壕，其余部分以高山为屏障，只要控制住印度，就能有效地控制从阿拉伯、波斯、阿富汗、西藏和向东到泰国的形势，以有利于英国建设庞大、完整的殖民帝国体系。他提出这一论点的核心是：充分利用印度的自然优势和地理条件，借助其丰富资源和雄厚人力，逐步向亚洲大陆及海湾地区拓展势力范围，"使英国和印度联结起来"，经"旁遮普、印度河和恒河,到红海和马耳他岛,把这一极为广阔的陆地、海洋联成一片"。① 这样,在这一殖民链条之中,印度就不仅是大英帝国东方殖民体系中的政治经济中心,而且是英国向亚洲及印度洋沿岸地区进行殖民扩张的战略基地。曾远赴英伦先后在英国贵族子弟学府哈罗公学和剑桥大学留学七年的尼赫鲁,虽然反对英国对印度的殖民统治,但他和他的政府对大英帝国"印度中心论"的思想观点是崇尚的,并且认为,在英国势力撤出南亚和印度洋周边地区以后,只有印度才有资格填补英国撤离所造成的空缺,也只有印度才有能力全面继承英国所留下来的政治和军事遗产,从而"成为亚洲各部分的中心"。1949年10月,尼赫鲁在写给印度各邦首席部长的信中即声称:"今天全世界都公认亚洲的未来将强烈地由印度的未来所决定。印度越来越成为亚洲的中心。"②

进入20世纪50年代后,随着印度先是同印度尼西亚、缅甸等国家成功主导召开了万隆会议,接着又同埃及、南斯拉夫等国家成功主导发起了不结盟运动,尼赫鲁政府便飘飘然起来,"印度中心论"的思想也随之膨胀。为能尽快真正"成为亚洲各部分的中心",印度政府制定的"将国家安全边疆拓展到理想位置"的军事战略和外交方针也随之开始实施。对于巴基斯坦,印度调集了主要军事力量加以应对,企图用武力来解决两国在克什米尔地区的纠纷。对于不丹、尼泊尔,印度迫使两国与其签订不平等条约,从而获得了当年英国殖民者在不丹、尼泊尔的权益。对于锡金王国,印度则派出了武装部队进驻。在与中国接壤的西藏地区,尼赫鲁政府历来认为:"无论过去和现在,在南亚居主宰地位的国家无不从战略上考虑把地处世界屋脊的西藏视为极端重要的地区。"③为此,印度独立后不久就开始运用渗透手段,对中印边境地区尚未明确划界的部分采取试探性前进政策和逐步扩大的方法,力求在中国中央政府还未完全有效控制边境地区以前,尽量抢占更多的地点,以期达到控制南亚地区通向亚洲腹地战略通道的目的。到了20世纪60年代初,印度在

---

① 中印边境自卫反击作战史编写组:《中印边境自卫反击作战史》,北京:军事科学出版社1994年版,第38页。
② 中印边境自卫反击作战史编写组:《中印边境自卫反击作战史》,北京:军事科学出版社1994年版,第39页。
③ 中印边境自卫反击作战史编写组:《中印边境自卫反击作战史》,北京:军事科学出版社1994年版,第40页。

中印边境地区更是公开奉行"前进政策",企图以武力改变边境现状。

二是,尼赫鲁政府的对华政策不仅在中印边境领土争议方面具有两面性和虚伪性,而且在对待中国西藏地位问题上也具有两面性和虚伪性。

在公开场合,尼赫鲁政府大谈建立印中友好关系,承认西藏是中国的一部分,但暗中又支持达赖集团搞西藏"独立",企图在中印两国之间建立一个"缓冲国"。基于所谓的地缘政治战略分析,印度认为:"实行把西藏变为缓冲区的政策,不仅为地缘政治学所规定,而且是保持印度安全的最经济办法。"①根据这一结论,所以印度在声称与中国发展友好关系的同时,又谋求在西藏藏族聚居区形成一个以宗教和文化为纽带的政治实体,把西藏变成一个印度可以对其施加影响和控制的"缓冲国",从而使世界上两个人口最多的国家脱离直接接触。这是印度暗中鼓励西藏"独立"、支持西藏叛乱集团的全部目的和根本原因。在印度看来,一个封建落后、停滞不前、一切保持原样不动的西藏,最符合印度的利益,因为:在政治上,一个神权至上、封建农奴主统治下的西藏对印度不会产生威胁;在经济上,生产力极其低下的西藏在很大程度上将会依赖印度,印度便可通过经济渗透来达到控制西藏的目的。但是,印度想搞"缓冲国"又不能公开说,只能在幕后活动。而西藏的上层统治阶层也想继续维持过去的农奴制,害怕自己的统治被推翻。这样,印度政府和西藏上层便在维护西藏农奴制这一点上不谋而合。在西藏和平解放前,十四世达赖喇嘛尚未亲政,印度就曾通过摄政大扎和代理藏王对十四世达赖灌输亲印思想,培养其"西藏独立"观念。人民解放军进军西藏后,印度又默许西藏不法分子逃往印度的噶伦堡,并在噶伦堡同美国、英国的特务频繁来往,建立策划"西藏独立"的秘密根据地。

1956年11月和1957年1月,周恩来总理在两次访问印度期间,都曾就西藏问题同尼赫鲁总理交换意见,严肃表明了中国的立场和中国在处理西藏问题上所采取的方针。关于西藏地方自治问题,周恩来总理表示,西藏是中国不可分割的一部分,中国愿意保持西藏自治,并支持达赖为首领,但如果外来颠覆活动不停止,中国则有必要加强对西藏的管理。周恩来总理还特别提请印方注意,噶伦堡已被美国和其他国家用作国际间谍的据点,对中国西

---

① 中印边境自卫反击作战史编写组:《中印边境自卫反击作战史》,北京:军事科学出版社1994年版,第40页。

第七章 苏醒的东方睡狮

藏进行渗透破坏和颠覆活动。

1959年3月西藏发生武装叛乱、达赖等人叛逃到印度时，其活动又得到了印度官方的协助和直接配合。印度外交部官员在中印边境迎接达赖，帮助其散发歪曲事实真相的《达赖喇嘛声明》。达赖到达印度首都新德里后，印方居然安排达赖住在印度国宾馆，并安排达赖先后会见了印度总统、总理和内阁部长等政要。印度政府的这些做法显然是对中国内政的粗暴干涉，严重违背了中印两国共同倡导的和平共处五项原则。只是在这样的情况下，一向以中印两国友好大局为重、并对印度的种种错误做法采取克制忍让态度的中国政府，才在适当场合说明了中印争端的实质。1959年5月6日，毛泽东、周恩来在共同会见苏联、朝鲜、越南、蒙古、罗马尼亚等11个国家的访华代表团和驻华使节时，周恩来就西藏问题和中印关系作了这样一些说明：印度希望西藏长期保持落后状态，成为中印间的"缓冲国"，这是他们的主导思想，也是中印间争论的中心。由此，也就出现了印度干涉中国内政和违背和平共处五项原则、反对中国中央政府在自己的领土上进行民主改革的奇怪现象。我们同印度广大人民并无冲突。中印两国人民过去友好相处，今后还会友好相处。但是，我们要把西藏问题向世界各国说清楚，把印度政府的真实目的说出来，让世界各国都知道过去所不清楚的事和印度政府的两面性。① 尽管印度对中国采取如此的态度，但毛泽东还是表示："总的说来，印度是中国的友好国家，一千多年来如此，今后一千年一万年，我们相信也将如此。""我们不能把友人当敌人，这是我们的国策。"②

三是，受美、苏两个世界超级大国的鼓励和支持，在中苏两国关系恶化之际，印度掀起了反华浪潮。

中印边界争端发生以后，为使印度的军事行动与其在中国东南沿海支持蒋介石窜犯大陆的行动遥相呼应，扩大对中国的战略包围，美国乘机拉拢印度，怂恿印度强化在中印边界问题上的立场。1959年12月，美国总统艾森豪威尔访问印度，同尼赫鲁重点讨论了印中关系，并向尼赫鲁许诺，印度万一同共产党中国发生战争，"可以指望美国援助印度，即使两国并没有建

---

① 《周恩来外交文选》，北京：中央文献出版社1990年版，第274页。
② 《国际问题研究》，2010年第4期，第1页。

立军事同盟"。① 1961年肯尼迪就任美国总统后，对印度反华更加热心，认为"支持印度完全符合美国的利益"。1961年11月尼赫鲁访问美国期间，肯尼迪与其交谈时说："美国在全球担负遏阻共产主义的任务，已越来越感到筋疲力尽，希望印度能在东南亚地区负起更大甚至主要的责任。"并认为，印度"是在亚洲和非洲可能挡住共产党人的关键"。美国国务院高官也对尼赫鲁承诺："如果印度政府的确预料到在明年夏天的边境武装冲突中要求外国援助的话，那么完全有理由早日提出来。""如果接到了要求，肯尼迪政府准备并且愿意根据优惠条件为印度提供抵御中国所需要的军事装备。"②

后来的事实证明，印度的反华调子越高、越凶，美国给予印度的援助也就越多。到1961年年底，即印度政府掀起大规模反华活动后，美国给印度的援助达到41亿美元，比1959年以前增加了一倍。在1962年10月中印边境作战开始以后，美国在五天之内便把第一批援助物资空运到了印度。在接下来的时间里，美国运载军火的飞机更是以每隔三小时就有一架次降落在加尔各答机场的速度，对印度的军事行动提供支援。与此同时，根据印度的要求，美国还从太平洋舰队派出一艘航空母舰驶向印度洋，并部署一个美制C-130运输机中队抵达印度。

苏联在中印边界问题上公开偏袒印度的态度，既对印度的反华起到了推波助澜的作用，又构成了中苏两国关系之间重要原则性分歧的一个关节。在明明是印度对中国提出领土要求并采取咄咄逼人行动的情况下，苏联却出于自己推行"苏美合作，共同主宰世界"的战略需要，强压中国要对印度让步。在1960年2月致中共中央的信件中，赫鲁晓夫竟说："以为印度这样一个在军事和经济方面远比中国软弱的国家真的会妄想对中国发动军事进攻，进行侵略，那是完全不严肃的。"③

苏联之所以在中印边界问题上偏袒、支持印度，除了利用印度帮助其反华以外，还要与美国争夺印度。为此，1960年2月美国总统艾森豪威尔刚刚

---

① 中印边境自卫反击作战史编写组：《中印边境自卫反击作战史》，北京：军事科学出版社1994年版，第112页。
② 中印边境自卫反击作战史编写组：《中印边境自卫反击作战史》，北京：军事科学出版社1994年版，第112页。
③ 中印边境自卫反击作战史编写组：《中印边境自卫反击作战史》，北京：军事科学出版社1994年版，第113页。

第七章 苏醒的东方睡狮

离开印度，赫鲁晓夫就访问新德里，同尼赫鲁进行秘密会谈，达成了向印度出售114架各种苏联飞机——其中包括32架米格-21战斗机的协议。与此同时，从1959年4月到1962年9月，苏联还为印度提供军事、经济援助25.95亿卢比。就是在美、苏两个世界超级大国的鼓励和支持下，印度尼赫鲁政府才加快了其以武力蚕食、侵占中国领土的步伐。

四是，错判形势，低估中国，企图对中国落井下石。

印度尼赫鲁政府之所以在中印边界问题上态度强硬，敢于对中国发起武力挑衅，也还有他对20世纪60年代初的中国经济困难形势和国际国内环境存在错误判断、认为有机可乘这一重要原因。60年代初，中国遇到了连续几年的重大灾害，再加上自己经济政策上的一些失误和苏联撤走专家、撕毁协议、索要债务，中国国民经济确实面临严重困难。同时，还由于中国台湾在美国的唆使和支持下，利用大陆经济暂时困难不断窜犯大陆，企图东山再起，一度造成了中国东南沿海地区的紧张局势。看到中国所处的这种困难形势，尼赫鲁政府认为：中国既与美国对立，又与苏联失和，在国际上已处于孤立无援地位；中国严重的经济困难，短期不可能克服；美国支持蒋介石集团在中国东南沿海地区进行军事骚扰，必然迫使中国的军事注意力集中在东南沿海地区而无暇西顾；无疑，现在就是印度在中印边境地区推行"前进政策"、以武力实现领土要求的最佳时机。正是出于这样一些判断，所以尼赫鲁政府迫不及待地走上了以武力改变中印边界现状的道路。

在中印两国的传统友好关系因边界问题发生逆转、且受到印度在边境地区日益严重的武力挑衅与威胁以后，为了避免发生战争，促进双方能够通过和平谈判解决边界问题，中国在1962年10月印度发起大规模进攻前，采取和进行了一系列和平努力与行动。

一是在印度政府公开向中国提出领土要求，并派重兵前推抢占"麦克马洪线"南北两侧的战役、战术要地后，中国仍然克制忍让，单方面采取和平措施以维护边境地区稳定。

1959年3月22日，印度总理尼赫鲁致信周恩来总理，在信中公然声称，中印东段的边界早已明确划定，"麦克马洪线"就是中印边界东段的国界线，并说："这条线是在1913年至1914年中国政府、西藏和印度的全权代表在西姆拉举行的三边会议上划出的。"①1959年8月28日、31日和9月4日，尼赫鲁又就中印边界问题连续发表谈话，说：就印度而言，"麦克马洪线"就是国境线；中印边界东段，我们坚持"麦克马洪线"；"这根据条约规定是确定不移的，根据惯例和权利是确定不移的，而从地理上来讲也是确定不移的。"②与此同时，印度还在中印边境东段一线大量增兵，扩充据点，于1959年4月、8月两次越过"麦克马洪线"武装占领了中国西藏的朗久、马及墩、塔克新等地。

在这种情况下，中国并没有对印度采取针锋相对的军事行动，而是仍然着眼于通过谈判和平解决两国的纷争。1959年9月8日，周恩来总理致信印度尼赫鲁总理，系统阐述了中印边界问题的由来和中国政府为维护中印友好以及公平合理解决中印边界问题的立场和主张。周恩来总理指出："中印边界问题是历史遗留下来的复杂问题。处理这个问题的时候，不能不首先考虑到英国在统治印度的时期对中国进行侵略的历史背景。从很早的时候起，英国就抱着对中国西藏地方的侵略野心。英国曾经不断唆使西藏脱离中国，企图把一个名义上独立的西藏置于英国的控制之下。在这个阴谋不能得逞以后，英国又对中国施加种种压力，要求把西藏划为英国的势力范围，而让中国保留所谓对西藏的宗主权。与此同时，英国还以印度为基地，广泛地向中国的西藏地方甚至新疆地方进行领土扩张。这一切就是中印边境问题长期存在纠纷、悬而不决的基本原因。""中印两国都是长期受帝国主义侵略的国家。这种共同的遭遇，本来应该很自然地使中印两国对上述的历史背景抱有一致的看法，并且采取互相同情、互相谅解和公平合理的态度，处理两国的边界问题。中国政府原来以为，印度政府是会采取这种态度的。但是，出乎中国政府的意料之外，印度政府竟要求中国政府正式承认英国对中国西藏地方执行侵略政策所造成的局面，作为解决中印边界问题的根据。更严重的是，印度政府对中国政府施加种种压力，甚至不惜使用武力，来支持这种要求。这不能不使中国政府感到深切的遗憾。"③

---

① 中印边境自卫反击作战史编写组：《中印边境自卫反击作战史》，北京：军事科学出版社1994年版，第93页。
② 中印边境自卫反击作战史编写组：《中印边境自卫反击作战史》，北京：军事科学出版社1994年版，第97页。
③ 中印边境自卫反击作战史编写组：《中印边境自卫反击作战史》，北京：军事科学出版社1994年版，第7页。

第七章 苏醒的东方睡狮

对于尼赫鲁关于中印边境东段边界早已划定,"麦克马洪线"就是国界线的说法,周恩来总理指出:"所谓这段边界早已明确划定的说法,显然是不能成立的。""同你在来信中所说的相反,所谓'麦克马洪线'从未在西姆拉会议上加以讨论,而是英国和西藏地方当局的代表,背着中国中央政府的代表,于1914年4月24日,也即是在西姆拉条约签订以前,在德里用秘密换文的方式决定的。这条界线,后来是作为西藏同中国其他部分之间的界线的一部分,标在西姆拉条约的附图之上的。所谓的'麦克马洪线'是英国对中国西藏地方执行侵略政策的产物,从未被中国的任何一个中央政府所承认,因此肯定是不合法的。至于西姆拉条约,当时的中国中央政府代表就没有正式签字,这是在条约上清楚地注明了的。""这条非法的界线曾经引起中国人民的极大愤慨,就是西藏地方当局,后来也对这条线不满,并且在1947年印度独立后致电阁下,要求印度归还这条非法界线以南的中国西藏地方的全部领土。这块领土相当于中国的浙江省,有9万平方公里之大。总理先生,中国怎么能够同意强迫接受这样一个丧权辱国、出卖领土、而这块领土又是如此之大的非法界线呢?"①

对于印度在中印边境地区采取的种种挑衅和武装入侵行为,周恩来总理严肃地表明了中国的态度,说:"自从西藏叛乱发生以来,由于不能由中国方面负责的原因,边界局势日益紧张。大批西藏叛乱分子逃入印度以后,印度军队立即在中印边界的东段节节进逼,不仅片面地改变了两国边界久已存在的状况,越过了英国和西藏地方当局秘密换文的附图上标明的所谓'麦克马洪线',而且还越过了印度现行出版的地图上所标明的边界线,这条线据说就是所谓'麦克马洪线',但实际上在许多地方比所谓'麦克马洪线'更加深入中国境内。印军侵占了朗久,侵入了雅斜儿,并且仍然侵占着沙则、兼则马尼、塔马顿等中国领土,包庇在这个地区的西藏武装叛匪。印度的飞机也一再在中印边境侵犯中国的领空。尤其令人遗憾的是,不久以前,非法侵占朗久的印军,竟对驻扎在马及墩的中国边防部队进行武装袭击,使中国边防部队不得不为自卫而予以还击。这是在中印边境上发生的第一次武装冲突事件。从以上所述可以看出,最近在中印边境出现的紧张局势,都是由于印军越境挑衅造成的,应该由印度方面负完

---

① 中印边境自卫反击作战史编写组:《中印边境自卫反击作战史》,北京:军事科学出版社1994年版,第93页。

全的责任。但是，印度政府却反而对中国政府提出种种毫无根据的指责，叫嚷中国侵略了印度，把中国边防部队在马及墩地区的自卫行动说成是武装挑衅。印度的许多政界人士和宣传机关更乘机散布大量反华言论，甚至公开主张采取轰炸中国领土等更大规模的挑衅行动。这样就掀起了半年来在印度的第二次反华运动。印度不承认中印边界未经划定的事实，变本加厉地从军事、外交和舆论等方面对中国施加压力，这就不能不令人怀疑，印度的企图是要把自己关于边界问题的片面主张强加于中国方面。必须指出，这种企图是永远不能实现的，而且这样做，除了损伤两国的友谊，使边界问题更加复杂化、更加难于解决以外，不可能有其他的结果。"①

关于中国对解决中印边界问题的政策主张，周恩来总理说："中国政府对于中印边界问题一贯遵循着十分明确的方针，一方面肯定中印边界全部未经划定的事实，另一方面又面对现实，并且在边界问题解决以前，绝不片面改变两国边界久已存在的状况。""中印两国之间的友好关系是建筑在和平共处五项原则的基础之上的，中国政府一贯认为，我们两国之间的一切分歧都必须、也一定能够通过和平协商求得解决，而不应该使两国的友好关系受到影响。"②"阁下是五项原则的创始人之一，对于巩固和发展中印友谊作出过重要的贡献，而且经常强调中印友谊的重要性。对此，中国政府和中国人民是有深刻印象的。因此，我把中印边界的全部情况，系统地向阁下说明。我希望，阁下和印度政府将会根据中国政府的要求，立即采取措施，撤回越境的印度军队和行政人员，恢复两国边界久已存在的状况。这样，中印边境一时的紧张局势就会立刻和缓下来，笼罩着两国关系的阴云也会迅速消散。"③

二是在印度于1959年10月21日在中印边界西段空喀山口挑起武装冲突并再次制造新的流血事件后，为防止事态进一步升级，中国建设性地提出了中印两国边防部队从双方实际控制线各自后撤20公里的主张。

1959年11月7日，在致印度尼赫鲁总理的信中，周恩来总理说："10月

---

① 中印边境自卫反击作战史编写组：《中印边境自卫反击作战史》，北京：军事科学出版社1994年版，第98—99页。
② 中印边境自卫反击作战史编写组：《中印边境自卫反击作战史》，北京：军事科学出版社1994年版，第98页。
③ 中印边境自卫反击作战史编写组：《中印边境自卫反击作战史》，北京：军事科学出版社1994年版，第98、99页。

第七章 苏醒的东方睡狮

21日在中国境内的空喀山口以南地区,又发生了新的意外的边境冲突。""在目前的情况下,我认为,摆在我们面前的最重要的责任,首先是迅速地、毫不迟疑地采取有效的步骤,来认真改善两国边境的令人不安的状况,并且力求根本消除今后发生任何边境冲突的可能性。""由于中印两国边界从来没有划定过,而又非常漫长,距离两国政治中心很远或者比较远,如果两国政府不想出一个十分妥善的解决办法,我担心双方都不愿意看到的边境冲突今后还有可能出现。而只要出现了这类冲突,哪怕是很小的冲突,就会被那些敌视我们两国友谊的人们所利用,以达其不可告人的目的。我们两国之间有悠久的友好历史,没有根本利益的冲突,我们两国政府又是和平共处五项原则的倡议者,我们没有任何理由让两国边境的紧张形势继续存在下去。""为了有效地维持两国边界的现状,确保边境的安宁,并且为边界问题的友好解决创造良好气氛,中国政府建议:中印两国的武装部队立即从东边的所谓'麦克马洪线'和西边的双方实际控制线各自后撤20公里。""这个建议,实际上也就是把印度政府9月10日的照会中关于双方都不派遣武装人员到朗久的建议扩大到整个中印边境,并且使双方部队的距离扩大到40公里之远。如果这一距离还需要更扩大,中国政府也愿意考虑。"①

为了为边界问题的和平解决创造良好气氛并最终解决中印边界问题,周恩来总理还在这次致尼赫鲁的信中主动提出了举行两国总理会谈的建议。信中说:"总之,无论在我们两国边界经过谈判正式划定以前或以后,中国政府都愿意竭尽一切努力,在我们两国之间创造一条最和平、最安全的边境地带,使我们两国永远不再为边境问题而发生疑惧或冲突。""为进一步商谈边界问题和两国关系中的其他问题,中国政府建议,两国总理在最近期间举行会谈。"②

三是在印度迫于国际舆论的压力不得不同意举行两国总理会谈后,周恩来总理又在中印两国建交十年间,第四次赴印度就和平解决两国边界问题再次进行协商。

周恩来总理1959年11月7日在致尼赫鲁的信中提出举行两国总理会谈的

---

① 中印边境自卫反击作战史编写组:《中印边境自卫反击作战史》,北京:军事科学出版社1994年版,第103页。
② 中印边境自卫反击作战史编写组:《中印边境自卫反击作战史》,北京:军事科学出版社1994年版,第104页。

建议后，尼赫鲁曾在11月16日致信周恩来总理，表示准备就中印边界问题同周恩来总理会谈，但不同意中国提出的双方边防部队从实际控制线各自后撤20公里以脱离接触的主张。尼赫鲁表示：在中印边界东段和中段，除朗久以外，中国没有占据印度国界以南的任何地区，在这种情况下，"如果各方政府指示它的前哨站不派出巡逻队的话，就不会发生任何边境冲突的丝毫危险"；① 至于朗久，中方撤出，印方不去重新占领，紧张也就自然减少；在中印边界西段，双方的部队和行政人员都撤出阿克赛钦等争议地区，也就自然脱离了接触，武装冲突也不会发生；只有有了这些基础，两国总理才能举行边界问题谈判。

显然，尼赫鲁这是在玩外交手腕。因为按照他这样的观点和要求，印度所控制的中印边境东段、中段争议地区就将继续由印度占领并且合法化，而中国则还必须从其控制的中印边境西段单方面后撤，从而将争议地区只限定在中印边境西段并将西段特殊化。这就不仅破坏了维持边界现状这一进行边界问题谈判的基本前提，而且还把满足其提出的领土要求设置成了谈判的先决条件。这样的观点和要求，中国政府当然不能接受。于是，12月17日，周恩来总理又致信尼赫鲁，在详细说明了不能把中印边境西段特殊化的理由之后，更具体地提出了在1960年2月下旬举行两国总理会谈的建议。但印度政府对于中方的建议没有给予积极响应。

不过，谁是谁非，国际社会自有公论。在印度政府两次拒绝中国关于就边界问题举行两国总理谈判的建议后，印度尼西亚、阿尔巴尼亚、朝鲜、芬兰、瑞典、丹麦，以及罗马尼亚、蒙古、越南等国的报纸，不仅刊载周恩来总理给尼赫鲁总理的信，而且纷纷发表评论，肯定和支持中国政府的态度，指责印度政府的行为，使印度在外交上陷入了很大的被动。迫于国际压力，尼赫鲁政府才不得不发信邀请周恩来总理访印。

1960年4月19日，周恩来总理和陈毅副总理兼外长一行抵达新德里。这是中印两国建交十年里周恩来总理第四次访问印度。4月20日，周恩来总理在同尼赫鲁举行的会谈中，诚恳表明了中国政府对这次谈判的态度："中国政府和我本人深信，只要处为两国友好的长远利益着想，既考虑到历史背景，又考虑

---

① 中印边境自卫反击作战史编写组：《中印边境自卫反击作战史》，北京：军事科学出版社1994年版，第104页。

到当前的实际情况，根据五项原则，互谅互让，两国边界问题是完全能够求得公平合理的全面解决的。中印边界问题是历史上留下来的，不是我们两国政府制造出来的。中国政府尤其不愿意看到两国边界问题影响到两国关系。为了寻求和平解决边界问题的各种途径，中国政府从不吝惜作出自己可能作出的最大努力。我衷心地希望两国总理这次会晤能够产生积极和有益的效果。"①

在这次谈判中，双方就中印边界全线存在的争议进行了逐段商讨。关于东段，印方要求中方根据分水岭的原则承认"麦克马洪线"，照顾印度人民对喜马拉雅山的民族感情；中方采取了谅解和让步的态度，虽然不承认"麦克马洪线"，但愿意在中印边界问题解决前维持现状，不越过这条线，并且在谈判边界问题时，也不把这一地区的领土要求作为谈判的先决条件。关于中段，双方争议比较小，商谈用的时间也比较少。关于西段，中方要求印方对这个地区采取同中方在东段地区所采取的同样态度，即：印度可以保留自己的立场，同意从事谈判，并且在谈判边界问题时，不把这一地区的领土要求作为谈判的先决条件，不越过中国所主张的中国行政管辖线。但印方不同意，仍然坚持把这一地区的领土要求作为谈判先决条件。这样一来，就使互谅互让的边界问题解决原则只对中方起作用而对印度不起作用，某些分水岭等地理原则也只能在中印边境东段适用而不能在中印边境西段适用。最终，双方的现存分歧难以消除，这次谈判未能取得任何实质性结果。

尽管如此，为促进中印两国的边界问题沿着和平谈判的道路继续走下去，周恩来总理在4月25日离开印度前举行的记者招待会上还是发表讲话，指出中印两国在边界问题上可以找到六个共同点或者接近点：(1)两国边界存在着争议；(2)在两国之间存在着一条各自行政管辖所及的实际控制线；(3)在确定两国边界时，某些地理原则，如分水岭、水谷、山口等应该同样适用于边界各段；(4)两国边界问题的解决应该照顾到两国人民对喜马拉雅山和喀喇昆仑山的民族感情；(5)在两国边界问题未经过商谈解决之前，双方应各守实际控制线；(6)为了保证边界安宁，便于谈判以后继续进行，双方在边界各段应

---

① 中印边境自卫反击作战史编写组：《中印边境自卫反击作战史》，北京：军事科学出版社1994年版，第106页。

该继续停止巡逻。①

以上六点对中印双方都是对等的，没有任何一点有一方强加于另一方的要求。中方希望把这些共同点肯定下来，以便两国政府今后继续举行会谈。但印方仍然拒绝了中方的这一建议，从而使中印边界问题的谈判中断了。

四是在印度军队在中印边境地区频繁进行军事挑衅、不断加剧边境紧张局势的情况下，中国边防部队仍然采取了守势。

1960年4月中印两国总理举行中印边界谈判后，中国恪守维持边境现状和中印友好大局，决不诉诸武力。但是，印度却反其道而行之，继续坚持靠武力来实现其领土要求的套路。既加紧战场建设、增加兵力部署，又派出飞机频繁侵入中国领空进行侦察和间谍活动，其边防部队还不断越过中方实际控制线进行挑衅，以寻求制造新的更大的军事冲突。

为了避开印军的挑衅，尽力防止发生和扩大边境不测事件，经中国中央政府批准，中国人民解放军又制订了西藏边防部队守则，其主要内容包括：(1) 担负守点任务的部队，当印军向哨卡进行袭扰或挑衅性射击时，应严密监视，可不予置理；当印军包围哨卡进行攻击，如不还击即有遭受大的损失或被消灭的危险时，才可进行自卫。自卫的步骤：第一步，向空中鸣枪，对其喊话，阻其进逼；第二步，如印军继续进攻，我可开枪击退其进攻，但不出击；第三步，如印军突袭哨卡，有可能将其活捉时，力争活捉。在任何情况下，印军后撤，概不追击。(2) 担任游动监视印军活动的部队，当印军进逼时，则适当后撤，避免与印军接触；严防遭印军伏击、袭击，如遭受伏击、袭击，在不遭受损失的原则下，能摆脱的尽力摆脱；在任何情况下，不得主动挑起冲突。(3) 在边境地区巡逻的部队，不逼近边界，应与边界保持一定距离，不准越出边界。(4) 对印军飞机侵入我领空盘旋侦察，可不予置理；如果印军飞机向我进行扫射、轰炸，可向其射击；如果印军飞机空降人员、物资，应监视上报。从中国边防部队执行的这些守则来看，中国采取的行动也完全是防卫性的。

除了在战前采取以上一系列的和平努力以外，在1962年10月20日被迫

---

① 中印边境自卫反击作战史编写组：《中印边境自卫反击作战史》，北京：军事科学出版社1994年版，第107页。

第七章 苏醒的东方睡狮

展开自卫反击作战以后,中国政府也曾提出及早停战、尽快恢复边境地区和平的建议。

1962年10月24日——中印边境自卫反击作战的第五天,中国政府即发表声明,郑重提出了和平解决中印两国边界问题的建议。中国政府在发表的声明中指出:"最近,中印边境上发生了严重的武装冲突,这种情况的发生是十分不幸的。中印两国人民从来是友好的,今后也应该世世代代友好下去。中印两国竟由于边界问题而兵戎相见,这是中国政府和人民所不愿意看到的。"①"目前,剧烈的战斗正在进行。这种严重局势的发生,使中国政府和中国人民感到痛心,也引起了亚非国家和人民的不安。中国和印度之间究竟有什么问题不能和平解决呢?中国和印度究竟有什么理由发生流血冲突呢?中国不要印度一寸领土。中印边界问题在任何情况下都不可能设想用武力来解决。中国和印度是亚洲的两个大国,对于亚洲和世界和平负有重大的责任。两国是和平共处五项原则的倡议者和万隆会议的参加国。中印两国的关系纵然目前十分紧张,也没有理由抛弃和平共处五项原则和万隆会议的精神。中国政府认为,中印两国政府都应该以中印11亿人民的根本利益为重,以两国人民反对帝国主义斗争的共同利益为重,以亚洲和平和亚非团结的利益为重,竭尽一切可能,寻求停止边境冲突、重开和平谈判、解决中印边界问题的途径。"②

中国政府在声明中提出的和平解决两国边界问题的具体建议有三项:(1)双方确认中印边界问题必须通过谈判和平解决。在和平解决前,中国政府希望印度政府同意,双方尊重在整个中印边界上存在于双方之间的实际控制线,双方武装部队从这条线各自后撤20公里,脱离接触。(2)在印度政府同意前项建议的情况下,中国政府愿意通过双方协商,把边界东段的中国边防部队撤回到实际控制线以北;同时,在边界的中段和西段,中印双方保证不越过实际控制线,即传统习惯线。(3)中国政府认为,为了谋求中印边界的友好解决,中印两国总理应该再一次举行会谈。在双方认为适当的时候,中国政府欢迎印度总理前来北京;如果印度政府有所不便,中国总理愿意前往德里进

---

① 中印边境自卫反击作战史编写组:《中印边境自卫反击作战史》,北京:军事科学出版社1994年版,第255页。
② 中印边境自卫反击作战史编写组:《中印边境自卫反击作战史》,北京:军事科学出版社1994年版,第256页。

行会谈。①

但是，出于对既定战略目标的追求和坚持，印度政府拒绝了中国的建议，并称："如果中国人自称的要和平解决分歧的说法的确是真诚的，那么他们至少应该退到他们于1962年9月8日以前在边界全线所处的地位上去。""印度始终准备通过会谈和讨论来解决分歧，但只能是在体面、尊严和自尊的基础上。"同时，印度政府还攻击，中国提出的从实际控制线后撤20公里的建议是"一种骗局"。②

为此，周恩来总理于11月4日又再次致函印度总理尼赫鲁，就中国政府提出的三项建议作了详细说明。周恩来总理在信中说："关于中印双方武装部队从实际控制线各自后撤20公里、脱离接触的建议，是中国政府早在1959年就提出来的，更具体地说，是我在1959年11月7日给你的信中提出的。中国政府现在是重申这一建议。建议中所说的实际控制线基本上仍然是1959年11月7日当时存在于中印双方之间的实际控制线。具体地说，它在东段大体上同所谓麦克马洪线一致；在西段和中段，大体上同中国一贯指出的传统习惯线一致。中国政府所以着重地重新提出这一建议，是因为根据三年来的痛苦经验，深深地体会到，在有争执的边境地方，如果不使双方的武装部队脱离接触，就很难避免冲突。中国政府的这项建议以1959年的实际控制线为基础，而不是以目前双方武装部队的实际接触为基础，这就充分说明，中国方面没有因为最近在自卫反击中所取得的进展，而把任何片面要求强加于印度方面。按照中国政府的这项建议，双方承担的义务是对等的。而且，阁下一定知道，这项建议具体执行起来，中国武装部队在东段从现在驻地后撤的距离，会远远超过20公里。印度政府在10月24日的声明中，把中国政府这项公正的建议说成是骗局，说成是为了愚弄人。这使得中国政府感到十分遗憾。阁下显然知道，实现中国政府的这项建议，并不等于边界问题的解决，因此，丝毫不妨碍双方保留各自对边界的主张。不管我们双方对中印边界问题有着怎样不同的观点，这个问题实际上已经存在很久了。但是，这并没有能够阻

---

① 中印边境自卫反击作战史编写组：《中印边境自卫反击作战史》，北京：军事科学出版社1994年版，第256页。
② 中印边境自卫反击作战史编写组：《中印边境自卫反击作战史》，北京：军事科学出版社1994年版，第257页。

止我们两国在 1959 年以前友好相处；为什么到了 1959 年以后就不能友好相处了呢？当然，我们都希望边界问题能够尽快地友好解决，但是，为什么在边界问题还不能解决的情况下，我们两国就一定要兵戎相见呢？中国政府提出的关于双方武装部队从全边界的实际控制线各自后撤 20 公里、脱离接触的建议，正是为了创造和平解决边界问题的气氛；即使边界问题一时解决不了，也可以保证在边境上不发生冲突。"①

对于印度政府提出的"体面"、"尊严"问题，周恩来总理在信中指出："印度政府在声明中说，印度'只能在体面、尊严和自尊的基础上'进行会谈，我认为，中国政府的三项建议正是提供了这样的基础。"②"三项建议对双方来说，是对等的而不是片面的，是平等的而不是屈服的，是互让的而不是强加于人的，是互相尊重的而不是欺凌一方的，是友好协商的而不是武断专横的。但是，印度政府却向中国政府提出了只适宜于强迫战败者接受的屈辱条件。总理阁下，我们两个国家都是主权国家，任何一方都不能把自己的片面要求强加于另一方。印度有自尊，中国也有自尊，正是从维护中印双方的这种自尊出发，中国政府才提出了 10 月 24 日的 3 项建议。我诚挚地呼吁阁下再一次考虑这三项建议，并且作出积极的响应。"③

周恩来总理在这次致尼赫鲁的信中，还就尼赫鲁提出的关于中国应该后退到"1962 年 9 月 8 日以前在边界全线所处的地位上去"的观点，给了驳斥，指出这是同扭转目前的局势和恢复中印友好关系的目的背道而驰的。信中说："我不愿意恢复旧的争论。但是，既然谈到所谓 1962 年 9 月 8 日以前的中印边界状况，我就不能不指出，这种状况是不公正的，它孕育着边境冲突，它是不应该恢复的。对东段而言，我相信，印度政府一定掌握 1914 年关于所谓'麦克马洪线'的原图。根据这张图，所谓'麦克马洪线'的西端起点，分明是在北纬 27 度 44.6 分。可是，印度政府硬说是在北纬 27 度 48 分，并且以此为理由，不仅拒不撤走在线北克节朗河地区的印度军队，而且积极部署大规模

---

① 中印边境自卫反击作战史编写组：《中印边境自卫反击作战史》，北京：军事科学出版社 1994 年版，第 257—258 页。
② 中印边境自卫反击作战史编写组：《中印边境自卫反击作战史》，北京：军事科学出版社 1994 年版，第 258 页。
③ 中印边境自卫反击作战史编写组：《中印边境自卫反击作战史》，北京：军事科学出版社 1994 年版，第 259 页。

的军事进攻,要把守卫着这个地区的中国边防部队'清除掉'。这就是9月8日以前中印边界东段的状况,中国政府怎么能够同意恢复这样的状况呢?就西段而言,阿克赛钦地区从来就在中国管辖之下。早在1950年,中国人民解放军就是通过这里从新疆进入西藏阿里的。从1956年至1957年,中国政府又通过这里修筑了工程浩大的新藏公路。可是,印度政府硬说,只是到了1957年中国方面才到了这个地区,并且以此为借口,从1961年起使用武力片面改变西段边界状况,侵占了1959年实际控制线以东的大片中国领土,建立了40多个军事据点。这就是9月8日以前中印边界西段的状况,中国政府怎么能够同意恢复这样的状况呢?"[1]

从以上中国政府的三项建议和周恩来总理致尼赫鲁总理的信不难看到,中国和平解决中印边界问题的态度是诚恳的,所提建议也给印度政府提供了充分的回旋余地。但是,11月14日,尼赫鲁总理在回复周恩来总理的信中,再次拒绝了中国政府为和平解决边界问题而提出的三项建议。并且,印度宣布全国处于"紧急状态",紧急部署1个军部、3个师部、14个旅、总兵力5万人至中印边境全线,执意与中国一决高下。结果,其进攻遭到了更加彻底的失败。

中国结束这次中印边境自卫反击作战的时机、方式,以及所展现出来的博大胸怀与和平诚意,是令世界惊叹的。

1962年11月21日——就在中国边防部队彻底粉碎了印度军队的进攻,已经取得自卫反击作战的决定性胜利,许多国家和国际舆论普遍认为中国必将乘胜追击、扩大战果的时候,中国政府却单方面发表声明,宣布主动停火和主动后撤。

在声明中,中国政府郑重宣布:(1)从1962年11月22日零时起,中国边防部队在中印边界全线停火。(2)从1962年12月1日起,中国边防部队从1959年11月7日存在于中印双方之间的实际控制线后撤20公里。在东段,中国边防部队虽然至今是在传统习惯线以北的中国领土上进行自卫反击,但仍准备从目前的驻地撤回到实际控制线即非法的'麦克马洪线'以北,并且从这条线再后撤20公里。(3)为了保证中印边界地区人民的正常往来和维持边

---

[1] 中印边境自卫反击作战史编写组:《中印边境自卫反击作战史》,北京:军事科学出版社1994年版,第259页。

境的秩序,中国将在实际控制线本侧的若干地点设立检查站。中国政府将经过外交途径把上述检查站的位置告知印度政府。(4)在印度政府同意采取相应措施的情况下,中印两国政府可以立即指派官员在中印边界各段双方协议的地点会晤,商谈有关双方武装部队各后撤20公里形成一个非军事区、双方在实际控制线本侧设立检查站和归还被俘人员的事宜。(5)中国政府真诚期待印度政府作出积极的响应;即使印度政府不能及时作出这种响应,中国政府也将按规定日期主动执行上述措施。①

中国政府发表声明之后,中国边防部队自1962年11月22日零时起即准时主动停火,并于12月1日起开始在中印边界全线主动后撤。至1963年2月28日,中国边防部队即全线撤到了1959年11月7日中印双方实际控制线中国一侧20公里外的地区。停战后,中国又主动将缴获的大批武器、车辆和军用物资全部交还了印方,并在1963年5月前分期分批释放和遣返了印军第7旅旅长以下3213名全部被俘人员。

中国在军事行动处于绝对优势地位时决定主动停火和后撤,不是作秀,也不是即兴之作。实际上,在下决心进行这场自卫反击作战时,中国领导人就作了缜密思考:20世纪50年代末60年代初的印度,已经标榜为不结盟运动的领袖国,美、苏两个世界超级大国都在争取它、吹捧它。美国曾给印度一项桂冠,称印度是"西方民主自由的橱窗"。由于印度当时学习苏联实行国民经济五年计划制,苏联则称赞印度是在"向社会主义道路前进"。同时,印度又是1955年万隆会议的发起国,曾同中国共同倡导和平共处五项原则。此外,尼赫鲁总理个人当时还被誉为反对殖民主义、反对帝国主义的代表人物。显然,同印度的这一仗,不仅是"军事仗",而且还是"政治仗";不仅会在中印两国间造成重大影响,而且还会在国际社会造成重大影响。如果处理不周,不仅美国、苏联会在这个问题上大叫大嚷,而且还可能会给许多亚非国家带来误解和疑虑。为此,经过深思熟虑,中国领导人在战前就给这次自卫反击作战规定了几条原则:第一,中国边防部队只打到喜马拉雅山脚下——即到鹰窠山口、比里山口、吉莫山口就停战;第二,停战后主动撤退到实际控制线以北;第三,主动交还俘虏;第四,主动交还枪炮等军用缴获物资。

---

① 中印边境自卫反击作战史编写组:《中印边境自卫反击作战史》,北京:军事科学出版社1994年版,第357、358页。

中国政府和中国边防部队在这次中印边界冲突中所采取的重大和平措施与宽宏大度之举，在古今中外战争史上是没有先例的。它不仅符合中印两国人民的根本利益，而且也无可争辩地证明了中国政府为和平解决中印边界问题、维护中印友好、致力于世界和平的最大诚意。中国政府和中国边防部队的这一旷世之举，也震动世界，产生了积极的效果。在印度，印度政府虽不愿停火，但又不好反对停火；虽不愿和谈，但又不能再打下去；既不愿承认失败，又不能谈什么胜利；既挨了打，又输了理。在国际社会，中国可以说既赢得了军事上的胜利，同时也赢得了政治上的胜利。德国《世界报》说：中国"派军队翻越了在不久前连登山队也很难爬上去的高山，使汉尼拔登上阿尔卑斯山都相形见绌"。美国《基督教科学箴言报》说："中国人的推进就像用小刀切软和的黄油一样，迅速击败了印军。"巴基斯坦《战斗报》说：中国的行动使全世界大吃一惊，在人类历史上还从未有过一个胜利的国家完全出于自己的原则和和平政策而作出这样一种举动，中国应当受到一切赞扬。法新社发表评论称：中国政府的声明是"北京采取的惊人的主动态度"，它"向全世界表明了北京的和平愿望"。朝鲜、蒙古和越南在其政府声明中说：这清楚地表明了中国不仅珍视中国人民和印度人民的根本利益，而且也以亚洲人民的利益和世界和平为重；是反对殖民主义和帝国主义阴谋、维护和巩固亚洲各国人民团结愿望的真诚努力。英国《工人日报》说：中国政府和平结束边境冲突的行动和真诚建议，是人类历史上的第一次，包含着不可抗拒的因素，是不可轻率拒绝的。美国《进步劳工报》说：从争端开始的第一天起，中国就一直不知疲倦地、力求友好地通过谈判和平解决；这种办法不是一方强加其意志于另一方或要求另一方屈从，而是公平的和符合互相尊重精神的；中国的每一项行动都体现了这一立场。印度被俘人员也说："中国主动停战和我们被全部释放这件事，再一次显示中国政府谋求和平解决边界问题的诚意，应当载入史册。"①

中国在对待战争问题上是慎之又慎的、节制有度的，即便加入或进行自卫反击作战，也从始至终都是以和平为目的的。非但如此，在建设一支核常兼备的现代化武装力量以及与此相适应的军事斗争准备上，中国也同样是非

---

① 中印边境自卫反击作战史编写组：《中印边境自卫反击作战史》，北京：军事科学出版社1994年版，第11、361、362页。

第七章 苏醒的东方睡狮

常慎重、节制有度并且一以贯之地坚持以和平为目的的。

在军事预算上,中国始终坚持低投入政策。长期以来,世界主要国家的军费预算一般都占到国家经济总量(GDP)的2%~5%,而中国长期只占1.5%以下,远低于美国的4%、俄罗斯的4%~5%。进入21世纪后,在2001年到2013年的十多年间,世界主要国家的军费开支占GDP的平均比重为2.5%,占财政支出的平均比重为9.86%,而中国的这两项指标,分别仅为1.3%和5.69%。

在战略方针上,中国始终奉行防御性政策。2015年5月26日,中国以战略方针为主题内容发表了《2015中国国防白皮书》,再次郑重宣告:"中国始终不渝走和平发展道路,奉行独立自主的和平外交政策和防御性国防政策,反对各种形式的霸权主义和强权政治,永远不称霸,永远不搞扩张。中国军队始终是维护世界和平的坚定力量。"①实际上,这种奉行"防御性国防政策"的宣示,不仅是自1998年以来中国每两年一次发表国防白皮书的必有内容,而且是中国长期以来进行武装力量建设和动用军事力量的根本指针和行为规范。

在核武器发展上,中国始终承诺不首先使用核武器。1964年10月16日,中国在罗布泊地区成功地进行了第一次核试验。从这一天起,中国政府就向全世界庄严承诺:在任何时候、任何情况下,中国都不首先使用核武器。2015年中国发表的国防白皮书又同样明确宣布:"中国始终奉行不首先使用核武器的政策,坚持自卫防御的核战略,无条件不对无核武器国家和无核武器地区使用或威胁使用核武器,不与任何国家进行核军备竞赛,核力量始终维持在维护国家安全需要的最低水平。"②在世界有核国家中,宣布不首先使用核武器、不对无核国家和地区使用核武器,中国是作出这种双重承诺的唯一核大国。

---

① 中国日报网,2015年5月26日。
② 中国日报网,2015年5月26日。

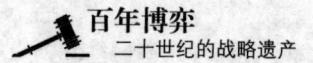

三 与邻为善，己所不欲，勿施于人

在世界上，除了俄罗斯，拥有邻国数最多的国家，就数中国了。从陆上看，有14个国家与中国有着共同的边界。从海上看，有7个国家与中国有着共同的海疆或隔海相望。而在这21个国家中，朝鲜和越南还与中国既有共同的陆界，又有共同的海疆。

邻国多，情况就自然复杂，相处的难度也随之增加。中国的邻国是世界上人口最为密集的地区。21个国家中，人口超过4000万以上的国家12个，超过1亿以上的国家5个，聚居了世界一半以上的人口。中国的邻国是世界上政治、经济、文化最为复杂的地区。世界上最富有、最发达的国家这一地区有，世界上最贫困、最不发达的国家这一地区也有。世界上具有重要影响的大国、具有重要影响的宗教集中在这一地区，世界上大多数社会主义国家也集中在这一地区。中国的邻国还对中国的国家安全与发展构成了多重影响和挑战。在朝鲜半岛，仍然延续着冷战对峙局面。在中亚，恐怖势力猖獗。在南亚，两个有核国家存在着严重的领土争端，曾几度兵戎相见。在南海，与中国有领海相交的国家不断挑战中国的领海主权，且域外大国也乘机浑水摸鱼。在东亚，与中国隔海相望的日本不甘失去亚洲龙头老大的地位，频借历史问题和钓鱼岛争议向中国发难。凡此种种，都让中国在处理同周边国家的关系和应对周边事务中，不能有任何懈怠和丝毫失误。

难能可贵的是，与邻为善，以邻为伴，己所不欲，勿施于人，这既是中国的道德使然、战略选择，也更是中国一以贯之的睦邻传统。

首先，在道德层面，曾经饱受列强欺侮的中国，绝不把自己所反对、所遭遇的不平等，再强加给任何一个邻国。这是中国从自己的痛楚中得出的历史结论。

中国是一个历史悠久的文明古国。在人类文明的发展史上，古老辉煌的中国文明为举世所称颂。美国学者尼古拉·克里斯托夫在《外交季刊》曾发表文章称："在有文字记载的多数历史年代中，中国比西方更为发达、更为繁

第七章 苏醒的东方睡狮

荣、更有经验和更加文明。仅仅是最后 500 年欧洲设法超过了中国。"①但是，如前所述，由于中国封建社会制度的长期延续和清政府的腐败及闭关锁国政策，中国在近代江河日下。自 1840 年英国发动第一次鸦片战争起，在随后的 100 年里，中国频遭西方列强的侵略与压榨，饱尝了殖民地和半殖民地的苦难，被迫签订了数百个丧权辱国的条约，并且一度面临被瓜分的危险。一部中国近代史，就是一部中国受列强侵略、践踏、歧视、挨打的屈辱史。

特别刻骨铭心的是，进入 20 世纪以后，强加给中国头上的一些不平等条约，并非都是中国在处于失败地位时所被迫接受的，即使在中国作为胜利一方时，也仍然遭受过丧失国家利益和主权的耻辱。其中比较突出的就有以下两次。

第一次是，1919 年巴黎和会上中国外交的失败。1918 年 11 月，第一次世界大战以德、奥等同盟国的失败而告终。中国由于在大战中加入协约国而成为战胜国之一。但是，当中国政府代表在 1919 年 1 月开始召开的巴黎和会上提出废除 21 条不平等条约的要求和将德国在山东的租借地、胶济铁路以及其他权利直接归还中国时，竟然被在中国有着共同利益的美、英、法、日等国所拒绝。最后，在美、英、法三国的支持下，由日本继承了德国在中国山东的全部权利，并明文写进了《凡尔赛和约》之中。

第二次是，雅尔塔秘密协定对中国主权的侵犯。在第二次世界大战行将结束时，美、英、苏三国首脑在举行的雅尔塔会议上，背着中国，达成了侵犯中国主权的《雅尔塔协定》。其内容包括，规定中国大连商港国际化，苏联拥有优越权；苏联租用旅顺港为海军基地；苏、中共同经营中国东北地区的铁路，并保证苏联在中国东北的优越权等。作为交换条件，苏联表示愿与国民党中国订立一项苏中友好同盟条约，并支持国民党政权。美国则希望通过把在中国东北的权益让给苏联，换取苏联出兵日本，以减少美军损失。同一战后签订《凡尔赛和约》一样，虽然中国是第二次世界大战中抗击法西斯侵略的主力国、战胜国，但在二战末期签订《雅尔塔协定》时，中国却仍然没有发言权，仍然改变不了受屈辱的地位。

由于在历史上长期遭受侵略和欺侮，每每成为受害的一方，因此，中国

---

① 国家教委高等学校社会科学发展研究中心编：《中外历史问题八人谈》，北京：中共中央党校出版社 1998 年版，第 95 页。

不仅强烈地渴望自由与平等，而且对霸权主义、强权政治深恶痛绝，绝不把自己曾经遭受过的屈辱和苦难再强加给别人。这是正义所在、道德使然，已经成为中华民族性格特征的一个组成部分。

第二，在战略选择上，中国历来就把同周边国家和地区和睦相处作为自己国际战略的重心，并且认为，这同中国处理好与世界大国的关系具有同等重要的意义。

作为亚洲人口最多、国土面积最大的国家，中国明白一个最基本的道理，即：没有邻国的共同发展，任何国家都不可能持续发展。亚洲国家必须学会在相互协调中发展，并且让自己的发展给邻国带来切实的好处。一个不团结的亚洲，将永远居于别人之下，被别人所利用。同时，中国也十分清楚，中国同周边国家和地区的关系如何，对于中国的国家安全、国家建设以及中国在世界战略格局中的地位作用，将具有直接而重要的影响。

从国家的安全方面来看，周边国家对中国是具有直接影响的地区。排除外部侵扰，巩固得之不易的国家独立和主权；反对分裂势力，实现国家的完满统一；打击恐怖主义，保障社会的安全稳定；妥善管控分歧和矛盾，争取通过谈判和平解决同一些国家存在的领土领海纷争，都同周边国家和地区息息相关。

从国家的建设方面来看，中国要一心一意进行经济建设，实现四个现代化，周边国家和地区也占有重要地位。在中国的对外贸易总额中，中国与周边国家和地区的贸易额占比达到五分之三。在中国的十大贸易伙伴中，除中国的台湾和香港地区以外，日本、东盟、韩国、俄罗斯都是中国的主要贸易国和地区。在中国吸收外资的前十名中，除中国的台湾和香港地区以外，日本、韩国、新加坡、泰国、马来西亚也位列其中。此外，周边国家和地区还一直是中国实行对外开放战略的前沿地带。

从对中国在世界战略格局中地位作用的影响来看，周边国家和地区就更为重要。特别是自1991年冷战结束以来，其影响更是与日俱增。具体来说，这主要是因为这期间中国周边出现了两大战略变化。一个是，以1997年9月美、日两国公布新的"防卫合作指导方针"为标志，经过十多年的经营，美日安全保障体制已经由冷战时期主要以苏联为主要威胁和"假想敌"，演变成了主要以中国为主要威胁和"假想敌"。再一个是，经过近来20年左右的努力，

第七章 苏醒的东方睡狮

昔日默默无闻的东盟已经悄然壮大。其10个成员国以6亿人口、上万亿美元的GDP，携整个亚洲和亚太地区一体化程度最高的区域合作组织的身份，每每在亚太安全事务的讨论中成功扮演"小国领导大国"的角色。尽管东盟对中、美、日三国一直强调"平衡外交"，但实际上从来没有平衡过。由于日本经济对东盟的长期巨大影响，东盟在亚洲一直把对日关系作为基础。由于美国军事力量强大，东盟与美国在安全领域关系密切。在对华关系上，虽然东盟近些年来接受新加坡国父李光耀的观点，认为"中国就是行动的地方"，同中国的经贸发展也突飞猛进，但在安全方面仍把中国视为威胁。日本、美国也为东盟站台，向中国打东盟牌。如此这些变化和发展，对于中国在世界战略格局中的地位和作用无疑是有着举足轻重的影响的。如果同周边国家和地区的关系处理得好，是可以减缓和削弱周边格局中事实上存在着的对中国的不利影响的；反之，减缓和削弱的就可能是中国作为大国在世界上地位作用的发挥。同时，中国要成为一个真正意义的世界大国，也与周边国家和地区关系极大。中国在世界上的地位和作用，首先取决于中国在周边国家和地区中的地位和作用。从来没有一个真正的世界大国不是首先从自己所在的地区脱颖而出而逐步发展起来的。中国要成为一个真正的世界大国，也必须首先成为所在地区的大国。

第三，在睦邻传统方面，早在新中国成立初期，毛泽东、周恩来等老一辈领导人就开创了新中国同周边国家和地区友好相处的范例，并把睦邻友好视为国策。

新中国成立刚刚两个月，毛泽东就出访当时最大的邻国苏联，双方缔结了友好互助条约。这是毛泽东生平唯一的一次出国访问。接下来，新中国不仅与周边的朝鲜、越南、蒙古等社会主义国家建立和保持了密切友好的关系，而且积极同缅甸、印度、巴基斯坦、柬埔寨、锡兰、印度尼西亚、阿富汗、尼泊尔等国迅速建立了友好合作关系。当时，有的邻国在西方国家的压力下不敢承认中国、与中国建立外交关系。对于这些国家的处境，中国采取了谅解的态度。1955年10月，毛泽东在会见印度尼西亚国会议员访华团时还表示："你们现在难以承认我们，我们是谅解的，我们不会责备你们。我们彼此间可以先搞些互相帮助，互通有无，和平友好，文化交流，以改善我们两国之间的关系，一步一步地就会建立起邦交。你们按照你们的情况和所许可的条件去做，我们可以等待。"①

强调求同存异，找共同点，是新中国坚持睦邻友好传统的一个重要方面。1954年10月，毛泽东在会见印度总理尼赫鲁时谈到："所有我们东方人在历史上都受过西方帝国主义国家的欺侮。因此我们东方人有团结起来的感情，有保卫自己的感情。中国人民有爱国的感情，有对印度人民和其他东方国家人民的感情。尽管我们在思想上、社会制度上有不同，但是我们有一个很大的共同点，那就是我们都要对付帝国主义。"②1962年中印边境冲突以后，为了改善同印度的关系，恢复传统友谊，毛泽东1970年5月1日在天安门城楼上又对印度驻华使馆临时代办说："印度是一个伟大的国家，印度人民是伟大的人民。中印两国人民总是要友好的，不能老是这么吵下去。请问候你们的总统和总理。"③不久，中印关系开始融冰，双方互派大使，结束了十多年间两国只维持代办级外交关系的局面。巴基斯坦同中国建交虽比较早，但在建交初期对中国比较冷淡。本着求同存异的精神，毛泽东为加强中巴友谊做了大量工作。他对巴基斯坦朋友说："中国和巴基斯坦都是东方国家，东方国家的一个最大共同点，就是都受西方国家的压迫。中巴之间从来没有战争，现在也没有任何争执，中巴间有贸易往来，因此中巴应成为好朋友。中国愿意看到巴基斯坦好，人民幸福，国家富强。"④自20世纪60年代开始，巴基斯坦逐步改变了对华态度，70年代还为中美两国关系正常化牵线搭桥。此后两国关系持续改善，现在成了"全天候"朋友。

中国坚持睦邻友好传统，也还体现在处理同邻国存在着的领土领海争议等悬而未决的历史遗留问题上。毛泽东、周恩来对历史遗留下来的边界问题极其慎重，历来主张通过谈判和平解决，而不应诉诸武力。中国和尼泊尔的边界问题通过谈判解决后，尼泊尔国王说："在我们同我们伟大友好的邻邦中国的整个谈判过程中，指导我们的原则是和平和友谊，尊重彼此的权利、领土完整、主权和政治独立。我们高兴地告诉你们，我们这种心情得到了贵国领导人的充分响应。条约的签订是我们日益发展的友好关系的里程碑。"⑤自

---

① 邓力群主编：《外交战略家毛泽东》，北京：中央民族大学出版社2003年版，第187页。
② 邓力群主编：《外交战略家毛泽东》，北京：中央民族大学出版社2003年版，第189页。
③ 邓力群主编：《外交战略家毛泽东》，北京：中央民族大学出版社2003年版，第189页。
④ 邓力群主编：《外交战略家毛泽东》，北京：中央民族大学出版社2003年版，第190页。
⑤ 邓力群主编：《外交战略家毛泽东》，北京：中央民族大学出版社2003年版，第191页。

第七章 苏醒的东方睡狮

新中国成立以来,中国已成功地同14个邻国中的12个国家彻底解决陆地边界问题。即便对分歧较大、一时难以解决的边界问题,中国也坚持实事求是的态度,表明可以"搁置争议",继续保持和发展睦邻友好关系。1984年2月、10月,邓小平在会见外宾时,就曾两次表达中国希望在领土领海争议上"搁置争议、共同开发"的愿望。他说:我们有个钓鱼岛问题,还有个南沙群岛问题,将来怎么办?一个办法就是把主权问题搁置起来,共同开发,这就可以消除多年积累下来的问题。世界上的许多争端用类似这样的办法解决,我认为是可取的。这样能向人民交代,局势可以稳定,并且是长期稳定,也不伤害哪一方。①

虽然在中国的南海问题上,越南、菲律宾既侵犯了中国的领海主权,又仰仗有域外大国支持不断挑起事端,时不时地制造出一些反华闹剧,但在中国同这两个国家的双边关系史上,是曾经有过患难之交和非常亲密友好的岁月的。

1949年10月新中国刚一成立,时任越南民主共和国主席胡志明便致电毛泽东表示祝贺。1950年1月,中越两国即正式建立外交关系。由于此时越南仍在法国的殖民统治之下,其主要城市和交通要道都被法国殖民者所控制,为了同毛泽东见面,得到中国的援助,胡志明曾秘密徒步行走17天才到达中越边界。而当他与中国取得联系时,毛泽东、周恩来已去苏联访问。时任中国中央人民政府副主席刘少奇热情接待了他,并应他要求把他送到了莫斯科。在莫斯科,毛泽东、周恩来会见了胡志明,并在访苏结束后三人又一道返回了北京。中国领导人清楚地意识到,中越两国山水相连,唇齿相依,支援越南人民的抗法斗争,不仅是对兄弟党、兄弟国家事业的支持,是自己应尽的国际义务,而且也有利于打破西方包围、封锁中国的企图,对维护新中国的独立和安全具有重要意义。中国领导人无条件接受胡志明主席的要求,从人力、物力和军事上给予了越南无偿援助。

此后,胡志明主席又曾四次访问中国,并在1960年8月以70岁高龄在北京与莫斯科之间穿梭飞行,为挽救中苏两党两国的关系、挽救面临危机的国际共运而努力。深受感染的毛泽东为此尊称胡志明主席为"和平使者",紧紧

---

① 《邓小平文选》第3卷,人民出版社1993年版,第49、87页。

握着他的手说:"谢谢胡志明同志,为团结奔走万里。感谢你!"①而当1965年5月胡志明主席最后一次访华,专门就抗美斗争中中国向越南提供上百亿元人民币的军事和经济援助、派出数十万防空和铁道兵部队同越南军民一同战斗,"代表越南劳动党、越南人民向中国共产党、中国人民表示感谢",②并发表署名文章称颂中越两国的友好关系是"恩深、义重、情长"③时,毛泽东则又说:"不是你们感谢我们,而是我们要感谢越南。全世界人民都感谢你们。"④

1988年4月,时任菲律宾总统科拉松·阿基诺夫人——现任菲律宾总统阿基诺三世的母亲——访问中国,邓小平接待她时,带着浓重的四川口音、握着她的手说:"欢迎你,我很高兴见到你。"接着,邓小平问阿基诺总统:"你的女儿呢?"当阿基诺总统把与她随行的两个女儿招到邓小平面前时,时年已84岁的邓小平微笑着问:"你们可不可以叫我爷爷啊?"阿基诺总统的两个女儿都点头答应。邓小平高兴地说:"那我们今天就认亲!"在邓小平与她们母女三人合影后,阿基诺总统的两个女儿兴奋而又有些害羞地说:"谢谢爷爷!"邓小平随即问阿基诺总统:"这样你比我低了一辈,你不在意吧?"阿基诺总统不假思索,马上回答道:"那我就叫你伯伯!"⑤如此亲切的场面在世界首脑外交中还是少见的。科拉松·阿基诺夫人是第一个以总统身份访问中国的有华人血统的外国元首。她的曾祖父是华人,出生在福建省龙海市鸿渐村。这次,阿基诺总统是怀着浓浓的乡情访问中国的。当她在回乡祭祖时动情地说:"我是菲律宾的国家总统,也是鸿渐村的女儿。"⑥此话一出,在场的人无不动容。

中国坚持睦邻友好的传统,奉行睦邻友好的政策,并不是一时的权宜之计,而是一项长期的战略方针。以毛泽东为代表的中国第一代领导人和以邓小平为代表的中国第二代领导人,极为重视同周边国家和地区保持与发展睦邻友好关系,以江泽民、胡锦涛为代表的中国中央领导集体和以习近平为代表的中国新一届中央领导集体,也同样极为重视同周边国家和地区保持与发

---

① 刘万镇、李庆贵主编:《毛泽东国际交往录》,北京:中共党史出版社2003年版,第65页。
② 刘万镇、李庆贵主编:《毛泽东国际交往录》,北京:中共党史出版社2003年版,第67页。
③ 刘万镇、李庆贵主编:《毛泽东国际交往录》,北京:中共党史出版社2003年版,第70页。
④ 刘万镇、李庆贵主编:《毛泽东国际交往录》,北京:中共党史出版社2003年版,第67页。
⑤ 《国际问题研究》,2007年第3期,第64页。
⑥ 《国际问题研究》,2007年第3期,第64页。

第七章 苏醒的东方睡狮

展睦邻友好关系,不断开创了中国周边外交的新局面。在 2002 年召开的中国共产党第 16 次全国代表大会上,中国明确提出了"与邻为善、以邻为伴"的周边外交政策。作为这一方针的深入和具体化,中国政府 2009 年又进一步提出和实行了"睦邻、安邻、富邻"的政策。时任总理温家宝指出:"睦邻",就是继承和发扬中华民族亲仁善邻、以和为贵的哲学思想,在与周边国家和睦相处的原则下,共筑本地区稳定、和谐的国家关系结构;"安邻",就是积极维护本地区的和平与稳定,坚持通过对话合作增进互信,通过和平谈判解决分歧,为亚洲的发展营造和平安定的地区环境;"富邻",就是加强与邻国的互利合作,深化区域和次区域合作,积极推进地区经济一体化,与亚洲各国实现共同发展。①

为了努力把与周边国家和地区的友好合作关系不断推向前进,促进同周边国家和地区的关系永续健康与良性发展,继 2013 年 10 月召开周边外交工作座谈会制定一系列落实"与邻为善、以邻为伴"和"睦邻、安邻、富邻"的政策措施后,在 2014 年 7 月举行中美第六轮战略与经济对话、第五轮中美人文交流高层磋商联合开幕式时,习近平主席又进一步强调:"中国人民珍爱和平,崇尚'和为贵',主张'己所不欲,勿施于人'。中国将坚定不移走和平发展道路,坚定奉行亲、诚、惠、容的周边外交理念,坚定致力于同本地区以及世界各国发展友好关系。"②

就是经过新中国成立 60 多年来一代又一代领导人的接力,使人民共和国在风云激荡、变幻莫测的国际环境中,有效维护了同周边国家和地区的和平与稳定,保障了中国的国家安全、改革开放和现代化建设,并且为今后进一步巩固和维护中国的国家统一、实现两个一百年的奋斗目标,创造了非常有利的条件。特别是,不仅从中国同周边国家和地区的总体关系来看,发展前景比较好,而且从中国同周边几个有世界影响的大国——俄罗斯、印度、日本和地区国家集团——东盟的关系来看,发展前景也是可以预期的。

当今世界,最具战略性的大国关系是中俄关系。虽然在历史上两国的关系曾经历了中苏结盟、交恶、恢复和改善,苏联解体后才从友好国家关系到建设性伙伴关系再到战略协作伙伴关系的漫长复杂过程,但这样几个标志性

---

① 《国际问题研究》,2010 年第 5 期,第 9 页。
② 新华网,2014 年 7 月 9 日。

事件决定性地夯实了两国虽不结盟但必然会长期结伴的基础：(1) 2001 年 7 月，双方签署《睦邻友好合作条约》，用法律固定了"世代友好、永不为敌"和"永做好邻居、好伙伴、好朋友"的两国关系目标宗旨；(2) 2004 年 10 月，双方签署《中俄国界东段补充协定》，从此全线解决了长久悬而未决的两国边界问题，清除了两国关系发展中的一个主要障碍；(3) 2005 年 7 月，双方签署《关于 21 世纪国际秩序的联合声明》，表明了两国共同致力于维护世界和平与稳定和促进建立公正合理国际新秩序的坚定决心；(4) 2015 年 5 月、9 月，两国国家最高领导人先后出席对方举办的纪念反法西斯战争胜利 70 周年活动，再次向世界表明了中俄两国的友好合作关系，是维护世界和平和国际社会公平正义的坚定力量与庞大存在。目前，两国的友好合作已经在政治、经济、能源、科技、安全、人文、国际等各个领域全面展开并向纵深挺进。世界完全可以期待，中俄关系将会成为 21 世纪大国友好合作关系的典范。

中印两国不仅是世界上最大的两个发展中国家，而且也是世界上两个最主要的新兴经济体，两国关系的发展牵动着亚洲以至整个国际关系的全局。1988 年 12 月，邓小平在会见来访的印度总理拉吉夫·甘地时曾谈到中印两国的发展前景和意义，说："中印两国对人类有一个共同的责任，就是要利用现在有利的和平国际环境来发展自己。"①"中印两国不发展起来就不是亚洲世纪。真正的亚太世纪或亚洲世纪，是要等到中国、印度和其他一些邻国发展起来才算到来。"②现在，两国在政治上建立了面向和平与繁荣的战略合作伙伴关系，并就解决边界问题达成政治框架，建立了特别代表磋商会晤机制和边境地区信任措施。在经济上，两国的经贸合作发展迅速，中国已成为印度的第一大贸易伙伴，印度已成为中国的第十大贸易伙伴。在国际领域，双方利用"金砖五国"等新兴大国合作机制，在应对国际金融危机、气候变化等全球性突出的热点问题上采取了共同立场和协调行动，推动着这些问题朝着正确方向解决。尤其是，两国领导人在 2014 年、2015 年双双打破惯例——莫迪总理在其家乡古吉拉特邦迎接习近平主席访印、习近平主席在家乡陕西接待莫迪总理访华，双方就中国倡导的"一路一带"建设同印度实施的"连通性"基础设施建设商讨对接，既凸显出两国自古以来的传统友谊，又给当今两大全

---

① 《邓小平文选》第 3 卷，北京：人民出版社 1993 年版，第 281 页。
② 《邓小平文选》第 3 卷，北京：人民出版社 1993 年版，第 282 页。

第七章 苏醒的东方睡狮

球增长速度最快的经济体深化战略合作伙伴关系注入了新的活力。

自1972年9月建立外交关系以来，中日关系是中国同周边大国的关系中受域外力量冲击和影响最大、最起伏不定的双边关系。对此，美国前国务卿基辛格在其著述《大外交》中曾写过这样一段话："颇为奇妙的是，日本虽然相当接纳中国文化，却一直挣扎在又敬又惧的心态中，固然想建立睦谊，却又有心要控制中国。日美关系稳定，中美关系就会不稳定。中美关系一吃紧，日本就倾向于脱离美国，目的若非增强它在中国的影响力，至少也是不要因太紧密追随美国而损及日本对中国之影响力。同时，日本纯以本国立场出发，又有被北京诠释为表露日本有霸权思想之虞。因此，美国与中国保持良好关系成了美、日长久良好关系的先决条件，也成为中日亲善的先决条件。这种三角关系，任何一角想放弃，都会有重大风险。"①在20世纪70年代初两国关系取得突破后，中日曾保持了长达十年的友好合作局面。但从20世纪80年代中期开始，由于日本首相参拜靖国神社、在教科书中篡改侵华历史，后来东海划界问题又浮出水面，再加上冷战结束后美国因素在中日关系中的影响又与日俱增，两国关系便进入到了起伏期。在20世纪末21世纪初日本政坛进入小泉时代后，两国关系更陷入了一个长达七年的冷却期。直到2006年至2008年，两国领导人相继进行了"破冰之旅"、"融冰之旅"、"迎春之旅"和"暖春之旅"四次关键性互访，双方关系才开始新的转圜。然而，到了2012年9月，由于日本政府将钓鱼岛国有化，两国关系又再次逆转，并且跌到了中日邦交正常化40年以来的最低点。

不过，尽管如此，还是有理由认为，笼罩在中日两国头上的阴云终将散去，横亘在中日两国之间的岛屿领海主权之争也终将解决。这是因为，中日两国之间和平友好相处的政治基础还在，这就是中日两国建交以来所签署的4个政治文件：《中日联合声明》（1972）、《中日和平友好条约》（1978）、《中日联合宣言》（1998）和《中日关于全面推进战略互惠关系的联合声明》（2006年）。这是因为，中日两国之间互利互惠、合作共赢的强大动力还在，这就是：今天的中国已经取代美国成为日本的第一大贸易伙伴国，今天的日本已经成为仅次于美国的中国第二大贸易伙伴国，两国的经济早已密不可分。这

---

① 〔美〕亨利·基辛格：《大外交》，顾淑馨、林添贵译，海口：海南出版社1998年版，第801页。

是因为，在战略层面，尽管日本把自己的对手锁定中国，但中国并不认为自己的对手是日本；中国因为历史原因对于日本的愤怒也许是真实的，但这只是道德不认同，并非战略冲突。这还是因为，中日两国民众渴望两国之间和平友好相处的强烈意愿还在。人们永远不会忘记，中日两国之所以能够在1972年实现邦交正常化，其历史源头就在于"民间外交"，其基本方式就是"以民促官"。人们完全有理由相信，以日本的民族智慧，以中国的民族大度，中日关系一定会好起来的。

中国同东南亚地区国家集团——东盟的友好合作关系，自1997年12月确定建立"面向21世纪的睦邻互信伙伴关系"起，就一直是中国周边外交的一个亮点。在政治领域，中国于2003年10月作为东盟十国以外的第一个大国加入了《东南亚友好条约》，为双方保持睦邻友好关系提供了永久性法律保障。中国除同东盟建立"10+1"直接对话机制外，还通过东盟积极参与"东盟地区论坛"、东盟与中日韩"10+3"对话机制以及东亚峰会等，全力促进本地区的睦邻友好合作。在安全领域，中国于2001年5月宣布加入《东南亚无核区条约》，是世界核大国中唯一加入这一条约的国家。中国还和东南亚近海国家一同致力于通过谈判和平解决南海争端，于2002年11月共同签署了《南海各方行为宣言》，并以积极态度推动后续行动。在经济领域，自1991年7月建立对话关系以来，双边贸易便迅猛发展。2010年1月中国—东盟自由贸易区又正式启动运行。到2014年时，双边年贸易额已高达4800亿美元，在20多年间翻了6番。所有这些，都为中国同东南亚国家建立睦邻友好合作关系提供了坚实基础和强大支撑。

毋庸讳言，中国的周边地区也仍然还存在着诸多的对华疑忌与不合作潜流。这不仅是因为中国同一些邻国还存有边界、岛屿和海洋权益之争等等历史遗留问题，而且也还有中国迅速回归世界大国中心舞台而不可避免地产生辐射后所带来的种种新问题。但随着时间的推移，认识的进步，中国同周边国家和地区政治互信的加深，这些问题终将会逐一得到解决。

四 对外开放，融入世界，奋发有为

起始于20世纪70年代末80年代初的中国改革开放，注定要改变整个中国，并且进而影响甚至改变整个世界。这场以上十亿人的思想解放为特征、以上百年的发展时间为跨度、以整个国家的现代化为目标的史无前例的社会大工程，从一开始就不只是一项单纯的经济计划，或简单地打开国门，而是要面向未来，融入世界，大踏步地赶超世界先进水平和世界发达国家。中国的改革开放过程，实际上就是中国的现代化过程，中国成长为世界大国的过程，中国必将对人类作出新的更大贡献的过程。奉行对外开放——作为中国整个改革开放的一个核心部分和中国在这一时期的国际战略，中国改革开放的总设计师邓小平对其作了精辟完整地论述。

关于对外开放的重要性、紧迫性，邓小平从历史和现实的角度作了深刻分析，指出："现在的世界是开放的世界。中国在西方国家产业革命以后变得落后了，一个重要的原因就是闭关自守。建国以后，人家封锁我们，在某种程度上我们也还是闭关自守，这给我们带来了一些困难。三十几年的经验教训告诉我们，关起门来搞建设是不行的，发展不起来。"[1]"现在任何国家要发达起来，闭关自守都不可能。我们吃过这个苦头，我们的老祖宗吃过这个苦头。恐怕明朝明成祖的时候，郑和下西洋还算是开放的。明成祖死后，明朝逐渐衰落。以后清朝康乾时代，不能说是开放。如果从明朝中叶算起，到鸦片战争，有300多年的闭关自守，如果从康熙算起，也有近200年。长期闭关自守，把中国搞得贫穷落后，愚昧无知。中华人民共和国建立以来，第一个五年计划时期是对外开放的，不过那时只能是对苏联东欧开放。以后关起门来，成就也有一些，总的说来没有多大发展。当然这有内外许多因素，包括我们的错误。历史经验教训说明，不开放不行。"[2]"中国要谋求发展，摆脱

---

[1] 《邓小平文选》第3卷，北京：人民出版社1993年版，第64页。
[2] 《邓小平文选》第3卷，北京：人民出版社1993年版，第90页。

贫穷和落后，就必须开放。"①1983年7月，邓小平在同几位中央负责同志的谈话中还特别强调："要扩大对外开放，现在开放得不够。""这是一个战略问题。"②

关于对外开放的地位、作用和总目标，邓小平说："十一届三中全会以后，我们探索了中国怎么搞社会主义。归根结底，就是要发展生产力，逐步发展中国的经济。第一步，到本世纪末翻两番，达到小康水平。第二步，再花30年到50年时间，接近发达国家的水平。目标确定了，从何处着手呢？就要尊重社会经济发展规律，搞两个开放，一个对外开放，一个对内开放。对外开放具有重要意义，任何一个国家要发展，不加强国际交往，不引进发达国家的先进经验、先进科学技术和资金，是不可能的。对内开放就是改革。改革是全面的改革，不仅经济、政治，还包括科技、教育等各行各业。"③"不改革开放，不发展经济，不改善人民生活，只能是死路一条。"④"社会主义要赢得与资本主义相比较的优势，就必须大胆吸收和借鉴人类社会创造的一切文明成果，吸收和借鉴当今世界各国包括资本主义发达国家的一切反映现代社会化生产规律的先进经营方式、管理方法。"⑤

关于对外开放的方针政策，邓小平指出："1978年我们党的十一届三中全会对过去作了系统的总结，提出了一系列新的方针政策。"⑥"这些政策概括起来，就是改革和开放。""改革就是搞活，对内搞活也就是对内开放，实际上都叫开放政策。"⑦"中国的发展离不开世界。"⑧"开放是对世界所有国家开放，对各种类型的国家开放。""吸收外国的资金和技术来帮助我们发展，这种帮助不是单方面的。中国取得了国际的特别是发达国家的资金和技术，中国对国际的经济也会做出较多的贡献。"⑨

邓小平还强调，实行对外开放是一项长期的政策，必须要有定力。他说：

---

① 《邓小平文选》第3卷，北京：人民出版社1993年版，第266页。
② 《邓小平文选》第3卷，北京：人民出版社1993年版，第32页。
③ 《邓小平文选》第3卷，北京：人民出版社1993年版，第117页。
④ 《邓小平文选》第3卷，北京：人民出版社1993年版，第370页。
⑤ 《邓小平文选》第3卷，北京：人民出版社1993年版，第373页。
⑥ 《邓小平文选》第3卷，北京：人民出版社1993年版，第78页。
⑦ 《邓小平文选》第3卷，北京：人民出版社1993年版，第98页。
⑧ 《邓小平文选》第3卷，北京：人民出版社1993年版，第237页。
⑨ 《邓小平文选》第3卷，北京：人民出版社1993年版，第269页。

第七章 苏醒的东方睡狮

"对内经济搞活,对外经济开放,这不是短期的政策,是个长期的政策。"①"如果说在本世纪内我们需要实行开放政策,那么在下个世纪的前50年内中国要接近发达国家的水平,也不能离开这个政策。"②"如果开放政策在下一世纪前50年不变,那么到了后50年,我们同国际上的经济交往更加频繁,更加相互依赖,更不可分,开放政策就更不会变了。"③"即使是变,也只能变得更加开放。""基本路线要管一百年,动摇不得。"④

1992年春,邓小平在视察深圳、珠海经济特区后,针对当时种种对改革开放的争论和非议,他还特别指出:"现在,有右的东西影响我们,也有'左'的东西影响我们,但根深蒂固的还是'左'的东西。有些理论家、政治家,拿大帽子吓唬人的,不是右,而是'左'。'左'带有革命的色彩,好像越'左'越革命。'左'的东西在我们党的历史上可怕呀!一个好好的东西,一下子被他搞掉了。右可以葬送社会主义,'左'也可以葬送社会主义。中国要警惕右,但主要是防止'左'。"⑤"把改革开放说成是引进和发展资本主义,认为和平演变的主要危险来自经济领域,这些就是'左'。我们必须保持清醒的头脑。"⑥

遵照邓小平的开放战略,中国30多年来"摸着石头过河",一个阶段一个阶段地推进,逐步开辟了广阔而光明的发展前景。

从1978年中国共产党召开第十一届三中全会到1991年,可谓中国对外开放的第一阶段。在这个阶段,中国对外开放的最重要标志,是1984年建立了深圳、珠海、汕头和厦门四个特区。从此,中国的国门真正打开了。

从1992年到2000年可谓中国对外开放的第二阶段。在这个阶段,以1992年春天邓小平的南方谈话为标志,中国的开放进入了向更高、更深层次发展的阶段。先是以上海浦东为起点等沿海地带城市的对外开放,接着是把对外开放扩展到整个东部和内陆腹地,到了20世纪末又展开西部大开发,从而使整个中国进入了全面开放时期。

以2001年中国加入世界贸易组织为标志到2012年,可谓中国对外开放

---

① 《邓小平文选》第3卷,北京:人民出版社1993年版,第79页。
② 《邓小平文选》第3卷,北京:人民出版社1993年版,第102页。
③ 《邓小平文选》第3卷,北京:人民出版社1993年版,第103页。
④ 《邓小平文选》第3卷,北京:人民出版社1993年版,第370页。
⑤ 《邓小平文选》第3卷,北京:人民出版社1993年版,第374页。
⑥ 《邓小平文选》第3卷,北京:人民出版社1993年版,第375页。

的第三阶段。在这个阶段，中国不仅全面地与世界接轨，而且成功地融入了世界。特别是通过2008年举办奥运会、2010年举办世界博览会，以及伴随着举办这两件盛事时中国在应对世界金融危机方面为阻止全球经济衰退而作出的种种努力，又把全世界的目光聚焦到了中国身上。从此，在中国与世界的关系上，已不仅仅是中国需要世界，而是世界也需要中国。

以2013年中国新一届中央领导集体提出并实施"一带一路"构想为标志，中国的对外开放战略又进入一个崭新的阶段。经过一年多的筹划，中国于2015年3月正式公布了"一带一路"路线图。根据这份路线图，从中亚到欧洲，从印度洋到地中海，一条横贯亚欧大陆的"丝绸之路经济带"和一条跨越万里海域的"21世纪海上丝绸之路"，将涉及和影响60多个国家，使44亿人受益。中国国家主席习近平庄严宣布："'一带一路'不是中国一家的独奏，而是沿线国家的合唱。"[①]至此，如何使本国参与这一"世界最大的经济带"并从中受益，又成为亚非欧各国媒体最时尚的话题。一些舆论在感叹"亚洲话语权崛起"的同时，也盛赞"中国式全球战略"的独特魅力。

事实表明，邓小平的开放战略给中国指出了一条融入世界、回归世界大国前列的康庄大道。30多年来，中国实行对外开放，收获了巨大的成功，取得了举世瞩目的成就。

2004年中法两国建交40周年时，时任法国总统希拉克邀请胡锦涛主席访法，胡锦涛主席在法国国民议会的演讲中对中国改革开放25年的成就进行了总结。他说："从1979年到2003年，经过25年坚持不懈的努力，中国社会生产力和综合国力不断迈上新台阶，社会主义市场经济体制初步建立，开放型经济已经形成，各项社会事业全面发展，人民生活总体上达到小康水平。为了具体地说明问题，我这里列举一组数据。25年前，中国年国内生产总值为1473亿美元，现在已达到14000多亿美元。25年前，中国年进出口贸易总额为206亿美元，现在已达到8512亿美元。25年前，中国实际利用外资的项目基本没有，现在利用外资累计已达到6796亿美元。25年前，中国外汇储备为1.67亿美元，现在已达到4033亿美元。25年前，中国农村贫困人口为2.5亿人，现在已减少到3000万人左右。25年前，中国没有1公里高速公路，现

---

① 《环球时报》，2015年3月30日，第1版。

第七章 苏醒的东方睡狮

在已有29800多公里。25年前,中国固定电话用户为192万户,现在已超过2.6亿户,移动电话用户也超过2.6亿户,平均每月还新增525万户。从这些数字可以看出,同25年前相比,中国的面貌发生了前所未有的变化。"①

而到了2014年中国改革开放35周年时,中国的国民生产总值已经达到10.28万亿美元,成为仅次于美国的世界第二大经济体;中国的进出口贸易总额已经高达4.3万亿美元,连续第二年超过美国成为世界第一大贸易国,并且实现顺差3824.6亿美元;中国吸收外资总额已经累计达到1.5万亿美元,其中2014年新增1195.6亿美元,首次超过美国成为全球外国投资的第一大目的地国。同时,到2014年,中国的对外投资已经累计达到6463亿美元,对外承包工程完成额已经累计达到9351.6亿美元,对外劳务合作已经累计派出748万人。

30多年来,中国实行对外开放,不仅改变了自己国家的面貌,而且也改变了世界社会主义的面貌。

邓小平曾经谈到:"中国的发展同世界有着重要关系,因为中国有占世界五分之一多的人口。"②但是邓小平又感到,中国对于世界的贡献与中国的"大块头"不相匹配,他指出:"坦率地说,中国近代以来没有对世界作出应有的贡献。"③所以,1990年12月他在同中央几位负责同志的谈话中强调:"中国永远不称霸,中国也永远不当头。但在国际问题上无所作为不可能,还是要有所作为。作什么?我看要积极推动建立国际政治经济新秩序。"④如果"我国综合国力达到世界前列,社会主义的优越性就真正体现出来了"⑤。

正如邓小平所料,由于实行对外开放,中国不仅在经济现代化方面取得了巨大成就,而且从许多方面都改变了社会主义的面貌,不仅使全世界进一步重新认识中国,也使全世界进一步重新认识社会主义。过去,社会主义大多具有封闭或半封闭的特点,与世界经济、国外市场不能有机结合,而中国特色的社会主义,则是一种对外开放、与世界经济紧密联系的社会主义。过去,社会主义在政治、经济和对外关系等方面与外部世界尤其是与资本主义

---

① 佳谷编译:《政治家的声音:当代政坛名流演讲文萃》,北京:东方出版社2005年版,第194页。
② 《邓小平文选》第3卷,北京:人民出版社1993年版,第269页。
③ 《邓小平文选》第3卷,北京:人民出版社1993年版,第269页。
④ 《邓小平文选》第3卷,北京:人民出版社1993年版,第363页。
⑤ 《邓小平文选》第3卷,北京:人民出版社1993年版,第364页。

世界是对抗性的，有时候甚至是势不两立、不共戴天的，而中国特色的社会主义，则是不排它，不对抗，在坚持和平共处五项原则的基础上同一切国家友好合作和相处，并且同世界各主要资本主义国家在经济上早已形成了你中有我、我中有你的共生共赢局面。过去，社会主义在物质、文化和社会生活方面是贫乏的、单一的，有时候甚至是贫穷的、令人沉闷而窒息的，而中国特色的社会主义，市场供应是如此的充裕，人民的物质文化生活是如此的丰富多彩，人的精神是如此的焕发一新。过去，社会主义在经济发展方面是比较慢的，即使迅速发展起来了也难以持续，而中国特色的社会主义，竟然连续30年保持了10%左右的高速增长，并且现在仍然领跑世界，被誉为全球经济的"引擎"、"火车头"。正是由于这些方面，形成了中国特色的社会主义与过去有过的所有社会主义都不同的鲜明特征和区别；也正是由于这些方面，使中国特色的社会主义不仅继承了19世纪至20世纪的社会主义的基本思想和价值，而且也在实践上大大超越了20世纪曾经有过的所有其他模式社会主义的经验和成就。

建设中国特色社会主义的极大成功，其意义远远超出了中国的国界。在美国，哈佛大学费正清研究中心把中国进行的国家现代化运动称之为"前赴后继的中国精英为解决从晚清时代遗留下来的国内问题和回答工业化西方一个世纪之久的挑战所作的努力"，"是有史以来在社会工程方面的最大规模的实验"。[1] 在俄罗斯，其国际关系学院高度评价中国的改革开放，说："中国官方把这一模式称做中国特色的社会主义，但实际上全世界都明白，一个新的超级大国诞生了。"[2] 而更多的世界舆论则把中国的发展称为"奇迹"，认为"中国拯救了社会主义在全世界的威望"[3]。

30多年来，中国实行对外开放，不仅使自己——一个尘封已久的具有五千年历史的传统古国——大踏步地追上时代潮流，成功地融入了世界，而且也给世界各地带来了机遇，促进了全球经济社会大发展。

在欧洲，"中国的变革"被认为"是激动人心的"，它的"对内改革与对外

---

[1] 国家教委高等学校社会科学发展研究中心编：《中外历史问题八人谈》，北京：中共中央党校出版社1998年版，第111页。
[2] 《环球时报》，2009年10月1日，第6版。
[3] 国家教委高等学校社会科学发展研究中心编：《中外历史问题八人谈》，北京：中共中央党校出版社1998年版，第112页。

第七章 苏醒的东方睡狮

开放是同一进程的两面",既有助于使中国向欧洲所期望的"公民社会"转变,也凸显了中国"正在本地区以及全球舞台上采取日渐成熟与负责任的政策"。于是,欧盟于1998年3月主动发表了《与中国建立全面伙伴关系》的报告,希冀以一套"稳定、全面、长期的政策"来对应中国的"巨变"。自此,中国与欧盟逐步建立起面向21世纪的全面战略伙伴关系,使双方各领域的互利合作保持着持续平稳的发展势头。

根据欧洲统计局2015年6月公布的数据,十年来欧盟从中国进口的商品总额大幅度增长,从2004年的1292亿欧元增加到2014年的3025亿欧元。2004年至2014年间,欧盟对华出口额增长了两倍多,达到1647亿欧元。过去十年来,中国在欧盟进口额中所占的比例从12.6%增加到了18%,在出口额中所占的比例从5.1%提高到了9.7%。欧盟连续十年是中国的第一大贸易伙伴,中国连续十年是欧盟的第二大贸易伙伴,2014年的双边贸易总额超过6000亿美元。从2000年至2014年,中国在欧盟成员国内进行的1000多个项目的投资总价值超过460亿欧元。2014年当年,中国对欧盟非金融类直接投资为98.48亿美元,首次超过同期欧盟的对华投资62.3亿美元。德国墨卡托中国研究中心撰写的报告称:"我们正在进入一个中国资金的新纪元。首波中国资金已经抵达欧洲。"①

2015年6月底7月初,中国总理李克强进行了他出任总理以来的第6次欧洲之行。在欧盟总部布鲁塞尔,他同欧洲理事会主席图斯克、欧盟委员会主席容克共同主持了第17次中国—欧盟领导人峰会。会上,李克强总理承诺,中国随时准备对欧盟进行投资,并愿意向希腊债务危机提供支持。他还建议,再成立一个中欧共同投资基金。欧盟委员会主席容克说,欧盟愿意为中国的"一带一路"战略提供"知识、资源和力量",将同中国一道"联合双方力量,在欧洲、中国和亚洲建设高质量的基础设施,创造新就业","沿着古老的丝绸之路为我们两大洲建设共同的桥梁"。② 李克强总理访问比利时时,中、比两国签署了180亿欧元的合作大单。在访问法国时,中、法两国签署了53项协议,涉及航空、电力和核能、集装箱运输等,协议价值高达数百亿欧元,其中仅中国购买75架A330客机,总价值就超过180亿美元。俄罗斯

---
① 《参考消息》,2015年6月28日,第8版。
② 《参考消息》,2015年7月1日,第1、2版。

新闻社以《中国被视作统一欧洲的救星》为题发表文章说:"论及拯救欧洲经济危机的人选,非中国莫属。""作为全球'第二大超级大国',中国正忙于有条不紊、中规中矩地融入现有的国际架构当中。"①

在这次访问法国期间,李克强总理还宣布了中国将为今年有望在巴黎获得通过的全球气候变化条约所作的新努力,承诺进一步降低碳排放强度。李克强总理发表声明说,中国的行动目标是,到2030年之前停止碳排放量的增长,让低碳能源在能源消费中所占的比重提高到20%左右,让单位国内生产总值的二氧化碳排放量比2005年下降60%到65%。李克强总理指出,中国设立这一目标是要体现"中国深度参与全球治理、推动全人类共同发展的责任担当"。②

中国政府的这一庄严承诺,立即引起了世界的广泛欢迎和赞誉。英国广播公司网站发表文章说:"中国作出了超越作为发展中国家责任范围的承诺,意义重大。"法国《回声报》网站称:"中国通过其总理李克强访问巴黎期间的讲话作出了这一堪称令人鼓舞的表示,是全球碳排放第一大国中国对减少温室气体效应作出的自主贡献。"法国总统奥朗德说,中国的承诺证实了中国将成为一个"生态友好型社会"。美国总统奥巴马的高级顾问布赖恩·迪斯发表声明说,北京此举将为年底在巴黎举办的国际会议达成成功的气候协议铺平道路。世界环保组织称:"中国的承诺树立了一个重要的政治榜样。"③

在美洲,中国既保持和巩固了与古巴、智利、委内瑞拉等国家的传统友好合作关系,加强加深了与巴西、阿根廷、墨西哥等新兴国家经济体的联系,又重点突出了与美国构建新型大国关系。

从20世纪90年代中期起,中国先后与巴西、委内瑞拉、墨西哥、阿根廷、智利、秘鲁等国家分别建立了"战略伙伴关系"或"全面合作伙伴关系"。进入21世纪后,中国积极参与拉美地区组织与机制,与拉美地区国家确立了三大发展目标,即在政治上相互支持,成为可信赖的全天候朋友;在经济上优势互补,成为在新的起点上互利共赢的合作伙伴;在文化上密切交流,成为不同文明积极对话的典范。新的发展目标显示出了巨大的牵引力。目前,

---

① 《参考消息》,2015年7月2日,第16版。
② 《参考消息》,2015年7月2日,第1版。
③ 《参考消息》,2015年7月2日,第1、2版。

第七章 苏醒的东方睡狮

中国与拉美地区国家已形成双方领导人频密互访、各层级各领域合作全面推开、经贸关系迅猛发展的良好局面。到 2014 年，中、拉双边贸易额达到 2636 亿美元，中国成为仅次于美国的拉美第二大贸易伙伴，而对巴西、智利、阿根廷三国，中国则是其第一大贸易伙伴。与此同时，中国对拉美地区国家的投资也进一步增加。在 2015 年 1 月举行的中国—拉共体论坛首届部长级会议上，中国计划十年内在拉美地区的直接投资存量达到 2500 亿美元。哥伦比亚《旁观者报》就此发表评论说："今年 1 月，中国—拉美和加勒比国家共同体论坛首届部长级会议在北京举行，巩固了我们的地区合作，并为共同携手在地区外有所作为打下了基础，收获了意义深远的政治价值。"①

"相知无远近，万里尚为邻。"自 2014 年 7 月习近平主席访问拉美期间引用中国唐代诗人张九龄的这一名句比喻中拉关系以后，中国与拉美地区国家的友好合作关系又迅速升温。2015 年 5 月李克强总理访问拉美期间，还正式把共建横贯拉美、联通大西洋和太平洋、全长 5000 多公里的"两洋铁路"这一被认为具有划时代意义的"世纪大工程"提上了议事日程。西班牙《公众》日报 2015 年 8 月 22 日以"中国让拉美坐上火车"为题发表文章评论说："中国似乎将新丝绸之路变成了点金石。2013 年宏伟的新丝绸之路计划宣布时还曾令国内外感到惊奇，而两年之后，中国不仅计划用广泛的铁路、公路和海运网络将中国和欧洲连接起来，将中亚、中东、东南亚等地区纳入其中，还要将这一网络扩大到拉美。国务院总理李克强今年 5 月访问拉美时，中国同巴西、秘鲁决定共同开展'两洋铁路'可行性研究。""如果项目获得成功，中国让拉美坐上火车，那么将出现建筑业、矿业和农业的爆炸式发展。"②

同美国，尽管由于美国的原因常导致中美关系起伏不定，但世界上最大的发达国家和世界上最大的发展中国家，却都认为对方是自己的机遇之地和利益攸关方。自 2006 年第一次开展战略经济对话至今，两国围绕全局性、长期性、战略性问题的高层对话已有 9 年，让双方找到并扩大了重大利益契合点，有效管控了分歧，实现了互利共赢。2014 年，中美两国的双边贸易额和双向投资存量均创历史新高，分别达到 5551 亿美元和 1200 亿美元；两国对世界经济的贡献率分别达到 27.8% 和 15.3%，成为拉动全球经济增长的两大

---

① 《参考消息》，2015 年 5 月 22 日，第 16 版。
② 《参考消息》，2015 年 8 月 24 日，第 14 版。

引擎。中国连续多年是美国的最大债权国。中美两国都是对方的第二大贸易伙伴国。国之交在于民相亲。目前,两国的民间交流和人文交流呈现出前所未有的发展态势。中美间每17分钟就有一个航班起降。2014年有430万人次来往于太平洋两岸。中国有49万名青年在美国学习,美国有超过10万名青年在中国学习。中美间结成了逾240对友好省州和城市。中美两国虽文化不同,制度各异,但共同利益远远大于分歧,战略合作远远多于竞争。只要相互尊重,求同存异,就可以跨越任何鸿沟,让两国关系的道路越走越宽,为两国人民的美好生活和世界的和平发展作出新的更大的贡献。正如英国风险投资家李世默所说:"中国与美国的交往在宽度、深度和规模上都是惊人的。未来几代美国人将依赖于中国的稳定和繁荣,反之亦然。"[1]也正如新加坡前外长杨荣文在谈论中美关系时所指出:"目前这两个国家在如此多的问题上捆绑在一起,重大的决裂几乎是不可想象的。但它将是一种非常难处理的关系,将是两国在本世纪唯一最重要的关系。如果处理得不好,就可能发生战争;如果处理得好,就将带来另一代人的和平。"[2]

在非洲,中国与非洲国家的友好合作已经步入制度化、机制化阶段,一个以贸易便利化、直接投资、跨境基础设施建设和发展援助为主要合作项目,以构建全方位、多元化、深层次合作的中非命运共同体为目标的新合作时代已经到来。自2009年中国成为非洲的第一大贸易伙伴国后,中非贸易规模迅速扩大。2014年,中国与非洲的双边贸易额达到2220亿美元,是同年美国与非洲双边贸易额700亿美元的三倍多。通过中非贸易,非洲出口产品获得了稳定市场和更大实惠。中国还给予了与中国建交的30个非洲最不发达国家享受60%输华商品零关税的待遇。2009年以来,中国的对非直接投资也快速增加。至2012年,中国对非直接投资流量年均增长20%以上,对非直接投资存量达到212.3亿美元。在投资强度增大的同时,投资层次也不断提升。现在已有超过2000家的中国企业在非洲50多个国家和地区投资兴业,其合作领域从传统的农业、采矿、建筑等,逐步拓展到了资源产品深加工、工业制造、金融、商贸物流和地产等。与此同时,非洲国家近年来的对华直接投资也不断上升,至2012年直接投资存量达到142.4亿美元,投资项目涉及石油化工、

---

[1] 《参考消息》,2015年4月30日,第10版。
[2] 《参考消息》,2015年8月26日,第14版。

加工制造、批发零售等行业。在基础设施建设领域，中非双方的合作可谓方兴未艾。至2012年，中国企业在非洲完成的承包工程额已达408.3亿美元，非洲已连续四年成为中国第二大海外工程承包市场。一大批市政道路、高速公路、立交桥、铁路和港口项目在非洲大地相继落成，有效改善了非洲国家的通行状况。随着下一步双方在交通、通讯、民生等基础设施建设领域的合作不断向纵深推进，非洲的跨国跨区域一体化建设必将取得新的重大突破。

在加强中非双边合作的同时，鉴于非洲近些年来的经济虽然保持了较快增长，但发展问题依然严峻，中国还始终坚持向非洲地区的经济社会发展提供力所能及的帮助，并使其发展成果更多地惠及非洲普通民众。这些帮助包括：(1)发展公共福利设施。中国在苏丹、多哥、马拉维、吉布提、几内亚和津巴布韦等国实施的数十个打井供水项目，为缓解当地人民吃水困难发挥了积极作用。援建的南苏丹活动板房、贝宁校舍、马拉维农村学校等项目，对改善当地的居住和教育环境具有重要现实意义。援建的中非博阿利3号水电站是迄今为止中国在中非援建的最大项目，建成后将大为缓解班吉等地的用电紧张状况。(2)提升医疗卫生水平。中国在非洲共援建竣工27所医院，在42个国家派驻有43支医疗队，并捐赠了大量药品。在2014年抗击埃博拉疫情中，中国医疗队是最先到达非洲大陆的专业力量之一。(3)提高适应气候变化能力。中国在非洲国家共实施了上百个清洁能源项目，包括与突尼斯、几内亚、苏丹等国开展沼气技术合作，为喀麦隆、布隆迪、几内亚等国援建水力发电设施，与摩洛哥、埃塞俄比亚、南非等国开展太阳能和风能发电合作，向尼日利亚、贝宁、马达加斯加等国赠送节能灯、节能空调等。(4)提供紧急人道主义援助。2011年，援助突尼斯、埃及两国5000万元人民币以缓解其与利比亚边境地区滞留难民带来的人道主义危机；援助非洲之角价值4亿元人民币的粮食以帮助抗击遭遇60年所罕见的饥荒，这是新中国成立以来中国政府对外提供的最大一笔粮食援助。(5)开展人力资源培训。2010年至2012年，中国共为非洲54个国家培训各类官员、技术人员27318人，涉及经济、外交、能源、工业、农林牧渔、医疗卫生、检验检疫和安全等领域。(6)减免债务。2010年至2012年，中国共免除马里、赤道几内亚、喀麦隆、贝宁、多哥、科特迪瓦等国共16笔债务，以帮助减轻其负担。

有必要指出的是，中国在非洲同该地区国家的友好合作，是完全超越非洲历史上非洲国家同其他国家打交道时的交往模式的,那种所谓"新殖民主义"是根本不存在的。这种超越的最根本之处就在于:中非之间的合作是平等的、自愿的,互利共赢的;中国对于非洲的援助,是不附加任何政治条件的。

此外,中国高举和平、发展、合作旗帜,秉持平等、包容和共赢理念,在世界其他地区与其他国家的传统友谊与合作也进一步发展和加强。迄今为止,中国已同全球75个国家、5个地区或区域组织建立了不同形式的伙伴关系,并成为全球120多个国家的最大贸易伙伴。

30多年来,中国实行对外开放,致力于国际合作和与国际社会同舟共济,也曾不只一次地在危机事件中为本地区和世界的经济发展遮风挡雨,其中最突出的是在2008年爆发全球金融危机以后。

2008年7月率先自美国爆发的全球金融大危机,其深度、广度及危害不亚于20世纪30年代初发生的那场世界经济危机。最直接最严重的后果之一是造成了全球财富大缩水。危机爆发一年后,全球股市总值即从63万亿美元降至28万亿美元,降幅达55%。在这场危机中,全球财富损失达50万亿美元以上。危机发生后,全球工业生产严重萎缩,外贸出口大幅下滑,GDP增幅剧降。仅2008年第四季度,全球发达国家GDP即整体下降7.5%,其下降速度之快为60多年来所仅见。

对于中国而言,虽然也是这场危机的受害者,整个外贸出口和GDP增幅在危机中都同步下降,但中国并未采取单纯自保政策,而是在力争自己经济增长的同时,坚持不懈地致力于国际合作,在国际社会应对危机、稳定金融市场和促进经济发展的努力中,尽到大国责任,起了至关重要的作用。

一是努力扩大内需,继续保持每年9%以上的经济增长速度,为稳定世界经济增长作出了贡献。2008年至2011年,中国经济对于世界经济增长的贡献率,每年都达到20%以上,其中2009年达到50%。

二是在2009年伦敦G20峰会决定扩大国际货币基金组织的融资规模后,中国出资400亿美元,帮助稳定国际金融市场。

三是用实际行动兑现反对贸易和投资保护主义的庄严承诺。这些实际行动包括:稳定人民币币值,甚至保持对美元的适当升势,以稳定世界金融和贸易;扩大海外投资,帮助发展实体经济,并在别国抛售美元资产时增购美国国债;在自身出口下降的情况下,继续保持较大的进口规模,并在进入深度危机的 2009 年 2 月和 4 月，先后向欧、美派出采购团，同一些欧洲国家和美国分别签下 130 亿美元和 150 亿美元的订单。

四是向一些受危机冲击较重的新兴经济体和发展中国家伸出援手，提供资金支持。2009 年，中国先后同俄罗斯和巴西签订协议，向两国分别提供 250 亿美元和近 100 亿美元的长期贷款，并商定其贷款以石油偿还。同时，在西方投资者大量撤出非洲时，中国继续对非洲国家增加援助、减免债务、扩大贸易和投资。其中 2009 年的对非援助比 2006 年增加一倍，对非洲国家减轻世界金融危机的冲击起到重要作用。

五是带头出资和积极推动本地区因应金融危机。同东盟"10+3"成员国一道建立了拥资达 1200 亿美元的亚洲外汇储备库，其中中国出资 384 亿美元，占总资金的 32%。出资 100 亿美元成立了"中国—东盟投资合作基金"，用于双方共建基础设施项目，并从 2009 年起的五年内向东盟国家提供了 150 亿美元的信用贷款。对中亚地区国家，先后提供了 109 亿美元的优惠买方信贷支持。还同韩国、印尼、马来西亚等国签署了总额达 6500 亿人民币的双边货币互换协议，用于缓解周边经济体的资金短缺压力。

此外，中国还积极参与世界银行等国际多边开发机构的危机救援活动，购买其发行的债券，帮助其扩大支持世界出口特别是支持发展中国家出口的融资规模。

2015 年 8 月 19 日，英国《金融时报》发表了一篇题为《中国不再为世界经济遮风挡雨》的文章。文章中称："自 2008 年全球金融危机爆发以来，在拉动全球经济增长方面，有一个国家挑起的重担超过了其他任何一国。这个国家就是世界第二大经济体——中国。""如果中国没有扮演这样的角色，世界面临的危机可能要严重得多。""不幸的是，中国承担全球经济'稳定器'的角色已导致本国经济不稳定。"①这篇文章的入题虽然是以中国的经济将减速、中国的经济增长对于世界经济的贡献将减弱为基调，却也明白无误地道出了这些年来中国经济对于世界经济的重要影响与特殊贡献。世界银行前行长佐利克也称，中国在世界金融危机中的努力，既帮助了自己，也帮助了全世界。②

---

① 《环球时报》，2015 年 8 月 22 日，第 6 版。
② 《国际问题研究》，2009 年第 3 期，第 16 页。

五 所有战略都受制于不变而科学化的原则

"我是怀着莫大的荣幸和历史感来参加本次由中国人民外交学会组织的'纪念和平共处五项原则发表50周年国际研讨会'的。和平共处五项原则是由周恩来先生在中印两国开启关于中国西藏地区两国关系的双边会谈时首度提出的。""印度代表团团长对和平共处五项原则持欢迎态度。他说尽管印方并没有像中方那样提出这些原则，但是印度自获得独立以来一直将其视为本国外交政策的基础。当时的印度总理尼赫鲁热烈欢迎'和平共处五项原则'，并且在印度议会上说，'和平共处'是一个古老的印度短语，佛祖曾经在道德范畴使用过它。""而在中国，'和平共处'的思想可以追溯到远古时代。中国大哲学家孔子曾经讲过'和而不同'，并且为人类行为确定了某些伦理准则。因此我们可以说，和平共处五项基本原则产生于亚洲的文明矩阵。而作为其现代形式，1954年《中印协定》中写入的和平共处五项原则，则是古老的亚洲大陆对国际关系理论与实践的新颖而富有创造性的贡献。今天我们相聚北京，和平共处的古老思想以一种现代形式在这里获得新生。因此，我相信，它对于已经经历巨大变革而且仍在经历变革的今天和明天的世界将继续具有重大意义。"[1]

以上这番话是印度前总统纳拉亚南2004年6月14日在中国人民外交学会组织的"纪念和平共处五项原则发表50周年国际研讨会"上发表讲话时所说的。他在这次讲话中还指出："在万隆召开的亚非会议接受了和平共处五项原则，并在'万隆十项原则'中进行了详细阐述。在贝尔格莱德举行的不结盟会议则将和平共处五项基本原则作为不结盟运动的核心原则加以接纳。事实上，和平共处五项原则已经成为指导亚非各国争取平等和自由、反对殖民主义和帝国主义势力主导世界的主要原则。"这些原则"几乎能够被全世界普遍接受并最终被联合国所接纳，这在国际关系史上是很罕见的。"[2]

---

[1] 佳谷编译：《政治家的声音：当代政坛名流演讲文萃》，北京：东方出版社2005年版，第129页。
[2] 佳谷编译：《政治家的声音：当代政坛名流演讲文萃》，北京：东方出版社2005年版，第130页。

第七章 苏醒的东方睡狮

无疑，印度前总统纳拉亚南指出和平共处五项原则由中国首创、由中印等国共同推向国际社会、已经在世界产生广泛影响，并认为对今天、明天的世界具有重大意义，是言之凿凿、论之有据的，也是客观公允、实实在在的。需要特别强调和指出的是，在中国，和平共处五项原则并不只是一项一般的外交政策，而是中国处理整个对外关系的总政策、奠基石；并不只是中国短期的一项权宜之计，而是中国过去、现在和将来都将一以贯之地加以贯彻落实的长期战略方针。欧洲一代战略宗师约米尼曾经指出："一切战略都受制于不变而科学化的原则。"① 对于中国而言，和平共处五项原则可以说就是中国制订一切对外方略、处理一切国家关系都必须始终遵循的不变而科学化的原则。新中国成立60多年来，中国奉行独立自主的和平外交政策，中国坚持与邻为善、以邻为伴的周边外交方针，中国实行韬光养晦、互利共赢的开放战略，其基础、其依据、其标尺、其根源，都盖出于此。

中国的和平共处五项原则，孕育并诞生在新中国成立前后，其基本内容和精神是毛泽东首先提出、后经周恩来系统阐发，并在国际社会几经考验后才形成完整统一的中国对外政策基础的。

早在1945年抗日战争胜利前夕，毛泽东在中国共产党第七次全国代表大会的政治报告中就指出："中国共产党的外交政策的基本原则，是在彻底打倒日本侵略者，保持世界和平，互相尊重国家的独立和平等地位，互相增进国家和人民的利益及友谊这些基础之上，同各国建立并巩固邦交，解决一切相互关系问题。"②

1949年4月，毛泽东在为中国人民解放军发言人起草的声明中又进一步指出："中国人民革命军事委员会和人民政府愿意考虑同各外国建立外交关系，这种关系必须建立在平等、互利、互相尊重主权和领土完整的基础上。"③

1949年6月，毛泽东在中国人民新政治协商会议筹备会上再次强调："我们向全世界声明：我们所反对的只是帝国主义制度及其反对中国人民的阴谋计划。任何外国政府，只要它愿意断绝对于中国反动派的关系，不再勾结或

---

① 钮先钟：《西方战略思想史》，桂林：广西师范大学出版社2003年版，第203页。
② 《毛泽东选集》第3卷，北京：人民出版社1991年版，第1084页。
③ 《毛泽东选集》第4卷，北京：人民出版社1991年版，第1461页。

援助中国反动派，并向人民的中国采取真正的而不是虚伪的友好态度，我们就愿意同它在平等、互利和互相尊重领土主权的原则的基础之上，谈判建立外交关系。"①

1953年12月，周恩来总理在中印两国就两国在中国西藏地方的关系问题举行会谈时，第一次完整地提出了和平共处五项原则。他说："新中国成立后就确立了处理中印两国关系的原则，那就是互相尊重领土主权、互不侵犯、互不干涉内政、平等互利和和平共处的原则。"②周恩来总理提出的这五项原则，后来正式写入了中印双方达成的《关于中国西藏地方和印度之间的通商与交通协定》中。

1954年6月，周恩来总理先后访问印度、缅甸，在中印、中缅会谈后分别发表的联合声明中，中印、中缅又共同倡导和平共处五项原则，确认这五项原则将在相互关系以及各自国家同亚洲及世界其他国家的关系中予以适用。

1954年12月，针对一些国家对中国倡导和平共处五项原则还持怀疑观望态度，毛泽东在会见来访的缅甸总理吴努时又说：五项原则是一个大发展，是一个长期的方针。我们应该采取些步骤使五项原则具体实现，不要使五项原则成为抽象的原则，讲讲就算了。③

1955年4月，包括中国在内的29个亚非国家在印度尼西亚万隆召开第一次亚非会议，周恩来总理在会上指出："根据互相尊重主权和领土完整、互不侵犯、互不干涉内政、平等互利的原则，社会制度不同的国家是可以实现和平共处的。在保证实施这些原则的基础上，国际间的争端没有理由不能够协商解决。""我们处境大致相同的亚非国家首先应该友好合作，实现和平共处。"④"我们相信，如果我们决心维护世界和平，就没有人能够把我们拖入战争；如果我们决心争取和维护民族独立，就没有人能够继续奴役我们；如果我们决心友好合作，就没有人能够分裂我们。"⑤就是在这次会议上，由于中国、印度、缅甸和会议主办国印度尼西亚等国家的共同努力，使和平共处五项原则成为会议的共识，并以此为基础形成"万隆十项原则"写入会议发表的

---

① 《毛泽东选集》第4卷，北京：人民出版社1991年版，第1466页。
② 《周恩来选集》，北京：人民出版社1984年版，第118页。
③ 邓力群主编：《外交战略家毛泽东》，北京：中央民族大学出版社2003年版，第295页。
④ 《周恩来选集》，北京：人民出版社1984年版，第151页。
⑤ 《周恩来选集》，北京：人民出版社1984年版，第152页。

第七章 苏醒的东方睡狮

公报中。从此,和平共处五项原则也成为国际社会指导国与国关系的准则。

1974年4月联合国召开第六届特别会议时,出席这次会议的中国代表团团长邓小平在大会发言中又再一次重申:"我们主张,国家之间的政治和经济关系都应当建立在互相尊重主权和领土完整、互不侵犯、互不干涉内政、平等互利、和平共处五项原则的基础上。我们反对任何国家违背这些原则,在任何地区建立霸权和势力范围。"①邓小平的讲话引起强烈共鸣,中国倡导的和平共处五项原则被与会国广为接受,并载入这次会议所通过的联大宣言。

中国之所以提出并倡导和平共处五项原则,是源于中华文明的历史传承,是认为它代表了第二次世界大战后新获得独立和解放的国家对国际关系的新期待,也体现了世界各国权利、义务、责任相统一的国际法治精神。中华民族历来崇尚"和为贵"、"和而不同"、"协和万邦"、"兼爱非攻"的理念,无论是在新中国成立初期还是在后来的国家建设中,中国也需要和平稳定的国际环境,需要同世界各国互通有无,互相帮助。这同第二次世界大战结束后所兴起的非殖民化运动中,亚非拉国家民族独立解放事业蓬勃发展,一大批新生的国家渴望建立平等的有尊严的国际关系是相通的一致的。因此,中国主张,国家不分大小、强弱、富贫,不论社会制度、意识形态、发展道路异同,都应一律平等、互相尊重、友好合作、和睦相处,并认为这是一切国家生存和发展的前提,是一切国家建立和保持国家间良好关系的基本要求和根本保证。

和平共处五项原则之所以畅行天下,被国际社会广为接受,就在于它具有强大的永不停息的生命力。中国提出并倡导和平共处五项原则60多年来,不仅它已走向亚洲、走向世界,成为当代国际关系的基本准则和国际法的基本原则,而且还在现实国际政治生活中发挥出日益重要的影响和作用。这突出体现在两大方面:一个是,它有力地维护了世界各国特别是广大发展中国家的权益。和平共处五项原则的精髓就是所有国家主权一律平等,反对任何国家垄断国际事务。这就为广大发展中国家捍卫自己的国家主权和独立提供了强大思想武器,成为发展中国家团结合作、联合自强的旗帜,并以此促进了南南合作,推动了南北关系改善和发展。再一个是,和平共处五项原则为

---

① 佳谷编译:《政治家的声音:当代政坛名流演讲文萃》,北京:东方出版社2005年版,第316、317页。

推动建立更加公正合理的国际政治经济秩序发挥了积极作用。二战结束后长达40多年的冷战对峙局面已经证明,采取所谓"大家庭"、"集团政治"、"势力范围"的方式,都没有处理好国与国之间的关系,反而还带来了矛盾,激化了局势。而与之形成鲜明对照的是,和平共处五项原则摒弃弱肉强食的丛林法则,壮大了反帝反殖力量,加速了殖民体系崩溃瓦解,为和平解决国家间的历史遗留问题及国际争端开辟了崭新道路。

江山代有英才出。以习近平为代表的中国新一代领导人执政以来,在对外交往中既突出和平共处五项原则的连续性、继承性,又在新形势下不断丰富和发展和平共处五项原则的思想内涵和实践模式,体现出了崭新的气象。2014年6月28日,中国同印度、缅甸三国在北京召开"和平共处五项原则发表60周年纪念大会",中国国家主席习近平在会上又就坚持和弘扬和平共处五项原则、推动建设新型国际关系和更加美好的世界发表了主旨演讲。

习近平主席指出:"当今世界正在发生深刻复杂的变化,和平、发展、合作、共赢的时代潮流更加强劲,国际社会日益成为你中有我、我中有你的命运共同体。同时,国际关系中的不公正不平等现象仍很突出,全球性挑战层出不穷,各种地区冲突和局部战争此起彼伏,不少国家的民众特别是儿童依然生活在战火硝烟之中,不少发展中国家人民依然承受着饥寒的煎熬。维护世界和平、促进共同发展,依然任重道远。新形势下,和平共处五项原则的精神不是过时了,而是历久弥新;和平共处五项原则的意义不是淡化了,而是历久弥深;和平共处五项原则的作用不是削弱了,而是历久弥坚。"[①]

在这次会上,习近平主席还向国际社会庄严承诺,中国将坚定不移走和平发展道路,坚定不移奉行互利共赢开放战略,坚定不移在和平共处五项原则的基础上发展同世界各国的友好合作关系。他说:"中国是和平共处五项原则的积极倡导者和坚定实践者。和平共处五项原则载入中国宪法,是中国外交政策的基石。""走和平发展道路是中国根据时代发展潮流和自身根本利益作出的战略抉择。""中国不认同'国强必霸论',中国人的血脉中没有称王称霸、穷兵黩武的基因。""中国梦同世界各国人民的美好梦想息息相通,中国人民愿意同各国人民在实现各自梦想的过程中相互支持,相互帮助。""中国正在推动

---

① 新华网,2014年6月28日。

落实丝绸之路经济带、21世纪海上丝绸之路、孟中印缅经济走廊、中国—东盟命运共同体等重大合作倡议,中国将以此为契机全面推进新一轮对外开放,发展开放型经济体系,为亚洲和世界发展带来新的机遇和空间。"①

　　实践已经证明并将继续证明,一个不是以牺牲他国他族利益而是同他国他族和平共处并给他国他族以希望和机会的新兴大国,不只是中国发展战略的正确选择,而且也是中国归位世界大国前列的唯一选择。中国社会的规模、中华文明的历史,决定了21世纪的中国必将对于世界的进步、人类的发展作出新的更大的贡献。

---

① 新华网,2014年6月28日。

结束语
Chapter End

唯一值得恐惧的是恐惧本身

　　新的千年不必是恐惧或担忧的时代。如果我们共同努力，相信自己的能力，新千年可以成为希望和机遇的时代。

——[加纳]科菲·安南

　　让我们共同铭记历史所启示的伟大真理：正义必胜！和平必胜！人民必胜！

——习近平

结束语　唯一值得恐惧的是恐惧本身

进入新世纪以来,特别是 2010 年成为世界第二大经济体以后,中国已经变得越来越强大。这种变化既在中国周边引起焦虑,也在大洋彼岸的美国引起焦虑,并且由此还产生出了有关中国的种种新论。单自美国发明的就有"中国威胁论"、"中国崩溃论"、"中国责任论"、"中美共治论"、"管理中国论"、"同舟共济论"、"中国阴谋论",等等。而进入 2015 年以来,"中国威胁论"的声音又格外响亮,一波接一波。并且更为突出和重要的是,对于中国的这一轮轰击,美国没有止于民间和智库,而是官、民、媒体和智库一起发声;没有止于言,而是在"重返亚洲"、推进"亚太再平衡"的旗帜下,切切实实地采取了一系列投棋布子的行动。

当中国在自己的南海岛礁进行一些基本设施建设时,美国既通过国务院高官或发言人表达担忧,又鼓励和支持中国周边国家大肆鼓噪。2015 年 7 月 21 日,美国助理国务卿拉塞尔在华盛顿智库中心举办的"南中国海年度会议"发表主旨演讲时,一改美国历来在中国南海问题上"不选边站"的立场,称:"美国在遵守国际法问题上并不中立,而是站在遵守法规的一方。"在回答一位中国学者提问时,拉塞尔还明确表示,美国只是在主权声索问题上不选边站,认为美国在南海问题上恪守中立只是"中国的误解"。① 这是美国在中国南海问题上公开"拉偏架"。就在拉塞尔讲这番话前后,美国在中国南海周边采取密集行动,直接加剧了南海紧张局势。在菲律宾,美国太平洋司令部司令哈里斯和太平洋舰队司令斯威夫特先后到访,与菲律宾国防部商谈增加军事演习,以应对所谓"中国在南海的扩张"。美国太平洋舰队司令斯威夫特访菲期间还乘军机飞临中国南海岛礁上空巡察 7 个小时之久。在越南,美国总统奥巴马与首次到访美国的越共中央总书记阮富仲举行会谈时宣称,"南中国海的分歧必须按照国际法"来解决。② 在澳大利亚,美国支持其在未来五年增加 894

---

① 《环球时报》,2015 年 7 月 23 日,第 1 版。
② 《参考消息》,2015 年 7 月 10 日,第 14 版。

亿澳元的军购计划。在日本,美国计划部署最先进的隐形战机 F-35,增加部署两艘宙斯盾驱逐舰,并一再鼓励其通过新的安保法。在东盟,美国军方高官多次在公开场合鼓动东盟国家联手对付中国,表示美国将与东盟站在一起,强调美国有保护亚洲盟友的义务。美国还声称,已经启动在关岛部署 3 架 B-2 型战略轰炸机的程序,未来将把美国 60% 的军事力量部署到亚太地区。

当中国主导创立亚洲基础设施投资银行时,美国不但阻挠其盟友加入,而且其政要还纷纷发话公开责难。先是美国财政部部长雅各布·卢发表谈话表示,英国加入亚投行"不是与一个崛起中的大国打交道的最佳方式",美国"对于这种不断迁就中国的倾向十分警觉","美国担心亚投行达不到管理和发放贷款方面的全球最高标准"。① 后来,奥巴马总统也亲自参与其中,称:"应当相信,书写全球经济规则的是我们,而不是中国等国家。"②"我们一定要让美国来制定全球经济规则。在我们的经济具有全球力量之时,就得做这件事。如果我们不制定,中国就要去制定。"③

当中国提出并开始实施"一带一路"战略,与巴西、秘鲁两国商谈建设连接太平洋和大西洋的"两洋铁路"时,尽管其可行性研究尚待开启,但一些美国精英就已经坐不住了。忧虑中国进入其"后院"、"挖美国的墙脚"这些阴暗心理摆不上台面,就从"环保"和"生态"的角度不断对中国发动质疑和攻击。美国《赫芬顿邮报》更是发表评论文章,直接质疑和攻击中国提出的"一带一路"战略本身,说中国政府还没有准备好发展市场经济,"仍然在依赖战略规划和基础设施投资来增加经济活力"。还称:"作为'走出去'战略的一部分,丝绸之路经济带拟创建一个横穿亚洲、欧洲和非洲的经济区,经中亚和西亚将中国同波斯湾、地中海联结起来。如果这是欧洲或美国的基础设施工程,它将需要进行多年规划和讨论,但中国却通过开发作为首批补给站的内陆地区就已向前推动了。"④言下之意是,中国的经济并不入流,中国的"一带一路"并不牢靠。

当中国同俄罗斯举办世界反法西斯战争胜利 70 周年纪念活动、两国最高

---

① 《参考消息》,2015 年 3 月 19 日,第 16 版。
② 《参考消息》,2015 年 4 月 18 日,第 8 版。
③ 《环球时报》,2015 年 5 月 25 日,第 14 版。
④ 《环球时报》,2015 年 9 月 2 日,第 6 版。

领导人都作为主宾出席对方举办的活动时,美国首先想到的是,中俄两国如此走近,势必会越来越多地联手在一些全球性问题上阻碍美国和西方。尽管中俄都明确反对集团思维、集团政治和建立任何军事集团,并表示两国结伴不结盟,不针对任何第三国,但却无法打消美国的顾虑。中俄两国在纪念活动中都组织阅兵,美国舆论认为这是"秀肌肉",散布称:阅兵虽然"令国人骄傲,但却令邻国紧张"。9月2日是第二次世界大战太平洋战场终战70周年纪念日,美国总统奥巴马却游离维护世界和平的主题,称赞美日关系是合作的"典范",说"正如安倍首相和我在他4月来访时指出的那样","过去70年的美日关系是和解力量的典范:昔日的敌人成为坚定的盟友";"这样的关系在70年前是无法想像的。时至今日,这种关系恰如其分地反映了我们共同的利益、能力和价值观。我有信心看到这种关系在今后数十年里得到进一步加深。"①在中国纪念抗日战争胜利70周年之际,奥巴马作此番讲话的潜台词是不言自明的。

当中国股市出现异常波动单日下跌超过8%、人民币币值政策性调整连续两天贬值达到4%时,美国政界、经济界和多名共和党总统竞选人对中国大爆粗口,甚至还出现恶意的兴奋。美国花旗集团称:"中国在把全世界带向经济衰退。"②美国《纽约时报》发表评论文章说:多年前就已经出现的中国经济会有这一天的预言终于应验了,中国正在"冲向万劫不复的境地"。③ 美国共和党竟有5名总统竞选人竞相攻击中国。斯科特·沃克称,应该取消中国国家主席习近平即将对美国展开的国事访问。马尔科·鲁比奥称,美国经济面临的严重威胁是中国,美国安全面临的严重危险也是中国。克里斯蒂称,华盛顿需要对中国采取一种"军事方式"。④ 杰布·布什则抨击亚洲人滥用美国出生公民权,宣称要杜绝亚洲的"抛锚婴儿"来到美国。虽然他在讲话中没有直接提到中国,但路透社在报道他的这些言论时特别指出,美国联邦特工已经展开对"月子中心"的搜查,严禁中国孕妇赴美产子。而共和党总统竞选人中的领跑者特朗普更是毫无顾忌和不加掩饰地宣称:中国同美国"做生意","从

---

① 《参考消息》,2015年9月4日,第8版。
② 《环球时报》,2015年9月11日,第1版。
③ 《环球时报》,2015年9月14日,第14版。
④ 《参考消息》,2015年9月7日,第14版。

美国赚的钱是美国历史上最大规模的盗窃"。① "我们和中国及亚洲绑在了一起，以至于他们的市场要把美国市场拖垮了。"②

更加荒谬的是，由于忌惮中国的计算机技术和网络技术发展迅速，每当美国的网络空间出现黑客侵犯时，都总是臆断中国就是攻击者，真所谓"躺着也中枪"。2015年6月美国数百万联邦雇员的个人数据失窃后，美国国家情报总监詹姆斯·克拉珀指称中国为"头号嫌疑方"。③ 共和党总统竞选人卡莉·菲奥里纳称，中国对联邦数据库的网络攻击是对美国"实施侵略行为"，呼吁对中国实施制裁。在9月10日举行的美国国会听证会上，美国国家情报总监詹姆斯·克拉珀再次称："来自中国的网络间谍活动继续伸向了涉及美国利益的广泛领域，从关乎国家安全的信息到经济机密资料和知识产权对象。"④而在9月11日的一次公众活动中，美国总统奥巴马还亲自出面说，来自中国的网络攻击是"不可接受的"，"我们一直在向中方明确表示，他们正在从事某些活动"，"我们将这视为核心国家安全威胁，我们也将如此对待它"。⑤ 需要指出的是，奥巴马讲这番话的时间点，是在中国国家主席习近平对美国进行首次国事访问的前十天。

美国这一轮对中国潮水般的攻击，给美国普通民众心目中的中国形象造成了极其恶劣而严重的负面影响。根据美国皮尤中心2015年9月公布的美国公众调查数据，有54%的美国人对中国持负面看法，比2005年的35%上升了19个百分点。这是十年来首次出现对中国持负面看法的美国人多于持正面看法的美国人。此外，有高达85%以上的美国人认为，美中贸易赤字、中国持有大量美国国债、美国就业机会流向中国，是"严重的问题"和"非常严重的问题"；有超过80%以上的美国人认为，中国的网络攻击、人权政策、军力增长、环境状况，是"严重的问题"和"非常严重的问题"；有66%的美国人对中国大陆与台湾的关系，表示十分担忧。而更严重的问题还在于，这种被美国官方和媒体所激起来的消极公众情绪，又会反过来影响美国国会对中国的态

---

① 《参考消息》，2015年9月7日，第12版。
② 《环球时报》，2015年8月26日，第3版。
③ 《参考消息》，2015年6月30日，第14版。
④ 《参考消息》，2015年9月12日，第8版。
⑤ 《参考消息》，2015年9月13日，第1版。

结束语 唯一值得恐惧的是恐惧本身

度及下届美国政府对中国的政策。

世界已经纳闷和不解,美国这是怎么了?为什么会如此容易动怒发气?山姆大叔不是一向很自信很大度吗?难道美国就这么脆弱?看来,在"美国是谁"、美国究竟应该在世界上扮演什么角色的问题上,美国的治国者和政治精英们是真的需要想一想、醒一醒了。

天下义理,只有一个,是便是是,非便是非。面对上述此种对于中国的抹黑、对于中国的妄测、对于中国的抓狂,是确有必要正本清源,辨明是非,匡扶正义,以正视听的。否则,如果任其继续发展和泛滥下去,就可能成为冲突的种子,出现中美都不能承受之重。

美国是信奉所谓"修昔底德陷阱"的,每当谈及美中关系时总要提到它,认为一个崛起大国的实力逼近一个守成大国时,爆发冲突就不可避免。在20世纪,美国曾用它来界定美苏关系,并因此对苏联实行全面遏制政策,直至苏联彻底瓦解。如今,中国迅速崛起,力逼美国,美国便又搬出"修昔底德陷阱"来界定美中关系。之所以在2015年以来出现这一轮对中国的喧嚣和发泄,原因也大抵如此。须知,时代是进步的,抱着几千年前的观点、几百年前的套路、几十年前的经验,来看待和处理今天的国与国关系,已经过时了。今天的中国既不是20世纪的苏联,也不是近代以来欧洲权力转移中的列强,更不会像两千多年前崛起的雅典那样势必要与占支配地位的斯巴达一战,用武力来决高下。中国虽然不接受美国和任何国家的霸权支配,但并不刻意挑战、并不追求取代美国和任何国家的霸权;虽然主张二战后建立的业已存在70多年的世界现有秩序要与时俱进,加以改进,但并不反对、并不试图颠覆世界现有秩序。中国所主张、所追求的,是国际政治越来越民主化,世界秩序越来越合理化。认为世界的命运应该由世界各国共同掌握,世界上的事情应该由各国政府和人民共同商量来办。随着冷战的结束、两极的解体,国家关系已不再是零和游戏,也不再是非此即彼——不是站在这一边就是站在那一边。中国既没有争霸全球的意图,也没有挑战美国的行动;现在没有,将来也不会有。2015年9月3日,中国人民抗日战争胜利70周年纪念活动在北京举行,在有30国元首和政府首脑、19国政府代表参加的庆典上,中国国家主席习近平在天安门城楼上庄严宣布:"无论发展到哪一步,中国都永远不称霸、永远不搞扩张,永远不会把自身曾经经历过的悲惨遭遇强加给其他民族。"①这是中国向世界发出的时代最强音。

美国是崇拜实力的,其战略设计、对外关系、迄今为止所取得的一个个胜利,也基本上是建立在实力原则的基础之上的,并且还已经习惯了自己各方面的实力都必须遥遥领先于世界其他国家。否则,"均势"就可能打破,世界就可能失去平衡。现在,中国不仅已超越日本成为世界第二大经济体,而且超越自己成为世界第一大经济体也只是个时间问题,所以必须"重返亚洲",必须加紧推进"亚太再平衡"。须知,绝对的优势、"永久的罗马"是不存在的,世界的大势也难违。那种用"拳头"说话、靠实力号令天下的时代已经成为历史了,方式也已经不灵了。何况,崛起的中国到底是举世的机会还是威胁,是美国的战略伙伴还是敌手,时间和实践已经作出结论并将继续作出结论。在历史上,20世纪30年代至40年代反对法西斯战争,60年代至80年代反对超级大国的霸权主义和强权政治,90年代应对亚洲的金融危机,2008年至2012年应对全球经济危机,都说明了中国力量的重要和中国的强大对于世界是幸运而不是灾难,是福而不是祸。更不要说,今天的中国已经不是1949年时的中国,更不是1900年、1931年、1937年时的中国。经过几代人的努力,那个积贫积弱、任人宰割的中国已经一去不复返了,任何帝国的铁蹄再也休想踏上中国的土地了,任何霸权大国再也不能指望中国做它们的附庸、指望中国会吞下它们损害中国人民利益的苦果了。中国是酷爱和平的,中国是不会滥用武力的。但是中国也希望,任何大国都不要抱着冷战思维和强权政治不放,都不要加强和扩大针对特定对象的军事同盟,更不要无节制地强推自己的意志。否则,世界就有可能重回混乱。历史的教训是,任何大国高估自己都是世界的不幸,也是自身的不幸。

美国向来是以自己社会的公平正义而占领世界道德高地、以维护国际社会公平正义的身份而出现于世的,并且把联合国宪章确立公平正义的宗旨和原则、二战以来全球政治进步的功劳,也常常归于自己名下。由此,自己的标准就是全球标准,自己的旨意就是替天行道。须知,公平正义不是自诩的,公平正义是对世界上所有国家、联合国所有成员国的公平正义。当今世界,

---

① 《环球时报》,2015年9月4日,第2版。

结束语 唯一值得恐惧的是恐惧本身

无论多么强大的国家，无论这个国家对于世界有多么大的贡献，也不允许法外无天，搞双重标准；也不允许一家说了算，赢者通吃。迷信丛林法则，以大欺小，弱肉强食，甚至把自己的利益凌驾于全球利益之上，已经与公平正义这个全世界人民所共同追求的政治价值和崇高目标格格不入，水火不容。在国际政治生活中，各国应该遵守国际法和公认的国际关系准则，反对歪曲国际法，反对以维护公平正义之名侵害它国正当权益。国家不分大小、强弱、贫富，都是国际社会的平等成员，都有平等参与国际事务的权利。就当前的美国而言，一方面标榜自己是现有全球规则和未来全球规则的制定者，一方面自己又常常不按照全球规则行事；一方面自己推动了世界的全球化，一方面却又忘记了自己也是全球化中的一员。这种"美国例外"的双重标准思维与国际公平正义是背道而驰的，于己、于世界也都是极其有害的。

美国是强调自己头号大国的世界责任的，并一直以维护全世界的和平、稳定与繁荣发展为己任。须知，世界大国的责任是启发而不是独裁，全球化需要的是规则和秩序而不是统治者，世界的前途也在于合作而不是一国或少数几国单打独斗。在人类的历史上，世界从未像今天这样休戚与共。就安全来讲，只有普遍的安全，才是真正的安全；只有基于道义、理念的安全，才是基础牢固和可持续的安全。需要倡导的是，各国应该坚持共同安全、合作安全、可持续安全，尊重和保障每一个国家的安全。就解决全球性发展问题来讲，只有世界各国共同面对，人类才能掌握自己的命运。历史已经反复证明，在国际关系中垄断权力、垄断真理，就像诉诸武力一样同样是很危险的。合作共赢应该成为当今各国处理国际事务的基本政策取向和普遍适用原则。各国应该同舟共济，权责共担，携手应对气候变化、能源资源安全、重大自然灾害和重大突发疾病等日益增多的全球性问题。中国是国际社会负责任的成员，也一直致力于同世界各国友好合作，共谋发展。具体到中美两国，中国现在推出的"一带一路"战略与美国的跨太平洋、跨大西洋贸易协定不期而遇，其实是一个机会。"一带一路"和"两洋贸易协定"代表着中美各自对全球经济发展和合作的愿景，两个机制如若能够交流、交融和互补，将是一种极为有益和理想的状态。即便暂时做不到，则也不应该互相排斥或拆台。世界大国肩负着塑造世界、创造未来的使命。如果觉得有能力实现理想，那么今天就应该付诸行动，奉献于世。

美国是以开放、包容著称并视其为国家性格的，美国政治、美国社会也的确是一个大熔炉。但是，在当代国际政治生活中，由于自视盎格鲁-撒克逊民族生来就高人一等，由于笃信已从上帝那里领命注定要拯救世界，美国却又越来越容不得异见、他族和社会意识形态、政治制度与自己不同的国家。至于共产主义政权、社会主义国家，则是一定要加以封锁、加以制裁、加以改变，甚至要加以消灭的。须知，多样性是人类社会的基本特征，在今天已有70多亿人口、200多个国家和地区、2500多个民族、5000多种语言的世界里，包容必须互鉴，自己活也要让别人活。人类的历史一再告诉我们，不同的民族、不同的文明没有优劣之分，只有特色之别；任何企图建立单一文明的一统天下，只是一种不切实际的幻想；任何惟我独尊、贬低其他文明的民族，都是自欺欺人、自取其辱；只有在人类活动的所有方面与世界保持活的联系的人们，才有可能获得辉煌的发展。当今世界，应该尊重文明的多样性，推动各方交流对话，和平共处，和谐共生。应该尊重各国自主选择的社会制度和发展道路，杜绝采取非法手段颠覆别国合法政权。应该倡导交流互鉴，不同的民族、不同的国家相互取长补短，共铸美好生活。

美国是战略大国，是最讲究战略理性、最富于战略远见、最懂得从战略上在全世界下棋的。但是，也有可能百密一疏。须知，你一直想象对方是敌人，一个原本不是敌人的对方也就有可能真正成为敌人；你一心准备战争，一场原本不可能发生的战争也就有可能真的来临。长期以来，中国对美国都抱有期待，认为只要中国不主动挑战美国的霸权，不试图颠覆美国所主导的国际秩序，美国就会放弃遏制中国的政策。至今，中国也仍然有着这样的善良愿望。但是，美国在苏联崩溃后却从未放弃寻找新的战略对手，并在五角大楼21世纪的地图里，早就把中国设定为"最大的潜在敌人"。近些时间来，美国又处处将中国控制在其设定的框框之内，尝试堵截中国前进的道路，逼迫中国把自己崛起的最大外部障碍看成是美国。以致曾任美国国家安全委员会高官的布鲁金斯学会中国问题专家杰弗里·贝德发出诘问："我们是否在自寻敌人？"[1]以致英国风险投资家李世默叹息："中国并不视美国为敌人，而广泛流传的观念却认为中国视美国为敌人，这是当代最大的误解之一。"[2]人类

---

[1]《环球时报》，2015年9月2日，第7版。
[2]《参考消息》，2015年4月30日，第10版。

结束语 唯一值得恐惧的是恐惧本身

只有一个地球,第二艘诺亚方舟是不会有的。在20世纪经历了两次世界大战和一次长达40多年的冷战之后,世界大国是不应该再选择冲突对抗或武力的方式来解决国家间的分歧的。因此,中国格外重视同美国的关系,十分珍惜同美国的合作,从未做过任何一件对不起美国的事。我们由衷希望,美国能够与中国相向而行,从根本上放弃那种把中国想象为"战略对手"和"潜在敌人"的设计。我们真切期待,中美两国能够发展一切合作而不选择对抗,能够成为实现共同目标的伙伴而不是对手。

细心观察今天的世界,国际社会——包括美国政界、学界——在每当论及中美关系时,其实也不乏一些非常值得一读的客观理性的声音。比如:

——针对美国在中国南海所采取的咄咄逼人的行动,美国《国家利益》杂志发表文章认为:"美国派军机和军舰去中国在南中国海提出主权要求的岛屿周边维护航行自由,这个主意真的很糟。糟就糟在它涉及对国际海洋法作出过于武断的解读,糟就糟在它表明美国没怎么考虑此类行动对地区稳定的影响。""华盛顿时常声明:中国对南中国海的航行自由构成威胁。但哪些航行自由受到了威胁?""美国要求在南中国海享有的航行自由并不是绝对的,行驶时必须给予沿海国家应有的尊重。"①

——针对美国阻挠其盟友加入中国主导设立亚投行和奥巴马总统声称只能由美国"书写全球经济规则",世界银行前行长佐利克批评,美国自己拒入亚投行和阻挠"实际上已经因为它们的忠诚而吃了亏"的盟国加入亚投行是"双重错误"——"在政策和执行上的双重错误"。② 美国学者称:"奥巴马的短短几句话,完全代表我们帝国精英的思想,是多么直白,多么错误,又多么危险。""这种傲慢霸道的讲话尽管已经成为美国精英们的常谈,但还是令人吃惊。是谁给了美国这个3亿人口之国以权力,来为浩瀚太平洋那边的包括13亿中国人民在内的东亚地区制定规则?根据国际货币基金组织按照购买力评价方式估值,美国的GDP已经位居中国之后,美国不能再依仗其经济实力来维持特权了。"③

——针对美国忌惮中国实施"一带一路"战略,美国《国家利益》杂志刊发

---

① 《参考消息》,2015年5月25日,第14版。
② 《参考消息》,2015年3月20日,第14版。
③ 《环球时报》,2015年5月25日,第14版。

评论文章说:"中国崛起已是事实,凡是中国的倡议就反对,这样只会加剧双方敌意。"中国推进其"一带一路"倡议,"这不仅符合中国国家利益,也有助于增进全球安全"。① 曾担任美国国务院高官的美国大西洋国际安全中心研究员罗伯特·曼宁也称:多年来,美国一直敦促中国做国际体系中负责任的"利益攸关方"。现在,推出"一带一路"倡议的中国正在自觉地创造公共产品,而美国却加以反对和批评,这看上去有些伪善。②

——针对美国共和党总统竞选人攻击中国股市异常波动和人民币汇率调整改革,唱衰中国经济,一向对中国经济持悲观看法并被称为"末日博士"的美国纽约大学教授努里尔·鲁比尼这次也批评,"对沪市暴跌的惊慌反应是过分的、没有道理的、缺乏理性的",指责中国带来了市场恐慌,是一种孤陋寡闻的"躁狂抑郁"行为。③ 曾任美国国家安全事务助理和国务卿的基辛格则称:"这是愚蠢之举,而且是危险的愚蠢之举。"④而澳大利亚《东亚论坛》网站发表评论文章说:"又一次总统竞选,又一轮对中国的抨击。中国股市暴跌之后,共和党总统竞选人将他们的注意力转向了中国。尽管很具煽动性,但他们这种制造恐慌的方法还是老一套。"⑤英国广播公司网站发表评论文章说:"世界上从来没有过像中国这样的经济故事——持续 30 年,年均 10% 的国民收入增长,数以亿计中国人脱贫,从不名一文跃升至世界第二大经济体,贡献了全球 GDP 的 15%、全球 GDP 增长的 25%。中国的经济故事,主线是经济增长速度。"⑥英国《卫报》发表的文章更是称:"在中国问题上,西方看空者一直远远多于看多者。新问题常会被视作预示着即将发生的危机:硬着陆、随之而来的社会不稳定或最终政权的倾覆。痴心妄想!"⑦

——针对指责中国对美国进行网络攻击、妄言对中国实施网络制裁,美国《防务新闻》发表的文章质疑:"中国是最近黑客攻击的幕后主使? 我不这么认为。""美国也卷入了国家窃密活动,因此就美国正在做的某些事情指责中国

---

① 《环球时报》,2015 年 8 月 29 日,第 6 版。
② 《环球时报》,2015 年 4 月 2 日,第 14 版。
③ 《参考消息》,2015 年 9 月 6 日,第 4 版。
④ 《参考消息》,2015 年 9 月 7 日,第 14 版。
⑤ 《参考消息》,2015 年 9 月 10 日,第 14 版。
⑥ 《环球时报》,2015 年 8 月 27 日,第 16 版。
⑦ 《参考消息》,2015 年 9 月 16 日,第 5 版。

结束语 唯一值得恐惧的是恐惧本身

是非常虚伪的。"①美国《基督教科学箴言报》网站发表的文章也称:在网络攻击问题上,中国是受害者,毕竟,斯诺登泄露的文件证实了中国是美国秘密网络行动的头号目标。②

——针对美国对于中国实力增长的担忧,美国学者扎卡里亚评论说:"美国人,尤其是美国政府还没真正理解'他者'的崛起。这是历史上最令人激动的篇章之一。无数人正摆脱赤贫。随着他们成为消费者、生产者、投资者、思想者、梦想者和行动者,这个世界将更加丰富,更加高尚。60年来,美国敦促各国开放市场、解放政治、接受贸易和技术。但是,他们开始这样做的时候,我们却开始怀疑贸易、开放、移民和投资。世界开放了,我们却开始关闭。"③基辛格则强调,不管美国接受还是不接受,中国都会发展。④

——针对美国的傲慢和"美国例外论",美国哈佛大学肯尼迪政府学院国际问题研究中心教授斯蒂芬·沃尔特撰文称:过去两个世纪以来,美国的名人们称美国是"自由帝国",是"山巅之城",是"地球上最后最美好的希望",认为美国的价值观念、政治体制和历史是无与伦比的,值得全世界景仰。大多数"美国例外论"的言论相信,美国命中注定要领导世界上其他国家。所有这些"对美国全球角色沾沾自喜的描述只有一点是错误的,即:它基本上是一种错觉。""尽管美国取得了许多成就,但是它恐怕不能完全与挫折、罪恶以及愚蠢的错误绝缘。""自信对任何一个国家来说都是宝贵的财富。但是,当一个国家开始觉得自己蒙受天恩,认定自己决不会失败,也不会被宵小之徒或无能之辈带入歧途,那么,现实可能就会给予当头棒喝。古雅典、拿破仑时代的法国、大日本帝国以及其他无数国家都曾深受这种狂妄自大之害,结局总是很惨。""和世界上所有国家一样,美国有其特殊的品质,但它仍是一个竞争性全球体系中的一员。它比大多数国家都要强大和富有,地缘政治地位极为有利。这些优势使得美国在处理外交事务时有广泛的选择余地,但它并不能保证美国的选择总是正确的。"⑤

---

① 《参考消息》,2015年6月30日,第14版。
② 《参考消息》,2015年9月11日,第14版。
③ 《参考消息》,2008年5月7日,第3版。
④ 《参考消息》,2015年9月15日,第16版。
⑤ 《参考消息》,2011年11月21日,第10版。

以上这些犀利的见解，富有哲理而又满怀期待的声音，是值得认真倾听和深思的。它充分说明，已经超越双边范畴的中美关系对于世界是多么重要，人们对于中美两国携手合作、共创未来是寄予多么大的希望。同时，它也深刻反映了世界对于中美两国存在的种种不协调是多么担忧。

不必讳言，中国的迅速崛起和中美关系的不断变化常常会给中美两国都带来挑战。但是，人们可以期待，这种挑战应该是良性的，互相促进的，对两国和世界都有益的。正如美国第 37 任总统尼克松 1994 年 3 月在预见新世纪的大国关系时所说："我们所面临的挑战是积极的——它是一种建设性的而非毁灭性的挑战，一种赞成的而非对抗性的挑战，一种被希望推动而非受恐惧驱使的挑战。"①

我们已经生活在这样的时代：人的最高使命不仅要说明世界，并且要改造世界，使世界更美满，更有利益，更有理性和更符合生活需要。无数的事实都说明，莫名的恐惧往往比危险本身更危险，因为它会使人采取愚蠢的、不加考虑的、危险的行动。我们相信，中美双方都能认清变化中的世界形势，都能摆正自己的位置，都能以新的思维和视角看待对方，也都能以新的理念和态度来处理两国关系。让我们记住曾连任四届美国总统的罗斯福的名句："我们唯一所恐惧的就是恐惧本身——一种难以名状的、缺乏理性的、毫无根据的恐惧，它会把变退为进所需的努力化为泡影。"②也让我们像中国国家主席习近平所希望的那样："共同铭记历史所启示的伟大真理：正义必胜！和平必胜！人民必胜！"③

---

① 〔美〕理查德·尼克松：《超越和平》，范建民等译，北京：世界知识出版社 1995 年版，第 213 页。
② 〔美〕威廉·德格雷戈里奥：《美国总统全书》，周凯等译，北京：社会科学文献出版社 2007 年版，第 520 页。
③ 人民网，2015 年 9 月 3 日。

主要参考文献

1. 〔美〕菲利普·李·拉尔夫等：《世界文明史》，赵丰等译，北京：商务印书馆2001年版。
2. 〔美〕加尔文·林顿主编：《美国两百年大事记》，谢延光等译，上海：上海译文出版社1984年版。
3. 〔美〕威廉·德格雷戈里奥：《美国总统全书》，周凯等译，北京：社会科学文献出版社2007年版。
4. 〔美〕雅各布·尼德曼：《美国理想：一部文明的历史》，王聪译，北京：华夏出版社2004年版。
5. 〔美〕塞缪尔·亨廷顿：《变化社会中的政治秩序》，王冠华等译，北京：生活·读书·新知三联书店1989年版。
6. 〔美〕唐纳德·怀特：《美国的兴盛与衰落》，徐朝友等译，南京：江苏人民出版社2002年版。
7. 〔美〕理查德·尼克松：《超越和平》，范建民等译，北京：世界知识出版社1995年版。
8. 〔美〕理查德·尼克松：《1999年：不战而胜》，王观声等译，北京：世界知识出版社1989年版。
9. 〔美〕亨利·基辛格：《大外交》，顾淑馨、林添贵译，海口：海南出版社1998年版。
10. 〔美〕塞缪尔·亨廷顿：《文明的冲突与世界秩序的重建》，周琪等译，北京：新华出版社2002年版。

11.〔美〕保罗·肯尼迪：《大国的兴衰》，陈景彪等译，北京：国际文化出版公司2006年版。

12.〔美〕约翰·罗尔克编：《世界舞台上的国际政治》，宋伟等译，北京：北京大学出版社2005年版。

13.〔美〕兹比格纽·布热津斯基：《大棋局：美国的首要地位及其地缘战略》，中国国际问题研究所译，上海：上海人民出版社1998年版。

14.〔美〕兹比格涅夫·布热津斯基：《大失控与大混乱》，潘嘉玢、刘瑞祥译，北京：中国社会科学出版社1994年版。

15.〔美〕罗·麦克纳马拉：《历史的教训：美国国家安全战略建言书》，张立平译，北京：世界知识出版社2005年版。

16.〔美〕斯蒂芬·施密特等：《美国政府与政治》，梅然译，北京：北京大学出版社2005年版。

17.〔美〕文森特·奥斯特罗姆等：《美国地方政府》，井敏等译，北京：北京大学出版社2004年版。

18.〔美〕托马斯·帕特森：《美国政治文化》，顾肃、吕建高译，北京：东方出版社2007年版。

19.〔美〕迈克尔·卡门：《自相矛盾的民族：美国文化的起源》，王晶译，南京：江苏人民出版社2006年版。

20.〔美〕约翰·米尔斯海默：《大国政治的悲剧》，王义桅等译，上海：上海人民出版社2003年版。

21.〔美〕戴维·兰德斯：《国富国穷》，门洪华译，北京：新华出版社2007年版。

22.〔美〕弗朗西斯·福山：《国家构建：21世纪的国家治理与世界秩序》，黄胜强译，北京：中国社会科学出版社2007年版。

23.〔美〕曼纽尔·卡斯特：《千年终结》，夏铸九等译，北京：社会科学文献出版社2006年版。

24.〔美〕玛丽·莫斯特：《独立宣言—渴望自由的心声》，刘永艳等译，北京：中共党史出版社2006年版。

25.〔美〕奥托·纽曼等：《信息时代的美国梦》，万凯等译，北京：社会科学文献出版社2002年版。

26. 〔德〕妮科勒·施莱等：《美国的战争：一个好战国家的编年史》，陶佩云译，北京：生活·读书·新知三联书店2006年版。

27. 李道揆：《美国政府和美国政治》，北京：中国社会科学出版社1990年版。

28. 黄柏富主编：《"9.11"事件后美国国家安全战略文件选编》，北京：军事谊文出版社2002年版。

29. 齐世荣主编：《美国：从殖民地到唯一超级大国》，西安：三秦出版社2005年版。

30. 刘绪贻李世洞主编：《美国研究词典》，北京：中国社会科学出版社2002年版。

31. 〔美〕本尼迪克特等：《菊与刀》，晏榕、姜波译，北京：中国华侨出版社2011年版。

32. 钮先钟：《西方战略思想史》，桂林：广西师范大学出版社2003年版。

33. 李阁楠：《日本的世界战略》，长春：东北师范大学出版社1994年版。

34. 中国社会科学院日本研究所编：《日本概览》，北京：国际文化出版公司1989年版。

35. 陶德言主编：《20世纪纵览》，杭州：浙江人民出版社1996年版。

36. 中央电视台《大国崛起》节目组编：《大国崛起》系列丛书，北京：中国民主法制出版社2006年版。

37. 〔德〕迪特尔·拉夫：《德意志史》，香港中询公司1987年版。

38. 于群主编：《美国国家安全与冷战战略》，北京：中国社会科学出版社2006年版。

39. 牛军主编：《冷战时期的美苏关系》，北京：北京大学出版社2006年版。

40. 沙舟：《克里姆林宫70年内幕》，济南：山东人民出版社2005版。

41. 胡鞍钢、门洪华主编：《解读美国大战略》，杭州：浙江人民出版社2003年版。

42. 周建明、王成至主编：《美国国家安全战略解密文献选编》，北京：

社会科学文献出版社 2010 年版。

43. 邓蜀生等主编:《影响世界的 100 次事件》,桂林:广西人民出版社 1995 年版。

44. 刘金质:《美国国家战略》,沈阳:辽宁人民出版社 1997 年版。

45. 李东燕编:《联合国》,北京:社会科学文献出版社 2005 年版。

图书在版编目(CIP)数据

百年博弈：二十世纪的战略遗产 / 肖德甫著. —北京：中央编译出版社，2016.9

（大国镜鉴）

ISBN 978-7-5117-2675-9

Ⅰ. ①百… Ⅱ. ①肖… Ⅲ. ①国家战略-研究 Ⅳ. ①D5

中国版本图书馆 CIP 数据核字（2015）第 113671 号

| 出 版 人：葛海彦
| 出版统筹：贾宇琰
| 责任编辑：苗永姝
| 责任印制：尹 珺
| 出版发行：中央编译出版社
| 地　　址：北京西城区车公庄大街乙5号鸿儒大厦B座（100044）
| 电　　话：（010）52612345（总编室）　　（010）52612335（编辑室）
| 　　　　　（010）52612316（发行部）　　（010）52612317（网络销售）
| 　　　　　（010）52612346（馆配部）　　（010）55626985（读者服务部）
| 传　　真：（010）66515838
| 经　　销：全国新华书店
| 印　　刷：河北下花园光华印刷有限责任公司
| 开　　本：787毫米×1092毫米　1/16
| 字　　数：438千字
| 印　　张：27.75
| 版　　次：2016年9月第1版第1次印刷
| 定　　价：69.00元

网　　址：www.cctphome.com　　邮　　箱：cctp@cctphome.com
新浪微博：@中央编译出版社　　微　　信：中央编译出版社（ID：cctphome）
淘宝店铺：中央编译出版社直销店（http://shop108367160.taobao.com）　（010）52612349

本社常年法律顾问：北京嘉润律师事务所　李敬伟　问小牛
凡有印装质量问题，本社负责调换。电话：（010）55626985